AF335679

**Ferdinand Hodler – Piet Mondrian**
**Eine Begegnung**

# FERDINAND HODLER PIET MONDRIAN

# EINE BEGEGNUNG

Herausgegeben von Beat Wismer

AARGAUER KUNSTHAUS AARAU

VERLAG LARS MÜLLER

# Inhalt

**Beat Wismer**

**Vorbemerkung**

Persönlich sind sich Ferdinand Hodler und Piet Mondrian nie begegnet. Das einzige, was wir über eine Beziehung, wenn man das überhaupt so bezeichnen darf, zwischen den beiden Malern wissen, ist, dass Mondrian sich gegen Ende seines Lebens in New York auf eine entsprechende Frage hin an den Namen Hodlers erinnert und dass wir mit Sicherheit davon ausgehen dürfen, dass er, 35 Jahre zuvor, in einer Ausstellung in Amsterdam Werke von Hodler im Original gesehen hat. Ob umgekehrt der rund zwei Jahrzehnte ältere Schweizer Maler den Namen des jüngeren Holländers auch nur je gehört hat, kann getrost bezweifelt werden.

So kann es in unserem Unternehmen also nicht darum gehen, eine Beziehung zwischen zwei Malern zu konstruieren, die so nie bestanden hat. Die Gründe für eine gemeinsame Präsentation mit je zahlreichen Werken von Hodler und Mondrian und für die dazu erscheinende, hier vorliegende Publikation liegen auf anderen Ebenen. Es geht uns um das Offenlegen von, oft nur quasi unterirdischen, Beziehungen zwischen den Werken zweier Maler, die aufgrund einer verwandten und ähnlichen «Weltanschauung» (dies im Sinne des Wortes) zu bildnerischen Resultaten gelangten, die sich zwar in der Sprache, in der sie sich ausdrücken, mehr oder weniger stark unterscheiden, die sich jedoch in dem, was sie ausdrücken, in ihrem Gehalt also, durchaus vergleichen lassen. So sollten wir also eher von Analogien als von Beziehungen sprechen, uns dabei aber immer der gefährlichen Verführung des analogischen Vergleichens wohl bewusst bleiben, und wir sollten uns bemühen, der Versuchung von zu weitgehenden Schlüssen jener Art zu widerstehen. Zusätzlich wird die analoge Betrachtung durch das Faktum, dass eine knappe Generation die beiden Maler trennt, auch nicht gerade erleichtert, auch wenn zumindest in dem Punkt Übereinstimmung herrscht, dass sie beide eigentlich als Spätzünder gelten können, und dass in den Karrieren beider den Jahren nach ihrem vierzigsten Geburtstag entscheidende Bedeutung zukommt. Anderseits wissen wir aber um den Erkenntnisgewinn, den ein spekulatives – im Sinne von: über den engen Rand hinausspähendes – Öffnen und Ausweiten von Diskursen und also auch ein offenes In-Beziehung-Setzen von äusserlich zwar in verschiedenen Idiomen sprechenden, innerlich aber verwandten Bildern abwerfen kann.

Wenn unsere Idee einer Austellung, in welcher sich also Werke von Hodler und Mondrian begegnen sollen, für viele, und nicht nur auf den ersten Blick, eine Überraschung bedeutet, so kann dies unter anderem damit erklärt werden, dass Mondrian einem breiteren, vor allem nicht holländischen Publikum fast nur mit seinen abstrakt konstruierten Gemälden bekannt ist, in denen nichts mehr der Ordnung der sichtbaren äusseren Welt zu entstammen und nichts mehr an eine Welt ausserhalb des Bildes zu erinnern scheint. Während er mit seinem Schaffen ab circa 1920, mit dem Neo-Plastizismus, zu einem unbestrittenen Pionier einer optimistischen Moderne wurde und seine klaren Gestaltungen zu modernen Ikonen wurden, die gewissermassen als Synonyme für die Moderne gelten, blieb sein früheres Werk weitgehend ausserhalb des Blickfeldes eines breiteren Interesses. Dabei war Mondrian immerhin aber schon fast fünfzig, als die ersten neo-plastischen Werke entstanden: und damit jene, mit denen er, auch in seinem eigenen Verständnis, erst die gültige Gestaltungsform erreicht hatte, und auf die ihn in der Folge eine breitere Rezeption reduziert hat. Viele wissen nicht und viele verdrängen, dass er nur zehn Jahre zuvor, als Abschluss einer rund drei Jahre dauernden symbolistischen Phase, mit dem Evolutions-Triptychon noch ein Werk gemalt hat, das nicht anders denn als theosophisches Programmbild zu umschreiben und zu interpretieren ist. Auch da war er, mit seinen knapp vierzig Jahren, schon kein junger Mann mehr. Noch weniger bekannt ist aber, und noch lieber verdrängt wird, dass er, wie er 1921 in einem Brief an Rudolf Steiner festhielt, den Neo-Plastizismus ausdrücklich als *die Kunst der nächsten Zukunft für alle wahren Anthroposophen und Theosophen* verstand. Während Mondrian vor seinem Umzug nach Paris in Amsterdam Mitglied der theosophischen Gesellschaft war, vertrat Hodler, der ab 1892 mit den Rosenkreuzern ausstellte und in jenen Jahren mit seinen symbolistischen Kompositionen in Paris seine ersten grossen Erfolge feierte, ein in einem weiteren Sinne, aber durchaus vergleichbares theosophisches Weltbild. Über solche Fragen, die zum komplexen Verhältnis zwischen der Avantgarde und den Geheimlehren um die und nach der Jahrhundertwende zählen, schreibt in unserer Publikation Marty Bax.

Wir möchten allerdings den Vergleich nicht auf jenen Bereich des Symbolismus im engeren Sinne beschränken, sondern zeitlich sowohl weiter zurück als auch weiter nach vorn gehen, und also Mondrians landschaftliches Schaffen des ersten Jahrzehnts nach der Jahrhundertwende ebenso miteinbeziehen wie auch seinen Übergang zur Abstraktion, der in den zehner Jahren vollzogen wird. Dabei hüten wir uns, den Vergleich übers Mass zu strapazieren: Es begegnen sich in unserer Ausstellung zwei Maler, die beide durchaus eigenständige und starke Künstlerpersönlichkeiten waren. So soll also durch die gleichzeitige Präsentation dieser Werke zwar auf Gemeinsames in den künstlerischen Absichten hingewiesen werden, und darauf, wie sich solch Gemeinsames in Werken ähnlich oder aber verschieden äussern kann, die jeweilige Eigenständigkeit der Künstler jedoch soll auch in unserem Fokussieren auf Gemeinsames und Ähnliches gewahrt bleiben und keinesfalls in Frage gestellt werden. So integriert unsere Ausstellung, die auch einfach als Doppelausstellung von zwei Malern aus zwei Generationen am Beginn der Moderne verstanden werden kann, ebenfalls Werkgruppen, die für den Vergleich nicht taugen, die aber im Schaffen des einen oder des andern sehr wichtig sind. Es werden also auch die Bilder aus Hodlers Zyklus um das Sterben und den Tod von Valentine Godé-Darel gezeigt und ebenfalls Mondrians Weiterentwicklung nach 1918, Hodlers Todesjahr, die zum Neo-Plastizismus führt mit jenen strahlenden Werken, in denen äusserlich nichts mehr an Hodler oder an die Kunst der zögernd beginnenden Moderne der Jahrhundertwende erinnert. Unser hoher Anspruch bestand also durchaus auch darin, dem gesamten Schaffen der beiden Künstler in einer je eigenen Ausstellung mit einer gültigen und repräsentativen Werkauswahl gerecht zu werden.

Unser ungewöhnliches Ausstellungsprojekt hat eine lange Vorgeschichte, deren Beginn liegt, wenn man's genau nimmt, eigentlich zwanzig Jahre zurück. Während der Arbeit an meiner Lizentiatsarbeit am Schluss meines kunsthistorischen Studiums, die Mondrians ästhetischer Utopie gewidmet war und dabei vor allem die sozial-utopischen Intentionen Mondrians und der Stijl-Bewegung darstellen wollte, vertiefte ich mich immer mehr in die erkenntnistheoretischen Voraussetzungen, auf denen Mondrians Weltanschauung und seine Ansichten zu Kunst und Leben gründeten, und ich erkannte, wie wichtig für diese Erkenntnistheorie Mondrians Beschäftigung mit theosophischem und auch spinozistischem Gedankengut war. Aufgrund meiner damaligen Untersuchungen wurde mir klar, dass sich auch die neo-plastischen Werke des Malers über eine rein formale Betrachtung hinaus einer gewissermassen symbolistischen Interpretation nicht verschliessen und dass ein solcher un- oder anti-moderner Ansatz wenn nicht gerechtfertigt, so doch zumindest aufschlussreich sein könnte. Im Zusammenhang mit der Vorbereitung der Publikation jener Arbeit, die 1985 unter dem Titel «Mondrians ästhetische Utopie» erschien, hatte ich mich nochmals ins Thema zu vertiefen, gleichzeitig begann meine Tätigkeit am Aargauer Kunsthaus, in dessen Sammlung sich mehrere Bilder von Hodler befinden: Darunter sind zwei, denen, was ich allerdings erst später realisierte, für den Vergleich mit Mondrian eine hervorragende und aufschlussreiche Bedeutung zukommt. In der zweiten Hälfte der achtziger erscheinen die verschiedenen Untersuchungen von Oskar Bätschmann, welche die gesamte Hodler-Forschung auf ein neues Niveau stellen, zuletzt, 1989, zwei Publikationen, in denen der Autor erstmals Hodler und Mondrian Werke vergleicht.

Die für die Vorgeschichte unseres Projektes entscheidende Phase setzte fünf Jahre später, 1994, und damit im fünfzigsten Todesjahr Mondrians, ein. In einem Vortrag, den ich jenem Frühjahr im Rahmen eines Symposions zur Ausstellung «La beauté exacte – De Van Gogh à Mondrian» im Musée d'art moderne de la Ville de Paris halten durfte, führte ich, ermutigt durch Bätschmanns Publikationen, den Vergleich zwischen Hodler und Mondrian erstmals etwas aus. Die anschliessenden Diskussionen mit den holländischen Kollegen, vor allem mit Carel Blotkamp, dessen Untersuchungen in der neueren Mondrian-Forschung eine ähnliche Rolle spielen wie jene Bätschmanns für Hodler, und mit Evert van Straaten, dem Direktor des Kröller-Müller Museums in Otterlo, zeigten ein schönes, ermutigendes Interesse an der Beziehung zwischen

Hodler und Mondrian. Vermutlich begann damit die eigentliche Inkubationszeit des Projektes, das in der Folge als «exposition imaginaire» lange reifen musste. Anlässlich der Wiederholung meines Vortrages im Spätherbst des selben Jahres im Kunsthaus Zürich führte ich den Vergleich nochmals aus, hier wohl erstmals mit dem Hinweis auf ein mögliches Ausstellungsprojekt. Im Anschluss an den Vortrag wies mich der Künstler Hansjörg Glattfelder darauf hin, dass der italienische Autor Carlo L. Ragghianti schon 1962 in seinem Buch «Mondrian e l'arte del XX secolo» ausführlich von Hodlers Rolle in Mondrians Entwicklung gesprochen habe. Wenngleich diese Mitteilung unseren Anspruch auf Originalität weitgehend relativierte, war sie doch auch wieder ein Hinweis, dass ein derartiges Ausstellungsprojekt seine Berechtigung haben könnte. Im selben Jahr 1994 publizierte Hans Locher, der Direktor des Gemeentemuseums Den Haag, einen Essay, in dem er die These vertritt, dass eine symbolische Dimension, wie sie in einigen Werken Mondrians aus den Jahren um 1910 explizit zu Tage tritt, untergründig und implizit dessen ganzes Schaffen, bis hin zu den letzten New Yorker Werken, durchziehe. Ende des Jahres dann, im Dezember 1994, wurde in Den Haag die grosse Mondrian-Retrospektive eröffnet, die anschliessend in Washington und New York gezeigt wurde. Die Ausstellung war wunderschön, sie zeigte Mondrians Weg zum Neo-Plastizismus als folgerichtige Abfolge, Schritt für Schritt, vom Naturalismus über die abstrahierenden Folgen bis hin zu den klaren reinen Kompositionen, die zu strahlenden Ikonen der Moderne wurden. Die Ausstellung stellte Mondrians Entwicklung als geradlinige und zielgerichtete dar; in der Werkauswahl für diese Darstellung fehlten alle Hinweise auf irgendwelche Irritationen hinsichtlich symbolistischer Ideen oder esoterischen Gedankengutes, solchen wurden innerhalb dieses Konzeptes, das die formale Entwicklung so absolut in den Vordergrund stellte, kein Platz eingeräumt. Das erwähnte theosophische Programmbild, das der Sammlung des Gemeentemuseums gehört, und andere symbolistische Werke fand der Ausstellungsbesucher erst, wenn er nach der Ausstellung auch die Sammlungsräume des Museums besuchte. Noch am Tage der Presseeröffnung in Den Haag konfrontierte ich Hans Locher, der sich an der Formulierung des Konzeptes der Retrospektive nicht beteiligt hatte, mit meiner Idee einer Doppelausstellung mit Hodler und Mondrian, in welcher neben den formalen auch den symbolistischen Intentionen in den jeweiligen Werken eine wichtige Beachtung zukommen müsste. Hans Locher freute sich über die Idee: seine positive Reaktion erlaubte, dass endlich an die konkrete Realisierung des Projektes gedacht werden konnte. Denn die Bereitschaft von Den Haag zur Kooperation bedeutet die conditio sine qua non einer jeden gültigen Mondrian-Ausstellung. In der Sammlung des Gemeentemuseums, dies als Nebenbemerkung, befindet sich übrigens auch das einzige Hodler-Gemälde in öffentlichem holländischem Besitz. Mit der Zusicherung von Hans Locher, das Projekt mit den Mondrian-Werken von Den Haag zu unterstützen, konnte die konkrete Arbeit erst in Angriff genommen werden.

Die Ausstellung will mit der gemeinsamen Präsentation auf innere Beziehungen und auf Verwandtschaften zwischen zwei Werken hinweisen, die äusserlich nicht zusammenpassen wollen und welche sich auch in verschiedenen Sprachen äussern. Damit möchte sie auch einen aufschlussreichen Einblick eröffnen in die so überaus komplexe Situation am Beginn und in der frühen Moderne; dabei ist es ihre Absicht gerade nicht, von dieser spannungsreichen Situation ein vereinfachtes Bild zu zeichnen. Darüber hinaus will sie Ferdinand Hodler, den widersprüchlichen Aussenseiter, dessen Position ausserhalb der Schweiz zu knapp und innerhalb der Schweiz oft genug nur verzerrt gewürdigt wird, neben Mondrian, dem unbestrittenen Pionier der Moderne, unter einem Aspekt präsentieren, der seiner Leistung gerecht werden will und der den Diskurs erweitern und die Diskussion um wichtige Gesichtspunkte bereichern soll. Denn noch immer gilt, was Ragghianti in seiner Mondrian-Monographie 1962 über Hodler schrieb: der Maler sei *troppo dimenticato fuori la Svizzera*. Dass dies so ist, hängt einerseits mit seiner Aussenseiterposition zusammen, die schwierig einzuordnen ist, anderseits ist daran seine Heimat, die Schweiz, nicht unschuldig: immer wieder wurde und wird hier versucht, ihn vor allem als Nationalmaler zu reklamieren. Die kulturpolitischen Folgen sind natürlich genau in der aktuellen Situation, da sich die Schweiz innerhalb Europas stark isoliert, da sie sich, um es pointiert zu sagen, ausserhalb Europas zu bewegen versucht, fatal: nicht nur für das Ansehen und die Bekanntheit Hodlers. Es sind meist dieselben Kräfte, die unser Land gegen Europa verwahren wollen und die Hodler auf den Maler der Schweizer Themen reduzieren möchten: Jene verkennen aber, dass Hodler, der sich mit einem seiner ganz wichtigen Werke 1902 auf die Dreyfus-Affäre bezieht und der, um den Preis seiner Anerkennung in Deutschland, 1914 gegen die Bombardierung der Kathedrale von Reims protestiert hat, als Aushängeschild für eine unabhängige und neutrale Schweiz gerade nicht taugt. Das Aargauer Kunsthaus ist mit seiner Sammlung vielleicht das wichtigste Museum für Schweizer Kunst: Mit unserer Ausstellung, die auch eine Ausstellung für Hodler insofern ist, als sie seine Leistungen unter neuen, anderen und überraschenden Aspekten würdigen und auch im Kontext der europäischen Kunstgeschichte neu zur Diskussion stellen will, soll also auch ein darüber hinausgehender kulturpolitischer Beitrag geleistet werden.

**Beat Wismer**

## Ferdinand Hodler, Piet Mondrian:
## Eine Begegnung

Im zweiten Teil dieses Beitrages möchten wir eine Art kommentierten Bildessay liefern, in welchem die Argumente, die eine Begegnung von zahlreichen Bildern von Ferdinand Hodler und Piet Mondrian und damit auch eine Doppelausstellung mit diesen Malern gerechtfertigt erscheinen lassen, an exemplarisch ausgewählten Bildkombinationen knapp erläutert und auch vor Augen geführt werden sollen. Denn immerhin: Es sind die Bilder selbst, durch die wir uns zuerst zu unserem Unterfangen legitimiert fühlten, und wir sind denn auch überzeugt, dass vor allem der Ausstellung, aber auch dem umfangreichen Bildteil dieses dazu erscheinenden Buches, ein hohes Mass an Evidenz hinsichtlich der Intentionen eignet, die uns bewogen haben, diese Begegnung zwischen den zwei angeblich so verschiedenen Malern zu arrangieren. Unserem gleichzeitigen Bemühen, die jeweilige Eigenständigkeit der beiden Künstler zu respektieren und also auch das nicht oder nur bedingt und nur sehr differenziert Vergleichbare in ihren Werken zu zeigen, entspricht es, dass sich die Werke der beiden im Bildteil nicht als direkte Konfrontation begegnen, sondern dass sich grössere Werkgruppen als geschlossene Kapitel folgen. Die beiden Maler waren altersmässig durch eine knappe Generation getrennt, also ist auch eine zeitlich parallele Darstellung nur bedingt möglich. Oft sind anderseits Werke, die sich zum Vergleich anbieten, zwar um die gleichen Jahre herum gemalt worden, aber ihre Maler standen zur Zeit der Entstehung in verschiedenen Lebensaltern. Unser Versuch versteht sich also auch als kommentierte Einführung in den Bildteil, der analog zur Ausstellung aufgebaut ist, und damit ebenfalls quasi als Führung durch die Ausstellung. Ihm vorangestellt ist der Hinweis auf diverse Gelegenheiten, Ausstellungen und Publikationen, bei denen sich Werke der beiden schon früher, allerdings nicht exklusiv, sondern in einer erweiterten Gesellschaft, begegnet sind.

### Frühere Begegnungen: Ein Abriss der Forschungsgeschichte

Mit Ausnahme des knappen und vagen Hinweises, mit dem Piet Mondrian selbst 1942 auf eine Frage von J. J. Sweeney nach Ferdinand Hodler geantwortet hat[1], wird eine mögliche Beziehung zwischen den beiden Malern in der Mondrian-Forschung erst zwanzig Jahre später erstmals zum Thema, in Carlo L. Ragghiantis 1962 erschienenem

Buch *Mondrian e l'arte del XX secolo,* dem ein ähnliches Schicksal widerfuhr, wie es sein Autor im Hinblick auf Hodler formulierte: wie der Schweizer Maler blieb auch Ragghiantis Monographie im Ausland *troppo dimenticato.*[2] Die umfassende Untersuchung, die Mondrians Position in einem sehr weiten Kontext zu lokalisieren suchte, wurde, aus welchen Gründen auch immer, weder in der holländischen noch in der deutschsprachigen oder englischen Mondrian-Literatur gebührend zur Kenntnis genommen und in der Hodler-Literatur natürlich überhaupt nicht. Auf eine Verwandtschaft zwischen den beiden Malern wurde erst Ende der achtziger Jahre explizit wieder hingewiesen, nun aber in der Hodler-Literatur. Es war Oskar Bätschmann, der 1989, nachdem er schon seit 1983 mit einer Reihe von Publikationen die Hodler-Forschung äusserst fruchtbar und neu inspiriert hatte, erstmals Werke von Hodler und Mondrian direkt verglich.[3] Das waren die ersten und bis anhin einzigen direkten Konfrontationen zwischen Hodler und Mondrian; wenn sich Werke oder Werkgruppen von ihnen bei anderen Gelegenheiten begegneten, so ergaben sich solche meist im Rahmen von gross angelegten thematischen Publikationen oder Ausstellungen, sei es zu einer, in einem weiten Sinne verstandenen, romantischen Tradition oder im Kontext eines ebenso offen verstandenen oder vage definierten Symbolismus. Auf diese soll hier nicht eingegangen werden, es wird im folgenden nur auf Ausstellungen oder Publikationen hingewiesen, welche spezifischere, sowohl Hodler wie auch Mondrian betreffende Aspekte thematisieren. Vor seinen Begegnungen mit Mondrian wurde Hodler, der Einzelgänger, allerdings versuchsweise mit verschiedenen anderen Malern in Verbindung gebracht: Mit ein paar kurzen Bemerkungen soll zuerst auf einige Publikationen hingewiesen werden, in denen zuvor Begegnungen mit anderen Malern arrangiert worden sind.

Schon 1913, aus heutiger Sicht erstaunlich früh, erschien von Fritz Burger die zweibändige Publikation *Cézanne und Hodler*[4]: Ein hybrides Unterfangen, in welchem Hodlers Malerei nicht nur mit jener von aktuellen Zeitgenossen in Beziehung gebracht wurde – neben Cézanne unter anderen Matisse, Gauguin und Picasso und Eugen (!) Kirchner –, sondern auch mit Beispielen aus früheren Zeiten und anderen Kulturen: von frühchristlichen Mosaiken über Giotto, van Eyck und Tintoretto bis hin zu Hokusai. Wenn die Untersuchung auch von der Absicht her völlig überrissen war, ist doch verständlich, dass Hodler mit Cézanne in Verbindung gebracht wurde: Seine abstrahierend-reduzierende Sicht aufs Motiv und seine, in seinen *Zehn Geboten* formulierte Empfehlung der Zuhilfenahme von mathematischen Masswerkzeugen zur Bildkonstruktion, konnten den Schluss einer Verwandtschaft nahelegen.

Mit einem höheren wissenschaftlichen Anspruch untersuchte Peter Dietschi Hodlers Gestaltungsabsichten in seiner 1957 erschienenen Dissertation *Der Parallelismus Ferdinand Hodlers.*[5] Auch er vergleicht ihn mit anderen Malern, mit Ausnahme des im gleichen Jahr geborenen van Gogh aber nur mit den älteren Gauguin, Cézanne, Marées und Puvis de Chavannes. Angesichts des spezifischen Themas überrascht, dass

Dietschi weder Mondrian noch überhaupt abstrakte Gestaltungsweisen zum Vergleich herangezogen hat. Denn auch wenn Hodler seine Theorie des Parallelismus aus der gesehenen Wirklichkeit entwickelt hat, so tendiert doch die parallelistische Gestaltung über die Stilisierung in Richtung Abstraktion und Konstruktion: dies wurde von einem Pionier der frühen ungegenständlichen Maler, von Kandinsky, schon zu Lebzeiten Hodlers erkannt, er nennt jenen in seinem Buch *Über das Geistige in der Kunst* von 1912 im Zusammenhang mit *konstruktiven Bestrebungen*.[6]

Ähnlich verhält es sich mit der erwähnten Untersuchung von Ragghianti, die nun allerdings auf dem Einfluss von Hodlers Parallelismus auf Mondrian geradezu insistiert – der Autor überschreibt nicht nur ein Kapitel mit *Hodler e il «parallelismo»*, er spricht gar in einem Zwischentitel von *L'esperienza di Hodler* (gefolgt von *L'esperienza di Munch)*.[7] Ragghianti übertreibt gewiss hinsichtlich eines direkten Einflusses von Hodler auf Mondrian. Zumal er von der Hodler-Ausstellung, die 1907 in Amsterdam stattfand und über die wir nun dank des Beitrages von Hans Janssen und Anne Tabak mehr wissen, noch keine Kenntnis hat, kann er sich, wie er auch zugesteht, nur auf Vermutungen abstützen: Immerhin aber vermutet er wohl insofern in die richtige Richtung, als er den Weg des Einflusses via Toorop annimmt.[8] Er beschränkt aber den Vergleich von Hodler und Mondrian auf die frühen parallelistisch komponierten Landschaften, auf das Symbolistische im engeren Sinne und auf jene Werke, deren kompositionelle Einheit auf der Grundform des Kreises oder im Oval respektive in der Ellipse basiert: besonders die Werke der letztgenannten Gruppe aus den Jahren 1908 bis 1912 gingen, so Ragghianti, auf die bereits erwähnte *esperienza hodleriana* zurück.[9] Leider geht Ragghianti aber nicht weiter und er unterlässt es, ein Verhältnis zwischen Hodlers Symmetrie-Konzept und Mondrians abstrakten Werken der Zeit nach 1915 zu untersuchen: In dieser Hemmung, figurative Gemälde mit abstrakten Kompositionen zu vergleichen (die wohl auch Dietschi zurückhielt), vor allem aber in der Richtung, welche die Mondrian-Forschung in der Folge einschlug, scheint mir der Grund zu liegen, dass Hodler im Zusammenhang mit Mondrian so lange nicht mehr erwähnt wurde. Das Interesse an Mondrian konzentrierte sich immer einseitiger auf die Leistungen des Malers im Bereich der abstrakten Kunst und des Konstruktivismus, während sein Frühwerk als, gewiss ganz im Sinne des Malers, eigentliches Vor-Werk betrachtet wurde und die symbolistischen Werke im sauber geradlinigen Bild, das man sich von Mondrian zu zeichnen anschickte, irritierten und als Störfaktoren empfunden wurden. So stellte auch die grosse Retrospektive zum fünfzigsten Todestag des Malers, 1994/95 in Den Haag, Washington und New York, die formale Entwicklung des Malers hin zur abstrakten autonom-reinen Malerei absolut in den Vordergrund und verzichtete auf alle Hinweise auf symbolistische Werke oder auf esoterisches, hinter den Bildern wirkendes Gedankengut.

Aufgrund dieser Sachlage überrascht nicht, dass die Anregung, Mondrian und Hodler gemeinsam zu diskutieren, von der Hodler-Forschung ausgehen musste. In

Oskar Bätschmanns 1986 publizierten grundlegenden Analysen zu Hodlers Methode und zu den verschiedenen Arten von Symmetrien, die der Maler als formale und gleichzeitig, in inhaltlicher Absicht, als Bedeutung schaffende Gestaltungsmittel eingesetzt hat, erhalten wir, mit einer Verspätung quasi von dreissig Jahren, jene profunden Einsichten in Hodlers Gestaltungsprinzipien, die mit Dietschis Dissertation in Aussicht gestellt worden waren.[10] Auch wenn in diesen Untersuchungen der Name Mondrian vorerst noch nicht vorkommt, so legen sie doch schon den sicheren Grund für die Legitimation jenes Vergleiches, der in der Folge neben den frühen und den symbolistischen Werken Mondrians auch jene seines Übergangs zur absoluten Ungegenständlichkeit miteinbeziehen wird. Die ersten expliziten Bildvergleiche nach Ragghianti, nun aber auch abstrakte Werke von Mondrian berücksichtigend, finden sich in den schon erwähnten, 1989 erschienenen Publikationen von Bätschmann.[11] Der Autor stellt nun nicht mehr nur Mondrians *Bäume am Gein* von 1908 neben die frühe parallelistische *Landschaft mit Pappeln* von Hodler und neben dessen *Landschaftlichen Formenrhythmus* von 1909 (ein Vergleichsbeispiel, das schon Ragghianti gebraucht hatte), sondern betrachtet nun erstmals und mit guten Gründen Hodlers Skizzen des *Niesen* von wahrscheinlich 1909 zusammen mit Mondrians *Pier und Ozean* von 1914/15. Nach diesen eher formalen Vergleichen setzt Bätschmann Hodlers explizit symbolistische Themen – vom *Aufgehen im All* über die verschiedenen *Blicke ins Unendliche* respektive *in die Unendlichkeit* respektive *ins Weite* – in Beziehung zu Mondrians *Evolutions*-Triptychon. Im Zusammenhang mit diesem in der Mondrian-Forschung so umstrittenen Werk ging Bernhard von Waldkirch in seinem 1996 erschienenen Text *Gestures and Visions. Ferdinand Hodler and Art in the Twentieth Century* einen wenn auch naheliegenden, so doch entscheidenden und aufschlussreichen Schritt weiter, als er die *Evolution* in einen Zusammenhang mit Hodlers *Tag-* und *Wahrheit*-Komplex brachte. Sein Text erscheint in unserer Publikation erstmals in der originalen deutschen Fassung.[12]

Neben diesen Hinweisen auf spezifisch unsere Ideen tangierende Publikationen sind einige Ausstellungen der vergangenen Jahre zu erwähnen: 1988/89 fand im Museum Boymans-van Beuningen eine Ausstellung mit Ensor, Hodler, Kruyder und Munch statt, die in ihrem Untertitel diese vier Maler zwar als *Pioniere der Moderne* bezeichnete, sie aber auch explizit als Einzelgänger auffasste und präsentierte. Immerhin war die Kombination überraschend, auch wenn sie keine abstrakte Position mit einbezog. Naheliegender war dann die Ausstellung *Hodler und Wien* 1992/93 in der Österreichischen Galerie in Wien, ein kunsthistorisches Unternehmen, das dem Einfluss Hodlers auf österreichische Künstler nachging. Von grösserem Interesse in unserem Zusammenhang waren aber einige wichtige thematische Ausstellungen: 1986 fand in Darmstadt eine umfassende, breit und interdisziplinär angelegte Ausstellung zum Thema *Symmetrie in Kunst, Natur und Wissenschaft* statt. Einer der erwähnten wichtigen Texte von Bätschmann zu Hodler entstand für den Katalog dieser Ausstellung, in welcher Hodler seiner Bedeutung entsprechend vertreten war: mit Selbstbildnissen ebenso wie mit Landschaften und mit explizit symbolistischen Kompositionen. Aus Gründen, die schwer nachvollziehbar sind, blieb Mondrians Werk aus der Ausstellung ausdrücklich ausgeschlossen, obwohl er doch, wie der für die Konzeption mitverantwortliche Klaus Wolbert in seiner Katalog-Einführung zu Recht schrieb, mit seiner *Idee der Versöhnung von Materie und Geist im Kunstwerk mittelbar den wohl umfassendsten Symmetrie-Gedanken ausgesprochen* hat.[13] Nachdem ich selbst mich bereits 1979 mit den komplexen Bedingungen und Quellen von Mondrians synkretistischer Erkenntnistheorie beschäftigt und zur Erhellung von dessen Weltanschauung meinen Beitrag geliefert hatte[14], waren für mich zwei thematische Ausstellungen respektive Kataloge, die sich sehr breit (wenn nicht zu breit) den Beziehungen zwischen esoterischem, spiritualistischem oder okkultem Gedankengut und der Kunst der frühen Moderne widmeten, von höchstem Interesse: 1986 wurde im Los Angeles County Museum of Art die Ausstellung *The Spiritual in Art: Abstract Painting 1890–1985* eröffnet, die anschliessend auch im Gemeentemuseum, Den Haag, gezeigt wurde, und 1995 organisierte Veit Loers für die Schirn Kunsthalle Frankfurt die Ausstellung *Okkultismus und Avantgarde. Von Munch bis Mondrian 1900–1915*. In beiden Ausstellungen, die mit einer Unzahl von Künstlernamen, und auch in entsprechend gewichtigen Publikationen, ein Phänomen darstellen wollten, vor dessen Verstrickungen und Verschlingungen jeder Versuch einer enzyklopädischen Erfassung scheitern muss, waren Hodler und Mondrian mit Werken vertreten. Wir selbst haben 1993 im Aargauer Kunsthaus eine Ausstellung gezeigt, die unter dem Titel *Equilibre* den verschiedensten Erscheinungsweisen von *Gleichgewicht, Äquivalenz und Harmonie in der Kunst des 20. Jahrhunderts* (so der Untertitel) gewidmet war, und die den Weg aufzeigte von Gleichgewichts- und Harmonievorstellungen der klassischen Konstruktivisten, die eng mit utopischen gesellschaftspolitischen Ideen liiert waren, bis hin zu den illusionslosen Balance-Akten nach dem Scheitern der Moderne und deren Utopie in der aktuellen Kunst. Unsere Austellung beschränkte sich auf die Äquivalenzkonzepte in der ungegenständlichen Kunst, sie setzte mit den russischen Suprematisten und Konstruktivisten der zehner Jahre ein: Mondrian besetzte in diesem Konzept mit seinen neo-plastischen Werken ebenso selbstverständlich eine hervorragend wichtige Position wie Hodlers gleichschenklige Niesen-Darstellungen ausserhalb der Idee der Ausstellung lagen und also wohlbegründet nicht gezeigt wurden.

## Paralleles und Analoges in den früheren Werken

Mit der ersten Gruppe von Werken, die einander gegenübergestellt und zusammen betrachtet werden, soll auf Analogien zwischen den beiden Malern bezüglich ihrer Sicht auf die Landschaft einerseits und deren Überführung in eine Komposition und in ein Bild anderseits aufmerksam gemacht werden. Im Zentrum des Interesses stehen dabei in beiden Fällen das späte Frühwerk und damit: Bilder des Übergangs. Bei Hodler betrifft dies vor allem Werke aus den Jahren um 1890/93, aus der Zeit also, da er sich die gedankliche Konzeption des Parallelismus erarbeitet hat: Der Begriff findet sich 1893 erstmals in einem Brief des Malers.[15] Die Landschaften, die wir von Mondrian danebenstellen, sind in den Jahren zwischen 1906 und 1908, und damit um jene Jahre später entstanden, welche der knappen Generation entsprechen, die zwischen den Geburtsdaten der beiden Maler liegt. Zur Zeit, da sie diese Bilder malten, standen sie in einem ähnlichen Alter, Hodler war um die vierzig, Mondrian etwa fünf Jahre jünger. Anderseits datieren Mondrians Bilder aber auch aus jener Zeit, da er erstmals Werken von Hodler im Original begegnet ist. Dank der Recherchen, die Hans Janssen mit Anne Tabak für unsere Publikation unternommen haben, wissen wir nun zwar vieles über jene Hodler-Ausstellung, die 1907 in Amsterdam gezeigt wurde und die in der Hodler-Literatur bis heute seltsamerweise unerwähnt geblieben ist: dennoch kann hinsichtlich eines direkten Einflusses von Hodler auf Mondrian nur zu grösster Zurückhaltung geraten werden.

Ein Blick auf die Entwicklung von Mondrians Landschaftsmalerei des ersten Jahrzehntes unseres Jahrhunderts zeigt, dass seine Bilder von einer ähnlichen Sicht auf das Motiv geprägt sind, wie wir sie auch hinter den frühen Landschaften Hodlers und in dessen Parallelismus-Konzeption erkennen können. Wir dürfen durchaus von Analogien in der Anlage der Auffassung sprechen: Kann sein, dass Mondrian in Hodler eine Bestätigung fand, einer Anregungen oder eines Einflusses bedurfte er aus dieser Richtung kaum. Die wichtigsten gemeinsamen Charakteristika sind in einer analytischen, un-impressionistischen Sicht zu erkennen, die zuerst abstrahierend und reduzierend aufs Herausarbeiten und Offenlegen des Wesentlichen des Motivs hinzielt. In der Folge geht es darum, dem in der Landschaft als wesentlich Erkannten in einer mit grosszügig stilisierenden Bildmitteln aufgebauten Komposition gerecht zu werden.

Bätschmann vergleicht Hodlers ganz frühe, um 1875 datierte *Landschaft mit Pappeln* (Abb. S. 45) mit Mondrians *Bäumen am Gein* von 1907/08 (Abb. 8), und damit mit einem der für die Überwindung des Frühwerkes äusserst wichtigen Werk. Dieses bildet den grossartigen Abschluss einer ganzen Gruppe von Bildern (Abb. 5–8), in denen sich Baumreihen am Ufer im Wasser eines Flusses oder eines Kanals spiegeln. Bätschmann schreibt dazu: *(Bei Seurat) wie bei Hodler und Mondrian steht das Aufgreifen einer Reihe von wiederholten Elementen innerhalb von weiter ausgedehnten Versuchen, eine reguläre, vielleicht aus den Gesetzen der Kunst begründete Komposition zu schaffen.*[16] Angesichts

der Strenge und Klarheit ihrer Komposition wäre es ein leichtes, vielleicht aufschlussreiches, sicher aber reizvolles Unterfangen, Mondrians Werke mit ihren Reihungen,
Wiederholungen und Symmetrien mit Hilfe jener Diagramme und Matrizen der Dis-
position zu analysieren, auf die Bätschmann Hodlers Kompositionen zurückgeführt
hat.[17] Dennoch kann ich mir auch den, für Holländer vielleicht zu banalen, Hinweis
nicht verkneifen: Der Maler Mondrian arbeitete vor einer Landschaft, die sich ihm in
ihrer Flachheit und in ihrer Gliederung durch schnurgerade horizontale Kanäle und
mit vertikalen Baumreihen und Alleen schon als weitgehend abstrakte Struktur, schon
als geradlinige, von viel Zufälligem entschlackte Ordnung präsentierte.

Wichtig festzuhalten ist jedoch dies: Hodler entwickelt seine Auffassung vom Parallelismus aus der Sicht der Natur, der von einer parallelistischen Idee geleitete Maler
will das Wesentliche der Natur, frei von unwichtigen Details, in grösster Klarheit darstellen. Sein hochverehrter Lehrer Barthélemy Menn, ein fortschrittlicher Vertreter
einer *paysage intime,* hatte ihn gelehrt, das pittoreske Motiv zu überwinden: davon
zeugt die erwähnte Pappellandschaft des 23jährigen ebenso wie das um 1890 zu datie-
rende Bild *Moränen an der Rhône* (Abb. 1). Aufschlussreich sind aber vor allem der
*Buchenwald* von 1885 (Abb. S. 49)[18], *Die Strasse von Evordes* (Abb. 2) um 1890 und die beiden
Bilder *Herbstabend* von 1892 (Abb. 3, 4): regelrechte Programmstücke zum Parallelismus.
Studien zur *Strasse nach Evordes* sind mit der Aufschrift *Le chemin symbolique* versehen[19], auf einer Skizze zum *Herbstabend* geht eine weibliche Rückenfigur das letzte
Stück des Lebensweges: Hodler wird sie in der ausgeführten Fassung wieder übermal-
len. Zur gleichen Zeit, da er sich an seine grossen figürlichen symbolistischen Kompositionen macht, kann er in seinen Landschaftsbildern auf solch überdeutliche Mittlerfi-
guren verzichten. Zusammen mit einer Veränderung der malerischen Mittel – vom
Pleinairismus der *Strasse nach Evordes* zum ausgesprochenen Flächenstil im *Herbstabend* – , geschieht damit die Aufhebung des Schaubildes in ein Sinnbild, wie Dietschi es beschrieb.[20] Mit diesen Landschaften nähert sich Hodler zwar einer reinen
Malerei, trotzdem wollen sie gleichfalls als Werke mit einem hohen Symbolgehalt gelesen werden. Der Schluss seines Textes zum Parallelismus, der da sagt, dass das Kunstwerk eine *neue, den Dingen innewohnende, Ordnung offenbaren werde, welche die Idee der
Einheit* sein werde, meint nichts anderes.

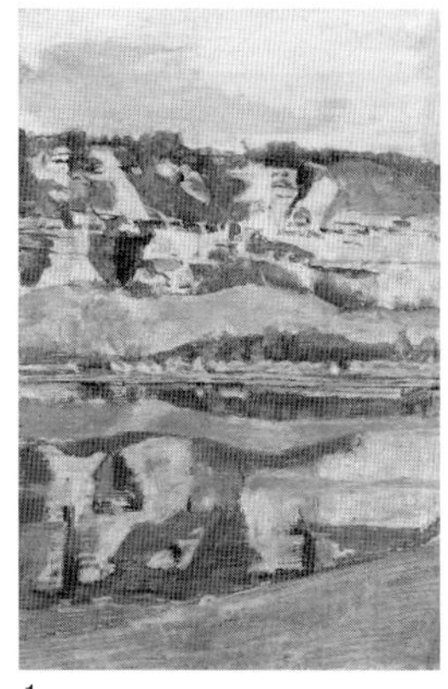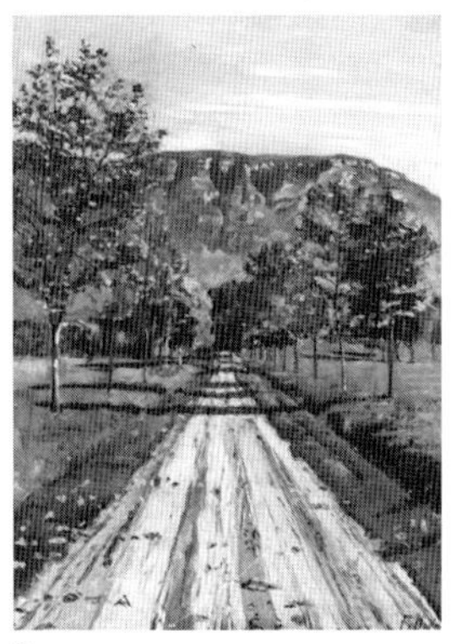

1

2

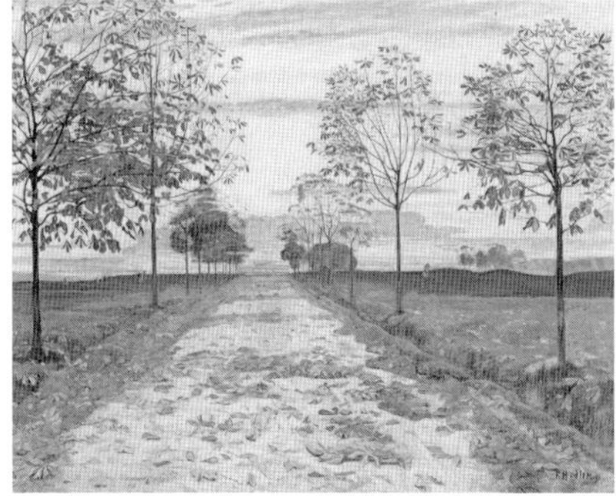

3

4

1 Ferdinand Hodler
Les moraines du Rhône. 1883
Öl auf Leinwand, 51 × 37,5 cm
Musée d'art et d'histoire
de la Ville de Genève

2 Ferdinand Hodler
Die Strasse nach Evordes.
Um 1890, 62,5 × 44,5 cm
Museum Oskar Reinhart,
Winterthur

3 Ferdinand Hodler
Der Herbstabend. 1892
Bleistift, Farbstift und Aquarell
auf Papier, 26,3 × 33,7 cm
Cabinet des dessins
Musée d'art et d'histoire
de la Ville de Genève

4 Ferdinand Hodler
Herbstabend. 1892–93
Öl auf Leinwand, 100 × 130 cm
Musée d'art et d'histoire,
Neuchâtel

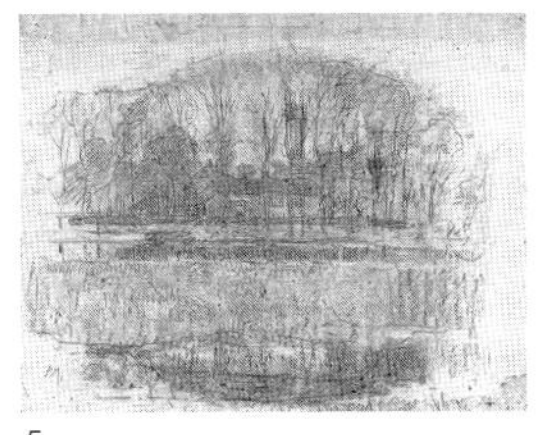

5

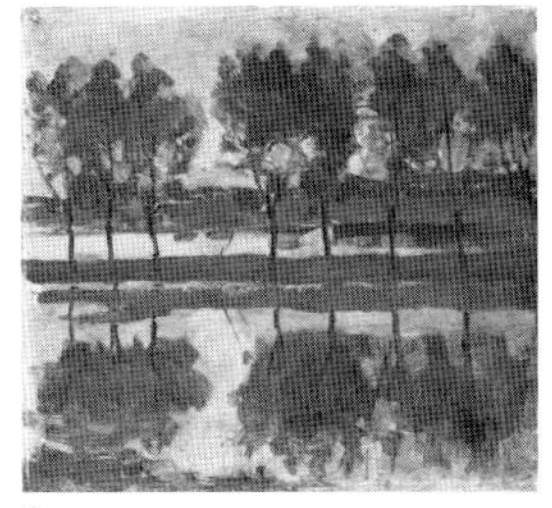

6

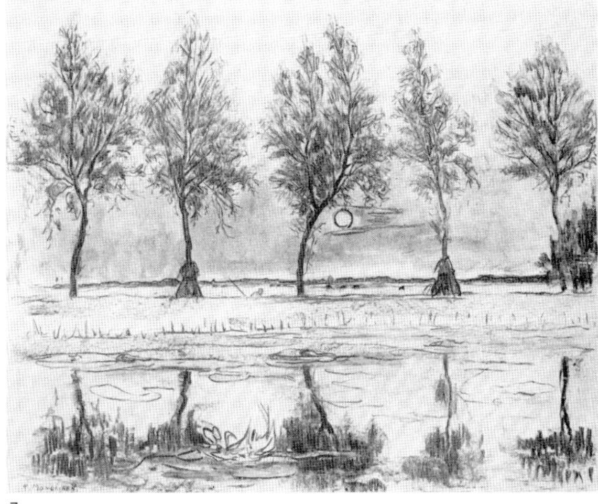

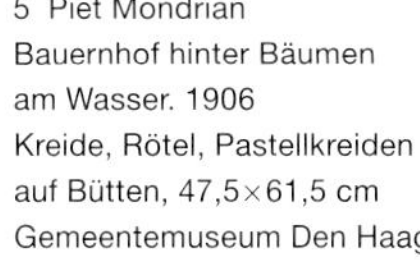

7

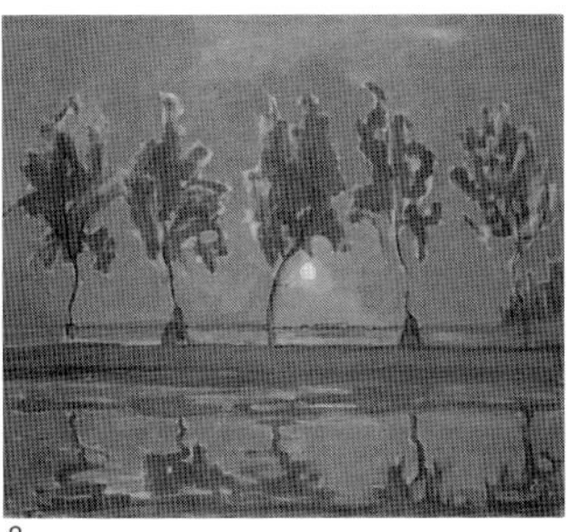

8

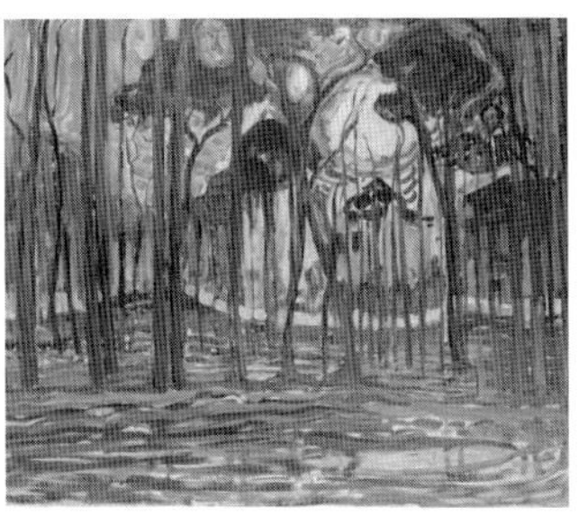

9

5 Piet Mondrian
Bauernhof hinter Bäumen
am Wasser. 1906
Kreide, Rötel, Pastellkreiden
auf Bütten, 47,5×61,5 cm
Gemeentemuseum Den Haag

6 Piet Mondrian
Der Gein: Bäume am Wasser.
1906/07, Öl auf Leinwand
45×66 cm
Gemeentemuseum Den Haag

7 Piet Mondrian
Bäume am Gein bei aufgehendem
Mond. 1907/08
Kohle auf Papier, 63×75 cm
Gemeentemuseum Den Haag

8 Piet Mondrian
Bäume am Gein: Mondaufgang.
1908
Öl auf Leinwand, 79×92,5 cm
Gemeentemuseum Den Haag

9 Piet Mondrian
Wald bei Oele. 1908
Öl auf Leinwand, 128×158 cm
Gemeentemuseum Den Haag

## Die im engeren Sinne symbolistischen Werke

Wir haben unseren Vergleich der Werke oben mit der Betrachtung von Landschaftsdarstellungen aus den je späten Frühwerken begonnen, aus den Jahren 1890/93 bei Hodler respektive aus den Jahren um 1906/08 bei Mondrian, und wir haben darauf hingewiesen, dass beide Maler damals um die vierzig Jahre alt waren und dass viele von den Werken, die damals entstanden, als Bilder des Übergangs verstanden werden können. Hier ist nun eine zusätzliche Information anzufügen, eine auffällige biographische Koinzidenz, deren Kenntnis für das Verständnis der Werkgruppen, die wir nun miteinander in Beziehung setzen möchten, und, darüber hinaus, für das jeweilige Schaffen und das Selbstverständnis der Künstler überhaupt, unerlässlich und höchst aufschlussreich ist. Nachdem Hodler 1891 in Paris im Umkreis der Symbolisten mit seinem Werk *Die Nacht* einen grossen, Aufsehen erregenden Erfolg gefeiert hatte, wird er im folgenden Jahr zur Teilnahme am ersten *Salon de la Rose + Croix* eingeladen, wo er *Die enttäuschten Seelen* zeigen wird. Er wird Mitglied der *Rose + Croix Esthétique,* der künstlerischen Abteilung der okkulten Bruderschaft der *Rose + Croix Catholique,* die sich in ihren diffusen Zielen der Überwindung des Realismus zugunsten eines schwammigen, neo-katholischen Idealismus und Symbolismus verschrieben hat. Wenn sich Hodler in jenen Übergangsjahren um 1890/93 den Rosenkreuzern nähert, so beginnt Mondrian zehn, fünfzehn Jahren später, aber ungefähr im gleichen Alter, sich mit den Ideen der Theosophen zu beschäftigen; nachdem er 1908 Rudolf Steiner begegnet war, tritt er 1909 der *Theosophischen Gesellschaft* bei.[21] Wenngleich es weder möglich ist, Hodler als Rosenkreuzer-Maler noch Mondrian als theosophischen Maler zu reklamieren, so ist doch die Kenntnis solche Beschäftigungen unerlässlich, stehen diese doch bei beiden Malern am Beginn einer explizit symbolistischen Phase.

Wenn man's denn so nennen darf: Symbolismus ist ein extrem diffuser Begriff, der im Grunde wenig taugt. Im Zusammenhang mit Hodler verwendet Dückers ihn in jenem ganz allgemeinen Sinn, der Werke meint, *die demonstrativ und programmatisch über sich selbst hinausweisen.* Der Autor betont dabei weiter, *dass sich der Charakter von Hodlers Symbolismus nur zum Teil erschliesst aus der Beschreibung seiner Themen und Motivwahl, dass vielmehr auch Bildaufbau und Flächenorganisation (...) besondere Aufmerksamkeit verlangen.*[22] So betrachtet, kann Hodlers ganzes Werk – mit einer Einschränkung bezüglich der historischen Bilder – als im weitesten Sinne symbolistisch umschrieben werden. Insofern als es Mondrian in seinem reifen, neo-plastischen Werk (wir greifen hier kurz vor) darum geht, *universelle Zusammenhänge durch einzigartige Kompositionen erlebbar zu machen,* wie Hans Locher schreibt, darf der Begriff «Symbolik» für *die Klarheit und die Ausgewogenheit seiner Komposition* auch bei ihm bis zuletzt angewendet werden, *auch wenn es nachdrücklich weder um eine narrative Symbolik, noch um eine erkennbare Darstellung der sichtbaren Welt* geht.[23] Gestützt auf die Analyse der Texte Mondrians haben auch wir damals den Schluss gezogen: *Im Grunde (...) bleibt*

*Mondrian immer Symbolist, auch wenn er auf Symbole fürderhin verzichtet: es wird aus dem verweisenden und illustrierenden Symbolisten ein abstrakter Symbolist, dessen Anliegen jedoch bestehen bleibt, auch wenn sich die Bildform radikal ändert: der tiefste Gehalt der Werke bleibt der selbe, auch wenn ein Inhalt nun fehlt. Mondrian findet in einem langen Prozess, der das ganze zweite Jahrzehnt dauert, einen Weg, sein Universales ohne den Umweg über oder durch die Vermittlung durch ein äusserliches naturalistisches oder zeichenhaft verweisendes Abbild darzustellen, es direkt – nicht hinter einem abbildhaften Schleier – darzustellen.*[24]

Es geht hier nun aber um die Betrachtung einer Gruppe von Werken, die ihren Gehalt über eine narrative Symbolik zu visualisieren suchen, um Bilder, die wir innerhalb des jeweiligen gesamten Œuvres als die explizit symbolistischen Werke umreissen möchten. Auf die zeitliche Koinzidenz des nachdrücklichen Auftretens dieser Werkgruppen habe wir hingewiesen, zu ergänzen ist dies: Bei Mondrian beschränkt sich eine im engeren Sinne symbolistische Phase auf die Jahre 1908 – 1911 – die Zeit zwischen seiner ersten intensiven Beschäftigung mit theosophischem Gedankengut und seiner Übersiedlung nach Paris – und sie umfasst nur eine kleine Gruppe der in diesen Jahren entstandenen Werke. Parallel zu diesen arbeitet Mondrian weiter an Bildern, die zwar auch in einem mehr oder weniger erweiterten Sinn symbolistisch zu interpretieren sind, die aber mit ihrer formalen Reduktion und in ihrer befreiten Farbigkeit wichtige Wegmarken für die Entwicklung einer autonomen, reinen Malerei bedeuten: Bilder mit Bäumen und Blumen, Dünen, Mühlen und Leuchttürmen.

Vor seinem ersten symbolistischen Hauptwerk, *Die Nacht* von 1889/90, malt Hodler nur ausnahmsweise explizit als symbolistisch zu bezeichnende Kompositionen: als erstes, höchst aufschlussreiches und ein Generalthema vorausnehmendes Bild ist das pantheistische *Zwiegespräch mit der Natur* von 1884 zu erwähnen. (Abb. 10) Das Thema von *Aufgehen im All* oder, vielleicht präziser, von *Communion avec l'infini*, dem im Zusammenhang mit Hodler wie mit Mondrian besondere Bedeutung zukommt, erscheint hier in einer ersten Fassung. Mit *Aufgehen im All* selbst (Abb. 11) setzt dann 1892 die lange Reihe der symbolistischen Kompositionen ein, die Hodler während zwei Jahrzehnten beschäftigen werden. Zusammen mit *Die Lebensmüden* aus dem selben Jahr (Abb. S. 73) und einer Studie zur *Nacht* gehört dieses wichtige Bild übrigens zu jenen drei symbolistischen Werken, die 1907 in Hodlers Ausstellung in Amsterdam gezeigt wurden und die Mondrian also gesehen haben muss.

Die innere Verwandtschaft zwischen Hodlers symbolistischen Darstellungen der neunziger Jahre (Abb. 10–14) und einigen Bildgedanken Mondrians um 1908/11 (Abb. 23–29) ist nicht zu übersehen, aber auch nur sehr allgemein. Wir konzentrieren uns im folgenden auf den wohl ergiebigsten und aufschlussreichsten Vergleich und betrachten Mondrians *Evolution* im Zusammenhang mit Hodlers Bildideen zum *Tag* und zur *Wahrheit*. Das Triptychon *Evolution* von 1910/11 (Abb. 28) ist Mondrians symbolistisches Hauptwerk, gleichzeitig schliesst es die Reihe der explizit symbolistischen Werke ab. In seiner abstrahierend-reduzierenden Stilisierung kündet das Werk schon vom Interesse des Malers am Kubismus, der ihm in der Folge den Weg zur Zerstörung der Form und damit letztlich die Freiheit zur Ungegenständlichkeit eröffnen wird. Mondrian zeigte das Bild im Herbst 1911 in einer Ausstellung in Amsterdam, in der neben Werken von Cézanne erstmals auch frühkubistische Bilder von Braque und Picasso in Holland zu sehen waren. Hinsichtlich der künstlerischen Qualität ist *Evolution* mit berechtigten Argumenten heftig umstritten, in seiner Programmatik verdient es dennoch sorgfältigere Beachtung. Im Zusammenhang mit meiner Untersuchung der Erkenntnistheorie Mondrians habe ich mich denn damals auch *zu jener Gruppe von Kunsthistorikern bekannt, die diesen «monströsen, mittelmässigen Schinken» tatsächlich als «Schlüsselbild» (...) betrachten und ernst nehmen.*[25]

Hans Locher beschreibt das Werk klar: *Wir sehen drei hoch aufgerichtete Frauen, die plastisch gestaltet, aber nicht körperlich anwesend sind. Ihre stilisierte Nacktheit könnte ein Hinweis auf die Reinheit sein, das die Körper durchstrahlende Blau und Violett ein Zeichen der Vergeistigung. Die schematischen Formen unmittelbar hinter und über den Schultern erinnern an Blumen. Sie scheinen nicht nur Ornament, sondern auch Bedeutungsträger zu sein, ohne dass ihre Bedeutung näher bestimmt werden kann.*

*Soweit wir wissen, hat Mondrian zu diesem Triptychon keine Erklärungen abgegeben. Es ist aber anzunehmen, dass hier eine spirituelle Evolution dargestellt wird, deren Ergebnis schliesslich der Durchbruch zu einer höheren Einsicht ist. Das wird nicht nur durch die weit geöffneten Augen der Frau in der Mitte ausgedrückt, sondern auch dadurch, dass sie buchstäblich über die beiden anderen herausragt. Ausserdem wird ihr Gesicht von einem goldgelben Hintergrund eingefasst, und die Blumen sind in Weisstönen gehalten. Die beiden Frauen auf den Seitenflügeln haben die Augen geschlossen und stehen noch im Dunkeln. Die Veränderungen der Details – die Stilisierung der Blumen, der Brustwarzen und des Nabels – und der Kopfhaltung weisen deutlich darauf hin, dass sich die Evolution vollzieht: von der Versunkenheit links über ein Zwischenstadium rechts zur «Erleuchtung» in der Mitte.*

*Mondrian sah sich selbst 'auf dem Weg zum wahren Sehen der Realität'. Aus der Perspektive seines Weges betrachtet, geht es bei der «Evolution» vor allem um den Vorgang des Sehens, während das Ergebnis des «Sehens», die «wahre Realität», in der Komposition A* [eine neoplastische Komposition von 1932, B.W.] *sichtbar gemacht wird.*[26]

Mondrian stellt also mit dem allegorischen Werk *Evolution* die richtige Erkenntnis dar: Wir haben deren drei Stufen auch mit Spinozas Dreischritt der Erkenntnis in Verbindung gebracht, dessen Ziel in der richtigen, in der adäquaten Erkenntnis sub specie aeternitatis liegt, welche ein intuitives Wissen ist.[27] Mondrian wird sich in der Folge mit dem Neo-Plastizismus die rein abstrakten ungegenständlichen Ausdrucksmittel erobern, um dem, was nur mit der richtigen Erkenntnis adäquat erkannt werden kann, dem Wahren oder dem Universellen oder dem Unwandelbaren, unmittelbaren Ausdruck zu geben: mit den Mitteln der Kunst allein, ohne den Umweg über das Symbol, über die Allegorie oder das Zeichen gehen zu müssen. Der Vergleich mit dem Komplex der Bildideen zum *Tag* und zur *Wahrheit*, welche Hodler während rund zwei Jahrzehnten beschäftigt haben und die enge Verbindungen und gemeinsame Ursprünge aufweisen, ist äusserst spannend. Er zeigt uns darüber hinaus, wie entscheidend sich der Generationsunterschied zwischen den beiden Malern auswirkt. Wie Mondrian zeigen uns auch Hodlers Frauen im *Tag* den Prozess des Sehens, der auch Erkennen meint. (Abb. 15, 16). Der Maler selbst schrieb dazu: *Wie ist das Bild gemeint? Die Weiber erwachen. Das heitere Tageslicht hindert die einen zu sehen, die anderen haben es überwunden und bewundern die Pracht des Tages, die durch blaue Blumen dargestellt ist.*[28] Sehen, richtig Sehen und, damit identisch, richtig Erkennen: das heisst bei Hodler wie bei Mondrian vor allem anderen: Teilnahme an einem Universellen, es heisst Kommunikation mit dem Unendlichen, es heisst *Communion avec l'infini.*

Natürlich eignet sich zum direkten Vergleich mit der *Evolution* am besten die dritte und letzte Fassung mit den drei Figuren, in welcher die Idee des Triptychons am stärksten präsent ist (Abb. 16). Sie entstand 1910, in jenem Jahr, da Mondrian die Arbeit an der *Evolution* begann. Ist der *Tag* an sich mit der *Wahrheit* eng liiert, indem er jene zeigt, die sich aufmachen, die Wahrheit zu erkennen, so ist es diese Fassung in einem speziellen Sinne umso mehr. Hodler hat sie Jahre nach den beiden Fassungen der *Wahrheit* gemalt, in welchen sich dunkle Mächte entsetzt vor der entblössten Nacktheit der Frau und von der nackten Wahrheit abwenden. Das Geschlecht der Frau ist in der genauen Mitte der Bildfläche plaziert. Nur in Studien und in der letzten Fassung vom *Tag* ist das Geschlecht der *die Pracht des Tages bewundernen* Frau gänzlich entblösst (Abb. 16, 17): Sie, die die Wahrheit erkennt, ist hier gleichfalls selbst die Verkörperung der Wahrheit, und sie ist auch die Künderin der Wahrheit, jene, die nach der Wahrheit befragt wird – damit ist sie der antiken Orakelpriesterin Pythia verwandt: Eine solche Deutung könnte aus jener Skizze herausgelesen werden, die mit *Jeunes gens consultant la Vérité* beschrieben ist. (Abb. 18)

Hodler, der mit seiner Darstellung der Wahrheit zwar auf ein altes allegorisches Modell zurückgreift, zeigt uns die Wahrheit aber weniger als stilisierten Akt denn als nackte Frau (Abb. 20, 21). Loosli bezichtigte Hodler im Zusammenhang mit der *schonungslosen* und *etwas aufdringlichen* Darstellung der Schamteile der *Wahrheit* gar eines *Geschmacksfehlers,* worauf der Maler erwiderte: *Mais, voyons un peu, mon vieux, la vérité est impudique par définition.*[29] In diesem Zusammenhang ist auch jene bizarre Skizze von Interesse, welche Bätschmann in den Carnets fand und als *Pornographische Skizze zur Symmetrie* bezeichnete (Abb. 22): Wir möchten vorschlagen, sie auch als *Pornographische Skizze zur Wahrheit* zu diskutieren. Vielleicht ist diese Diskussion aber insofern müssig, als Hodler in der Symmetrie und im Parallelismus seine Wahrheit überhaupt erkannt hat. Im Unterschied zu Mondrian, dessen ägyptisierend stilisierte Akte mehr Verweisfiguren denn Frauen sind, die eher okkulten Lehrbüchern von Geheimwissenschaften aus der Jahrhundertwende als dem wirklichen Leben entstammen, geht es bei Hodler auch um die Frau als erotisches, geschlechtliches Wesen. Die Wirkung des Geschlechtes seiner *Wahrheit* ist ambivalent: attraktiv im Zentrum zieht sie ebenso an wie sie distanzgebietend zurückhält (Abb. 21). Nicht nur in dieser Ambivalenz ist die *Wahrheit* durchaus auch mit dem *Ursprung der Welt* verwandt. Die Wahrheit läge also auch im entblössten, schamlosen Geschlecht, in der Geschlechtlichkeit: Es gibt zumindest eine Skizze von Hodler, auf der sich ein Liebespaar vergnügt und die der Maler, der die Frauen liebte, mit *Communion avec l'infini* bezeichnet hat.[30]

Gehen wir zurück: Während sich die Mittelfigur von Mondrians *Evolution* auf einen Akt von 1908/09 bezieht (Abb. 26), nimmt der rechte Flügel das Vorbild der Frau mit den Passionsblumen auf (Abb. 27): hier aber sind die Blumen zu sechseckigen Sternen stilisiert. Carel Blotkamp hat dieses Ornament, das wir auch auf einer Skizze mit einer weiblichen Figur von 1912 finden (Abb. 29), ganz klar als theosophisches Zeichen nachgewiesen, und er hat damit belegt, was oft behauptet wurde: Die *Evolution* ist ein theosophisches Programmbild.[31] So wie Hodlers symbolistische Landschaft *Der Weg der auserwählten Seelen* von 1893 (Abb. 12) ein penetrantes Rosenkreuzer-Bild ist: Mutatis mutandis gilt für beide Kompositionen, was Dückers zum Hodler-Bild schrieb: Sie sind *von falschem Weihrauch durchzogen*.[32] Es wird nie mehr ein Werk von Mondrian entstehen, das als theosophisches Bild zu interpretieren wäre. Trotzdem insistierte Mondrian anfangs der zwanziger Jahre mehrfach darauf, dass der Neo-Plastizismus für alle *wahren Theosophen und Anthroposophen die Kunst der nächsten Zukunft* sei: so schrieb er es 1921 zum Beispiel an Rudolf Steiner.[33]

Um dieses Kapitel, in dessen komplexen Verstrickungen und der Nähe zum Ursprung der Welt wir uns beinahe gänzlich verirrt hätten, abzuschliessen: Es geht in Mondrians *Symbolismus* wie auch in vielen Werken Hodlers um das richtige Sehen und um das Erkennen: dieses vermittelt die Teilhabe am Universellen. Von nichts anderem künden die vielen Varianten von *Blick ins Unendliche* oder *Blick in die Unendlichkeit* (Abb. 30). Hodlers Paralellismus basiert auf der richtigen Sicht der Natur, so wie Mondrian seinen Neo-Plastizismus mit einer richtigen Sicht identifiziert. Aufgabe der Kunst aber ist es bei beiden, das Universale, die Gesetze und Ordnungen hinter der äusseren Realität erkennbar zu machen: Dies zeigt der Schlusssatz von Mondrians hier abgedruckten Lebenserinnerungen: *Es ist die Aufgabe der Kunst, eine klare Erkenntnis der Wirklichkeit auszusprechen* ebenso wie auch die *Wahrheit,* in deren Offenbarungsgestus wir auch Hodlers Verkörperung der *Poesie* respektive der *Kunst* wiedererkennen (Abb. 14): Die *Kunst* wie die *Wahrheit* zeugen so von Hodlers Überzeugung: *Kunst kann – wie die Segnungen der Natur – ihren Bewunderer zu geistiger Erleuchtung führen. Nur in diesem Zustand der Weisheit kann man «Die Wahrheit» erkennen.*[34]

Angesichts der Bedeutung des richtigen Sehens erstaunt nicht die Betonung der weit geöffneten Augen in diesen Bildern und in den Selbstbildnissen der Maler: In jener Zeit, da Mondrian um eine richtige Erkenntnis rang, die er dann in der Theosophie zu finden hoffte, 1908/09, entstand ein Selbstbildnis, das sich rigoros auf die

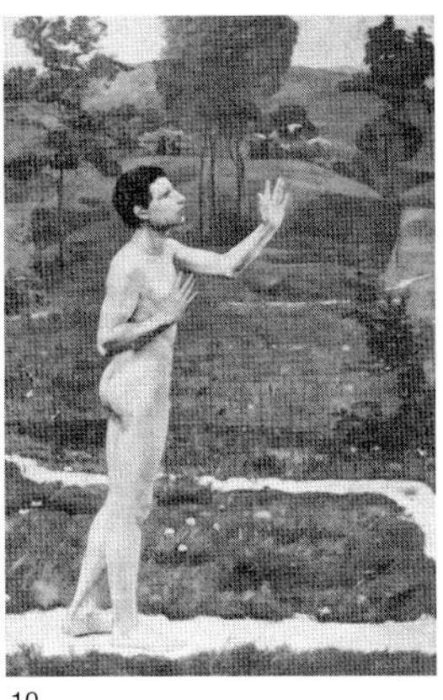

10

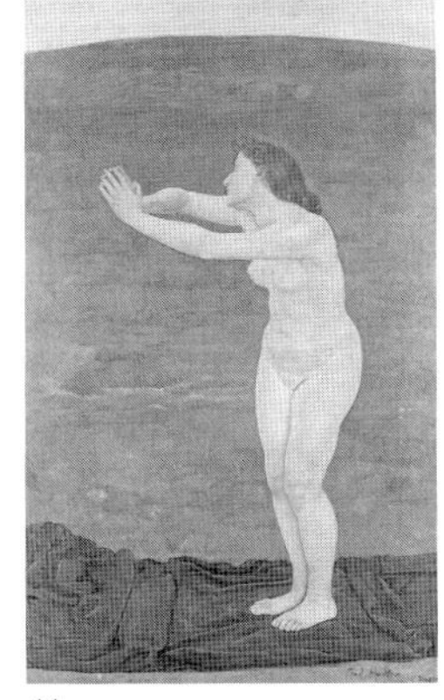

11

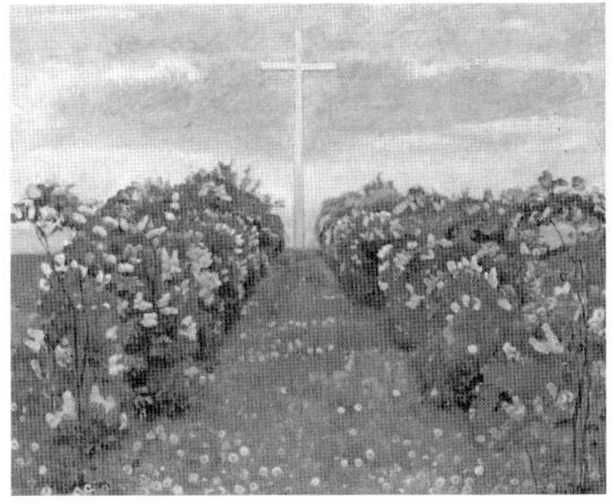

12

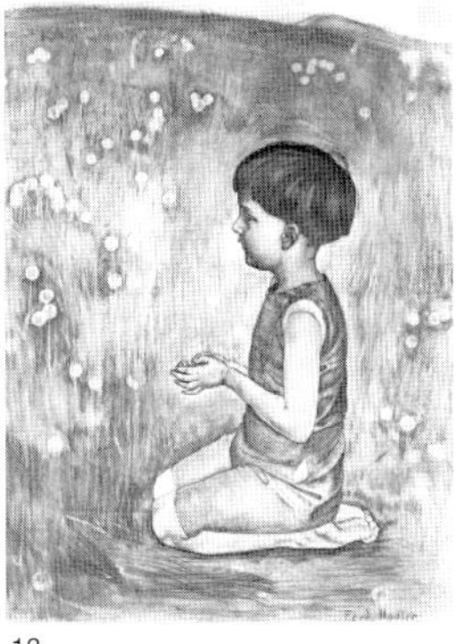

13

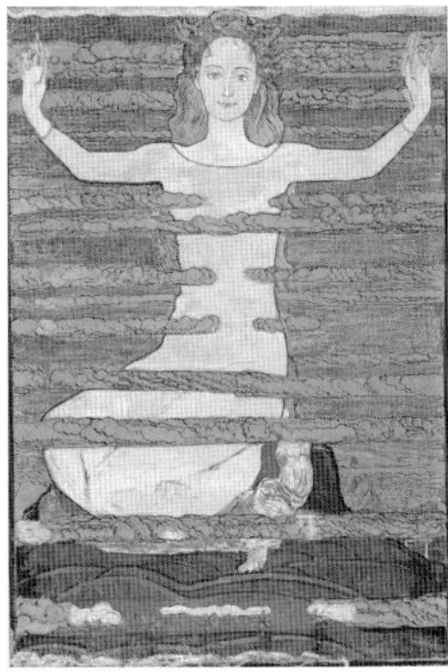

14

10  Ferdinand Hodler
Zwiegespräch mit der Natur.
Um 1884, Öl auf Leinwand
237×162 cm
Kunstmuseum Bern
Depositum der Gottfried
Keller-Stiftung

11  Ferdinand Hodler
Aufgehen im All. 1892
Öl auf Leinwand, 159×97 cm
Kunstmuseum Basel
Öffentliche Kunstsammlung Basel

12  Ferdinand Hodler
Der Weg der auserwählten Seelen.
1893, Öl auf Leinwand, 47×57 cm
Privatbesitz Schweiz

13  Ferdinand Hodler
Anbetung. Um 1893
Bleistift, Wasserfarbe und Deck-
farbe auf Papier auf Leinwand
62×45 cm
Kunstmuseum Winterthur
Geschenk von E. Richard Bühler
und Dr. Arthur Hahnloser

14  Ferdinand Hodler
Die Kunst / Die Poesie. 1897
Bleistift, Farbstift, Tusche,
Aquarell, Gouache, Öl auf
bräunlichem Papier, auf Leinwand
abgezogen, 97,2×69,5 cm
Museum für Gestaltung, Zürich
Depositum der Gottfried
Keller-Stiftung

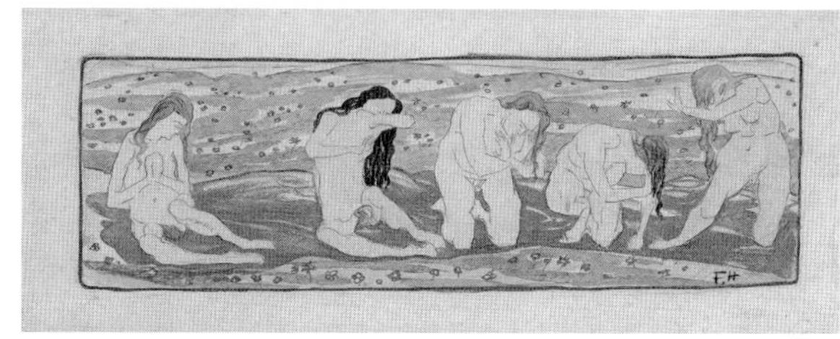

15

15 Ferdinand Hodler
Der Tag. 5-figuriger Kompositionsentwurf. 1898/99, Bleistift, aquarelliert, auf Papier, 19,3×47,6 cm
Kunsthaus Zürich

16 Ferdinand Hodler
Der Tag, 3. Fassung. Um 1910
Öl auf Leinwand, 170×368 cm
Kunstmuseum Luzern

17 Ferdinand Hodler
Studie zu sitzender weiblicher
Figur zu «Der Tag». 1898/99
Bleistift auf Papier, 11,6×13,7 cm
Kunsthaus Zürich

18 Ferdinand Hodler
«Jeunes gens consultant la Vérité».
1890er Jahre, Ideenskizze zu
«Die Wahrheit» Bleistift auf Papier
(auf Leinwand), 9,6×24,9 cm
Kunsthaus Zürich

19 Ferdinand Hodler
Die Wahrheit. Ideenskizze
als Triptychon (Tag/Wahrheit).
1898/99, Bleistift auf Papier,
33,1×46,3 cm
Kunsthaus Zürich

20 Ferdinand Hodler
Studien zur Mittelfigur zu
«Die Wahrheit I». 1898/1902
Bleistift auf Papier, 40,3×36,7 cm
Kunsthaus Zürich

21 Ferdinand Hodler
«Skizze zur Wahrheit». 1889/1902
Kompositionsentwurf
Feder in Schwarz, Deckfarben
und Tusche über Bleistift auf
Papier (auf Karton), 35,4×50,7 cm
Kunsthaus Zürich

22 Ferdinand Hodler
Pornographische Skzizze
zur Symmetrie, Carnet
1958 – 176/192, S. 40
Bleistift auf Papier Detail
Musée d'art et d'histoire, Genève

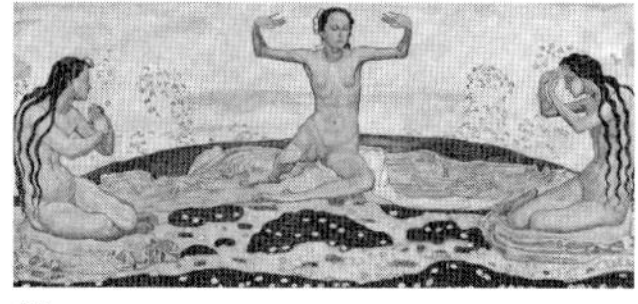

16

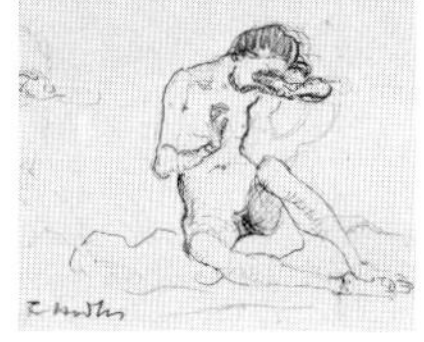

17

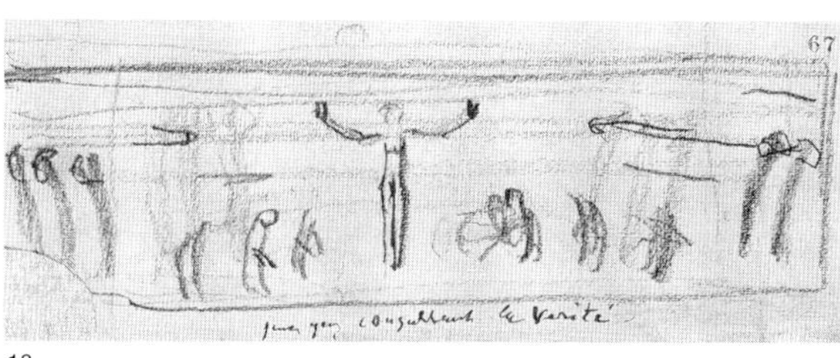

18

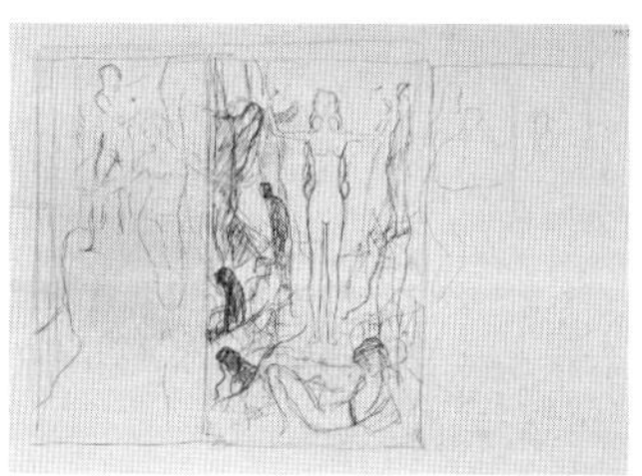

19

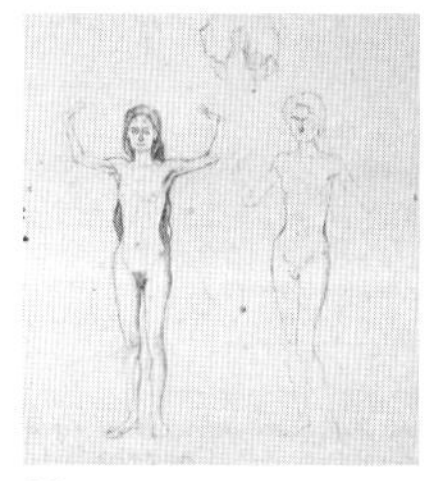

20

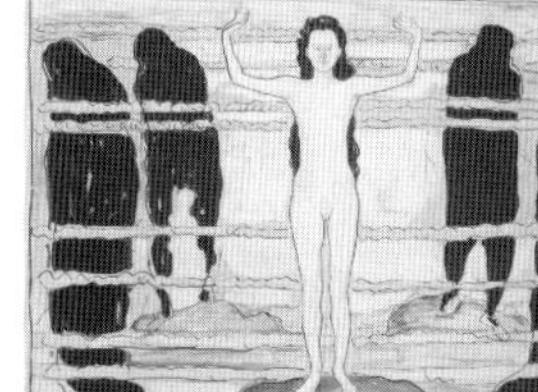

21

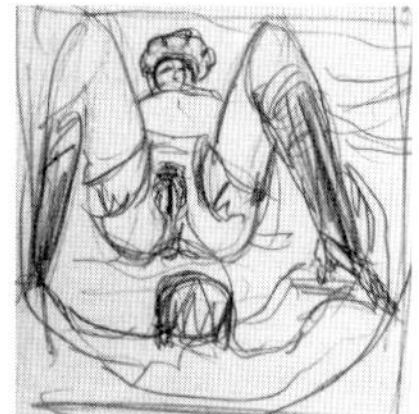

22

28

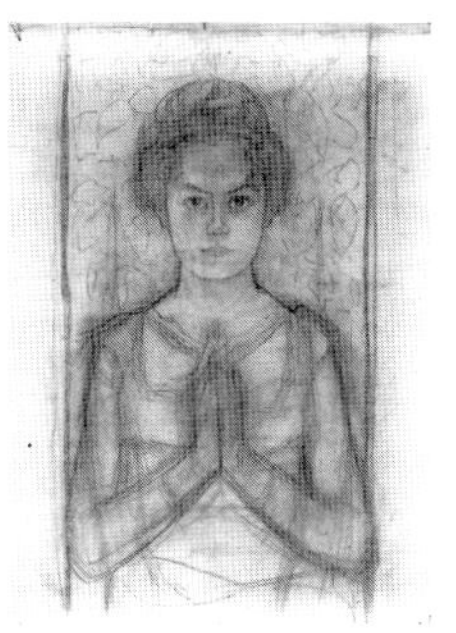

23

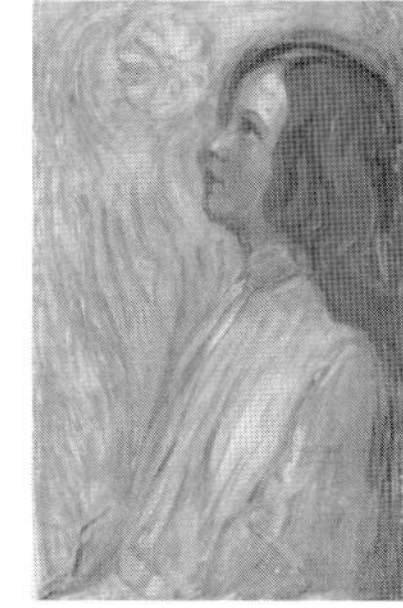
24

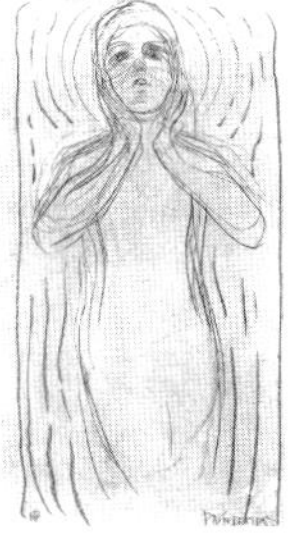
25

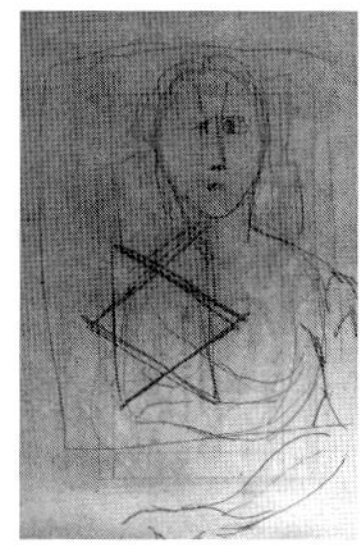
29

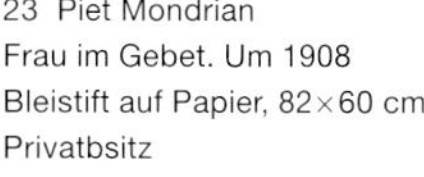

23  Piet Mondrian
Frau im Gebet. Um 1908
Bleistift auf Papier, 82×60 cm
Privatbsitz

24  Piet Mondrian
Devotion. 1908
Öl auf Leinwand, 94×61 cm
Gemeentemuseum Den Haag

25  Piet Mondrian
Printemps. 1908
Kreide auf Karton, 69,5×46 cm
Gemeentemuseum Den Haag

26  Piet Mondrian
Akt. 1908/09, Kreide und Kohle
auf Papier, 86×42 cm
Gemeentemuseum Den Haag

27  Piet Mondrian
Passionsblume. Um 1908
Aquarell auf Papier, 72,5×47,5 cm
Gemeentemuseum Den Haag

28  Piet Mondrian
Evolution. 1910/11
Öl auf Leinwand
Mitte: 183×87,5 cm
Seiten: je 178×85 cm
Gemeentemuseum Den Haag

29  Piet Mondrian
Akt. 1912, Bleistift auf Papier
21×13,5 cm
Rijksbureau voor Kunsthistorische
Documentatie, Den Haag

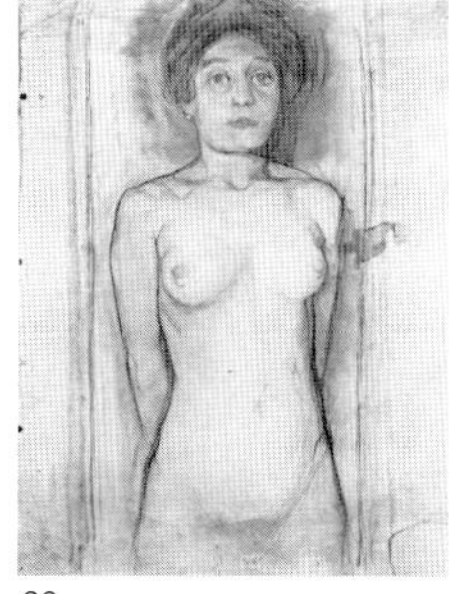
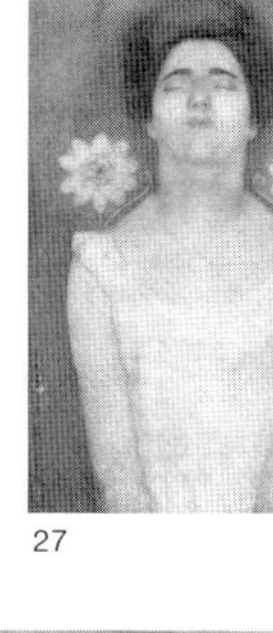
26                    27

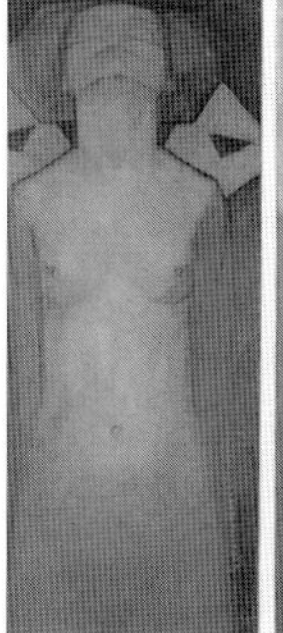
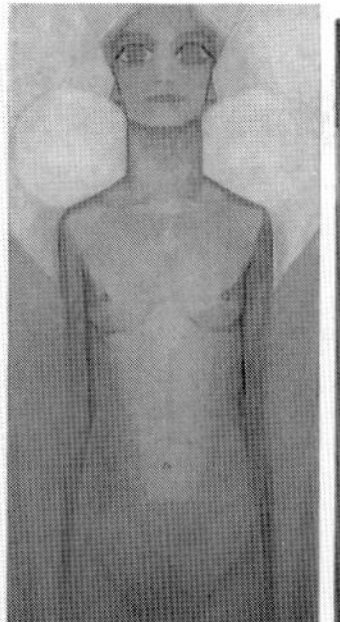
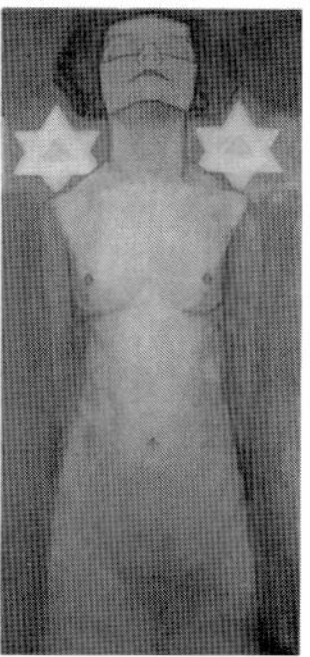
28

Augenpartie beschränkte (Abb. 31). In Hodlers Selbstbild von 1912 bilden die Augen den Mittelpunkt von sie hochzentrisch umrandenden Kreisen (Abb. 32). Im absolut symmetrisch konstruierten Porträt der Berthe Hodler-Jacques, seiner Frau, welche in der *Wahrheit* die Wahrheit repräsentieren, diese aber ebenso mit weit geöffneten Augen erkennen wird, und das in jenen Jahren um 1898/90 entstand, da sich Hodler in Skizzen und Studien die Bildidee der grossen Komposition erarbeitete, geht es in erster Linie um den Blick der Frau, um ihre Augen und um das Sehen – vielleicht mehr noch um den Gesichtssinn als um das Gesicht der Frau (Abb. 33).

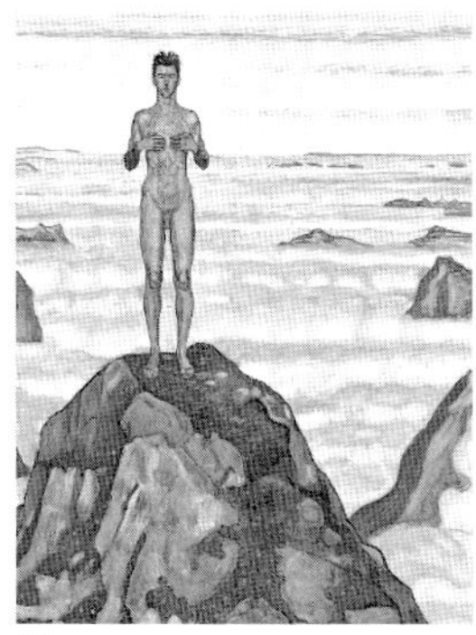

30

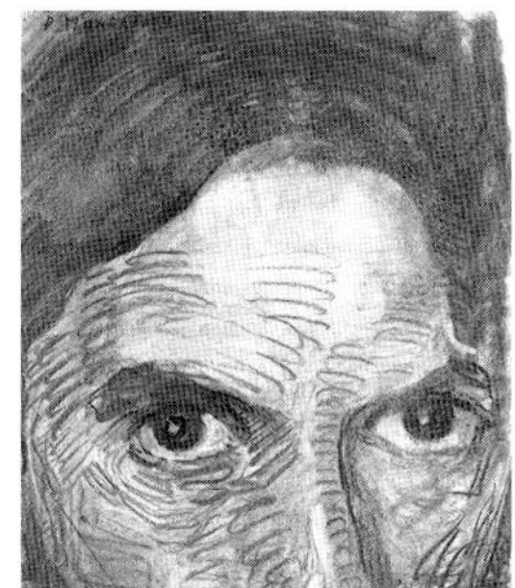

31

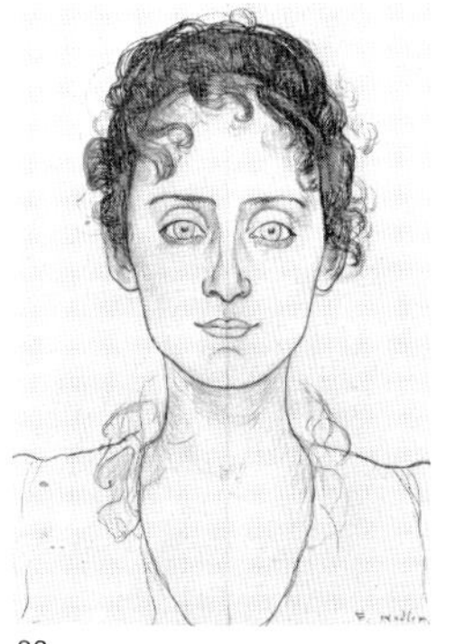

33

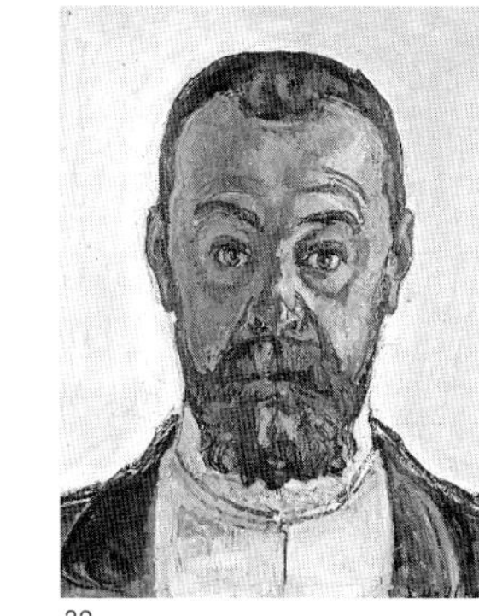

32

30  Ferdinand Hodler
Blick in die Unendlichkeit IV.
Um 1904, Öl auf Leinwand
120×80 cm
Musée cantonal des Beaux-Arts,
Lausanne

31  Piet Mondrian
Selbstbildnis: Augen. Um 1908/09
Kohle auf Papier, 30×25,5 cm
Gemeentemuseum Den Haag

32  Ferdinand Hodler
Selbstbildnis mit aufgerissenen
Augen II. 1912, Öl auf Leinwand
41×31,5 cm
Kunsthaus Glarus

33  Ferdinand Hodler
Porträt Berthe Hodler-Jacques.
1898/1900
Pinsel in Schwarz und Grau über
Bleistift auf Papier, 37,8×25,5 cm
Kunsthaus Zürich
Graphische Sammlung

# Der Übergang zur absoluten Malerei

In Hodlers Spätwerk, in dem er sich einer absoluten Malerei nähert, ist der Symbolismus im engeren Sinne aufgehoben, in Mondrians reifem Werk ist er überwunden. Morton Feldman, der grosse amerikanische Komponist, der sich Mondrian so verwandt fühlte, meinte es zwar nicht unbedingt in diesem Sinne, aber er sagte es sehr schön: *Wir müssen dankbar sein, dass Mondrian, der Messias, scheiterte, denn dieses Scheitern bescherte uns Mondrian, den Maler.*[35] All die Werke von Mondrian, die sich zu einem expliziten Vergleich mit Hodler-Bildern anbieten, entstehen in einem sehr gedrängten Zeitraum: Die Bilder mit den Bäumen am Gein entstanden um 1907/08, *Wald bei Oele* 1908, die symbolistischen Kompositionen zwischen 1908 und 1911: Parallel dazu malte Mondrian *Die Landschaft mit Wolke* (Abb. 35), das Bild *Der rote Baum* (Abb. S.189) und auch die verschiedenen Werke mit den Dünen und *Meer nach Sonnenuntergang* (Abb. 36). Entgegen den erstgenannten Landschaften, die mit Hodlers einfachen Motiv- und Formwiederholungen verwandt sind, handelt es sich bei den Dünen-Landschaften um, wie Bätschmann es mit den aus Hodlers Kompositionsprinzipien destillierten Begriffen nennt, *eine Reihe von bilateral symmetrisch geordneten Bildern (...), in denen die Sonne der Bezugspunkt ist(...).*[36] Diese Kompositionen basieren auf der flach liegenden Ellipse, die in Hodlers Malerei überhaupt, nicht nur in den Genfersee-Landschaften, eine so wichtige Rolle spielt (Abb. 34). Von diesen Dünen-Bildern ausgehend, die in Holland entstanden sind, kann über die Erfahrung des Kubismus in Paris eine direkte Linie gezogen werden zu der abstrakten und ungegenständlichen Bildform, deren sichere Basis sich Mondrian über die Reihe der *Pier und Ozean*-Skizzen und Bilder zwischen 1914 und 1917, wieder in Holland, erarbeitet (Abb. 43–45). Mies Elout-Drabbe beschrieb einen Spaziergang mit Mondrian in Domburg im Herbst 1914: *Während eines Spazierganges am Meer (...) zog er ein kleines Skizzenbüchlein aus seiner Tasche und kritzelte eine Zeichnung der Sternennacht hinein. Tagelang arbeitete er über diesem suggestiv winzigen Gekritzel. Jeden Tag entfernte er sich einen Schritt weiter weg von der Realität und näherte sich einen kleinen Schritt mehr dieser geistgen Beschwörung.*[37] 1916/1917 entsteht, konsequent aus der *Pier und Ozean*-Reihe entwickelt, Mondrians erstes absolut ungegenständliches Bild, die *Komposition in Schwarz-Weiss,* die allein auf den extremen

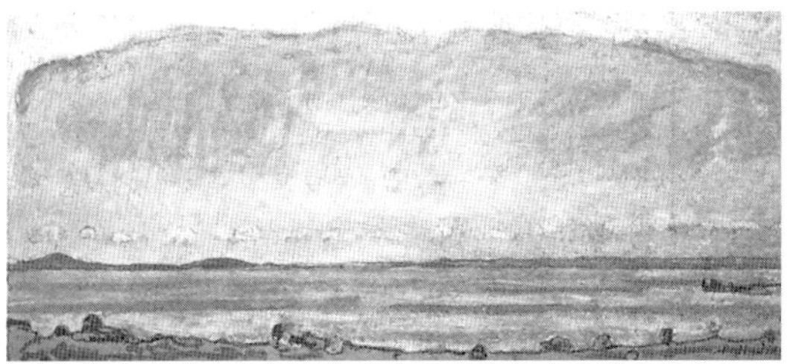

34  Ferdinand Hodler
Genfersee von Rolle aus. Um 1915
Öl auf Leinwand, 39×85 cm
Privatsammlung Schweiz

Piet Mondrian
35  Landschaft mit Wolke. 1907
Öl auf Leinwand, 36×39,5 cm
36  Meer nach Sonnenuntergang. 1909
Öl auf Karton, 62,5×74,5 cm

beide Gemeentemuseum Den Haag

Gegensätzen von Vertikaler und Horizontaler basiert (Abb. 46). Und wenn das Bild, weil wir's wissen, noch die Erfahrung des Meeres erinnert, so beginnt doch hier das Abenteuer der absoluten, reinen Gestaltung.

Die Konsequenz der *Pier und Ozean*-Reihe ist mehrfach und zu Recht mit Hodlers Skizzen und Gemälden zum *Niesen* verglichen worden, die ganz klar Aufschluss geben über Hodlers abstrakte Sicht auf die inneren Ordnungen. (Abb. 37–41) Mit seiner klaren Dreiecksform kommt ihm der Niesen entgegen, zumal mit seinen Spiegelungen. Er benutzt ihn, und wenn er die Gegenständlichkeit nie überwinden wird, für eine geometrisch zu beschreibende Komposition: Die Spitze des gleichschenkligen Dreiecks liegt (wie vormals das Geschlecht der *Wahrheit*) genau in der Bildmitte und gleichzeitig genau im Kreuzpunkt der Haupt- und der Nebenachse der Ellipse, welche die Wolken als ornamentales Band, als Gloriole, um den majestätischen Gipfel weben (Abb. 40). Die symmetrische Form des Gipfels ist gegeben, die Wolken, immerhin das Flüchtigste in der Natur, folgen den choreographischen Absichten des unerbittlichen Regisseurs: Sie gehören zu Hodlers Landschaften *wie der Nimbus zu einem Heiligen*.[38]

In jener Zeit, da Mondrian sich ab 1914 mit grosser Konsequenz die abstrakte, rein gestaltete Bildform erarbeitete, war Hodler mit zwei Themen beschäftigt, die auf grosse Kompositionen hinzielen, aber nicht mehr als solche zur Realisierung gelangten. Die zahlreichen Skizzen zu *Floraison* respektive auch *Blick in die Unendlichkeit* sowie zur *Schlacht von Murten* zeigen nicht nur die Rolle der einenden Ellipse bis zuletzt, sondern auch, wie sehr sich Hodler gegen Ende seines Lebens einer freien Malerei annähert, die nun gar an Matisse erinnern kann (Abb. 47–52). Aber auch dies: Wie sich die Erfahrungen des Lebens und des Todes immer wieder in die Kompositionsgedanken einschlagen: So entsteht im Zusammenhang mit *Floraison* – ein, zwei Jahre nach dem Tod der Valentine Godé-Darel – auch jener ergreifende stehende Akt, in dem wir in der Nacktheit und Entblössung auch schutzloses Ausgesetztsein erkennen (Abb. 53).

Mit Hodler geht eine Epoche zu Ende, am Schluss seines Lebens entstehen in Bildern und Zeichnungen ganz reduzierte Genfersee-Landschaften. Mit Mondrians gleichzeitiger Erarbeitung des Neo-Plastizismus setzt eine neue Epoche in der Kunst an. Der eigentlicher Beginn dieser Arbeit, die zu den strahlendsten Bildern und Ikonen

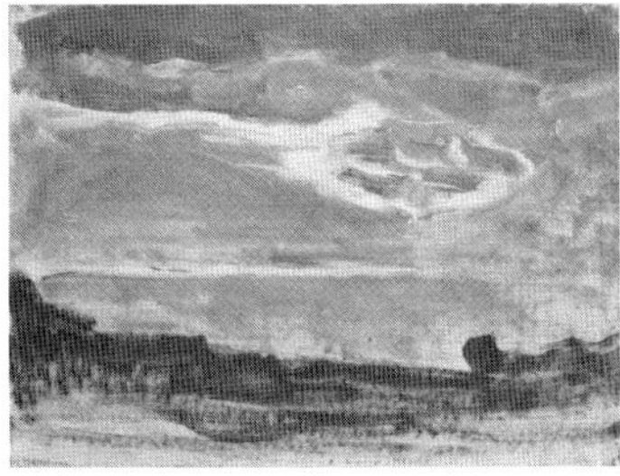
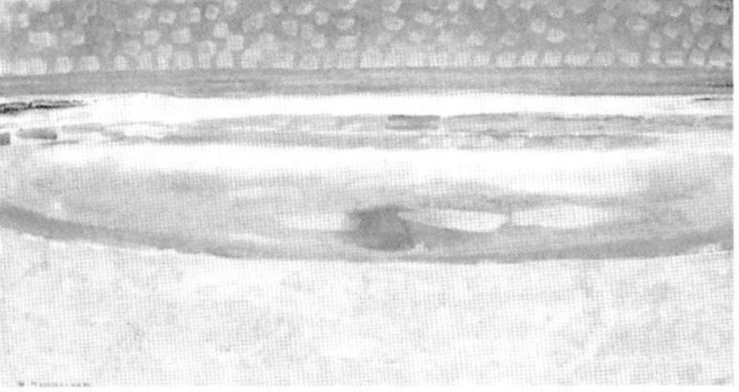

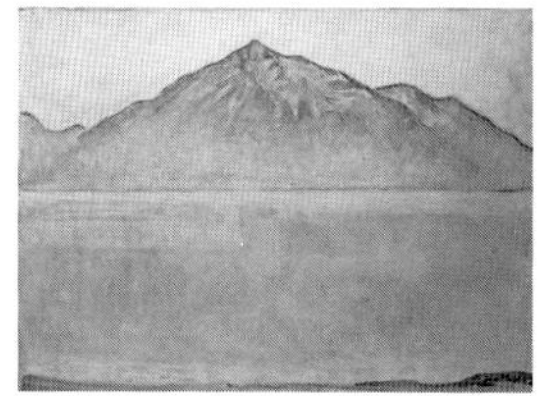

41

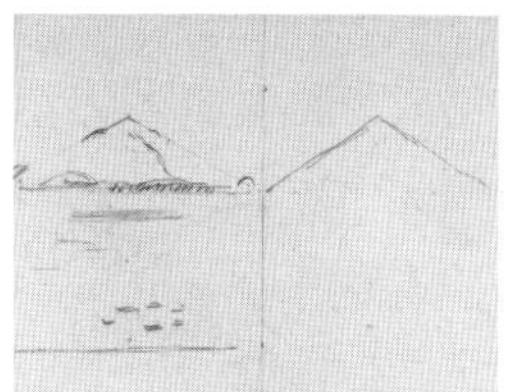

39

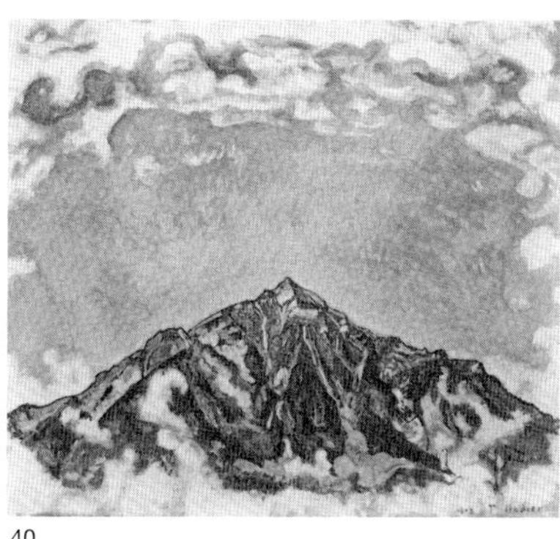

40

37  Ferdinand Hodler
Thunersee mit Niesen. Um 1909
Bleistift auf Papier, 6,7 × 12,7 cm
Privatbesitz Schweiz

38  Ferdinand Hodler
Thunersee mit Niesen. Um 1909
Bleistift auf Papier, 6,7 × 12,7 cm
Privatbesitz Schweiz

39  Ferdinand Hodler
Thunersee mit Niesen,
Doppelseite aus Skizzenheft
Bleistift auf Papier, Carnet 176/197
Musée d'art et d'histoire
de la Ville de Genève

40  Ferdinand Hodler
Der Niesen vom Heustrich aus.
1909
Öl auf Leinwand, 80 × 91 cm
Aargauer Kunsthaus Aarau

41  Ferdinand Hodler
Der Niesen im Nebel. Um 1911
Öl auf Leinwand, 61,5 × 85,5 cm
Privatbesitz

42  Aus Hodlers schriftlichem
Nachlass, aus:
C.A. Loosli. Ferdinand Hodler.
Leben, Werk und Nachlass,
Band IV, Bern 1924, S. 272

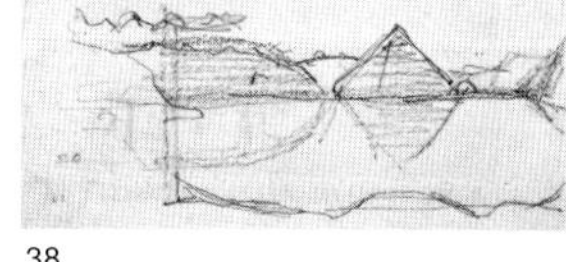

37

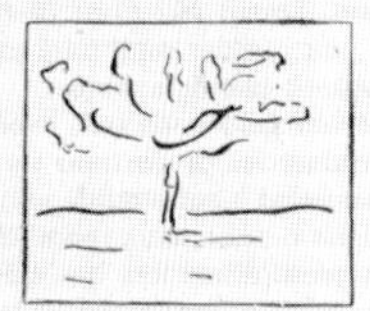

38

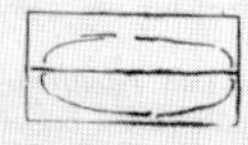

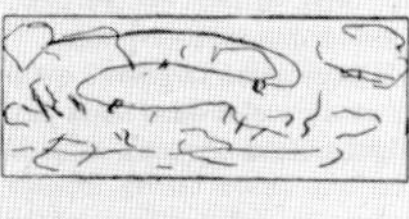

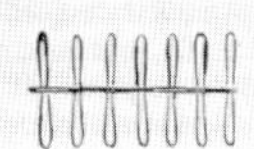

5.  **L'ordre.** Les grands effets d'unité.

Au milieu de la mer par un ciel uniforme.

La mort, la permanence de l'immobilité, la nuit, étendue d'une même chose.
La neige qui unifie.
Un grand pré vert.

Arbre chargé de neige.

Une colline.
Un ciel étendu. L'arc en ciel donne une grande impression d'unité.

Verdun. Le bombardement. Le combat de toutes parts.

Formation de glace.          Chute de neige.          Phénomènes d'ordre.

42

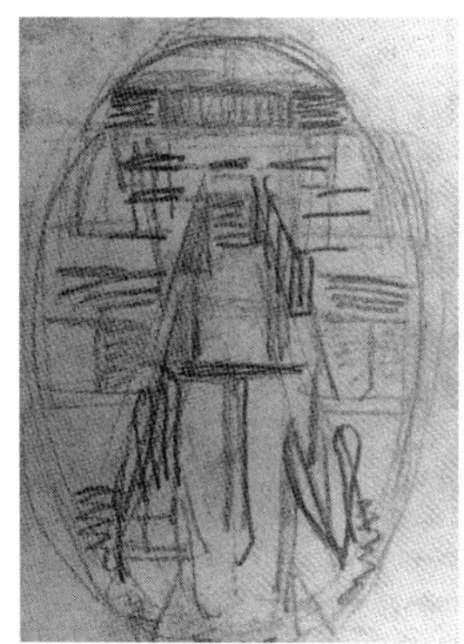

44

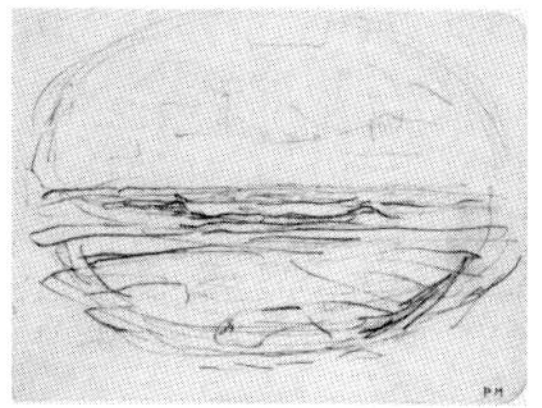

43

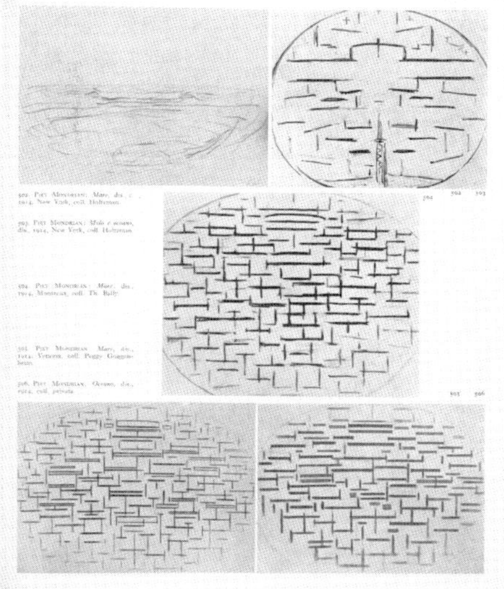

45

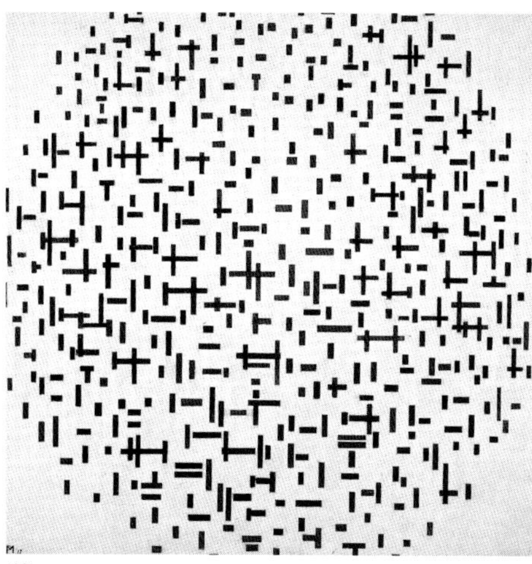

46

43  Piet Mondrian
Das Meer. 1913–14
Bleistift auf Papier (Skizzenbuch)
11,4×15,8 cm
Gemeentemuseum Den Haag

44  Piet Mondrian
Pier in Scheveningen. 1914
Bleistift auf Papier, 16×11,5 cm
Privatbesitz

45  Buchseite aus: Carlo
 L. Ragghianti,Mondrian e l'arte
del XX secolo, Milano 1962, S. 265
Kombination diverser Meer- und
Pier und Ozean-Skizzen

46  Piet Mondrian
Komposition mit Schwarz
und Weiss. 1917
Öl auf Leinwand, 108×108 cm
Kröller-Müller Museum, Otterlo

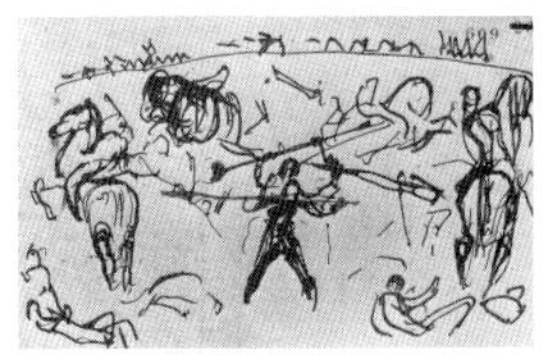

51

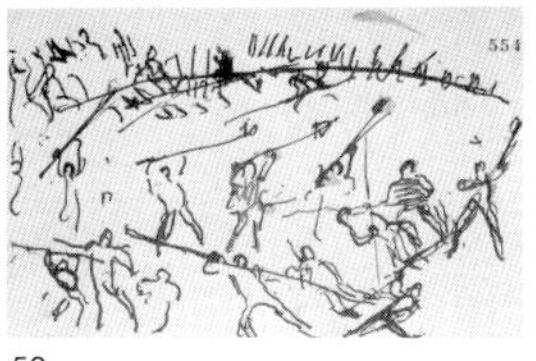

52

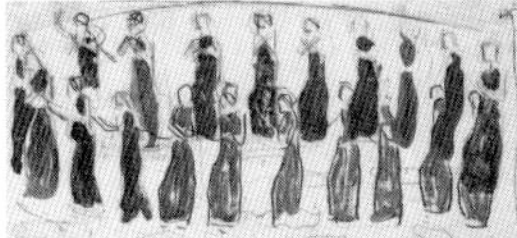

47

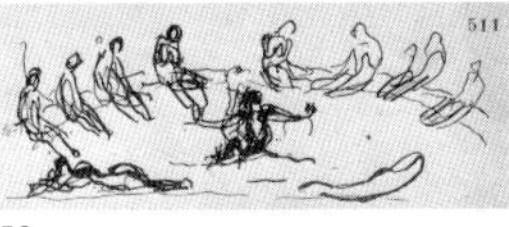

50

Ferdinand Hodler

47  Blick in die Unendlichkeit.
1910/13, Kompositionsentwurf,
Bleistift und Ölfarbe auf Papier,
20,8×44,1 cm
Kunsthaus Zürich

48  Blick in die Unendlichkeit.
1910/13, Ideenskizze, Bleistift
auf Papier, 21,5×44,4 cm
Kunsthaus Zürich

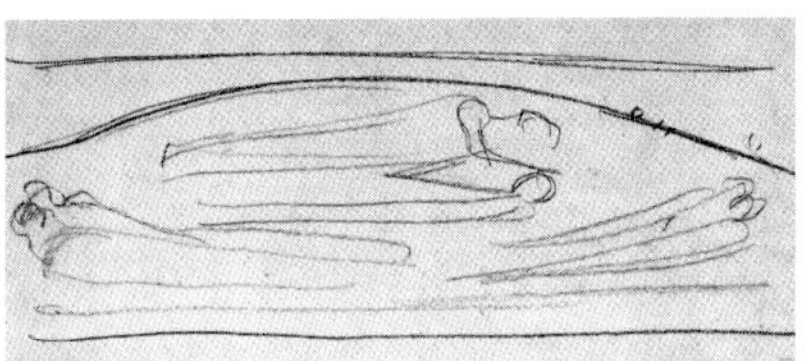

48

49  Blick in die Unendlichkeit.
1910/13, Pinsel in Ölfarbe
Feder in Braun, schwarze Kreide,
Bleistift auf Leinwand,
21,2×44,7 cm
Kunsthaus Zürich

50  Floraison. 1917
Ideenskizze, Feder in Braun
auf Papier, 8,4×20,5 cm
Kunsthaus Zürich

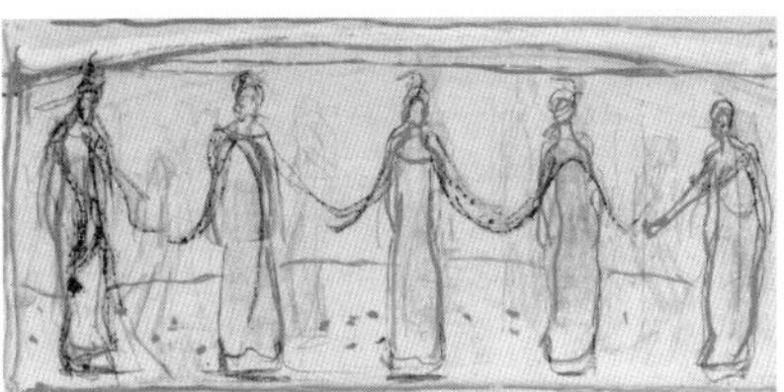

49

51  Die Schlacht bei Murten. 1915
Ideenskizze, Feder in Braun
auf Papier, 13,3×21 cm
Kunsthaus Zürich

52  Die Schlacht bei Murten. 1915
Ideenskizze, Feder in Braun
auf Papier, 13,4×21 cm
Kunsthaus Zürich

53  Stehender weiblicher Akt
zu «Floraison». 1916/17,
Öl auf Leinwand, 160×90 cm
Museum zu Allerheiligen
Schaffhausen

54  Piet Mondrian
Das Meer. 1913–14
Bleistift auf Papier (Skizzenbuch)
11,4×15,8 cm
Gemeentemuseum Den Haag

55  Ferdinand Hodler
Genfersee mit Môle, Mont-Blanc
und Wolken. 1917, Feder in Braun
auf Papier, 17×26,5 cm
Kunsthaus Zürich

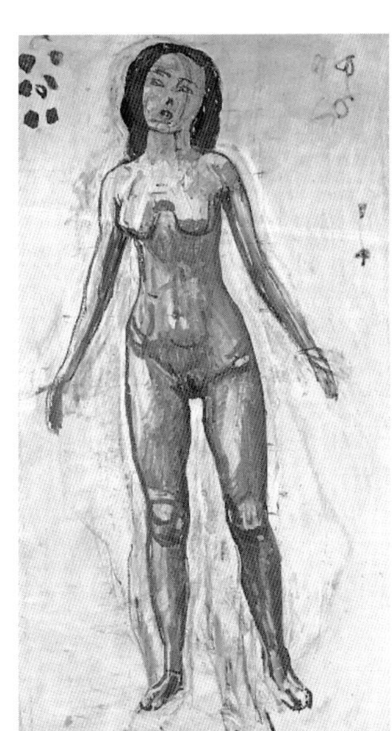

53

der Moderne überhaupt führen wird, liegt ebenfalls in sehr reduzierten, durchaus vergleichbaren Zeichnungen begründet. Ende und Neubeginn liegen, vielleicht nicht nur äusserlich gesehen, sehr nahe beieinander. So möchte man gerne der Versuchung nachgeben und das Urbild von *Pier und Ozean* (Abb. 45, 54) in einer schematischen Skizze aus Hodlers schriftlichem Nachlass erkennen, die Mondrian natürlich nie gesehen hat: eine klare Horizontale halbiert eine flache Ellipse (Abb. 42). Hodler schrieb dazu, unter dem Titel *L'ordre: Les grands effets d'unité*. Und, direkt neben die Skizze: *Au milieu de la mer par un ciel uniforme.* Und darunter: *La mort, la permanence de l'immobilité, la nuit, étendue d'une même chose.*[39]

Wir haben von Mondrians Spaziergang am Meer berichtet, und wie von dort aus sein Abenteuer des Kampfes um das neue Bild begann. Wir schliessen mit der Beschreibung eines Spazierganges, den Hodler nur drei Jahre später, etwa ein knappes Jahr vor seinem Tod, mit Johannes Widmer am Genfersee, an seinem See, unternahm. Hodler sprach zu Widmer: *Alles Bisherige war nur Anfang und Versuch. Jetzt weiss ich, worauf es ankommt. Jetzt werde ich noch ganz anders arbeiten. (...)* Widmer erzäht weiter: *Wir kamen zu der Stelle, wo der Spazierweg umbiegt und die Bucht zum See, ja fast zum Meer wird. Vom andern Ufer her dehnt sich lang ausladendes, flaches Vorland in die dunstige Ferne hin. (...) Auf einmal vernahm ich von Hodler her ein Wort, das mich entzückte. Hodler sah sinnend vor sich hin.(...)* «*Auch andere Landschaften als bisher werde ich malen, oder doch die bisherigen anders. Sehen Sie, wie da drüben alles in Linien und Raum aufgeht? Ist Ihnen nicht, als ob Sie am Rand der Erde stünden und frei mit dem All verkehrten? Solches werde ich fortan malen!*»[40]

Sehen Sie, wie da drüben alles in Linien und Raum aufgeht?

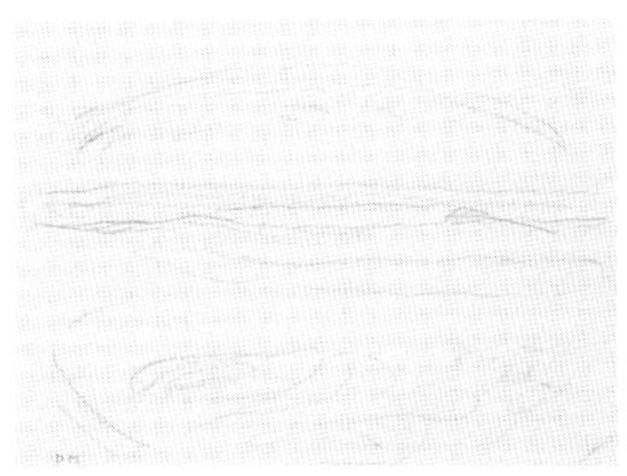

54

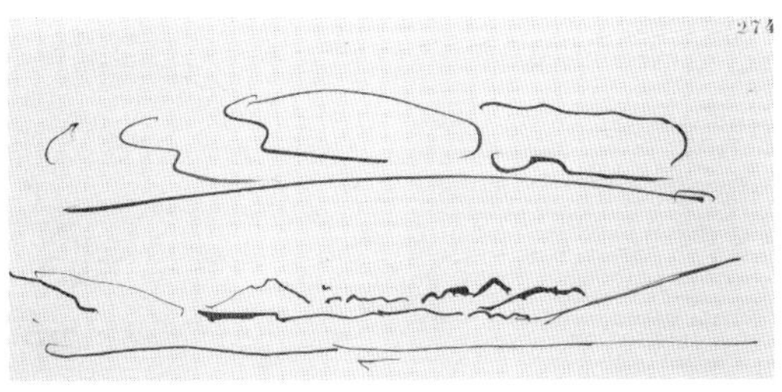

55

1 Siehe dazu Hans Janssen und Anne Tabak, in ihrem
Beitrag zu dieser Publikation, S. 91
2 Carlo L. Ragghianti: *Mondrian e l'arte del XX secolo.*
Milano, 1962 (2., überarbeitete Ausgabe 1963)
3 Oskar Bätschmann: Hodler, Maler. In: *Ferdinand Hodler.
Sammlung Max Schmidheiny.* Schweizerisches Institut für
Kunstwissenschaft, Zürich, 1989, S. 9–28; übersetzt und
überarbeitet: Ferdinand Hodler. The Painter. Zuletzt in:
*Ferdinand Hodler. Towards a Masterpiece.* Hrsg. von Loa
Haagen: Køge Art Museum of Sketches, Rhodos international science and art publisher, 1996, S. 20–68; siehe
aber auch: ders.: *Malerei der Neuzeit. Die visuelle Kultur
der Schweiz.* Ars Helvetica VI, Disentis, 1989, S. 213–215
4 Fritz Burger: *Cézanne und Hodler. Einführung in die
Probleme der Malerei der Gegenwart.* Text- und Bildband.
München, 1913
5 Peter Dietschi: *Der Parallelismus Ferdinand Hodlers. Ein
Beitrag zur Stilpsychologie der neueren Kunst.* Basel, 1957
6 Wassily Kandinsky, *Über das Geistige in der Kunst,
besonders in der Malerei,* München 1912, S. 101–104
7 siehe Anm. 2, S. 59f. resp. S. 86ff. Zu Munch: S. 90ff.
8 ebd. S. 60. Zur Hodler-Ausstellung in Amsterdam resp.
zur Mittlerrolle Toorops: vgl. Anm. 1
9 siehe Anm. 2, S. 115
10 Oskar Bätschmann: Ferdinand Hodlers Kombinatorik.
In: *Beiträge zu Kunst und Kunstgeschichte um 1900
(Schweizerisches Institut für Kunstwissenschaft, Jahrbuch
1984 – 1986),* Zürich 1986, S. 55–79. Ders.: Die Symmetrien von Ferdinand Hodler. In: *Symmetrie in Kunst, Natur
und Wissenschaft.* Ausstellungskatalog, Mathildenhöhe,
Darmstadt, 1986, Bd. 1, S. 355–372. Ders.: Das Landschaftswerk von Ferdinand Hodler. In: ders., Stephen F.
Eisenmann, Lukas Gloor: *Ferdinand Hodler. Landschaften.*
Zürich 1987. Ferner, zuvor erschienen: in: ders.: *Ferdinand
Hodler und das Schweizer Künstlerplakat 1890–1920,*
Ausstellungskatalog, Zürich, Wien, Lausanne 1984,
Zürich 1984
11 Siehe Anm. 3
12 Zuerst in englisch erschienen in: *Ferdinand Hodler.
Towards a Masterpiece.* Siehe Anm. 3
13 Klaus Wolbert: Symmetrien als Sprachformen der
Kunst. In: *Symmetrie in Kunst, Natur und Wissenschaft*
(siehe Anm. 10). Bd. 2, S. XXII
14 Die Untersuchung, mit der ich 1979 mein kunsthistorisches Studium abschloss, wurde 1985 unter dem Titel
*Mondrians ästhetische Utopie* im LIT Verlag, Baden,
publiziert. Darin nimmt das Kapitel «Erkenntnistheoreti-
sche Voraussetzungen», S. 33–58, breiten Raum ein.
15 Siehe: C. A. Loosli: *Ferdinand Hodler. Leben, Werk
und Nachlass.* Bd. 1–4, Bern 1921–1924; der Hinweis in:
Bd. IV, S. 335)

16 Bätschmann 1989, wie Anm. 3, S. 21
17 Siehe dazu: Bätschmann 1986, wie Anm. 10, S. 57
und S. 60–65
18 Es ist vor allem dieser «Buchenwald», den man gerne
mit Mondrians «Wald bei Oele» in Verbindung bringen
möchte. Das Bild, das gemeinhin als Schlüsselbild für den
Parallelismus gilt, war 1907 in Amsterdam ausgestellt:
Mondrians Wald datiert nur ein Jahr später.
19 Siehe dazu: Matthias Wohlgemuth, Franz Zelger: *Stiftung Oskar Reinhart, Winterthur. Band 3: Schweizer Maler
und Bildhauer seit Ferdinand Hodler,* Zürich 1984, S. 196
20 Siehe: Dietschi, wie Anm. 5, S. 79
21 Siehe zu diesem Komplex den Beitrag von Marty Bax
in dieser Publikation. Zu Mondrian und der Theosophie
sei zusätzlich verwiesen auf Carel Blotkamp: *Mondrian.
The Art of Destruction.* London 1994, S. 32ff; sowie ders.:
*Mondriaan in detail.* Utrecht – Antwerpen 1987, S. 136–149
(«Mondriaan, theosofie en Rudolf Steiner»); ebenfalls
Beat Wismer, wie Anm. 14, S. 43–53 («Mondrian und die
Theosophie»)
22 Siehe: Alexander Dückers: Der Symbolismus Ferdinand
Hodlers. In: *Ferdinand Hodler.* Ausstellungskatalog,
Nationalgalerie Berlin / Musée du Petit Palais, Paris /
Kunsthaus Zürich, 1983, S. 236
23 Siehe: Hans Locher: *Piet Mondrian. Farbe, Struktur,
Symbolik.* Bern – Berlin 1994, S. 66 und 76/77
24 Beat Wismer, wie Anm. 14, S. 44
25 Ebd. Die Abqualifizierung stammt von Yve-Alain Bois,
der massgeblich für das Konzept der Mondrian-Retrospektive von 1994 verantwortlich war, in welcher rigoros
alle symbolistischen Werke fehlten. Er schrieb über das
Bild:» …that monstruos, mediocre machine Evolution,
which some historians have used as the theosophical key
to Mondrian's Neoplastical Works…». In: ders.: *Mondrian,
Draftsman.* Art in America, , October 1981, S. 108
26 Hans Locher, wie Anm. 23, S. 14ff.
27 Beat Wismer, wie Anm. 14, S. 33–43
28 Zitiert in: Ferdinand Hodler. *Vom Frühwerk bis zur
Jahrhundertwende. Zeichnungen aus der Graphischen
Sammlung des Kunsthauses Zürich.* Sammlungsheft 15.
Zürich 1990, S. 139
29 C.A. Loosli, wie Anm. 15, Bd. III, S. 22/23
30 Siehe Bätschmann 1989, wie Anm. 3, S. 28
31 Carel Blotkamp, 1994, wie Anm. 21, S. 63
32 Alexander Dückers, wie Anm. 22, S. 243
33 Der Brief ist erstmals abgedruckt bei Blotkamp 1987,
siehe Anm. 21, S. 141/143
34 Sharon L. Hirsh: *Ferdinand Hodler.* München, 1981,
S. 92
35 Morton Feldman: *Essays.* Kerpen, 1985, S. 101
36 Siehe Bätschmann, wie Anm. 3, S. 21

37  Zitiert in: Yve-Alain Bois, Joop Joosten, Angelica Zander Rudenstine, Hans Janssen: *Piet Mondrian
1872–1944.* Bern, 1994, S. 162
38  Siehe dazu: Johannes Stückelberger: Hodler und die
Arabeske. Eine Deutung der Wolkenrahmen auf seinen
andschaftsbildern. In: *Zeitschrift für Schweizerische
Archäologie und Kunstgeschichte,* Bd. 47, 1990, S. 83–89
(S. 85)
39  Siehe Loosli, wie Anm. 15, Band IV, S. 272
40  Johannes Widmer: *Von Hodlers letztem Lebensjahr.*
Zürich 1919, S. 8/9

**Ferdinand Hodler**

**Die Zehn Gebote
des Malers Ferdinand Hodler**

1. Das Mass alles dessen, was gesehen werden kann, ist das menschliche Sehvermögen.
2. Der Maler muss die Natur als Fläche sehen.
3. Er muss den Ausschnitt der Fläche, den er wiedergeben will, vernunftsgemäss und mit mathematischer Genauigkeit zunächst geometrisch aufteilen.
4. Hat diese grundlegende Aufteilung der Fläche stattgefunden, so setze er wiederum, so genau als es sein Können erlaubt, den Umriss seines Gegenstandes ein.
5. Der Umriss allein bildet für sich ein Element des Ausdruckes und der Schönheit. Er ist die Grundlage allen ferneren Ausarbeitens, darum sei er kräftig und genau.
6. Der Umriss wirkt um so kräftiger, je feiner er gezogen wird.
7. Die durch das Einsetzen des Umrisses sich ergebenden Teilflächen sind bis zur vollkommenen Sicherheit, die Genauigkeit der Zeichnung betreffend, neuerdings aufzuteilen und jeder einzelne Teil bis zur gewollten Vollendung wie das Ganze zu behandeln.
8. Die Mittel zum Erreichen der Genauigkeit sind die der Beobachtung, der Vergleichung und der Messung.
9. Um zur Meisterschaft in der Beobachtung und Vergleichung zu gelangen, gibt es nur den einen Weg der fortgesetzten, ununterbrochenen Übung des Auges.
10. Um dagegen richtig zu messen, genügt das menschliche, weil zu wenig zuverlässige Auge nicht, und der Künstler soll sich, wo sich nur immer dazu Gelegenheit bietet, der mathematischen Masswerkzeuge bedienen, also des Zirkels, des Massstabes, des Winkelmasses, des Lineals usw.

Hodler hatte diese 1874 formulierten *Zehn Gebote* schriftlich festgehalten und das Manuskript C.A. Loosli gezeigt, der eine Abschrift anfertigte und diese in den Anmerkungen seines 1. Bandes veröffentlichte (Carl-Albert Loosli: *Ferdinand Hodlers Leben, Werk und Nachlass.* Vier Bände. Bern, 1921–1924, Band 1, S. 227–220). Das Original ist laut Loosli verschollen. Übersetzung ins Deutsche laut Loosli von Hodler (Ebenda. S. 44). Die *Zehn Gebote* finden sich auch abgedruckt in: *Ferdinand Hodler. Vom Frühwerk bis zur Jahrhundertwende. Zeichnungen aus der Graphischen Sammlung des Kunsthauses Zürich,* 1991 (= Sammlungsheft 15), S.13.

**Piet Mondrian**

## Brief an Israël Querido, 23. Oktober 1909

Noch einmal muss ich Ihnen meine Bewunderung für Ihr tiefes Nachempfinden von so vielem aussprechen, aber ich scheine mich Ihnen gegenüber doch verkehrt ausgedrückt zu haben, wenn ich Ihnen zu verstehen gegeben haben sollte, ich hätte das Mädchen bei der Handlung des Betens zeigen wollen. Ich habe mit dem Bild nur ein Mädchen von ihrer devoten Seite, oder devot betrachtet, oder mit sehr devotem Einschlag zeigen wollen, und indem ich ihrem Haar dieses Rot gegeben habe, wollte ich die materielle Seite, den Gedanken an ‹Haar›, ‹Kleid› etc. in den Hintergrund drängen und statt dessen die geistige Seite in den Vordergrund rücken. Ich finde, dass die Farbe und Linie dazu viel beigetragen haben; auch wollte ich nicht auf die Linie (darüber habe ich mich dann sicher falsch ausgelassen) verzichten. Ich finde gerade, dass die grosse Linie die allererste Notwendigkeit für ein Bild ist, erst hinterher kommt die Farbe. Ich sagte Ihnen schon, dass ‹Aktionen› für mich immer solche zeitlich begrenzten Angelegenheiten sind. Sie können zu einer grossen Weltaktion werden, zu grossen allgemeinen Dingen und also sehr schön sein, aber ich wollte sagen, dass so etwas nichts für mich ist.

Warum mich die menschliche Bewegung behindert, haben Sie nachempfunden und in Worte gefasst; aber ich habe auch nicht gemeint, dass sie mir im Werk anderer und in alten Perioden nicht gefallen würden. Ich finde die grossen Meister von früher sehr schön und sehr gross, aber Sie werden mir zustimmen, wenn ich sage, dass alles jetzt in unserer heutigen Zeit ganz anders dargestellt werden sollte, sogar in einer anderen Technik. Ich halte es in unserer Zeit für notwendig, dass die Farben so rein wie möglich nebeneinander gesetzt werden, entweder pointillé oder diffus. Das klingt stark, hängt aber dennoch mit dem Gedanken zusammen, welcher meiner Ansicht nach die Grundlage der Darstellung ist. Mir scheint, dass die Klarheit der Gedanken auch Hand in Hand mit der Klarheit der Technik gehen sollte. [...]

Und weiter schreiben Sie am Ende, dass ich das, was ich erreicht habe, meinem Maltalent verdanke etc., und Sie stellen das mit anderen gleich, die dasselbe tun. Und doch weiss ich, dass es – trotz vieler Parallelen – grosse Unterschiede gibt. Ich glaube auch, dass Sie den grossen Zusammenhang zwischen der Philosophie und der Kunst erkennen, und gerade diesen Zusammenhang leugnen die meisten Maler. Bei den Grossen ist es wohl unbewusst, aber ich glaube, dass das bewusste Wissen bei einem Maler viel grösseren Einfluss auf seine Kunst ausüben wird, und dass es nur eine

Schwäche von ihm oder ein Mangel an Genie ist, wenn dieses geistige Wissen seiner Kunst schaden würde. Käme ein Maler so weit, dass er bestimmte Kenntnisse aus erster Hand über die feineren Dinge, durch die Schärfung der feineren Sinne, erworben hätte – dann würde seine Kunst vielleicht unverständlich für die Menschheit werden, die diese feineren Dinge noch nicht kennt, und davor wollen Sie mich warnen.

Wie ich einmal werden werde, das weiss ich nicht, aber im Augenblick arbeite ich noch auf dem gewohnten, allgemein bekannten Gebiet, nur mit einem tieferen Untergrund, der das Publikum, das dafür empfänglich ist, die feineren Dinge erahnen lässt. Also bewegt sich meine Kunst noch völlig ausserhalb des Okkulten, obwohl ich selbst nach okkultem Wissen strebe, um die Dinge so besser verstehen zu können. Auf diese Weise sehe ich auch, wie mehr Bewusstheit in mein Werk kommt und wie alles, was vage ist, verschwindet.

Ich kann nur hoffen, dass ich mich gut ausdrücke, obwohl Sie, dank Ihrem starken Talent, meine Absichten dennoch ergründen werden.

Vorläufig aber will ich mein Werk auf der gewohnten Ebene der Sinne bleiben lassen, denn dort leben wir noch. Aber trotzdem kann die Kunst bereits am Übergang zu den feineren Regionen stehen: ich bezeichne sie vielleicht fälschlich als geistige Gebiete, denn nicht alles, was eine Form hat, ist auch geistig, habe ich gelesen. Aber es ist dennoch der nach oben verlaufende Weg, weg von der Materie. Nun, werter Querido, mit herzlichen Grüssen, Pieter Mondrian.

Publiziert in: Robert P. Welsh und Joop M. Joosten:
*Two Mondrian Sketchbooks 1912–1914:* Amsterdam 1969,
S. 9 –11; Übersetzung; Rosi Wiegmann

**Ferdinand Hodler**

**Frühe Landschaften 1875–1895**

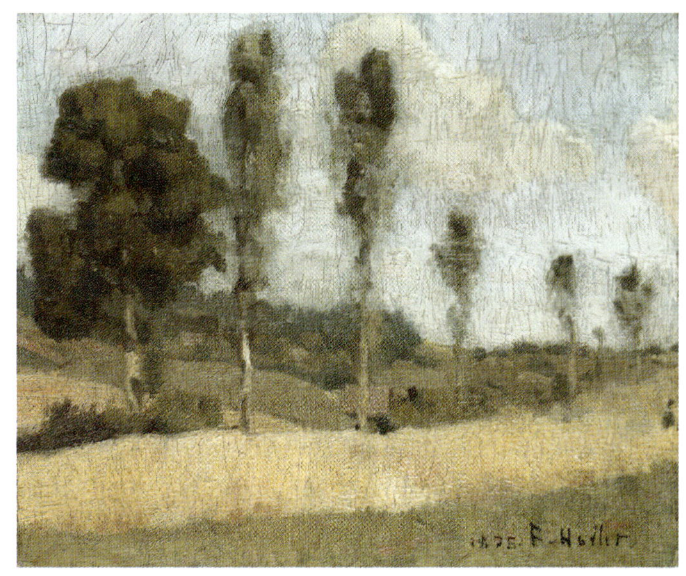

Landschaft mit Pappeln. Um 1875

Ferdinand Hodler

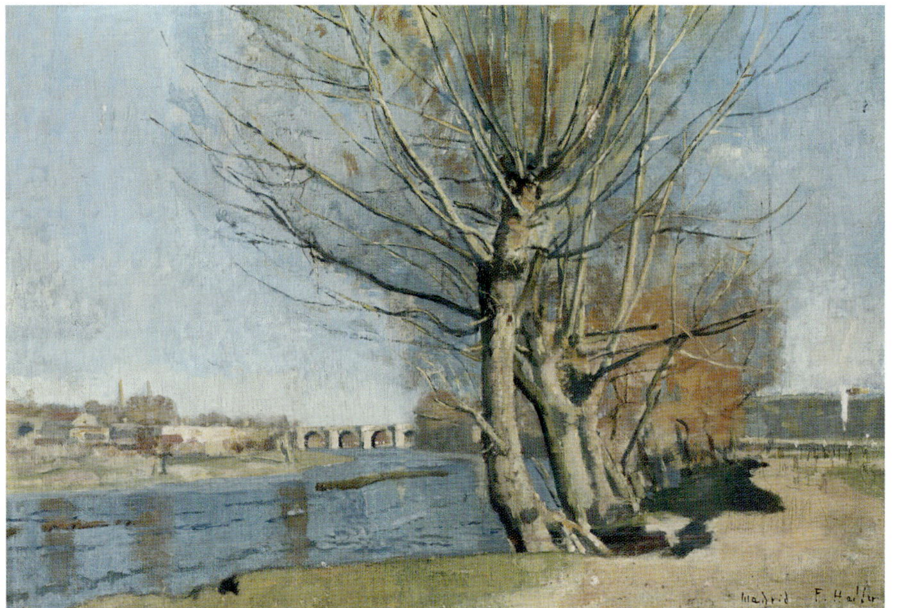

Vue de Madrid. 1879

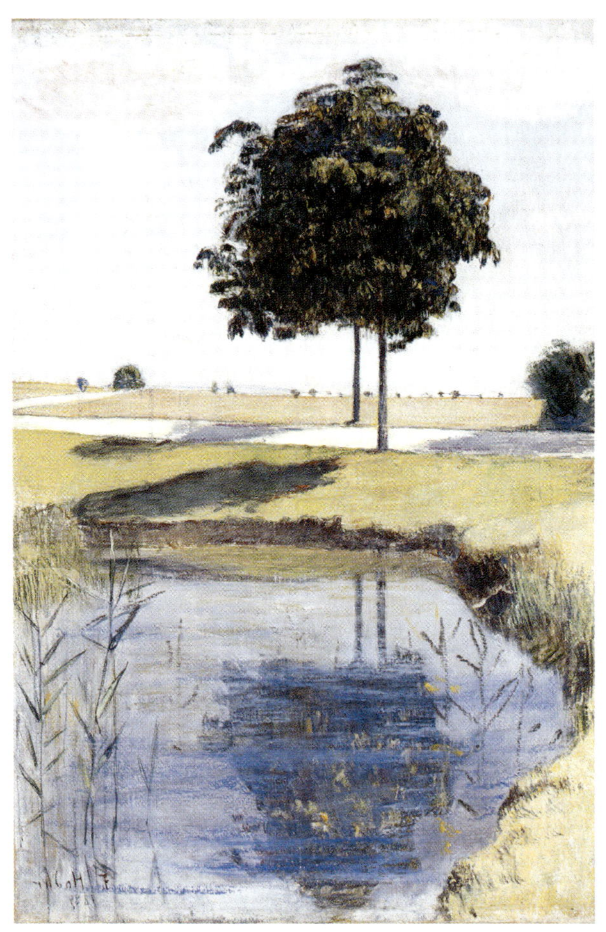

Les marronniers. 1889

Ferdinand Hodler

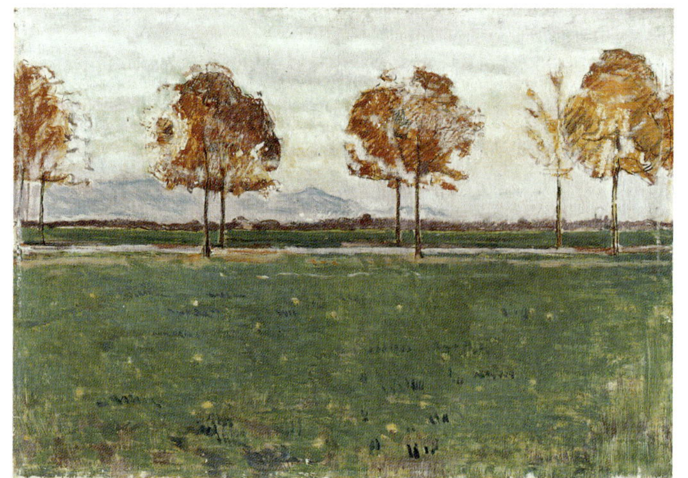

Herbstlandschaft bei Solothurn. Um 1893

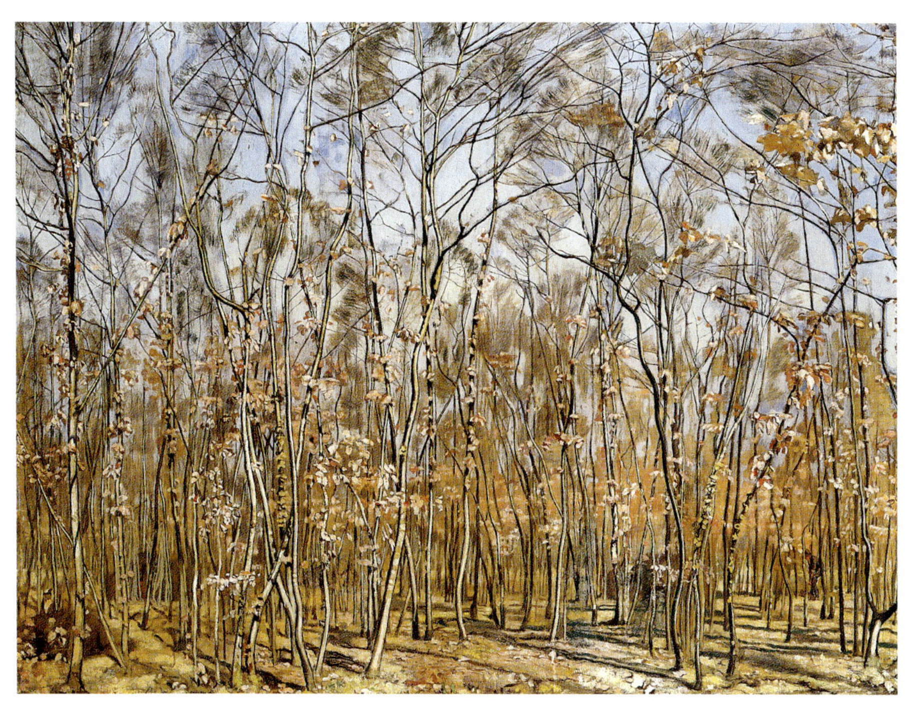

Der Buchenwald (Bois des Frères). 1885

Ferdinand Hodler

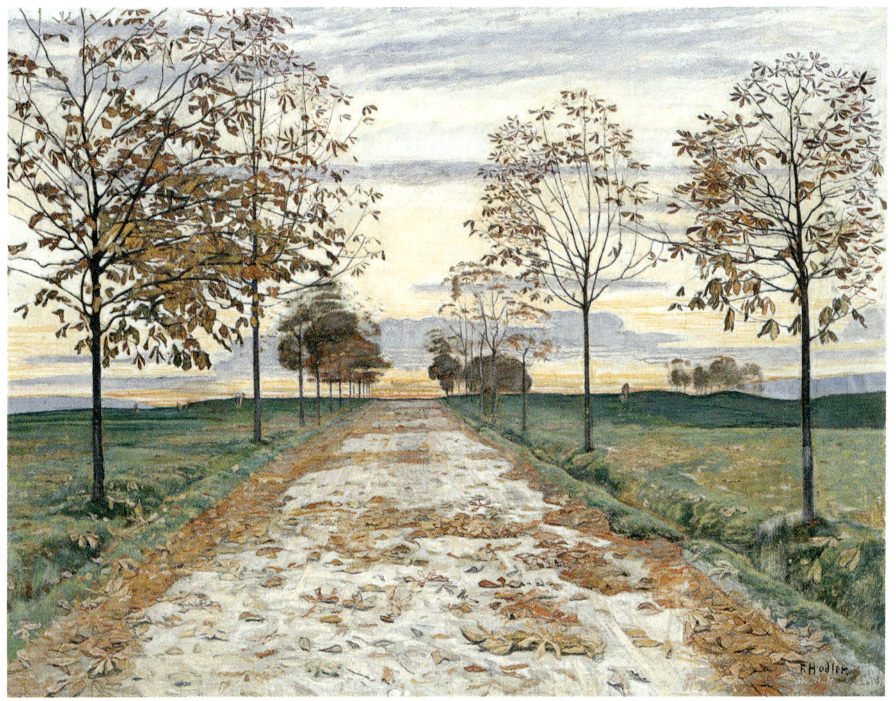

Herbstabend. 1892–93

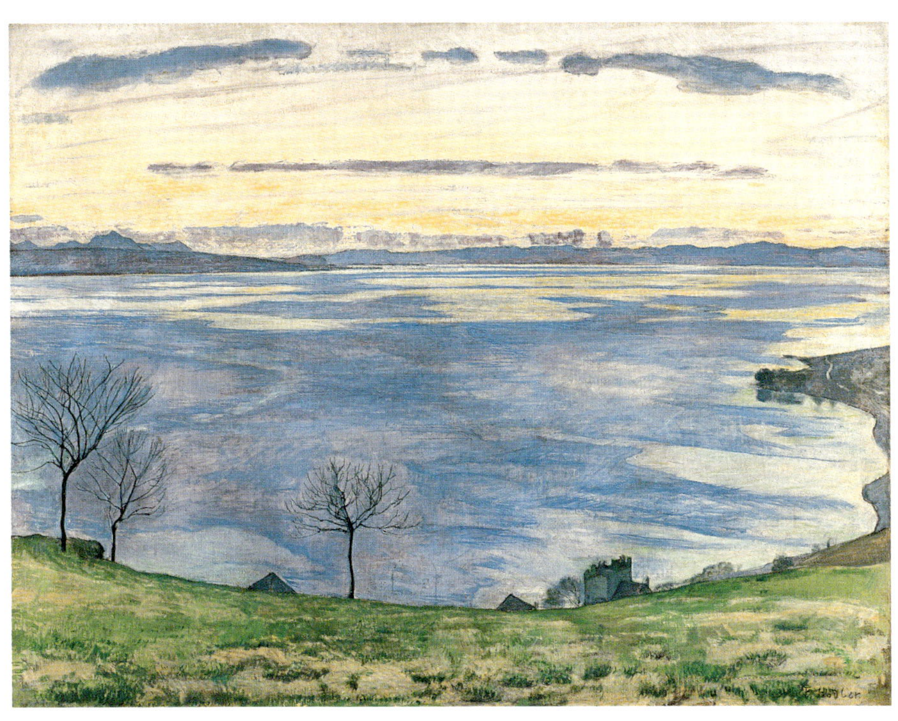

Abend am Genfersee. 1895

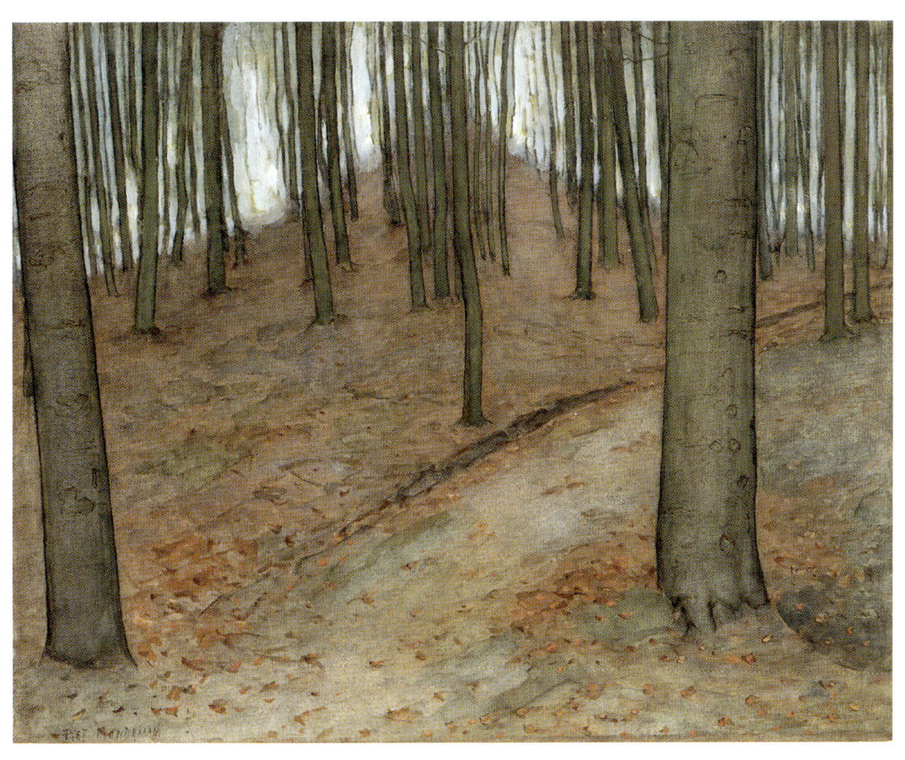

Wald am Strand. Um 1898/99

Piet Mondrian

54

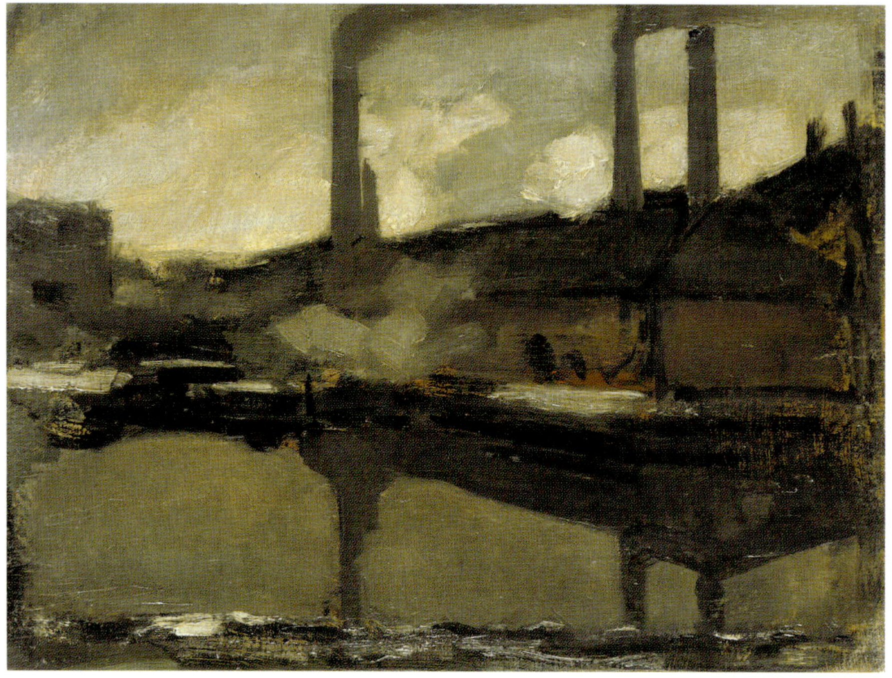

Wachskerzenfabrik. Um 1900/01

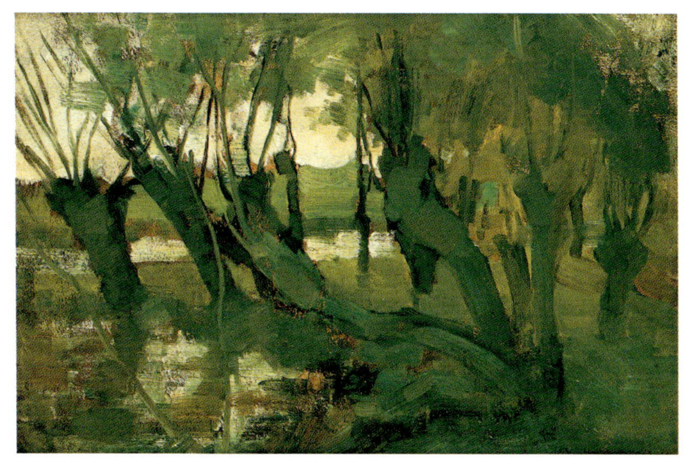

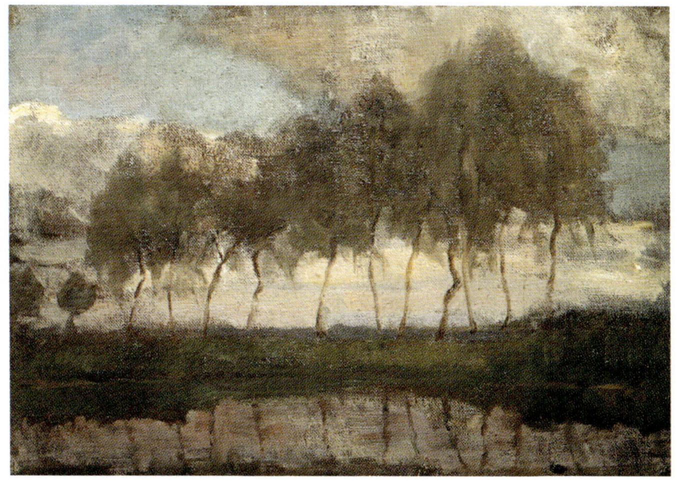

Landschaft mit Weiden. 1902/04      Der Gein: Bäume am Wasser. 1906/07

Piet Mondrian

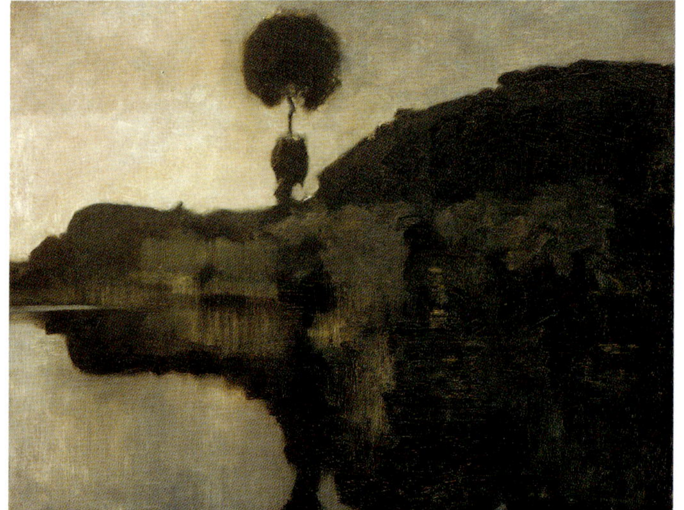

Abend am Gein mit einsamem Baum. Um 1907/08

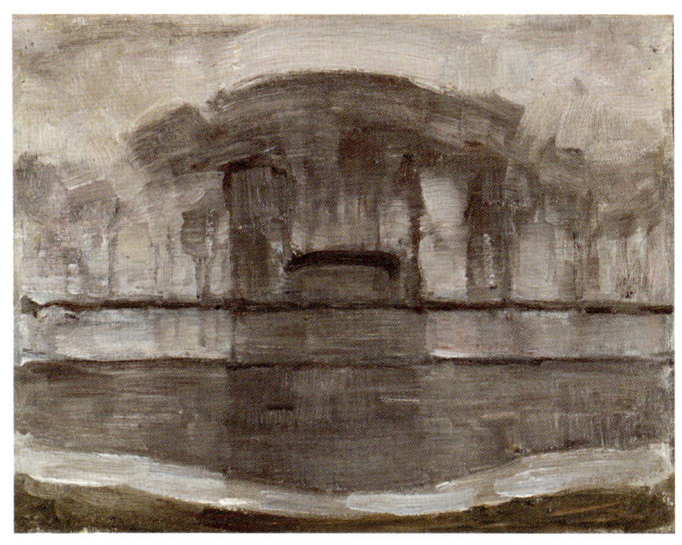

Das Bauernhaus Geinrust im Nebel. Um 1906/07

Piet Mondrian

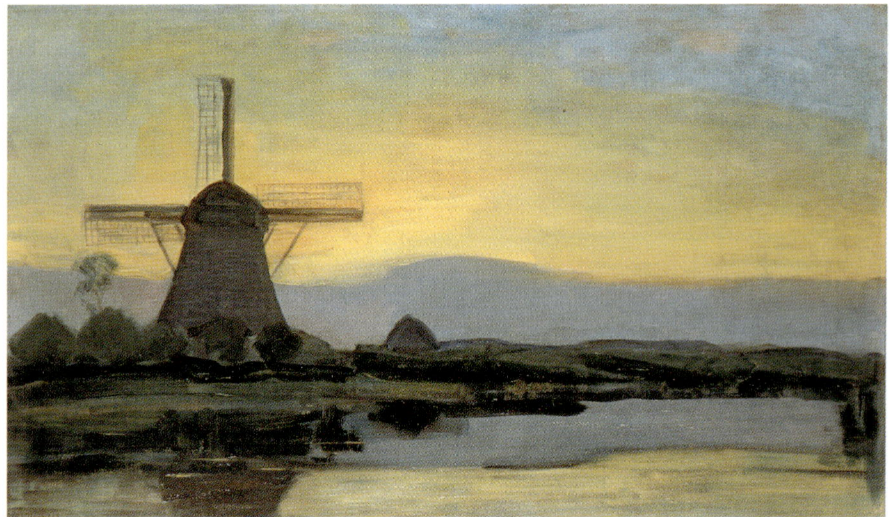

Mühle am Abend. 1907

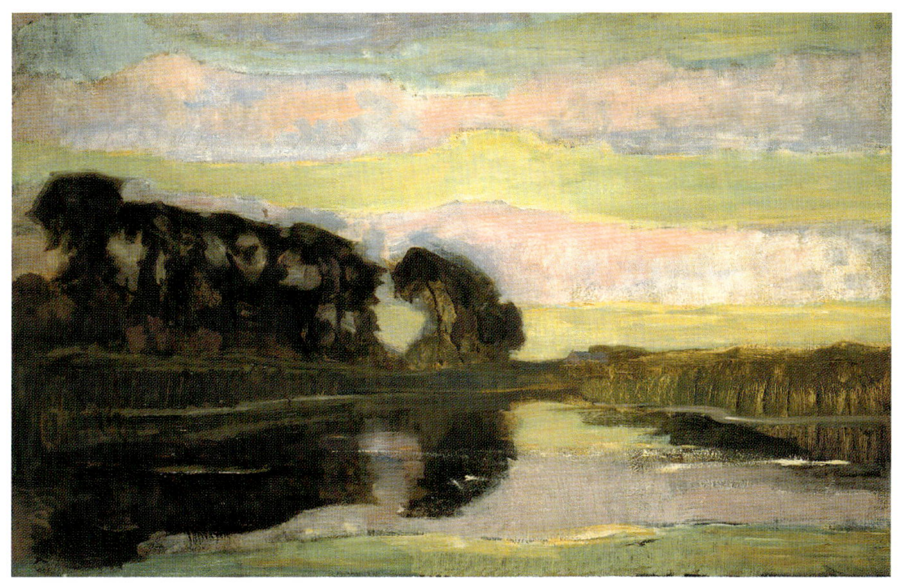

Grosse Landschaft; Flusslandschaft mit rosa und grün-gelbem Himmel. Um 1907/08

Piet Mondrian

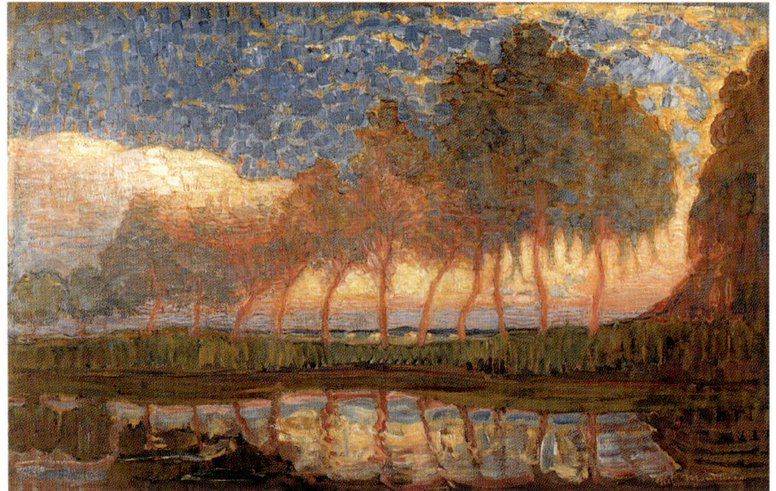

Bäume am Gein. 1907/08

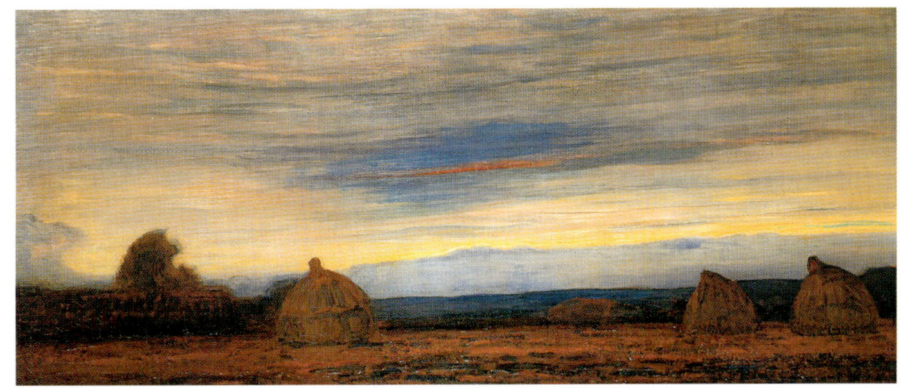

Abend. Um 1907/08

Piet Mondrian

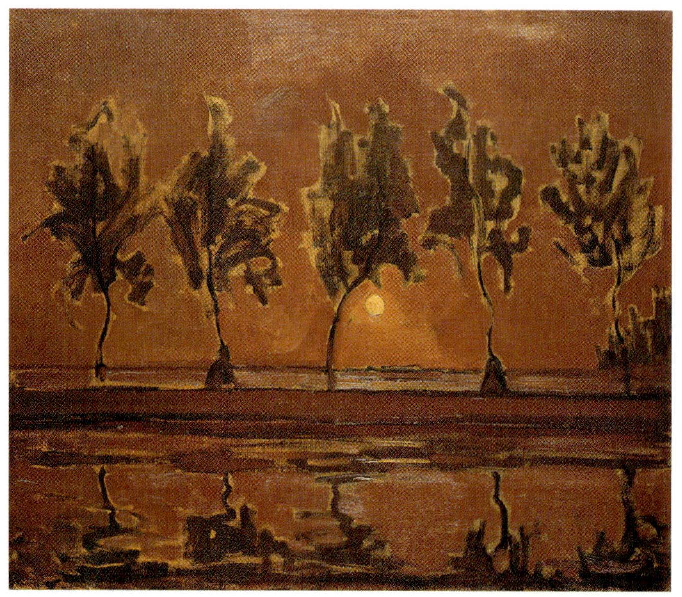

Bäume am Gein: Mondaufgang. 1908

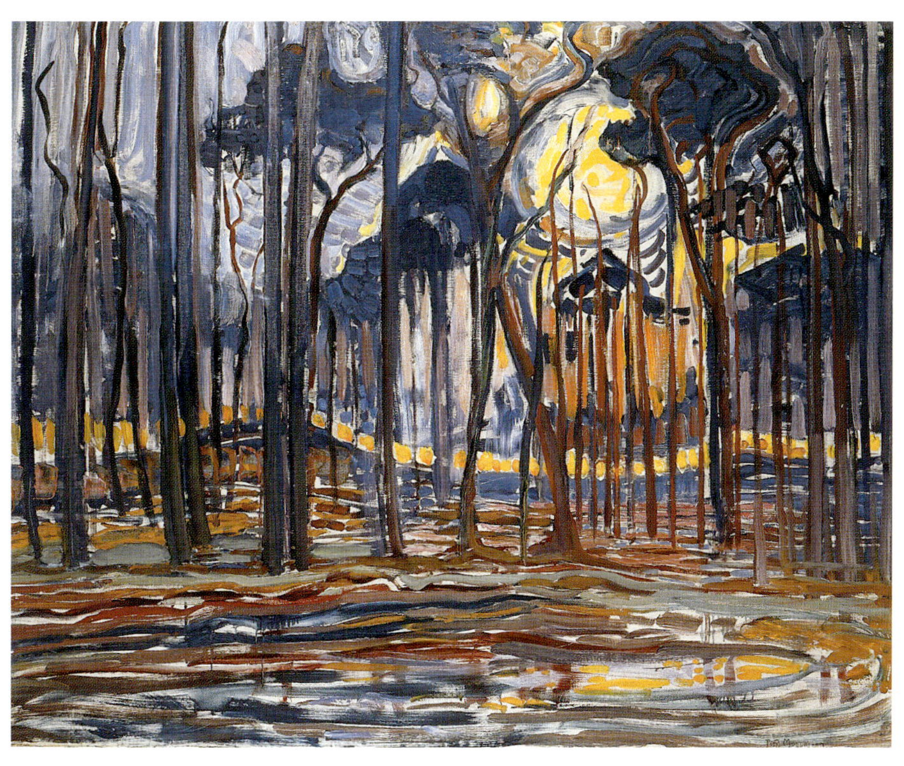

Wald bei Oele. 1908

Piet Mondrian

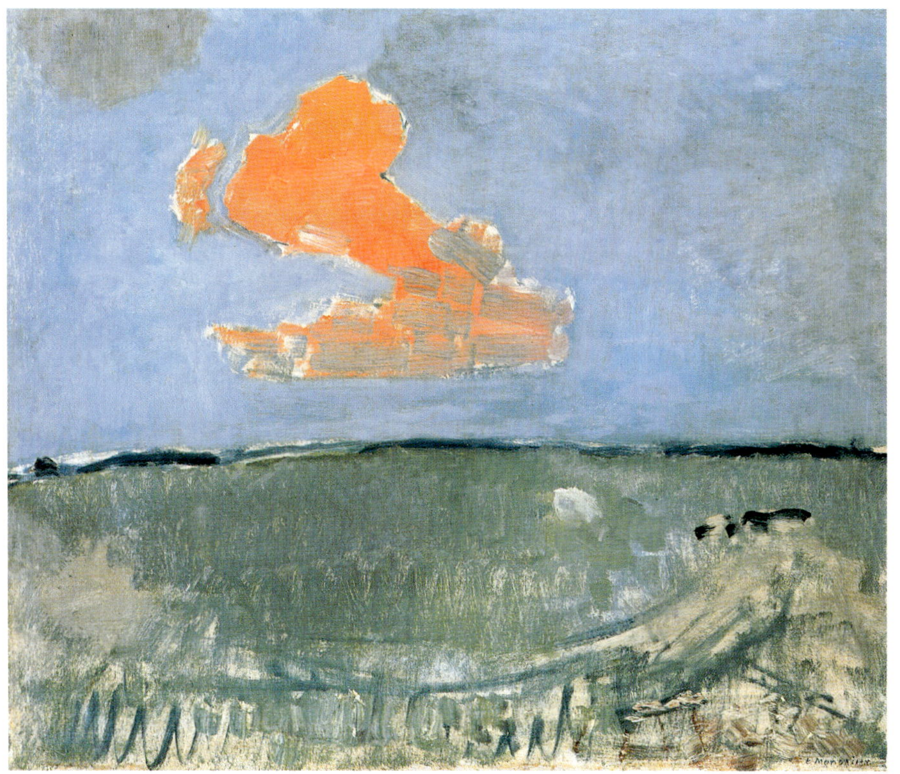

Die rote Wolke. 1907

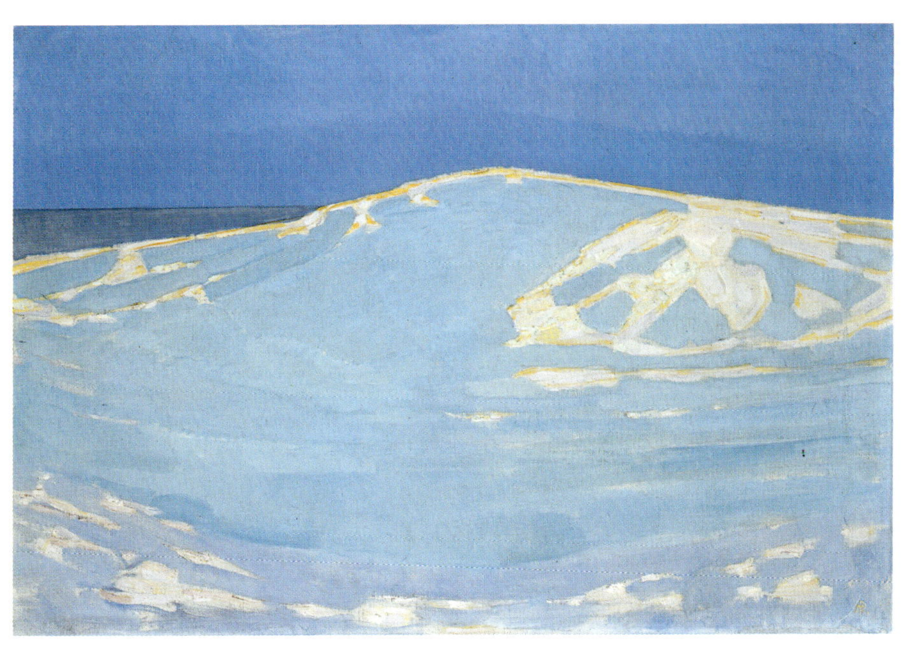

Düne V. 1909/10

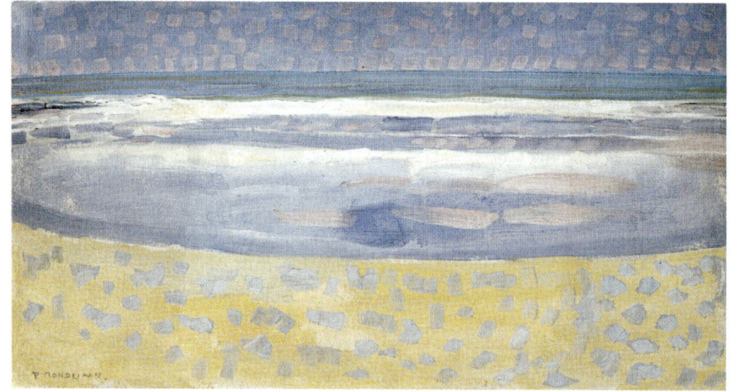

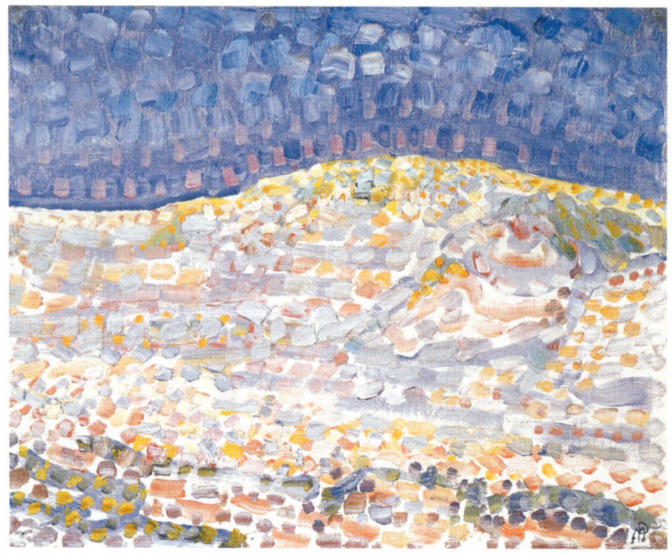

Meer bei Sonnenuntergang. 1909                    Düne II. 1909

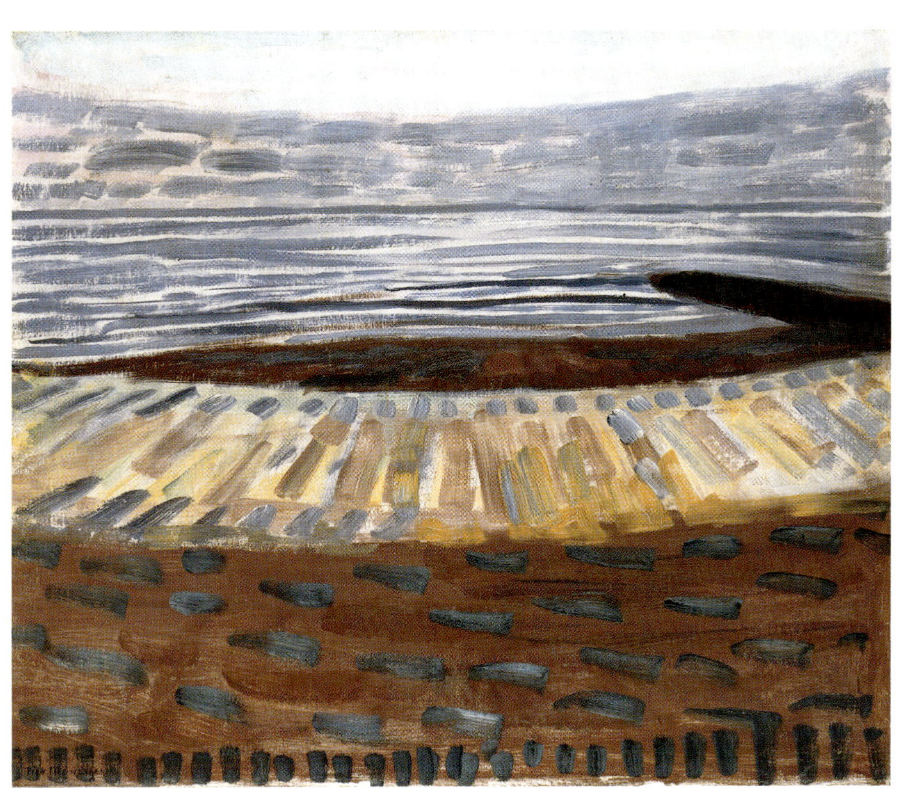

Meer nach Sonnenuntergang. 1909

Piet Mondrian

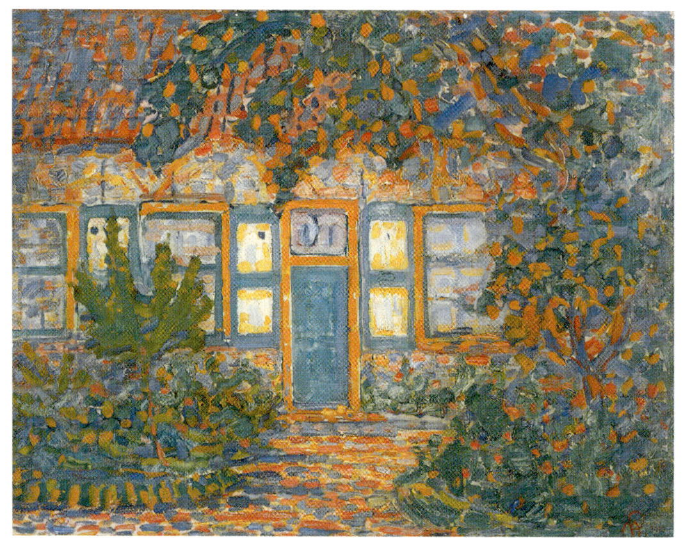

Bauernhaus. 1909

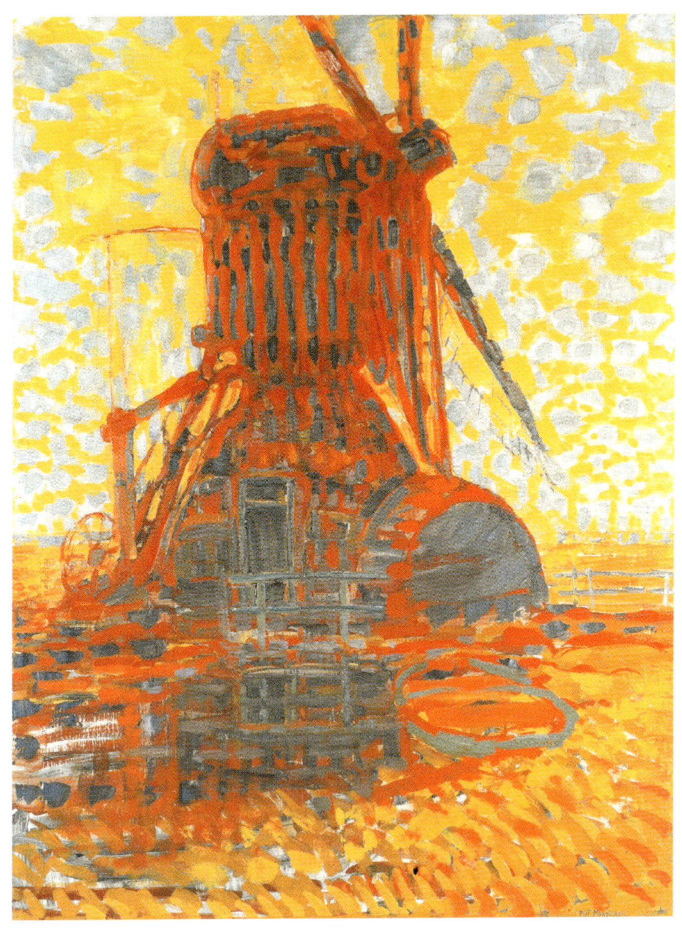

Windmühle im Sonnenlicht. 1908

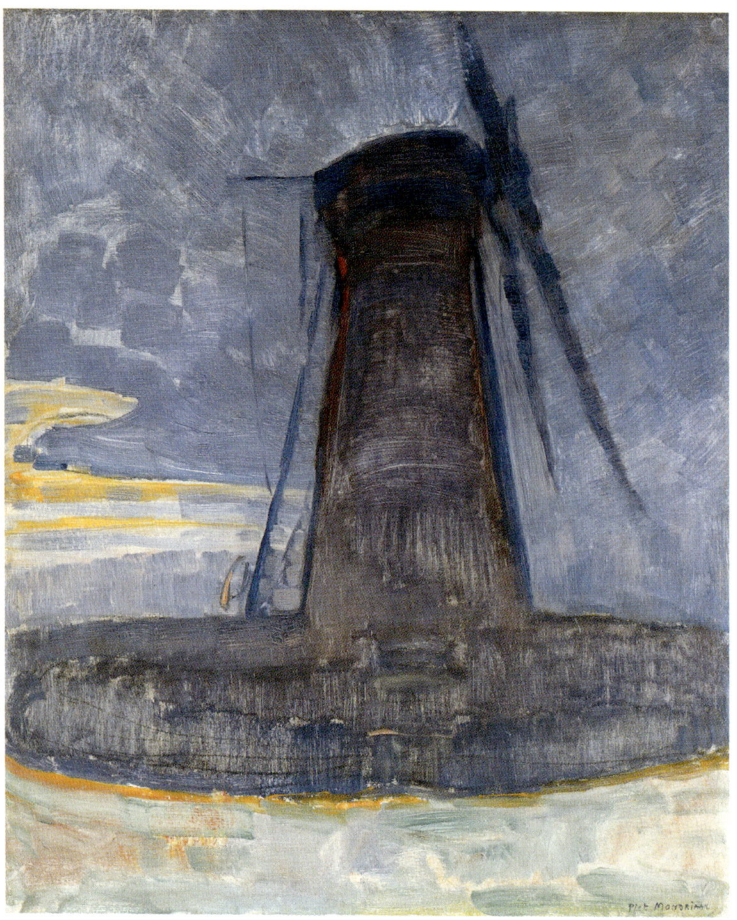

Mühle bei Domburg. 1909

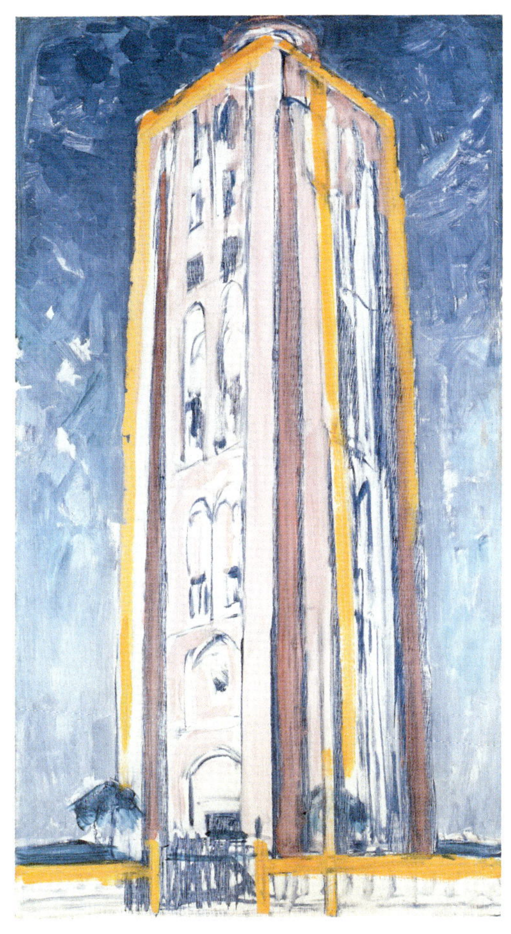

Leuchtturm von Westkapelle. Um 1909

**Ferdinand Hodler**

Symbolistische Kompositionen

1892 – 1911

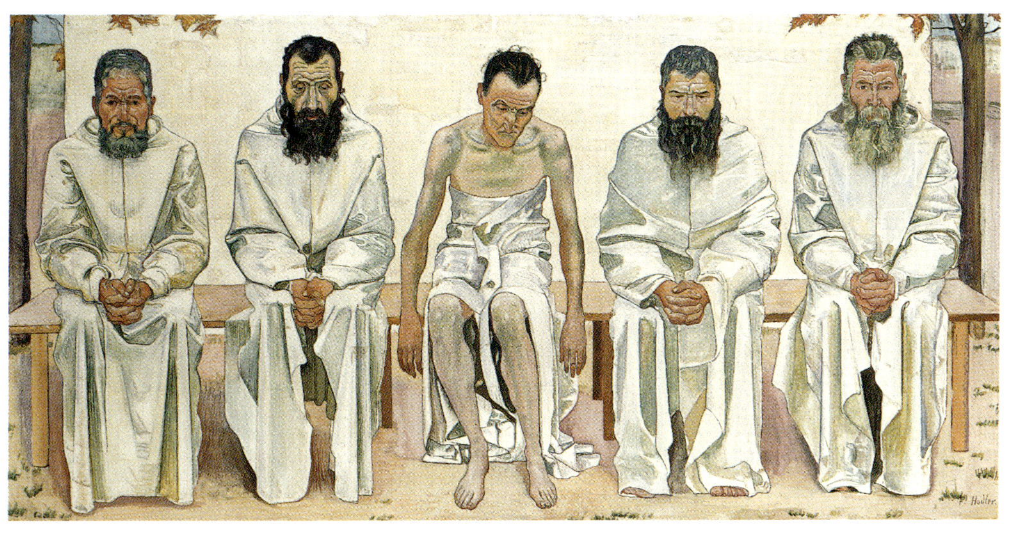

Die Lebensmüden II. Um 1892

Ferdinand Hodler

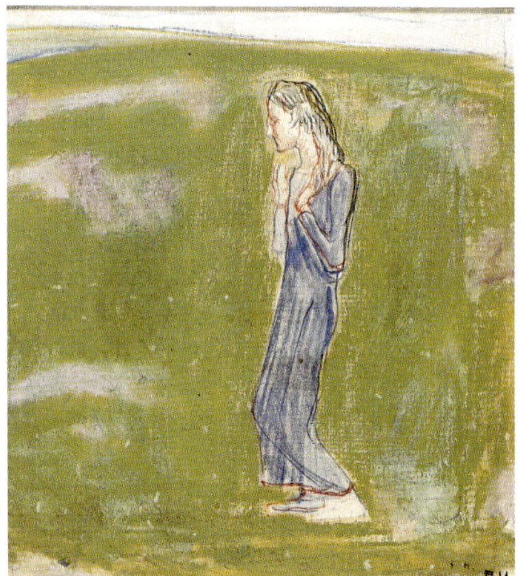

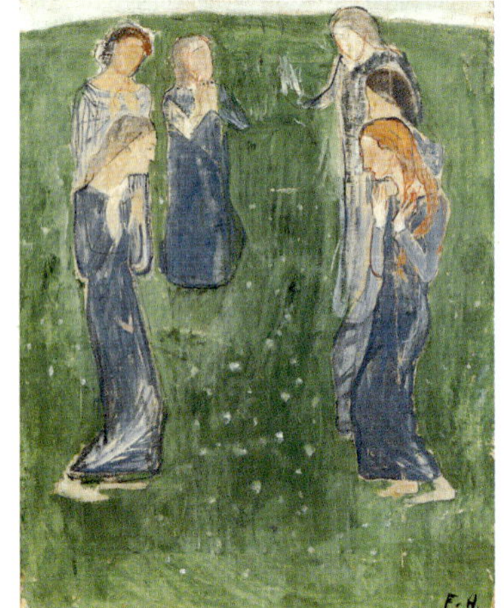

Eurhythmische Empfindung (Einzelfigur). 1895

Eurhythmische Empfindung (6-figurig). 1895

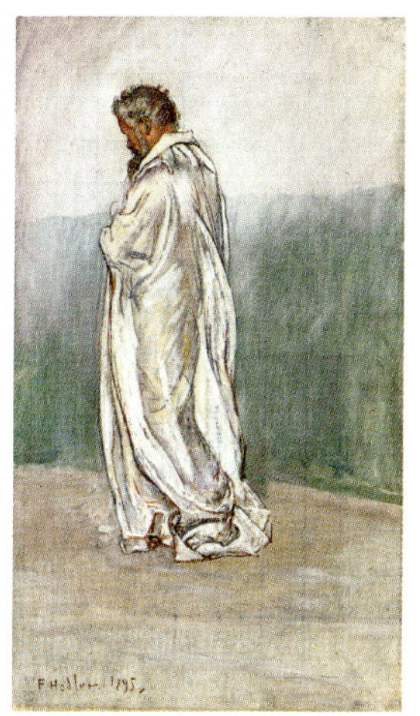

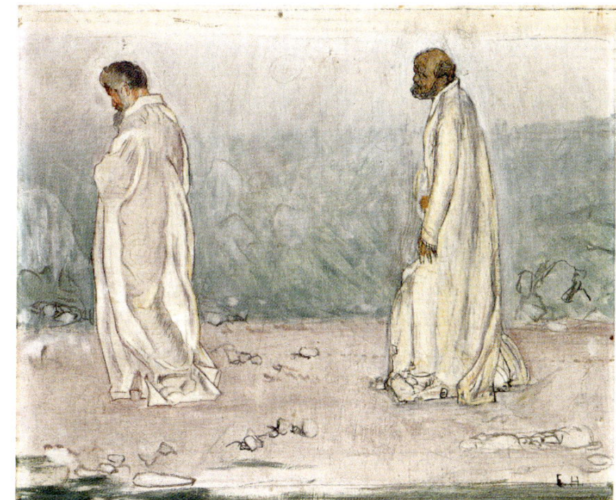

Eurhythmie (Einzelfigur). 1895          Eurhythmie (Zwei Figuren). Um 1895

Ferdinand Hodler

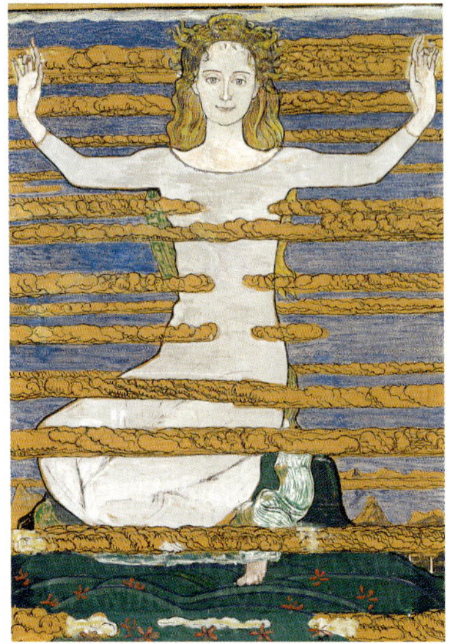

Die Poesie (Die Kunst). 1897

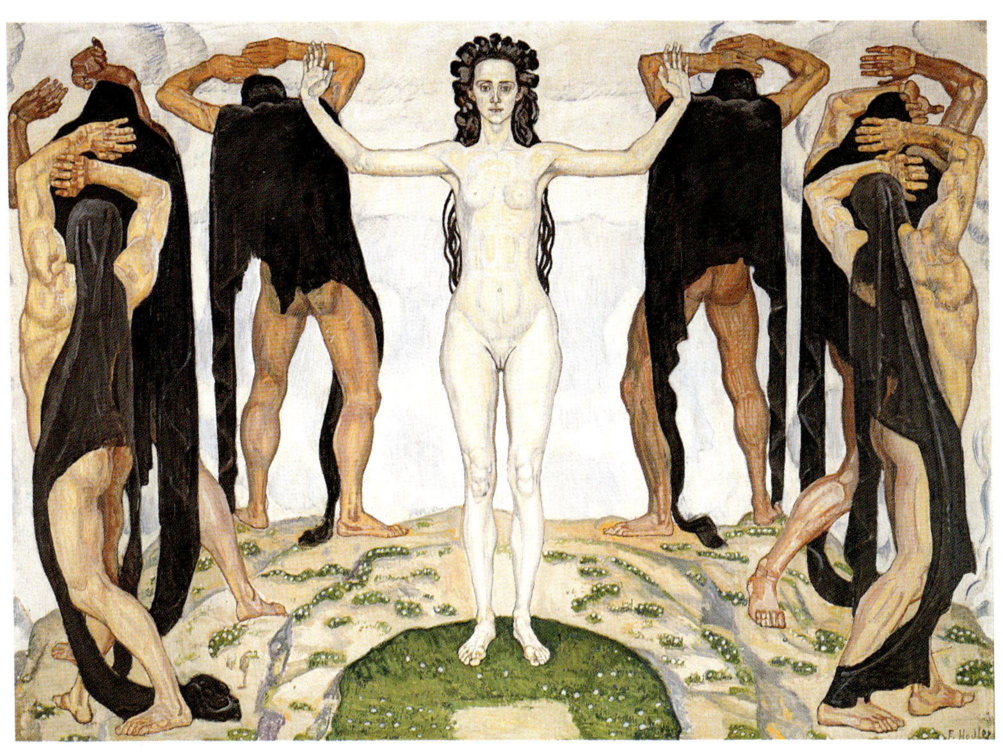

Die Wahrheit II. 1903

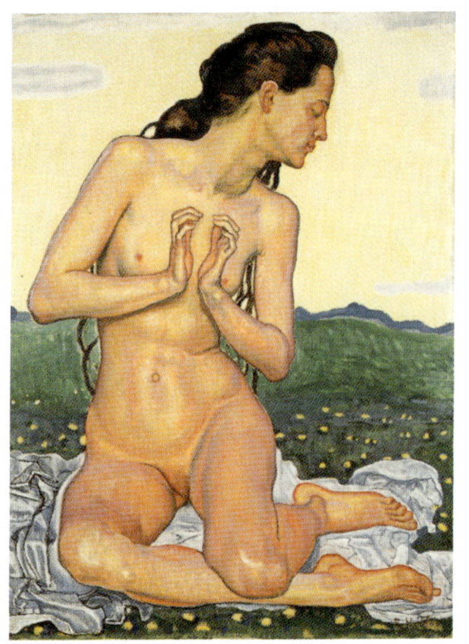

Studie zu «Der Tag». 1899

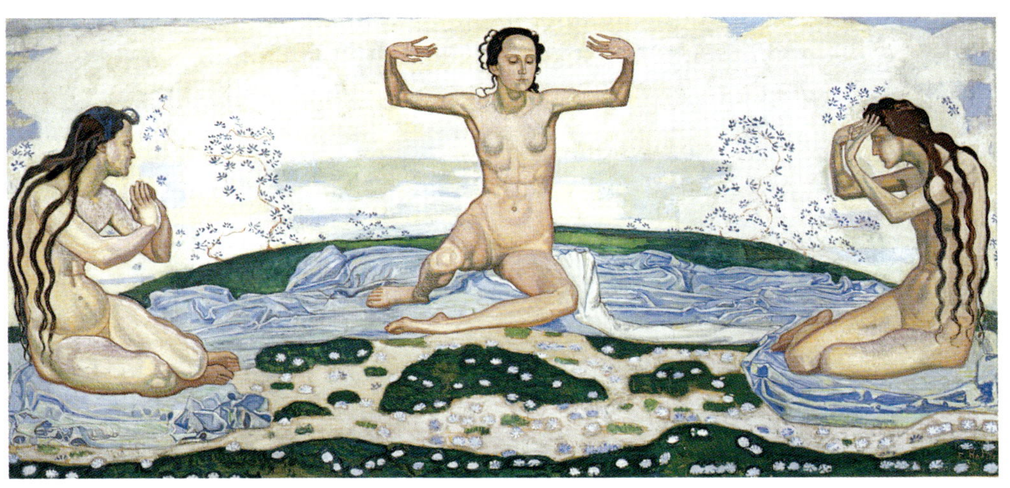

Der Tag, 3. Fassung. Um 1910

Ferdinand Hodler

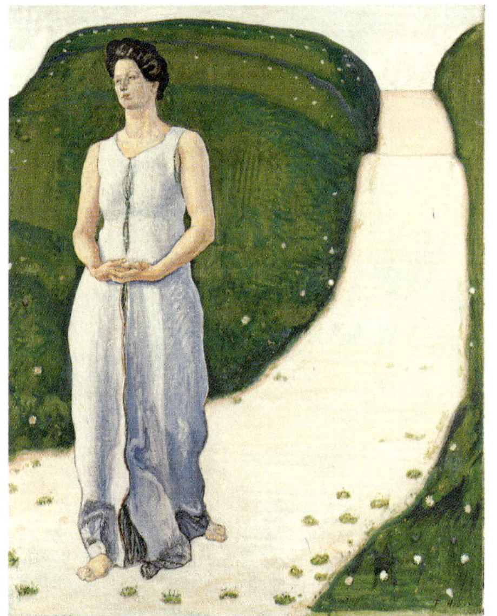

Abendruhe. Um 1904/05

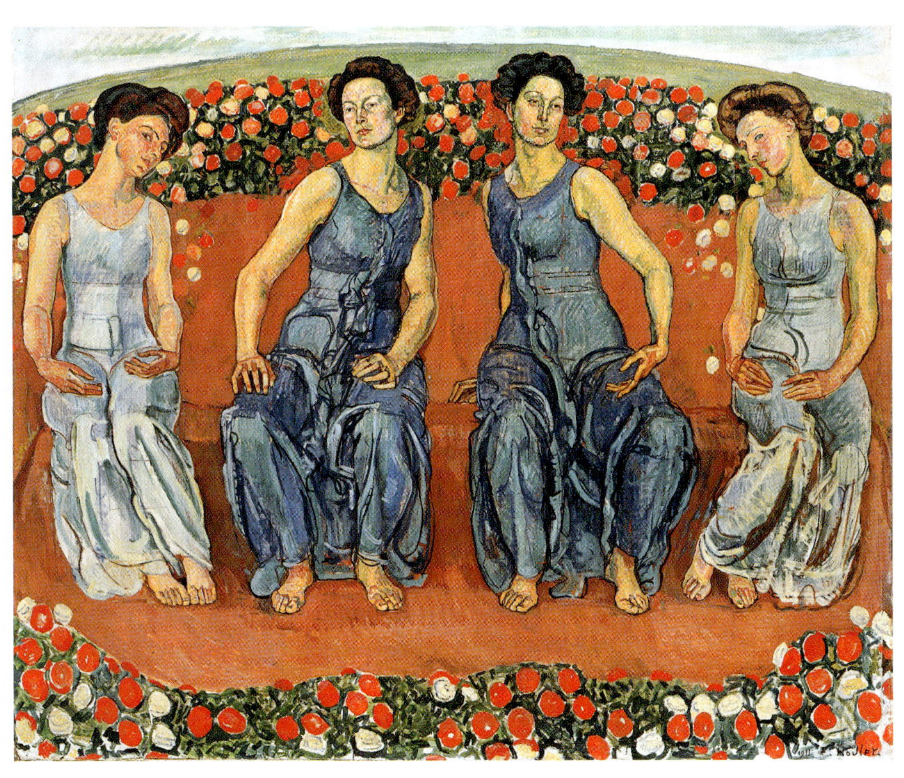

Heilige Stunde V. 1911

**Piet Mondrian**

Theosophisch-symbolistische Werke

1908–1911

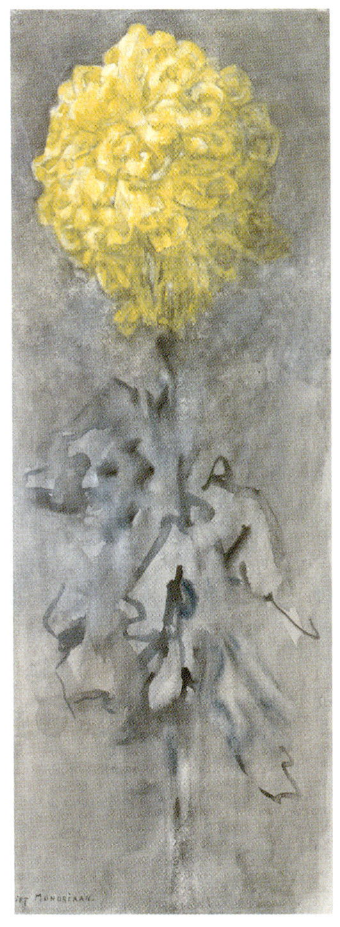

Chrysantheme. Um 1909

Piet Mondrian

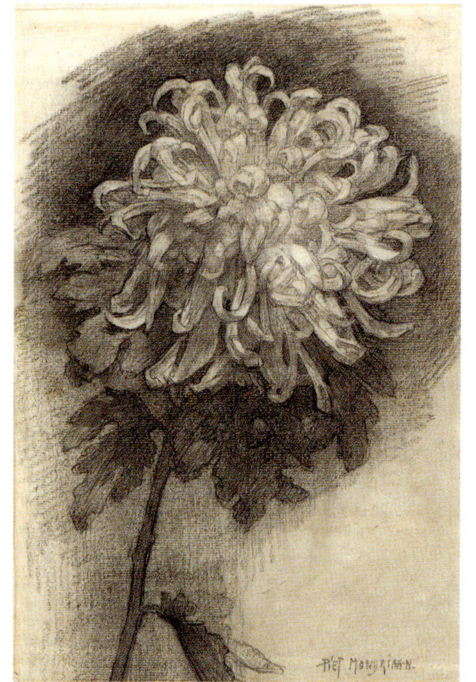

Chrysantheme. 1909/11

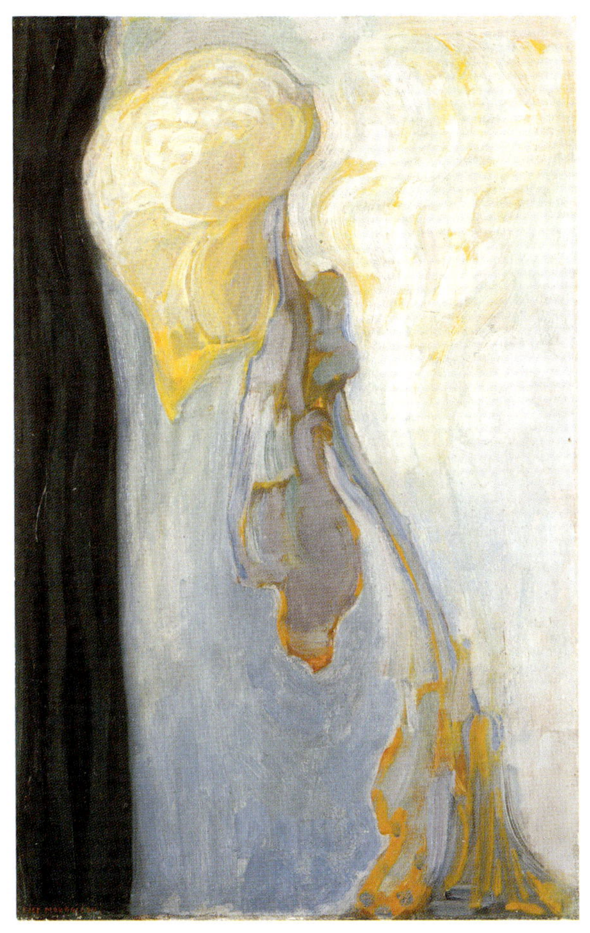

Sterbende Chrysantheme. 1908

Piet Mondrian

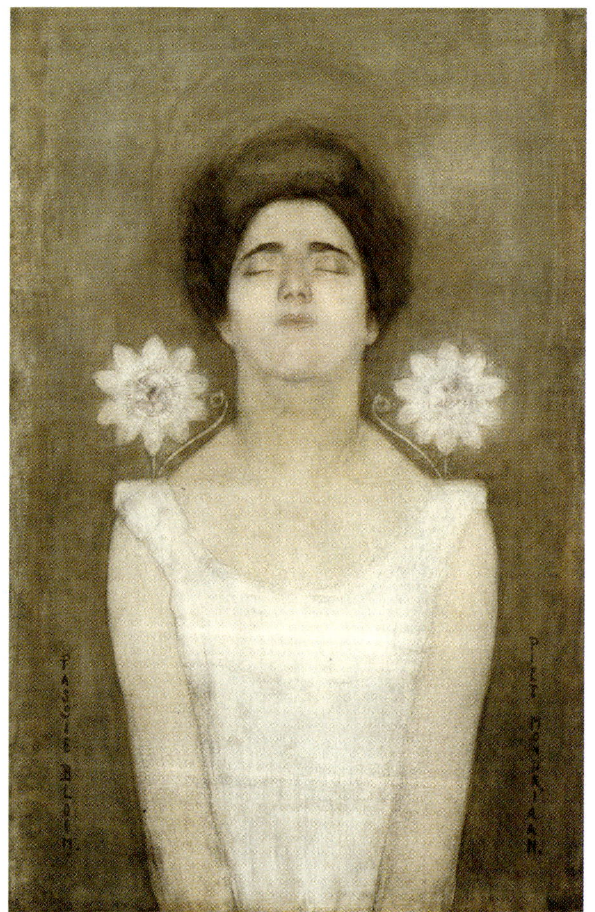


Passionsblume. Um 1908

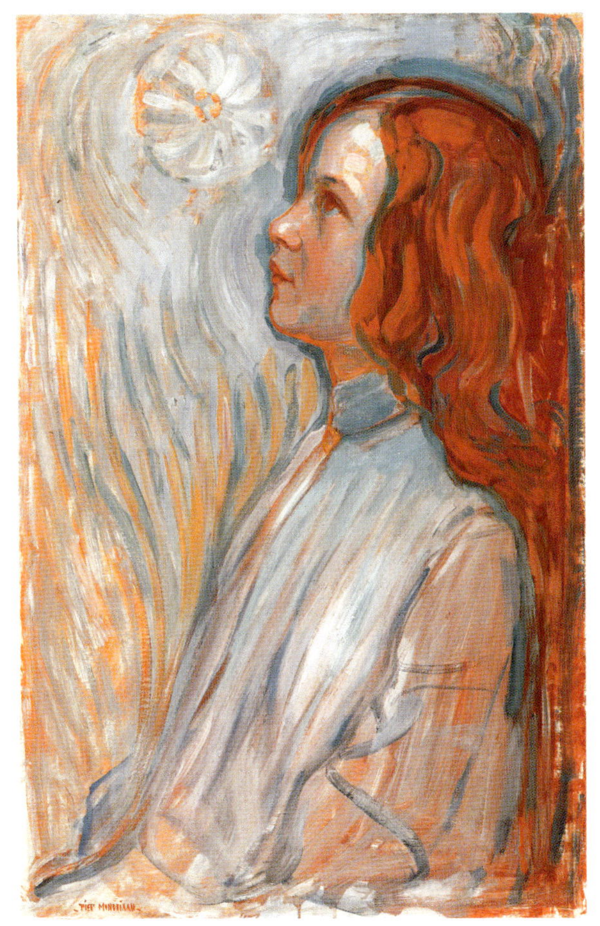

Devotion. 1908

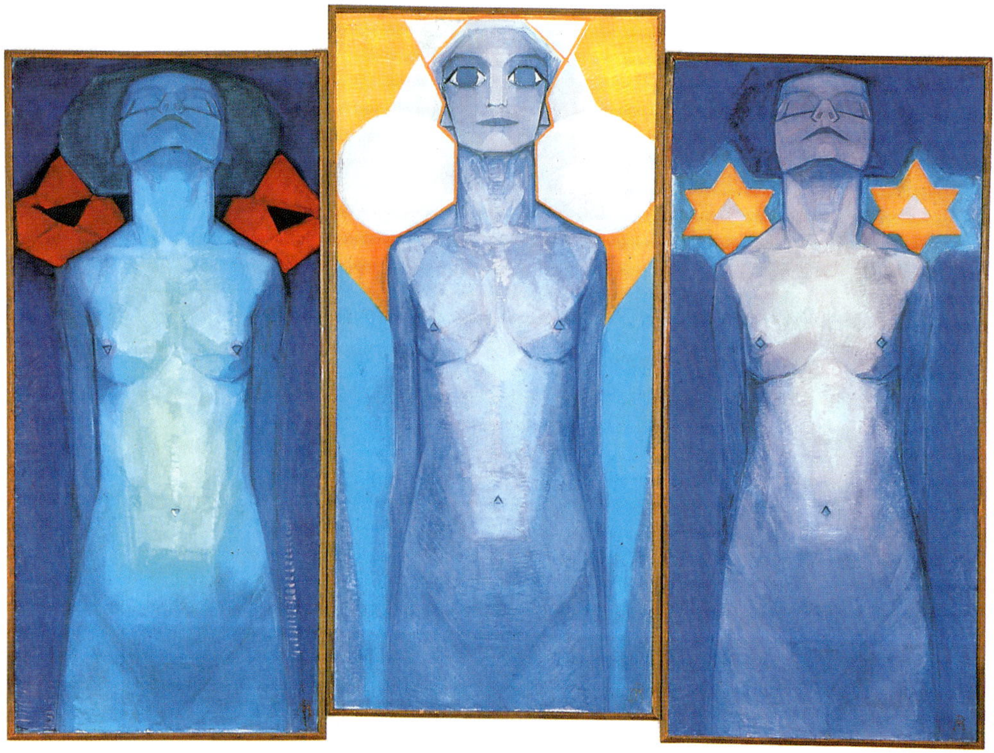

Evolution. 1910/11

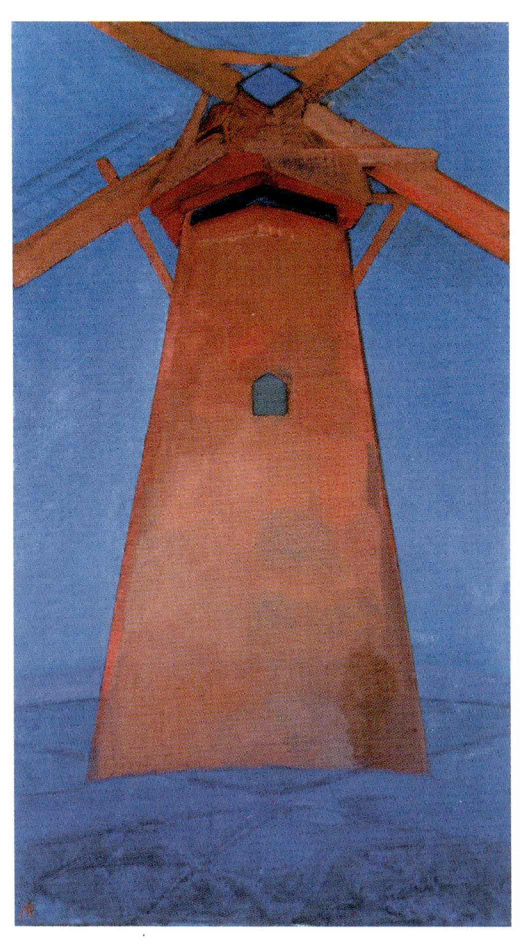

Molen (Mühle); Rote Mühle bei Domburg. 1911

Hans Janssen und Anne Tabak

## «Könnte man nicht einmal grosse Franzosen einladen?»

## Mondrian, Hodler
## und der Einzug der Moderne in den Niederlanden

*Zitat von Goethe: ‹der Stoff erst seinen Werth durch künstlerische Gestaltung erhält›* undatierte Notiz von Toorop

Piet Mondrian hat sich nur ein einziges Mal zu einer Äusserung über Ferdinand Hodler verleiten lassen, und zwar im Frühjahr 1942 in New York, als er um seinen 70. Geburtstag herum von J.J. Sweeney ausdrücklich nach seiner Meinung über den Schweizer Maler gefragt wurde. Mondrian dürfte es, nach sovielen Jahren und ebensovielen radikalen künstlerischen Wendungen, schwergefallen sein, aus so grosser Entfernung auf die Vergangenheit zurückzublicken, denn er antwortete ausweichend. Sweeney muss sich in seinem Artikel mit Mondrians knapper Bemerkung begnügen, Toorop habe den Schweizer ziemlich bewundert. Er schliesst daraus, dass Mondrian Hodler damit eine kleine Rolle am Rande des Einfluss einräume, den Toorop auf ihn ausgeübt hatte.[1]

Oberflächlich betrachtet, gab es kaum Anlass zu Sweeneys Frage. An einflussreichen Vorbildern waren bei Mondrian Cézanne, Picasso und vielleicht noch Sluijters zu nennen – Namen, die in der Mondrianliteratur unbestritten sind. Vor allem die Grossmeister der französischen Moderne waren passende Gesellschaft für den Künstler, dessen Neoplastizismus nach 1920 als Krönung des Modernismus galt.

Aus einem anderen Grund, der den Anhängern des Modernismus weniger gefällt, war Sweeneys Frage aber gar nicht so seltsam. Die Wurzeln des ansonsten so «cleanen» Mondrian wiesen ja auch einige symbolistische Züge auf, die eine Erklärung verlangten. Und Hodler könnte genau wie Munch zur Erklärung bestimmter auffälliger Merkmale von Mondrians Schaffen vor 1911, von denen sich der Künstler später grundsätzlich distanzieren sollte, herangezogen werden.

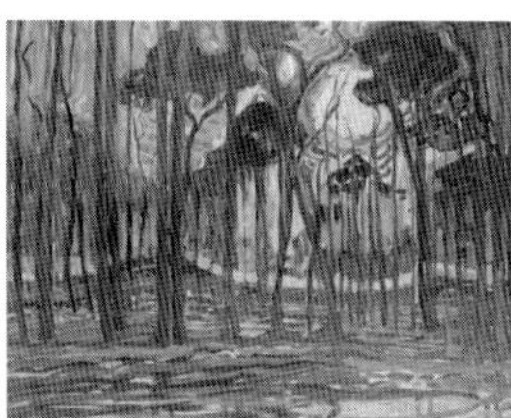

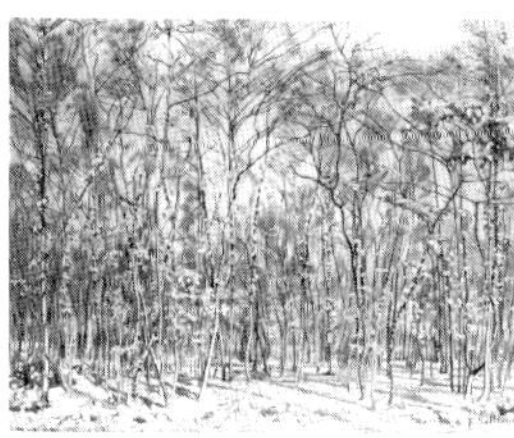

1 Piet Mondrian
Wald bei Oele. 1908
Öl auf Leinwand
128×158 cm
Gemeentemuseum, Den Haag

2 Ferdinand Hodler
Der Buchenwald
(Le Bois des Frères). 1885
Öl auf Leinwand, 102×131 cm
Kunstmuseum Solothurn

Auf die Munch-Anklänge in den Gemälden um 1907 hat Aleid Loosje-Terpstra als erste hingewiesen.[2] Der Einfluss Hodlers wurde zwar von Carlo Ragghlianti 1962 betont – die diesbezüglichen Hinweise blieben aber unbeachtet (siehe dazu den Beitrag von Beat Wismer in dieser Publikation). 1989 sprach Frits Keers erstmals von einer Hodler-Ausstellung, die 1907 im Amsterdamer Künstlerverein St. Lucas statt-gefunden hatte – ein Ereignis, das bis dahin noch nie in Veröffentlichungen erwähnt worden war.

Seit Keers' Hinweis tauchen in der Literatur immer wieder Anspielungen auf eine eventuelle Beeinflussung Mondrians durch Hodler auf.[3] Insbesondere die Übereinstimmung zwischen *Wald von Oele* (Abb. 1) und *Buchenwald* (Abb. 2) ist zu auffällig, um unbemerkt zu bleiben, und auch in Werken wie *Devotion* (Abb. 3) und *Evolution* (Abb. 4) gab Mondrians Flirt mit dem Symbolismus Anlass zu Spekulationen.

Von der Amsterdamer Ausstellung mit Hodler-Werken weiss man aus einer Rezension in der katholischen Zeitschrift *Het Leven* von N. H. Wolf.[4] Sie enthielt jedoch zu wenig Information, um die Schlussfolgerung zu erlauben, Mondrian sei von dieser Ausstellung beeindruckt worden. Carel Blotkamp wagte sich diesbezüglich mit seiner These, dass die farbenfrohe und expressive Form, in der Hodler das symbolistische Erbe präsentierte, Mondrian gefallen haben müsse, am weitesten vor.[5]

Mondrians Übergang von konventionell tonalen zu grell-koloristischen Bildern, der um 1907 erfolgte, könnte auf den ersten Blick tatsächlich im Zusammenhang mit Hodler stehen. Zählt man die merkwürdige, für die Niederlande untypische Betonung des spirituellen Bildinhalts hinzu, bietet sich die Hodler-Ausstellung von 1907 durchaus als Erklärung an. Blotkamp ist dabei jedoch dem heute gültigen Hodlerbild verhaftet, das davon ausgeht, dass der Künstler der Landschaftsmalerei ab 1905 einen expressionistischen Impuls gab.

Man müsste aber erst einmal wissen, was wirklich auf der Ausstellung von 1907 zu sehen war und in welchem Kontext die Werke standen. Selbst wenn wir diese und ähnliche Fragen zufriedenstellend beantworten könnten, würde sich wohl herausstellen, dass Hodlers Einfluss auf Mondrian nicht genau zu definieren ist und unter dem Strich vermutlich fragwürdig bleibt. Künstler verständigen sich meist mit Andeutungen oder sogar ganz ohne Worte miteinander. Sie beziehen sich dabei oft auf technische Fragen,

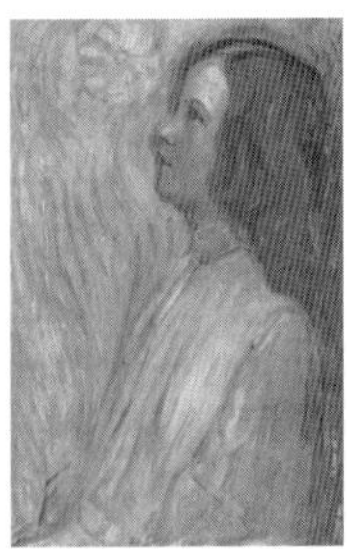

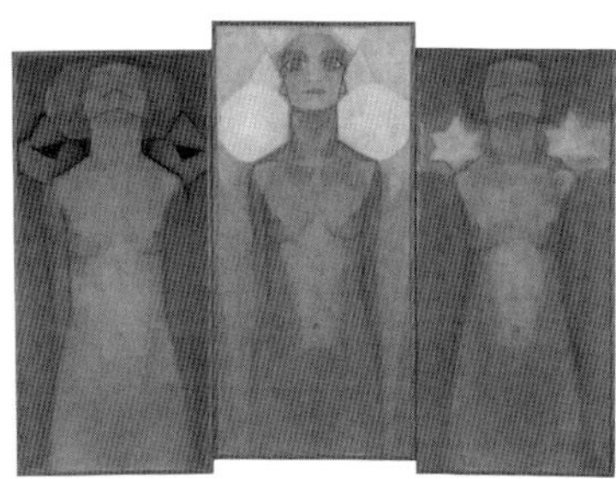

3 Piet Mondrian
Devotion. 1908
Öl auf Leinwand, 94×60,5 cm
Gemeentemuseum Den Haag

4 Piet Mondrian
Evolution. 1910–1911
Öl auf Leinwand, 179×85 cm;
184,2×87,7; 179×85 cm)
Gemeentemuseum Den Haag

was auf Aussenstehende recht konfus wirkt. Solche Gespräche haben keine festumrissene Form und gehen selten über flüchtige, improvisierte Eindrücke hinaus.

Während das Künstlergespräch bei den Künstlern selbst als wichtiger Beitrag zur Entwicklung der bildenden Kunst gilt, wird es für den Historiker erst dann zu einem sichtbaren und vor allem verwendbaren Instrument, sobald ein Brief, eine Tagebuchnotiz oder die Wiedergabe eines Gesprächs etwas Überraschendes, Unerwartetes enthält. Wo das nicht der Fall ist, kann das Gespräch nur noch als Verweis in den Kunstwerken selbst sichtbar bzw. spürbar werden.

In der Beziehung Hodler-Mondrian geht es um einen Einfluss im Bereich der Motivwahl, des Stils und der technischen Entwicklungen, die in Mondrians Schaffen zwischen 1907 und 1909 eine Rolle spielten. Dieser Artikel stellt den Versuch dar, diesen «Einfluss» zu rekonstruieren.

Bevor wir untersuchen, was auf der Ausstellung im St. Lucas-Verein gezeigt wurde, müssen wir erst einmal feststellen, ob Mondrian die Ausstellung überhaupt gesehen haben kann. Sie dauerte vom 19. bis 28. Juni 1907.[6] Ob sich Mondrian in dieser relativ kurzen Periode in Amsterdam aufhielt, ist nicht bekannt.[7]

Falls er in diesen zehn Tagen tatsächlich in Amsterdam war, wird er sich die Ausstellung bestimmt angesehen haben. Sie fand im Gebäude des Künstlervereins St. Lucas am Rembrandtplein Nummer 10 statt, in dem Mondrian vom Februar 1905 bis zum Juli 1906 auf dem Dachboden ein Atelier hatte (Abb. 5). In der Zeit von 1904 bis 1907 bekleidete er ausserdem verschiedene Posten in der Verwaltung des St. Lucas-Vereins und nahm Einfluss auf die Entwicklung eines neuen, international orientierten Kurses, infolgedessen viele Werke der Vereinsmitglieder ins Ausland geschickt wurden. Mondrian dürfte auch angesichts seiner Sympathie für die spirituelle Seite der Kunst neugierig auf Hodler gewesen sein, der sich damals bereits mit Werken wie *Die Nacht, Enttäuschte Seelen* und *Communion avec l'infini* (dt. Titel *Aufgehen im All* und *Gemeinschaft mit dem Unendlichen)* einen Namen gemacht hatte.

Die Ausstellung war klein. Einer Besprechung in der Zeitung *Vaderland* zufolge umfasste sie nur achtzehn Werke. Mehr konnte man wohl nicht zeigen, weil der Saal im Vereinshaus dazu zu klein gewesen wäre.[8] In der Einladung wurde Hodler als *einer der jungen Schweizer Kunstmaler* angekündigt.[9] Dass Hodler bereits über fünfzig war,

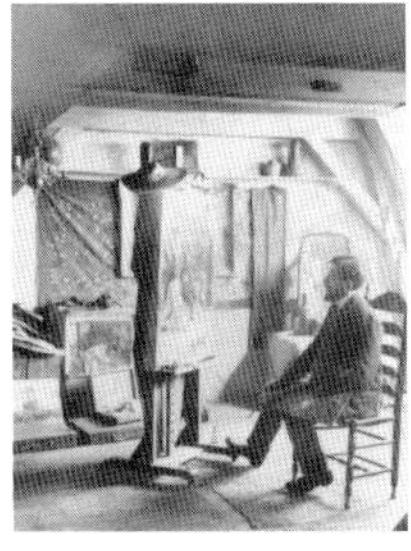

5 Foto Mondrians in seinem
Atelier auf dem Dachboden des
Vereinshauses der Künstlersozietät
St. Lucas am Rembrandtplein 10
(Februar 1905 bis Juli 1906)

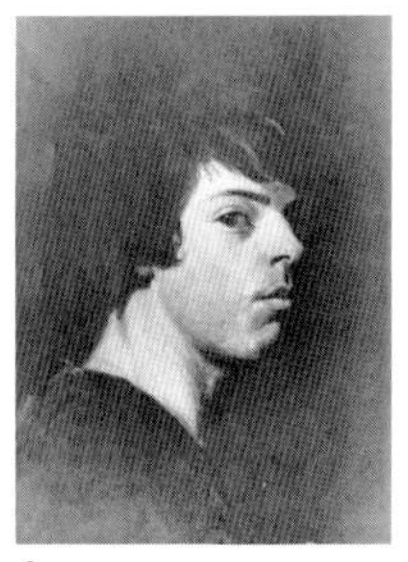

6

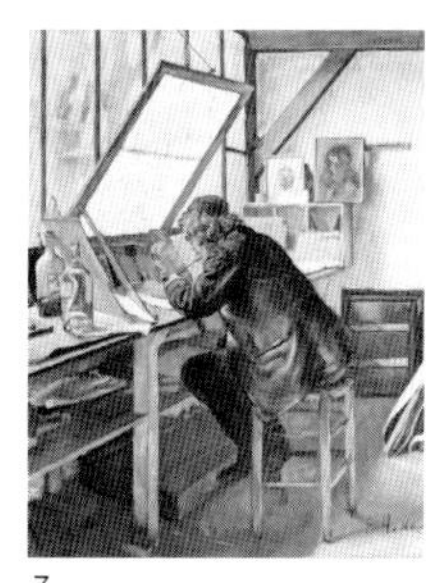

7

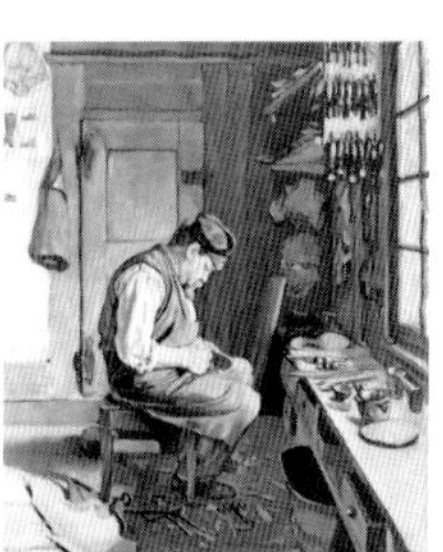

8

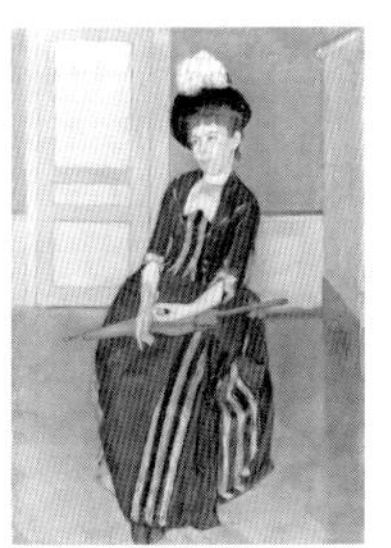

9

6 Ferdinand Hodler: Selbstbildnis
im Dreiviertelprofil nach rechts.
1873, Öl auf Leinwand 46×35 cm
Privatsammlung

7 Ferdinand Hodler: Kupferstecher
Desboutin. Um 1881
Material unbekannt, 41×32 cm
Aufenthaltsort unbekannt

8 Ferdinand Hodler
Schuhmacher Neukomm bei der
Arbeit. 1887, Öl auf Leinwand
46×38 cm, Kunsthaus Zürich

9 Ferdinand Hodler: Dame mit
rotem Schirm. Um 1885
Öl auf Leinwand, 73,5×52 cm
Privatsammlung

11 Ferdinand Hodler: Verwundeter
Krieger mit Flamberg. 1896
Öl auf Leinwand, 295×112 cm
Kunsthaus Zürich, Depositum
der Schweizerischen Eidgenossen-
schaft

12 Ferdinand Hodler: Die Lebensmüden II. Nach 1892, Öl auf Leinwand, 110,5×221 cm, Stiftung
für Kunst, Kultur und Geschichte,
Küsnacht

13 Ferdinand Hodler: Aufgehen im
All. 1892, Öl auf Leinwand
59×97 cm, Öffentliche Kunstsammlung Basel

14 Ferdinand Hodler: Frau auf dem
Totenbett. 1876, Öl auf Leinwand,
26,5×43 cm, Privatsammlung

11

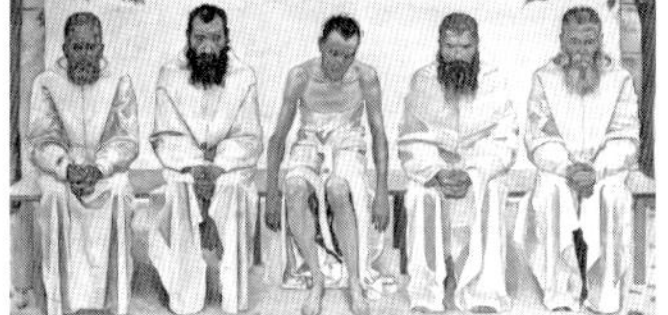

12

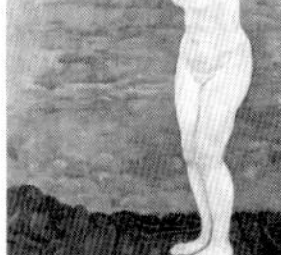

13

14

94

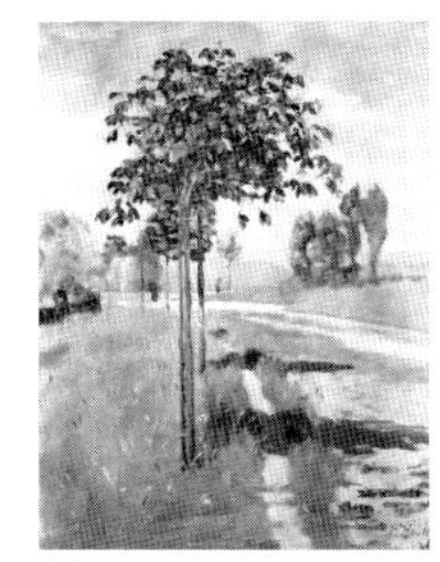

16

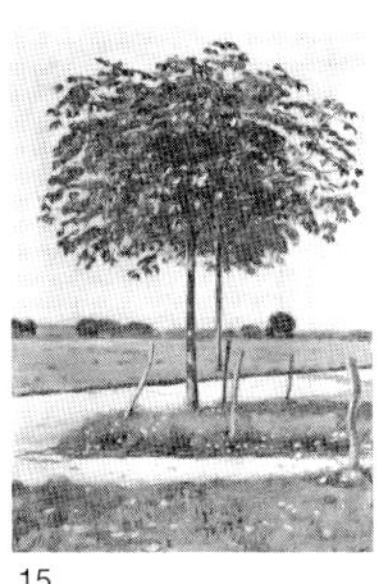

15

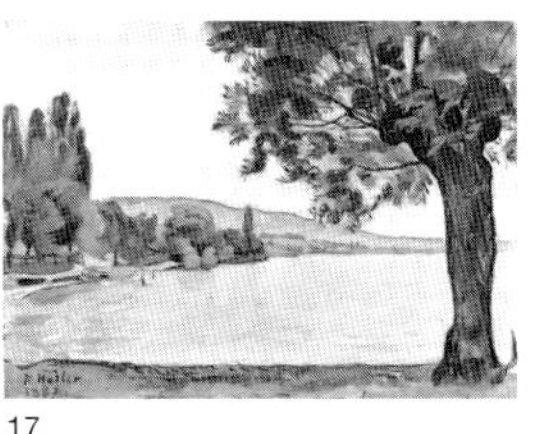

17

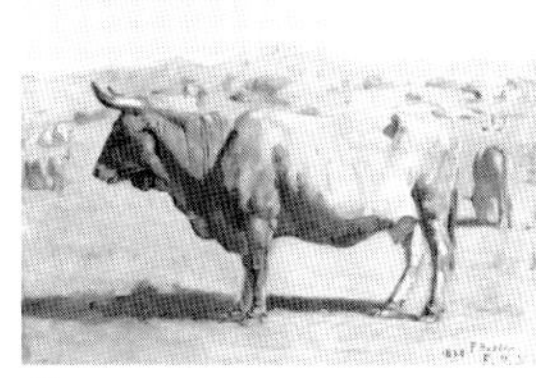

18

20

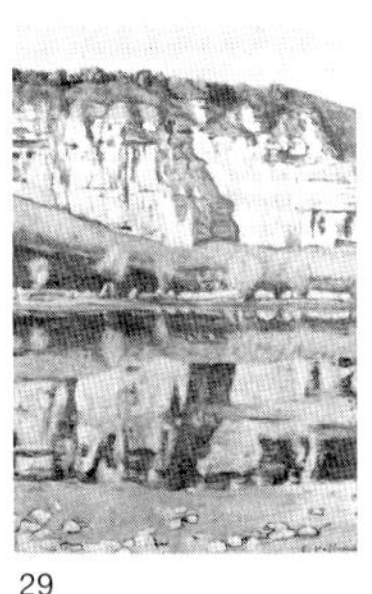

29

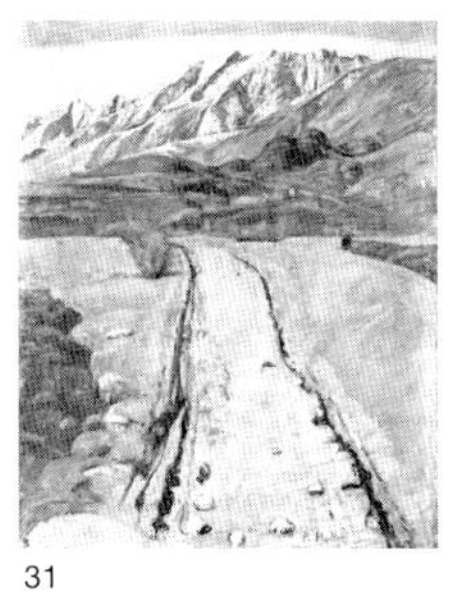

31

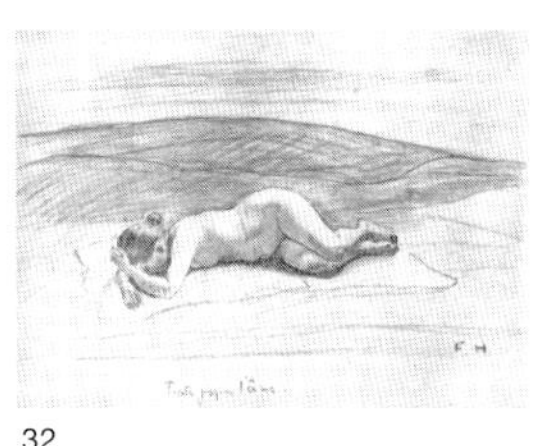

32

15 Ferdinand Hodler: Flache
Landschaft mit eingezäunter Wiese
und zwei Bäumen bei Strassen-
gabelung
Öl auf Leinwand, 41×29 cm
Privatsammlung

16 Ferdinand Hodler: Feldweg mit
Kastanienbäumen. Öl auf Lein-
wand, 41×29 cm
Privatsammlung

17 Ferdinand Hodler: Genfersee-
landschaft am Ufer von Hermance
aus. 1887, Öl auf Leinwand,
24,5×34 cm
Privatsammlung Oberengstringen

18 Ferdinand Hodler: Kuh in
spanischer Landschaft. 1878
Öl auf Leinwand, 31×38 cm
Privatbesitz

20 Ferdinand Hodler: Mondschein
am Genfersee. 1881
Standort unbekannt

29 Ferdinand Hodler: An der
Rhône. Um 1890, Öl auf Leinwand,
56×39 cm, Bündner Kunst-
museum Chur (Leihgabe)

31 Ferdinand Hodler: Tessiner
Landschaft, 41×31 cm
Standort unbekannt

32 Ferdinand Hodler: Triste
jusqu'à l'âme/Traurig bis in die
Seele. 1892–1892, Bleistift und
Farbstift auf Papier, 17×23,5 cm
Privatbesitz, Solothurn

merkte man erst, als die Gemälde eingetroffen waren. Ein Selbstbildnis im jugendlichen Alter trug die Aufschrift «1873», so dass manche Zeitungen witzelten, so jung könne der Schweizer ja nun auch wieder nicht sein ... (Abb. 6).[10]

Wenn man die Beschreibung der Werke durch die Presserezensenten neben die heute vorliegenden Informationen über das Schaffen Hodlers legt, ergibt sich ein recht vollständiges Bild der Werke, die auf der Ausstellung vertreten waren. Dabei fällt sofort auf, dass es sich um höchst unterschiedliche Arbeiten handelte. Es gab drei Interieurgemälde, die jeweils einen Kupferstecher, einen Schuster und eine sitzende Frau zeigen. Bei dem ersten muss es sich um *Kupferstecher Desboutin* gehandelt haben (Abb. 7).[11] Schuhmacher kommen mehrfach in Hodlers Werk vor. Im *Algemeen Dagblad* wurde erwähnt, dass sich der Mann in seiner Werkstatt befinde, während Hodler seine Schuhmacher meist recht monumental darstellt, isoliert von ihrer Arbeit und vor einem neutralen Hintergrund. Einer Anmerkung im *Nieuwe Rotterdamsche Courant* ist zu entnehmen, dass das Werke zum «Genre Tony Offermans» passte. Daraus lässt sich schliessen, dass es sich um *Schuhmacher Neukomm* bei der Arbeit gehandelt haben muss (Abb. 8).[12] Bei der sitzenden Frau ist die Identifizierung schwieriger. Vor allem das Zimmer, in dem das Fräulein sass, missfiel den Rezensenten von *De Telegraaf* und vom *N.R.C.* sehr. Sie empfanden es als «zu kalt». Das *N.R.C.* hielt das Fräulein für vornehm, was uns zu dem Gemälde *Dame mit rotem Schirm* führt, das eine Dame in einem Zimmer zeigt, das in der Tat flächig und in kühlen Tönen gehalten ist (Abb. 9).[13]

Diese Interieurs stammen alle drei aus den achtziger Jahren und gehören nicht zu den monumental-symbolistischen Arbeiten, mit denen Hodler in der Schweiz, in Österreich und Deutschland Furore gemacht hatte. Aber auch diese bekanntere Seite von Hodlers Schaffen war in Amsterdam vertreten. So soll dort eine Skizze des Gemäldes *Die Nacht* gehangen haben (Abb. 10).[14] Auch Skizzen zu dem Wandgemälde Abzug aus Marignano werden erwähnt, insbesondere ein «Altschweizer Krieger», dessen Abbildung die Rezension in *Het Leven* zierte und der heute als *Verwundeter Krieger mit Flamberg* registriert ist (Abb. 11).[15] Da von mehreren Skizzen die Rede war, muss mindestens ein weiterer Krieger auf der Ausstellung gehangen haben.

In *Het Leven* war auch eine Reproduktion der *Enttäuschten* oder *Lebensmüden* abgedruckt. Es handelt sich um die Version, die fünf Männer in weissen Gewändern zeigt,

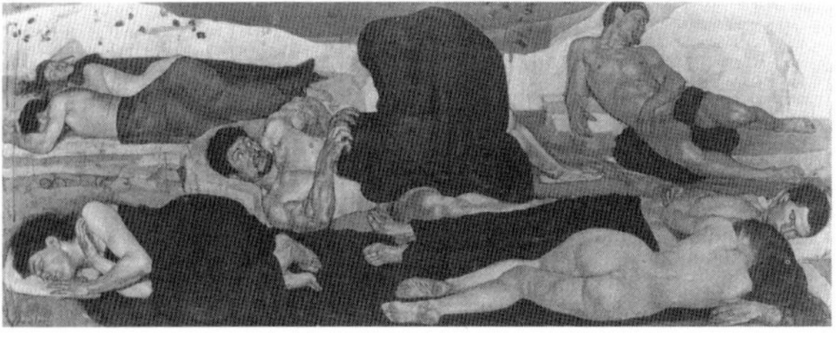

10 Ferdinand Hodler: Die Nacht.
1889–1890, Öl auf Leinwand,
116×299 cm, Kunstmuseum Bern

*Die Lebensmüden II* (Abb. 12).[16] Das grösste Aufsehen erregte *Aufgehen im All* (Abb. 13).[17] Conrad Kickert schrieb in *De Telegraaf: Vor dem Hintergrund eines grünen Berges steht eine nackte Frau auf einem in steifen Falten liegenden Teppich in sentimentaler Anbetung vor einem eiskalten, grauen Streifen Luft. Lobenswert ist wieder die Modellierung der Zeichnung, die richtigen Proportionen, die guten Linien und das grosse Stück Grün, das nicht so leicht zu lösen ist, aber wie hat die Umgebung doch so schmutziggrün auf das gelblich bleiche Fräulein abfärben können.* Bei der Frau auf dem Totenbett lobte man den subtilen Umgang mit der Farbe. Im *N. R. C.* stand: «*Und die alte Frau auf dem Totenbett hat uns durch die Skala aus feinem Weiss und Grau angezogen*» (Abb. 14).[18]

Damit wären vorläufig neun der achtzehn gezeigten Werke mit einiger Sicherheit identifiziert. Bei den Landschaften bieten die Pressezitate weniger Anhaltspunkte. Die Beschreibungen sind zu global und die Möglichkeiten der Zuordnung zu zahlreich, um zu schlüssigen Aussagen zu gelangen. Feststeht jedenfalls, dass die kleinen Landschaften viel Beifall ernteten. Eine «Paysage aux bouleaux» wurde wegen *ihrer leuchtenden atmosphärischen Zartheit* gepriesen. Obwohl die Bäume aus dem Titel als Birken definiert werden, die im Werk Hodlers sehr selten vorkommen, muss es sich dabei um das Gemälde *Der Buchenwald* gehandelt haben.[19]

Ausserdem wurde eine Landschaft mit zwei jungen, blühenden Kastanien gezeigt. Um 1907 hatte Hodler bereits ein paar Musterexemplare dieser Gattung gemalt. Sie stehen aber ganz allein in einer Landschaft oder blühen gerade nicht, so dass es sich hier eigentlich nur um Variante *Flache Landschaft mit eingezäumter Wiese und zwei Bäumen bei Strassengabelung* oder *Feldweg mit Kastanienbäumen* handeln kann (Abb. 15 und 16).[20] Bei einer *Paysage aux saules* wird es jedoch schwierig, weil sich Hodler schon vor 1907 ausgiebig diesem Genre gewidmet hatte. Auch im Falle von *Rocher avec rivière* und *Paysage près de Locarno* geben die Rezensionen zu wenig her, um die Werke mit Sicherheit zu bestimmen. Bei *Lac au soleil couchant* ist das wieder möglich. Der Rezensent des *N.R.C.* bemerkt, dass [...] *der Baum im Vordergrund so niedrig wie nur irgend möglich vom Himmel absticht.* Daraus kann man mit einiger Sicherheit schliessen, dass es sich um die Genferseelandschaft am Ufer von Hermance aus handelt (Abb. 17).[21] Das siebzehnte Werk veranlasste Kickert in *De Telegraaf* beinahe dazu, ihm den Titel «Kuh» zu geben, obgleich es die Bildunterschrift *Taureau* trägt – auch wieder ein Genre, mit dem sich Hodler schon mehrfach beschäftigt hatte. Kickert beschreibt jedoch auch *die weit entfernten Kühe,* die der Maler *in die ferne Atmosphäre einbezogen* habe. Diese Beschreibung passt nur auf ein bestimmtes Gemälde (Abb. 18).[22]

Schliesslich wird noch ein *Claire de lune* genannt, *eine sehr gute Skizze, in die man sich, aus einiger Entfernung, gut hineinversetzen kann.* Wie verlockend es auch sein möge, aufgrund dieser Beschreibung anzunehmen, Mondrian habe vielleicht *Eiger, Mönch und Jungfrau im Mondschein* (Abb. 19) gesehen, im Zusammenhang mit der Datierung und mit anderen Erwägungen, die später behandelt werden, muss eher an ein Werk wie *Mondschein am Genfersee* (Abb. 20) gedacht werden.[23]

Es ist nicht anzunehmen, dass die Werke der letzten Gruppe Mondrian auf seinem *Weg nach oben, aus der Materie,* wie er seine Bestrebungen zwei Jahre später in einem Brief an den niederländischen Kunstkritiker Israël Querido zusammenfasste, viel weitergeholfen haben.[24] Die Arbeiten, die man 1907 von Hodler ausstellte, waren grösstenteils älter. Sie lassen das Bild eines Symbolisten entstehen, der sich von den Zwängen der nationalen Schweizer Traditionen befreite. Von dem stimulierenden Beitrag, den Hodler ab 1904/05 zum Aufbrechen der festen Farbschemas leistete, war in den Niederlanden damals noch nichts zu sehen, genausowenig wie von der Begründung einer völlig neuen expressiven Sprache in Europa, an der Hodler massgeblich beteiligt war.

Die Hodler-Ausstellung fand in dem Moment statt, da Mondrian um 1907/08 einen Übergang von der Periode seiner «Abendlandschaften» zu grelleren, koloristischen Arbeiten suchte, in denen Farbkontraste und eine lockere Pinselführung seine Neigung zu melancholischeren «Stimmungsbildern» in den Hintergrund drängten. Für einen aufgeschlossenen Geist hätte Hodlers neuestes Werk dabei richtungweisend sein können. So hätte *Eiger, Mönch und Jungfrau im Mondschein* Mondrian zu *Die rote Wolke* anregen können, wenn er dieses Werk hätte sehen können. Arbeiten wie diese befanden sich jedoch nicht auf der St. Lucas-Ausstellung.

Bisher hat man den eventuellen Einfluss Hodlers auf Mondrian nach Motivwahl, Stil und Technik unterteilt. Stilistische Einflüsse lägen dann im Umgang mit der Farbe und in der Pinselführung vor. Aus der vorläufigen Rekonstruktion der Ausstellung von 1907 geht deutlich hervor, dass Mondrians Übergang zu einem kräftigeren Kolorit nicht unter dem Eindruck dieser Ausstellung erfolgt sein kann, obwohl in vielen Rezensionen auf die klaren, flächigen und leuchtenden Farben des Schweizers hingewiesen wird.

Was die Wahl der Motive angeht, so stimmen Mondrians nach dem Sommer 1907 entstandene Werke auffallend mit manchen Hodler-Gemälden überein, die er bei St. Lucas gesehen haben könnte. Das zarte, helle Licht, das die dünnen, schwachen Baumstämme in *Der Buchenwald* leicht umspielt, könnte ihn durchaus zu der emporgerichteten, lebhaften Pinselführung in *Wald bei Oele* und zu der Beziehung zwischen Farbe und Licht, die sich in dem Bild so explizit niederschlägt, inspiriert haben. Falls

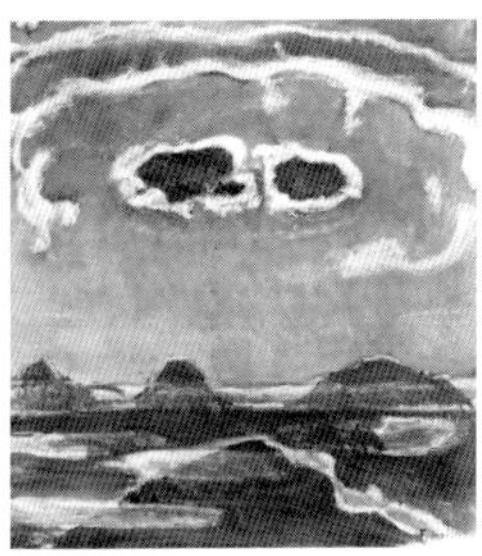

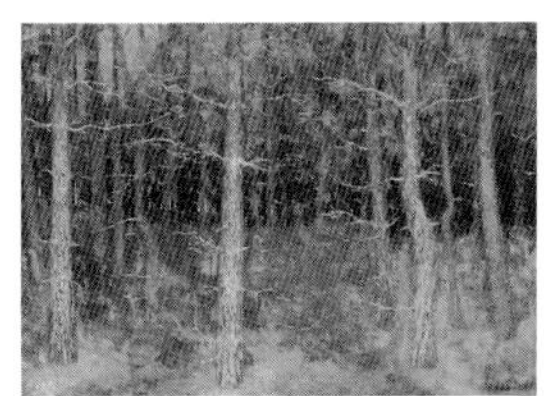

19 Ferdinand Hodler: Eiger, Mönch und Jungfrau im Mondschein. Um 1908, Öl auf Leinwand, 72×67,5 cm Privatsammlung, Schweiz

21 Gustaaf van de Wall Perné Mystische Pfade, Waldansicht. 1907, Leinwand, 129×177 Rijksmuseum Amsterdam

Mondrian die Parallele zu Hodler nicht bewusst war, hat er jedenfalls eine gleichartige Erfahrung dargestellt. Dazu muss übrigens gleich bemerkt werden, dass Gustaaf van de Wall Perné, der in jenen Jahren Mondrians Busenfreund war, 1907 ein grosses Gemälde mit demselben Waldmotiv malte, das den Titel *Mystische Pfade* trug (Abb. 21). Dergleichen lag offenbar in der Luft. *Mystische Pfade* könnte eher als düstere, romantische Interpretation des Hodlerschen *Buchenwald* gesehen werden und korrespondiert wohl mehr mit Klimt, kann aber ebensogut als Resonanzboden für Mondrians Motivwahl gedient haben.

Ein direkterer Bezug scheint zwischen den symbolistisch wirkenden Motiven in *Aufgehen im All* und *Devotion* zu bestehen. Bei beiden Gemälden geht es um eine spezielle, nicht personifizierende Form des Symbolismus. In dem obengenannten Brief an Israël Querido zeigt sich Mondrian bereit, diese, in der symbolistischen Tradition der Niederlande seltene Spielart näher zu kommentieren. Er führt aus, dass er in dem Sinne, wie die Frau in *Aufgehen im All* die Verschmelzung mit dem Unendlichen nicht personifiziere, sondern eher verkörpere, in *Devotion* nicht die Handlung des Betens wiedergebe, sondern [...] *ein Mädchen von ihrer devoten Seite, oder devot betrachtet, oder mit sehr devotem Einschlag.* Das Bild erfasst die Devotion als innerliche Eigenschaft und Qualität. Daher hat Mondrian – genau wie Hodler in seinem in Amsterdam gezeigten Gemälde – mit den Farbeffekten des Haares und mit der Betonung der Konturen versucht, das Repräsentative, Darstellerische in den Hintergrund zu drängen. Er wollte mit der Farbe bestimmte Merkmale der Devotion unterstreichen. Auch die Betonung der Konturen des Mädchens in *Devotion* mittels fliessender Linien könnte Mondrian in Amsterdam, bei *Die Lebensmüden II* und *Aufgehen im All,* bemerkt haben.

Eine letzte «Korrespondenz» zwischen den beiden Künstlern besteht in der Motivik der Blüte und des Wachstums, die in ihrem Schaffen allgegenwärtig ist. Insbesondere das Motiv der Weiden kommt bei beiden häufig vor. Die Metamorphose der Natur, die Prozesse von Leben und Tod werden an einem alltäglichen Stück Natur ausschnittweise dargestellt und sichtbar gemacht.


Mondrian war jedoch nicht unbedingt auf Hodler angewiesen, um diese Gestaltungsweise zu entwickeln. An sich bot ihm die niederländische Tradition genügend Anregungen. Dennoch könnte Mondrian beim Rundgang durch die Amsterdamer Hodler-Ausstellung auf genau diese Fragen gestossen sein.

Daneben gibt es einen weiteren Aspekt, der ganz gewiss Gegenstand des «Dialogs» zwischen Mondrian und Hodler gewesen ist bzw. wäre. Im allgemeinen wird der wellenförmige, lineare Aufbau des *Wald bei Oele* mit Edvard Munch assoziiert. Auch *Devotion* und *Sterbende Chrysantheme* (Abb. 22) weisen diese Merkmale auf, obwohl auf diesen Bildern die Farbe dichter, pastoser und gemischter aufgetragen wurde.

Ölskizzen wie *Die Amstel (Der Omval am Abend)* (Abb. 23) und *Landschaft mit Wolke* (Abb. 24) machen deutlich, wie Mondrian seine Arbeiten um die Mitte des Jahres 1907 mit dem Pinsel und mässiger, stark verdünnter Farbe in nahe beieinanderliegenden Tonkontrasten konzipierte. Diese Methode erlaubte ihm, mit grossen, voneinander gelösten, oftmals aus wenigen Pinselstrichen bestehenden, umfassenden Formen zu arbeiten, wobei die Farbe jeder einzelnen Form stark zum expressiven Wert des Ganzen beitrug, analog dem Werk Daubignys, das Mondrian bei Hendrik Willem Mesdag in Den Haag gesehen hatte.[25] Zur Abrundung der Formen benutzte er noch mehr pastose Farbe. Er behandelte solche Gemälde am liebsten nicht mit Firnis – eine Praxis, die sich Mitte 1907 endgültig durchsetzen und keine unwichtige Rolle spielen sollte, wie sich im weiteren Verlauf dieser Artikels herausstellen wird.

Weiter perfektioniert, führte diese Methode zu Meisterwerken wie *Nebel an der Amstel* (Abb. 25) oder *Grosse Landschaft* (Abb. 26), in denen, wie Mondrian sagte, die «natürliche Farbe» langsam von der «reinen Farbe» ersetzt wird und die Szene wie aus einem Stück wirkt. In ihrer expressiveren Ausprägung liess sie Werke wie *Mühle im Sonnenschein* (Abb. 27) oder *Bäume am Gein* (Abb. 28) entstehen, die beide mit van Gogh in Verbindung gebracht werden, während die Farbkontraste eigentlich erst im letzten Malstadium so stark gesetzt wurden.

*Wald bei Oele* repräsentiert eine Zwischenform, in der der Maler in der letzten Phase weniger die Form, sondern eher die Linienführung betont hat. Es hat den Anschein, dass Mondrian dieses Gemälde bereits in einem früheren Stadium für «vollendet» hielt, so dass es in die lineare Traditionslinie geriet, die mit Toorop assoziiert werden kann. Es entstand also nicht so sehr aus dem Bedürfnis heraus, Munchs Nachfolge anzutreten, als vielmehr aus der oben umrissenen Arbeitsmethode. Mit der Verwendung verdünnter Farbe und dem Verzicht auf Firnis – beides Mittel, die die Materialität der Farbe besser zu ihrem Recht kommen lassen und damit besser geeignet sind, aus der Form Bedeutung abzuleiten –, könnte Mondrian auf der Amsterdamer Ausstellung in Berührung gekommen sein. Auch das Skizzenhafte und die starke Wechselwirkung von Farbe und Zeichnung, wie sie beispielsweise in *Die Lebensmüden II* sichtbar wird, könnte ihn beeindruckt haben.


Um den Dialog zwischen Mondrian und Hodler noch weiter zu ergründen, muss man herausfinden, wer die Ausstellung organisiert hat. Warum enthielt sie nur relativ alte Arbeiten? Wer war der Besitzer der achtzehn Gemälde von Hodler? Warum eröffnete der St. Lucas-Verein sein Projekt, die internationale Lage der bildenden Kunst vorzuführen und zu dokumentieren, mit Ferdinand Hodler?

Den Rezensionen ist zu entnehmen, dass die Ausstellung mehr oder weniger unverhofft stattfand. Man hatte zunächst an eine allgemeine Ausstellung der Schweizer Kunst gedacht.[26] In den Niederlanden schien noch nie jemand von Hodler gehört zu haben, und auch die Organisatoren nahmen offenbar keinen persönlichen Kontakt mit dem Künstler auf, denn sonst hätte es wohl kaum zu dem Missverständnis kommen können, Hodler sei ein *junger Kunstmaler.*[27]

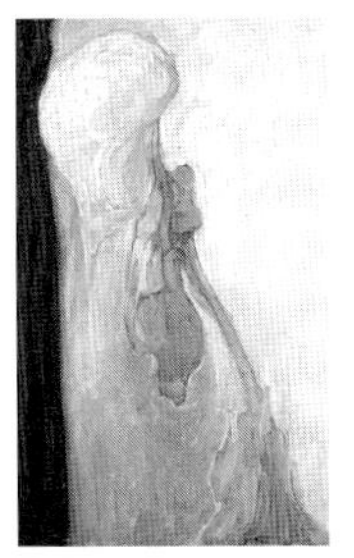

22

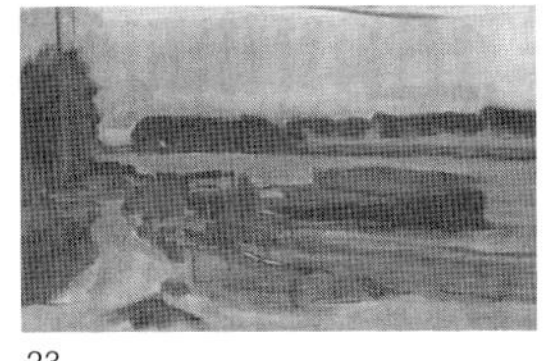

23

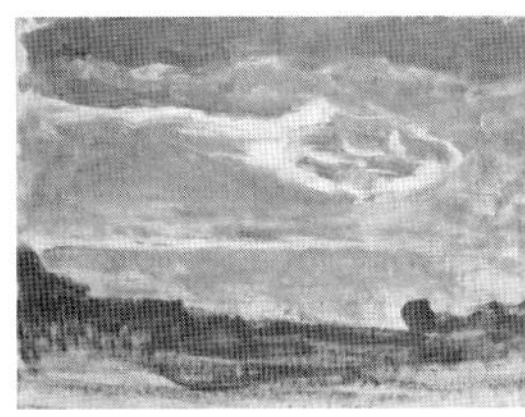

24

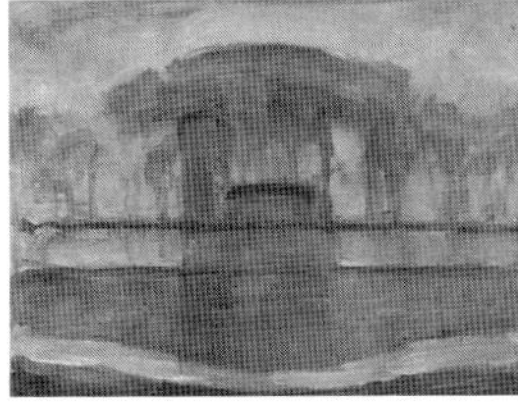

25

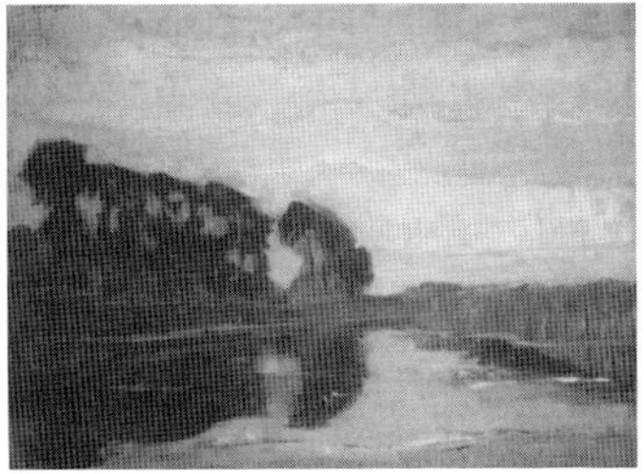

26

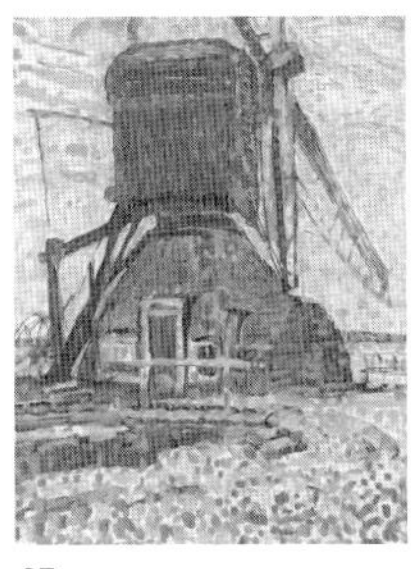

27

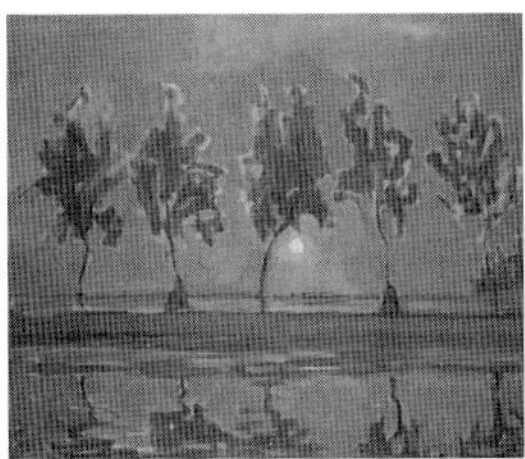

28

22  Piet Mondrian: Sterbende
Chrysantheme. 1908
Öl auf Leinwand, 84,5×54 cm
Gemeentemuseum Den Haag

23  Piet Mondrian: Die Amstel
(Der Omval am Abend). 1906–1907
Öl auf Leinwand, 44,5×75,5 cm
Gemeentemuseum Den Haag

24  Piet Mondrian: Landschaft
mit Wolke. 1907, Öl auf Leinwand
auf Karton, 36×49,5 cm
Gemeentemuseum Den Haag

25  Piet Mondrian: Nebel an der
Amstel. 1906–1907 (?)
Öl auf Leinwand, 32,7×43,3 cm
Gemeentemuseum Den Haag

26  Piet Mondrian: Grosse Landschaft. 1907, Öl auf Leinwand,
75×120,5 cm
Gemeentemuseum Den Haag

27  Piet Mondrian: Mühle im
Sonnenschein. 1908
Öl auf Leinwand, 115×87 cm
Gemeentemuseum Den Haag

28  Piet Mondrian: Bäume am Gein
bei Mondaufgang. 1907–1908,
Öl auf Leinwand, 78,7×92,5 cm
Gemeentemuseum Den Haag

Leider ist nicht genau bekannt, wer 1907 im Vorstand des St. Lucas-Vereins sass und wer für die Programmgestaltung verantwortlich war.[28] Den Jahresberichten ab 1904 ist zu entnehmen, dass die Kontakte des Vereins mit den deutschsprachigen Ländern rasch zunahmen. So bat der Zürcher Kunstverein den Vorstand des St. Lucas im Jahre 1904, eine Auswahl aus den Stücken zu treffen, die auf der Mitgliederausstellung gezeigt wurden, um sie in Zürich auszustellen.[29] 1905 setzte der Vorstand des St. Lucas-Vereins durch, dass er mit einer eigenen Jury im Kollektiv an der Jahresausstellung im Königlichen Glaspalast in München teilnehmen durfte. Ausserdem schickte er im Mai eine Reihe von Arbeiten an das Künstlerhaus des Vereins Berliner Künstler, die danach eine Rundreise durch Deutschland antraten.[30] Die dritte und letzte Gruppe von Werken der St. Lucas-Mitglieder reiste auf Einladung des Museums-Vereins nach Elberfeld. Auch diesmal schloss sich eine Tournee an, die nach Darmstadt, Braunschweig, Aachen, Chemnitz und Dresden führte.

Alles in allem bleibt unklar, wie intensiv diese Auslandkontakte waren, was sie dem Verein einbrachten und wer eigentlich dahintersteckte. Da in den Jahresberichten keine Vorstandsmitglieder erwähnt werden, die die Sendungen ablieferten, ist anzunehmen, dass die Werke allein durch Deutschland und die Schweiz reisten. Offenbar handelte es sich um Einbahnverkehr auf Abstand, was auch mehr oder weniger erklärt, dass zwar der Name, nicht aber das Werk (und das Alter) Hodlers in Amsterdam bekannt war.

Es lässt sich allerdings rekonstruieren, wer anno 1907 im Besitz der ausgestellten Hodler-Gemälde war. Auf diesem Wege ist dann zu klären, an wen man sich wandte, um die Ausstellung zusammenstellen zu können. Normalerweise war es damals üblich, sich an den Künstler zu wenden, der dann seine Werke, auch die bereits verkauften, selbst zusammensuchte, aber die Amsterdamer Ausstellung kann ja nicht so zustandegekommen sein. Dass sie ohne Mitwirkung Hodlers organisiert wurde, geht auch daraus hervor, dass sie – bis 1989 – nie in der Literatur auftauchte. Es liegen keine Briefe an den oder vom Künstler vor, in denen von Werken für die Amsterdamer Ausstellung die Rede wäre. Auch die Biographie Hodlers enthält keinerlei Hinweise auf eine Amsterdamreise oder anderweitigen Kontakt mit der Stadt. Hodler malte von Mai bis August Landschaften in Savoyen und am Genfer See und bereitete sich auf den Auftrag zu einem Wandgemälde vor, den er aus Jena erhalten hatte.[31] Kontakte mit dem Ausland sind nicht nachweisbar, und mit den Niederlanden schon gar nicht.

Einer der frühesten Schweizer Sammler von Hodler-Arbeiten war Fritz Meyer-Fierz (1847–1918).[32] Obwohl sich die Sammlung, die ursprünglich sechsundvierzig Werke zählte, nach seinem Tod schnell auflöste, werden in der Hodler-Monographie von Ewald Bender aus dem Jahre 1923 noch fast alle Stücke aufgeführt. Vier Gemälde, die 1907 mit Sicherheit in Amsterdam vertreten waren, bezeichnet Bender als Stücke aus der Sammlung Meyer-Fierz: *Kupferstecher Desboutin, Dame mit rotem Schirm, Die Lebensmüden II* und *Frau auf dem Totenbett*.

Erfreulicherweise gibt Bender in seinem Werkverzeichnis auch an, wie der Künstler seine Arbeiten signiert hat. Das Gemälde *Kupferstecher Desboutin* trägt rechts unten die Signatur «F. Hodler». Bender ist der Ansicht, dass sie erst nachträglich angebracht wurde und gibt das mit dem Vermerk *Bez. (neu)* an. Er hat mehrere Werke aus der Sammlung Meyer-Fierz in seiner Monographie mit diesem Vermerk versehen. Hodler muss also die Werke, die Meyer-Fierz erworben hatte, erst später und serienweise signiert haben. Es ist anzunehmen, dass er das tat, als der Sammler die ganze Serie auf einmal erwarb. Im November / Dezember 1906 präsentierte Hodler im Künstlerhaus sechsundvierzig Gemälde, die er als *altes Zeug* bezeichnete.[34] Möglicherweise kam der Kauf bei dieser Gelegenheit zustande und wurden die Werke aus diesem Grund neu signiert.

Geht man davon aus, dass die Sammlung Meyer-Fierz den Ausgangspunkt der Amsterdamer Ausstellung bildete, lassen sich von den gezeigten Werken weitere zwei identifizieren. Bei dem ersten, das in der Presse *Paysage aux saules* genannt wurde, könnte es sich dann um *Blühender Weidenbaum* handeln. Das zweite, eine als *Rocher avec rivière* betitelte Landschaft, müsste *An der Rhône* (Abb. 29) gewesen sein. Beide Werke waren 1923 im Besitz der Erben Meyer-Fierz und trugen eine «neue» Signatur.

Des weiteren trägt die Rückseite einer Mondlandschaft von Hodler die Aufschrift *Meyer-Fierz*.[35] Zwei andere Werke, der *Schuhmacher* und die *Landschaft mit der Kuh,* befanden sich zwar 1923 nicht mehr in der Sammlung Meyer-Fierz, haben aber genau wie die anderen Stücke dieser Sammlung eine «neue» Signatur erhalten und können daher zu der Gruppe gerechnet werden, die Meyer-Fierz 1906 erwarb.

Meyer-Fierz war seit 1904 Mitglied der Ausstellungskommission der Zürcher Kunstgesellschaft. Er muss grossen Anteil am Bau des Kunsthauses genommen haben. Ausserdem dürfte er eine Rolle bei der Erteilung eines Interieurauftrags an Hodler gespielt haben, denn er war eine Zeitlang stolzer Besitzer der sogenannten «Zürcher Hauptfassung» *Blick in die Unendlichkeit,* mit der Hodler das Treppenhaus dekoriert hatte (Abb. 30).[36]

Ein anderes Mitglied der Ausstellungskommission der Zürcher Gesellschaft, Richard Kisling, war ebenfalls ein leidenschaftlicher Hodler-Sammler. Meyer-Fierz und Kisling standen in engem Kontakt miteinander und operierten häufig gemeinsam.

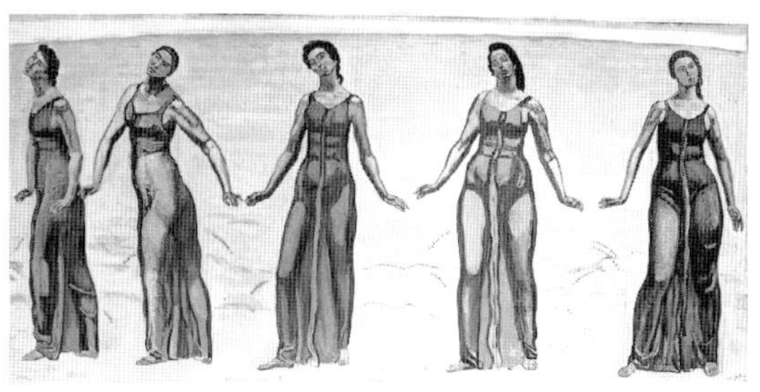

30 Ferdinand Hodler: Blick in die Unendlichkeit II. 1916/18 Öl auf Leinwand 343×723 cm Kunsthaus Zürich

So kauften sie 1908 und 1909 beide Arbeiten von van Gogh, als dieser im Künstlerhaus ausgestellt wurde.[37] Hodlers *Genferseelandschaft am Ufer von Hermance aus,* das
auf der St. Lucas-Ausstellung vertreten war, befand sich 1923 noch im Besitz von
Richard Kisling.[38] Vor diesem Hintergrund lässt sich wieder eines der Rätsel dieser
Ausstellung lösen: bei der ausgestellten Landschaft mit den zwei Kastanien handelte
es sich höchstwahrscheinlich um *Feldweg mit Kastanienbäumen,* da Kisling der Besitzer
dieses Bildes war.[39]

Das Selbstbildnis von 1873 war 1923 Eigentum von A.G. Meyer-Keller aus Zürich.[40]
*Paysage près de Locarno* kann auf Grund der «neuen» Signatur als *Tessiner Landschaft*
von 1893 (Abb. 31) identifiziert werden, die sich 1923 im Besitz von Dr. von Schulthess aus
Rechberg bei Zürich befand. Die Besitzer der anderen in Amsterdam gezeigten
Arbeiten hat Bender 1923 nicht verzeichnet. *Aufgehen im All* hatte 1896 J.M. Raymond,
ein Bildhauer aus Basel, gekauft.[41] Nach 1907 gehörte das Gemälde den Öffentlichen
Basler Kunstsammlungen. *Der Buchenwald* gelangte 1911 in den Besitz von Emma
Schmidt-Müller.[42] Berücksichtigt man die Datierung dieses Werks, so könnte es gut in
jene Gruppe hineingehören, die Hodler im Jahre 1906 für Meyer-Fierz und Kisling signiert hat. Übrigens dürfte es den besonderen Einsatz der Organisatoren erfordert
haben, all diese Werke nach Amsterdam zu holen.

Das gilt gewiss auch für *Verwundeter Krieger mit Flamberg,* den Hodler 1907 dem
Kunsthaus Zürich als *Leihgabe der Schweizer Eidgenossenschaft* überliess.[43] Bis dahin
muss er dieses Gemälde selbst besessen haben. Der Leihgeber der Skizze zu dem
Bild *Die Nacht* ist nicht bekannt. Das Gemälde selbst war seit 1901 Eigentum des
Kunstmuseums Bern.[44] Seither wurde es als Leihgabe zu den vielen Hodler-Ausstel-
lungen entsandt und reiste kreuz und quer durch Europa. Für die Zuordnung der
Skizze kommt praktisch nur eine der Versionen von *Traurig bis in die Seele* von
1890 – 1892 in Frage (Abb. 32).[45]

Vorläufig drängt sich also der Schluss auf, dass die Hodler-Ausstellung in Amsterdam
unter der Schirmherrschaft der Zürcher Kunstgesellschaft organisiert wurde, wobei
Fritz Meyer-Fierz und Richard Kisling die aktivste Rolle spielten. Zunächst hat man
die Kunstgesellschaft vermutlich gebeten, Arbeiten ihrer Mitglieder zu schicken – man
wollte ja auch die Schweizer Malerei im allgemeineren Sinne und nicht nur das Schaffen
Hodlers zeigen. Eigentlich war also der Austausch zwischen zwei Künstlervereinen
vorgesehen; ein ähnliches Konzept hatte den Kontakten des St. Lucas mit Deutschland
in den vorangehenden Jahren mehrfach zugrunde gelegen. Diesmal bediente sich die
Kunstgesellschaft bei ihrer Mitwirkung allerdings des Meyer-Fierz-Netzwerkes.


Hans Lüthy hat Fritz Meyer-Fierz 1989 den ersten grossen Hodler-Sammler der
Schweiz genannt.[46] Im Gegensatz zu den meisten anderen Hodler-Sammlern seiner
Generation wie Kisling und Müller liegt von Meyer-Fierz kein Briefwechsel mit dem
Künstler vor. Man kann daraus schliessen, dass er dem Künstler nicht sehr nahestand.

Es ist anzunehmen, dass Fritz Meyer-Fierz und sein Gefährte Richard Kisling erst um 1904 begonnen haben, zeitgenössische Schweizer Kunst zu sammeln. Sie liessen sich dabei von dem bildenden Künstler Ernst Würtenberger beraten, einem Grafiker und Kunsttheoretiker, der um 1890 in München studiert hatte. Zu Würtenbergers Münchner Freundeskreis gehörten u.a. Albert Welti und Max Doerner, der später das einflussreiche Buch *Maltechnik* verfassen sollte. Seit 1902 lebte der Autor in Zürich.

Hodler war übrigens nicht der erste Gegenstand von Fritz Meyer-Fierz' Sammlerleidenschaft. Der Katalog zu der Ausstellung *Kunst aus Zürcher Sammlungen,* die 1914 im Kunsthaus Zürich stattfand und zu einem grossen Teil auf der Sammlung Meyer-Fierz basierte, enthält neben mehreren Werken Hodlers ausgesprochen viele niederländische Meister der Haager Schule, darunter Johannes Bosboom, Jozef Israëls, H.W. Mesdag und Anton Mauve. Auch modernere Maler wie Jan Voerman, G.W. Dijsselhof, Jan Toorop und der Aussenseiter Jan Verhoeven waren in der Sammlung Meyer-Fierz vertreten.[47]

Fritz Meyer-Fierz' Interesse an niederländischen Künstlern hing mit seinem Beruf zusammen. Er verbrachte seine Jugend in Singapur. Sein Bruder besass auf Sumatra die Tabakplantage Namoe Trassi. Zu Beginn der achtziger Jahre brach auf der Plantage ein Aufstand aus, bei dem er ums Leben kam. Fritz Meyer-Fierz ging nach Sumatra, um den Nachlass seines Bruders zu regeln, beschloss aber an Ort und Stelle, die Plantage selbst zu übernehmen. Die Fehlgeburt seiner Frau führte zu dem Entschluss, bei einer zweiten Schwangerschaft in die Schweiz zurückzukehren.[48] 1887 war es soweit, und das Ehepaar liess sich wieder in seiner Geburtsstadt Zürich nieder. Von dort aus betrieb Fritz Meyer-Fierz den Tabakhandel weiter.

Gleichzeitig begann er, Kunstwerke zu sammeln. Seine Handelsbeziehungen führten ihn durch ganz Europa. Viele niederländische Meister des 19. Jahrhunderts dürfte er auf Ausstellungen in Deutschland, u.a. in Wiesbaden, gekauft haben.[49] Meyer-Fierz kam aber auch sehr gern nach Amsterdam, wo er viele Freunde hatte, darunter den Schweizer Otto Lanz, der seit 1902 Medizinprofessor an der Amsterdamer Universität und ein passionierter Sammler frühitalienischer Meister war.[50] Lanz (1865–1935) stammte aus Steffisburg bei Thun, wo auch Hodler einen grossen Teil seiner Kindheit verbrachte. Hodler und Lanz müssen sich lange und gut gekannt haben. So stand Lanz 1895 Modell für verschiedene «Krieger», und Lanz' Frau, Anna Willi, war ebenfalls eins von Hodlers Modellen der neunziger Jahre.[51] Insofern ist es durchaus möglich, dass eine zweite Skizze zu dem Wandgemälde *Abzug aus Marignano,* die in den Besprechungen der Hodler-Ausstellung im St. Lucas-Verein genannt wird, Otto Lanz als *Marignano-Krieger* zeigte.

Endgültig komplett wird die Rekonstruktion des Netzwerks, das hinter der Amsterdamer Hodler-Ausstellung stand, erst mit dem Auftritt Jan Toorops. Toorop war ein guter Bekannter von Meyer-Fierz und Otto Lanz. Meyer-Fierz verkaufte er einige

Werke, und Lanz porträtierte er (Abb. 34). Möglicherweise hatte er ersterem um 1915 auch zum Ankauf des Mondriangemäldes *Meer* (Abb. 34) geraten. Auf die Frage nach seinen Motiven soll der stolze Käufer geantwortet haben: *Ich tue das, [...] weil mir ein solches Gemälde, das, mit dem, was es darstellt, meine Gedanken nicht ablenkt, am wohlgefälligsten ist, wenn ich im Büro einen Augenblick wohltätiger Stille und Ruhe haben möchte: ich bin mir zwar nicht darüber im Klaren, was ich sehe, aber ich sehe es gern, und es ist für mich eine geistige «Erquickung».*[52]

Dass Toorop eine Schlüsselrolle spielte, belegen auch die Briefe, die er 1926 von Ernst Würtenberger erhielt. Würtenberger erinnert darin an einen Besuch Toorops in seinem Zürcher Atelier, der im Beisein von Kisling und Meyer-Fierz stattfand.[53] Der früheste Kontakt zwischen Meyer-Fierz und Toorop geht auf das Jahr 1903 zurück. In diesem Jahr kaufte Meyer-Fierz auf der Frühjahrsausstellung der Münchner Sezession die Toorop-Zeichnung *Der Rudernde* (Abb. 35).[54] 1914 bestand die Sammlung bereits aus einem Ölgemälde, drei Temperagemälden, acht Pastellen und einer Zeichnung.[55]

Ein verbindendes Element zwischen Toorop und Meyer-Fierz war die Kindheit in Fernost. Toorop lebte bis zum fünften Lebensjahr mit seinen Eltern in Purworedjo auf Java, wo sein Grossvater eine Zuckerplantage besass und sein Vater in der Verwaltung arbeitete. 1863 zog die Familie Toorop auf die Insel Banka vor der Küste Sumatras, die vom Handelsverkehr zwischen Batavia und Singapur profitierte. 1868 wurde Toorop zur Ausbildung nach Batavia geschickt. Ein Jahr später ging er in die Niederlande, um seine Ausbildung zum Kolonialbeamten abzuschliessen.[56]

Ob diese Gemeinsamkeit in der Beziehung zwischen Toorop und Meyer-Fierz eine Rolle gespielt hat, steht nicht fest. In Niederländisch-Ostindien können sich die beiden jedenfalls unmöglich getroffen haben, da sich die Perioden ihres Aufenthalts nicht überschnitten. Es ist aber nicht ausgeschlossen, dass sich die Familien kannten. Der gemeinsame Hintergrund könnte Otto Lanz auch als Anlass gedient haben, die beiden Männer in Kontakt zu bringen.

Jan Toorop war im Zeitraum von 1900 bis 1914 ein gefeierter Künstler, insbesondere in den deutschsprachigen Ländern Europas. In deutschen Zeitschriften wie *Die Kunst für Alle, Deutsche Kunst* und *Dekoration, Kunst und Künstler* und der *Hager Zeitung*

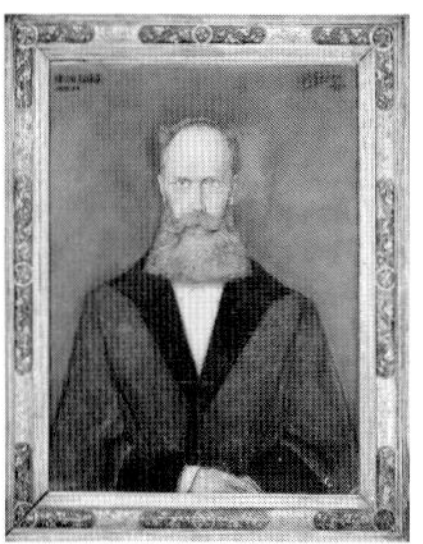

33 Jan Toorop: Otto Lanz. 1927
Farbige Kreide auf Papier
Porträtgalerie der Universiteit
van Amsterdam

wurde sein Schaffen aufmerksam verfolgt. Ein lustiges Zeugnis von Toorops Ruhm legt die persönliche Beobachtung ab, die eine von Toorops Schwestern machte. Die Frau, die mit einem Nachfahren von Nicolaas Beets verheiratet war, hörte einmal, wie sich die Toorop-Cousins darüber stritten, wer berühmter sei: Onkel Toorop oder Grossonkel Beets. *Bis einer der Jungen, der in den Ferien in Bayern gewesen war, anführte, dass man Hildebrand im Ausland nicht kenne, während Toorop überall bekannt sei.*[58]

In Deutschland verschob sich Toorops Einflussbereich in geografischer Hinsicht: seit 1893 hatte er Erfolge in München, Berlin und Dresden erzielt, aber nach 1900 verlagerte sich seine internationale Präsenz auf das Dreieck München, Wien und Zürich. Dort galt er als auffälliges, exotisches Phänomen, das den linearen Künsten das Mysterium und die Idee wiedergab und sie damit wieder auf eine monumentale Ebene hob.[59] Bei all dieser Anerkennung befand sich Toorop jedoch nicht nur in der Position des Nehmenden, sondern auch in der des Gebenden. Auf seine intensiven Kontakte zur Wiener Sezession und seinen Einfluss auf Gustav Klimt geht Marianne Bisanz-Prakken in ihrer Arbeit ausführlich ein.[60]

Toorop bewegte sich im deutschsprachigen Raum so aktiv, dass er mit Hodlers Schaffen vertraut gewesen sein dürfte. Auch Hodler hatte seinerseits ausreichend Gelegenheit, Toorops Werk zur Kenntnis zu nehmen. Arbeiten von Hodler und Toorop gehörten auf verschiedenen Ausstellungen zu den exponiertesten Stücken. 1892 hatten beide Künstler grossen Erfolg im Salon de Rose + Croix. 1897 waren sie beide auf der 7. Internationalen Kunstausstellung im Münchner Glaspalast vertreten. Hodler erhielt dort die Goldmedaille für *Die Nacht* und für *Eurythmie*. Toorop hatte die gleiche Ausstellung schon ein paar Jahre zuvor, 1893, besucht, um seine Werke höchstpersönlich aufzuhängen.[61] 1901 stellte die Wiener Sezession Arbeiten von Toorop aus. Auch Hodlers *Der Frühling* kam dort sehr gut an. 1902 begegneten sich die Werke beider Künstler an derselben Stelle, und 1903 verkaufte Toorop schliesslich anlässlich der Ausstellung der Münchner Sezession unter anderem die bereits erwähnte Zeichnung *Der Rudernde* an Meyer-Fierz. Hodler war in diesem Jahr Mitglied geworden und hielt sich eine Woche in München auf.

In den Jahren nach der Jahrhundertwende war Toorop ein bekannter Grossmeister der europäischen Kunstszene und stand auf derselben Stufe wie Hodler. Hin und

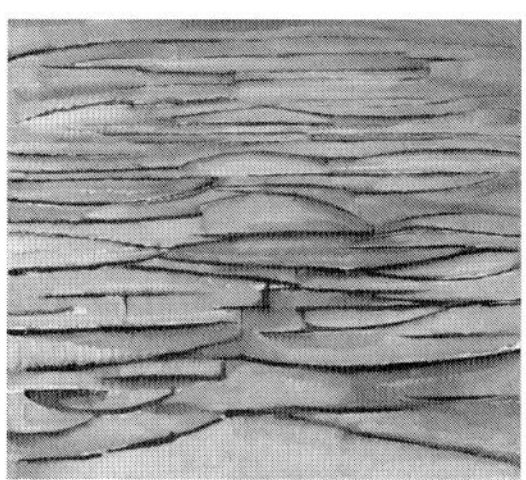

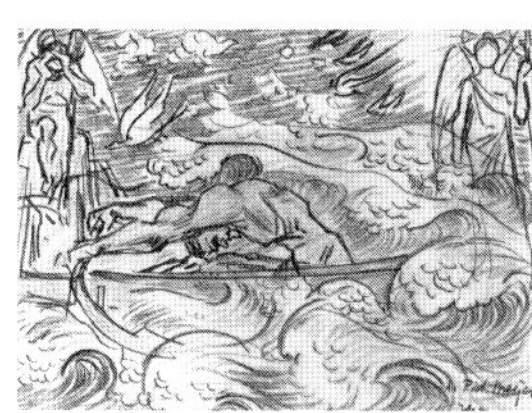

34  Piet Mondrian: Das Meer. 1912
Öl auf Leinwand, 82,5 × 92 cm
Privatbesitz

35  Jan Toorop: Der Rudernde.
Kohle und Farbstift auf Papier,
20 × 27,4 cm, Privatbesitz

wieder wird ein Zusammenhang zwischen beiden Künstlern suggeriert. Anlässlich der Wiener Sezession im Jahre 1902 schrieb man: *Die einzigen Persönlichkeiten, welche aus diesem Rahmen heraustreten, sind der Schweizer Hodler und der Holländer Toorop. [...] Die hastig wechselnde, nach Problemen jagende Künstlerunrast Toorops weicht der erhabenen Schlichtheit Hodlers.*[62] Im Sommer 1909 stellte Toorop auf der 1. Internationalen Ausstellung im Kasino von Interlaken aus, deren Mitorganisator Hodler war. Diese Ausstellung sollte beweisen, dass die Elite der Schweizer Kunst mit den Spitzenleistungen der europäischen Kunst Schritt halten konnte. Ferdinand Hodler, Cuno Amiet, Giovanni Giacometti, Albert Trachsel, Max Buri, Auguste de Niederhäusern, Ernst Würtenberger und James Vibert wurden Max Liebermann, Fritz von Uhde, Jan Toorop, Henri Matisse, Maurice Denis und Auguste Rodin gegenübergestellt.[63]

Abgesehen davon, dass Toorop bestimmt mit Hodlers Schaffen vertraut war, unterhielt der niederländische Künstler auch direkte Beziehungen zur Zürcher Kunstszene. 1905 unterbrach er seine Reise nach Venedig einige Tage in Zürich, wo er einen Porträtauftrag erhalten hatte.[64] 1906 musste er die Utrechter Gesellschaft *Voor de kunst* enttäuschen, die Ende April eine Ausstellung plante. Er schrieb an den Sekretär: *Die Gemälde können jedoch nicht länger als 14 Tage in Utrecht bleiben, da sie am 15. Mai (spätestens) nach Zürich verschickt werden müssen.*[65] Bei dieser Ausstellung handelte es sich um eine Einzelausstellung für Jan Toorop, die unter der Schirmherrschaft der Zürcher Kunstgesellschaft im Künstlerhaus von Zürich stattfand. Auch in den darauffolgenden Jahren, insbesondere vom 14. bis zum 19. Juni 1909, im November 1910 und im September 1911, hielt sich Toorop in Zürich auf.[66]

Die Ausstellung, die Jan Toorop 1906 vom Zürcher Künstlerhaus angeboten bekam, könnte möglicherweise direkt mit der Amsterdamer Hodler-Ausstellung von 1907 zusammenhängen. Es muss dabei zu einer Zusammenarbeit des St. Lucas-Vereins mit der Zürcher Kunstgesellschaft gekommen sein, die durchaus zu einem Austausch der Werke von Toorop und Hodler geführt haben könnte. Insofern könnte die Hodler-Ausstellung in Amsterdam eine ganz andere Bedeutung für die Entwicklung der niederländischen Kunst in den Jahren nach 1907 gehabt haben als bisher angenommen wird.


Seit Aleid Loosjes-Terpstras grossangelegtes Werk über die moderne Kunst der Niederlande vorliegt, führt man den Amsterdamer Luminismus auf den Einfluss der französischen Impressionisten am Ende des 19. Jahrhunderts zurück, wobei man insbesondere auf Seurat, Signac und Cross verweist. Dieser Einfluss wurde zum Teil über Brüssel vermittelt, vor allem über die Kreise um der Brüsseler Gruppe *Les XX,* wobei Jan Toorop immer die Schlüsselrolle spielte. Die niederländische Reaktion auf die erste Phase des französischen Neoimpressionismus erfolgte um 1892. Durch Mithilfe Toorops konnte man 1889 in Amsterdam – auf der Ausstellung von *Les XX* im Panoramagebäude – beispielsweise Arbeiten von Henri de Groux, Théo van Rijsselberghe und George Lemmen sehen. Toorop zeigte dort auch eigene pointillistische Werke. Diese und andere Ausstellungen lösten in den Niederlanden eine wahre pointillistische Mode aus, zu deren Vertretern Ferdinand Hart Nibbrig, H.P. Bremmer, Johan Thorn Prikker und andere gehörten.

Der Begriff des Luminismus wurde zwar schon seit 1905 verwendet, erhielt aber erst 1908 seine eigentliche Bedeutung. Stand er zunächst nur für die Darstellung des Lichts im allgemeinen, so kennzeichnete er ab 1908 das expressive Schaffen der Gruppe, die von Sluijters, Gestel, Spoor und Mondrian gebildet wurde.

Man geht heute nach wie vor davon aus, dass der Übergang zu dieser zweiten Phase der Verwendung des Pointillé-Pinselstrichs und der gesättigten Farben in den Niederlanden der zweiten Phase des Neoimpressionismus in Frankreich entsprach. Es gibt auch gewisse Übereinstimmungen: 1899 erschien Signacs Arbeit *D'Eugène Delacroix au néo-impressionisme,* die der jungen Malergeneration den Weg zu den neoimpressionistischen Prinzipien wies. Nach dem Tod von Seurat im Jahre 1891 war die Gruppe, die sich um ihn gebildet hatte, zerfallen. Nun entwickelten Signac und Henri Edmund Cross, die beiden Vorkämpfer der neuen Bewegung, ihren eigenen, nicht an Seurat orientierten Stil. Man hielt sich nicht mehr an das strenge Punktieren, sondern gestattete dem Pinselstrich einen persönlicheren Charakter. Auch mit der Farbe ging man nicht mehr so zurückhaltend und harmonisch um.

Der Amsterdamer Luminismus der Jahre nach 1908 wies ähnliche Merkmale auf. Wiewohl Loosjes-Terpstras Bemühungen, direkte Kontakte zwischen den Amsterdamer Luministen und Signac und Cross nachzuweisen, nicht von Erfolg gekrönt wurden, hielt die Fachliteratur auch später an ihrem zentralistischen Standpunkt fest, der Amsterdamer Luminismus sei aus Paris gekommen.

Jan Toorop frönte hin und wieder lyrischen und dekorativen Tendenzen, über denen er die pointillistische Technik wieder aus den Augen verlor. Dennoch gilt er im allgemeinen als alleiniger Propagandist der französischen Einflüsse, die schliesslich für den Durchbruch der Moderne in den Niederlanden sorgen sollten. Diese Einschätzung ist bis heute unbestritten geblieben. Auch Gertrud Wendermann nennt Toorop den Mittelsmann zu Belgien und Frankreich. Allerdings zeigt sie einen neuen Aspekt auf, indem sie von einem stilistischen Bruch in Toorops Werk spricht, der sich seit 1903 angekündigt habe und um 1906 manifest geworden sei. Ihres Erachtens besteht der

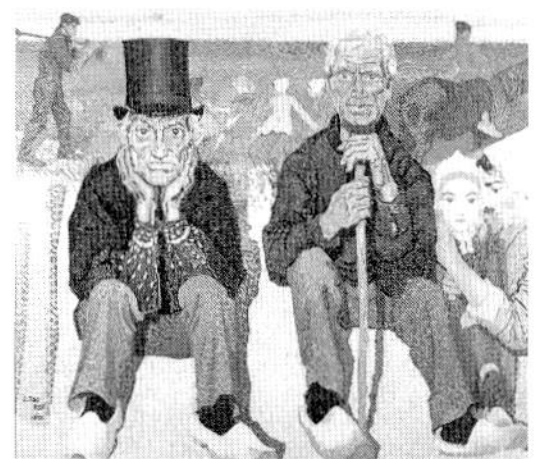

35  Jan Toorop: Türhüter der See.
1901, Öl auf Leinwand
130×150 cm, Museum Boijmans-
van Beuningen

Bruch darin, dass Toorop den expressiven Gehalt der zunächst unterkühlten pointillistischen Methode erhöhe und das Kolorit seiner Gemälde verstärke.[67] Wendermann bringt diese Neuorientierung in Zusammenhang mit Brüssel, mit Théo van Rijsselberghe und mit dem Rotterdam-Aufenthalt Signacs.[68] Toorops Arbeiten *Dünen* und *die See bei Zoutelande* von 1907 und *Seedeich in Domburg* von 1908 zeugen für sie von der Annäherung des Künstlers an die *Fauves*. Diese These hatte auch schon Loosjes-Terpstra aufgestellt – übrigens mit ebensowenig Überzeugungs- und Beweiskraft.[69]

Weder Loosjes-Terpstra noch Wendermann sehen diese Entwicklung in Toorops Schaffen im Zusammenhang mit dessen oben beschriebenen intensiven Kontakten mit Deutschland, Österreich und der Schweiz bzw. mit den Werken, mit denen der Künstler dort in Berührung kam. Ein Gemälde wie *Die Türhüter der See* (Abb. 35) wird meist eher auf Munch als auf Hodler bezogen, obwohl es mit seinem strengen, frontalen, statischen Aufbau doch unmittelbar an den Schweizer und seinen Parallellismus erinnert. Übrigens ist es gut möglich, dass Toorop dessen *Eurythmie* 1897 in München gesehen hat.

Eine viel wichtigere Rolle als kompositorische Prinzipien und stilistische Merkmale dürfte die Atmosphäre des Experimentierens und Diskutierens gespielt haben, die um die Jahrhundertwende das künstlerische Klima von München bis Zürich prägte und in der sich auch Toorop aufgrund seiner Kontakte bewegte. Die Debatte bezog sich insbesondere auf technische Aspekte, wobei es immer wieder um die Frage ging, wie man mit Hilfe der Technik die Sinngebung beeinflussen könne. Im Umkreis von Cuno Amiet, Giovanni Giacometti, Albert Welti und Ernst Würtenberger ereiferte man sich um 1900 darüber, ob Temperafarbe besser als Ölfarbe sei. In diesem Kontext besann man sich auf die Vorzüge der Emulsion: man glaubte, die ältesten deutschen Maler hätten diese Farbsorte verwendet, bei der Öl (meist Nuss- oder Leinöl), tierisches Kollagen wie Fischleim, Knochenleim, Eiweiss und Kasein oder ein Gemisch aus diesen oder anderen Stoffen als Bindemittel dient. Durch die Mischung dieser Proteinbindemittel auf Wasserbasis mit Ölfarbe entsteht eine mayonnaiseartige, sämige Substanz. Emulsionsfarben trocknen schnell und hinterlassen eine matte Farbhaut.

Nicht nur diese technischen Vorteile der Emulsion, sondern vor allem die unglaubliche, intensive Klarheit und Materialität der Farbe gab den Ausschlag für die breite Verwendung der Emulsionsfarbe nach 1900. Ihre Anhänger meinten sogar, die wahre symbolistische Kunst, das heisst die Kunst, die grosse geistige Inhalte transportiere, könne nicht mehr mit Ölfarbe, sondern ausschliesslich mit Tempera oder mit Emulsionen hervorgebracht werden.

In München wurde in den achtziger und neunziger Jahren heftig über Ölfarbenemulsionen, über Tempera und über Mischungen aus beiden diskutiert. Man war der Ansicht, dass die neue Technik besser zur «primitiven» deutschen Maltradition passe, wie sie von den Gebrüdern van Eyck und Dürer geprägt worden sei.[70] Sogar in der Periode zwischen 1896 und 1903 suchten Künstler wie Amiet und Giacometti eifrig nach Mitteln, die sie möglichst nahe an die mittelalterlichen Tafelbilder heranführen könnten. Dabei schwebte ihnen auch die italienische Tüchleinmalerei eines Mantegna vor Augen, der die lineare Struktur mit Schraffuren und mit einem flachen, ebenen Kolorit kombinierte.

Im Gegensatz zu dieser Tradition bevorzugte die französische Malerei reine Ölfarbe.[71] Die französischen Impressionisten verwendeten vor allem traditionelle Ölfarbe, deren Bindemittel aus einem Öl-Harz-Gemisch bestand und keine Zusätze auf der Grundlage tierischen Kollagens enthielt.[72] Auch die französischen Impressionisten hielten eine matte, trockene Farboberfläche für ästhetischer, aber sie erzielten diesen Effekt vor allem, indem sie der Farbe viel Öl entzogen oder absorbierende Grundierungen anbrachten.[73]

Ausserdem stand die Pariser Avantgarde, insbesondere die *Nabis*-Gruppe, unter dem Eindruck von Gauguins Vorliebe für absorbierende, saugfähige Grundierungen und eine flache, trockene, ungelackte Farboberfläche. Dennoch hat es den Anschein, dass auch die Gauguin-Anhänger an den traditionellen Materialien und Techniken festhielten.[74]

Wie die Neo- und Postimpressionisten dieser Methode gegenüberstanden und ob sie andere Techniken benutzten, ist momentan noch kaum bekannt. Es gibt jedoch keinen Grund zu der Annahme, sie hätten keine ölhaltigen Bindemittel verwendet. Proteine wie Eiweiss dienten nur als Zusatz zur Primär- oder Zwischenfirnis. Mit diesen Firnissen überzog man das Gemälde, bevor man es weglegte, um es später weiterzubearbeiten, oder wenn es transportiert werden musste und die Farbe noch nicht ganz trocken war.

So wurde bei der Bindemittelanalyse einer Farbprobe, die von Paul Signacs Gemälde *Cassis, Cap Lombard* aus dem Jahre 1889 stammte, tierisches Kollagen – vermutlich Eiweiss – entdeckt. Dasselbe gilt für *Scheldeansicht* von Maximilien Luce. Es wäre jedoch falsch, aus diesen Proben zu schliessen, die Neoimpressionisten hätten tierisches Kollagen, also Emulsionen verwendet. Die Eiweissspuren erklären sich eher aus der Gewohnheit der Maler, in einem bestimmten Stadium der Arbeit einen eiweisshaltigen Zwischenfirnis aufzutragen.[75]

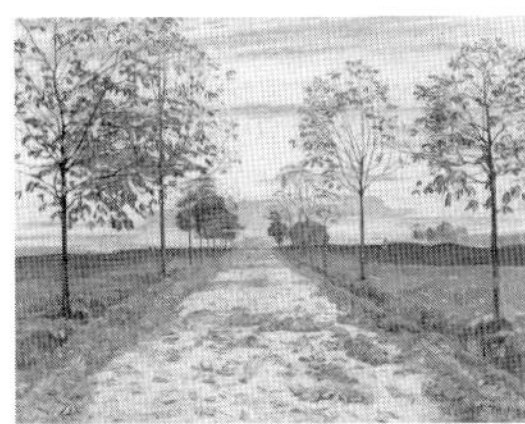

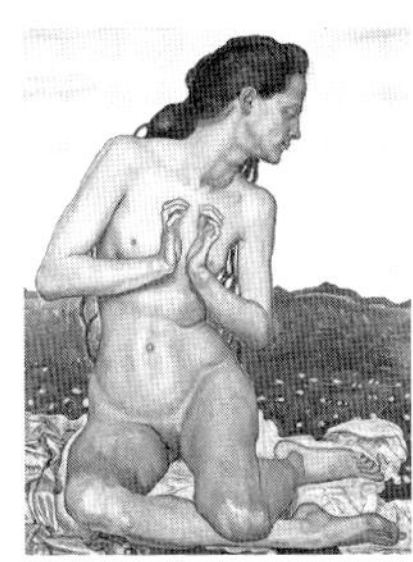

36 Ferdinand Hodler: Herbstabend
1892/93, Öl auf Leinwand,
100×130 cm, Musée d'art
et d'histoire, Neuchâtel

37 Ferdinand Hodler
Studie zu «Der Tag». 1899
Öl auf Leinwand, 88,5×66 cm
Gemeentemuseum Den Haag

Die Experimente mit der Emulsion gingen also vermutlich nicht von Frankreich aus und standen nicht unter Pariser Regie, sondern waren in erster Linie eine deutsche Angelegenheit. Da sie sich dem französischen Einflussbereich entzogen, wurde ihnen in der Entstehungsgeschichte des Modernismus keine grosse Beachtung geschenkt.

Der Sachverhalt war recht kompliziert und lässt sich ohne genauere Angaben nicht auf eine einfache Gegenüberstellung zwischen der französischen Vorliebe für Ölfarbe und der deutschen Neigung zu Emulsionen reduzieren. So schätzte Hodler die Technik von Puvis de Chavannes, der in seinen monumentalen Gemälden nach matten, trockenen Oberflächen strebte, und auch Amiet begann sich um 1903, nach einem Bretagneaufenthalt, der ihn in Kontakt mit der *Nabis*-Gruppe gebracht hatte, für Tempera und Ölgemische zu interessieren. Ein niederländisches Beispiel einer solchen Zwischenposition ist Antoon Derkinderen, der seine Prozession für die kleine Kirche auf dem Amsterdamer Begijnhof in den gleichen matten und trockenen Farben wie Puvis de Chavannes malte.

Hodler hatte die Experimentierlust ebenfalls erfasst. Man hat bisher noch nicht genügend materialtechnische Untersuchungen angestellt, um genaue Aussagen über seine Arbeitsmethode machen zu können. In der Literatur wird von Mischungen aus Tempera und Ölfarbe berichtet, beispielsweise beim *Herbstabend* (Abb. 36).[76] Die Vorstudien zu den grossen Historienbildern wie dem von der Marignano-Schlacht malte er mit Kaseinfarbe. Im allgemeinen verwendete er jedoch Ölfarbe auf einem saugfähigen, kreidehaltige Untergrund oder einer Zinkweissgrundierung, so dass die Farbe beim Trocknen matt wurde.[77]

Als man die Farbprobe der Version des Gemäldes *Der Tag* (Abb. 37), die sich im Haags Gemeentemuseum befindet, einer Bindemittelanalyse unterzog, wurde tierisches Kollagen (Knochen- oder Fischleim) nachgewiesen. Dieser Befund widerlegt frühere Behauptungen, dass Hodler nur in der Zeit um 1890 mit Temperafarben experimentiert habe, die er übrigens auf bereits vorhandene Ölfarbschichten auftrug – ein Verfahren, das viele Probleme mit sich brachte.[78]

In diesem Zusammenhang gewinnt auch die Bindemittelanalyse von Werken Jan Toorops aus der Sammlung des Haags Gemeentemuseum an Interesse. Bei der Unter-

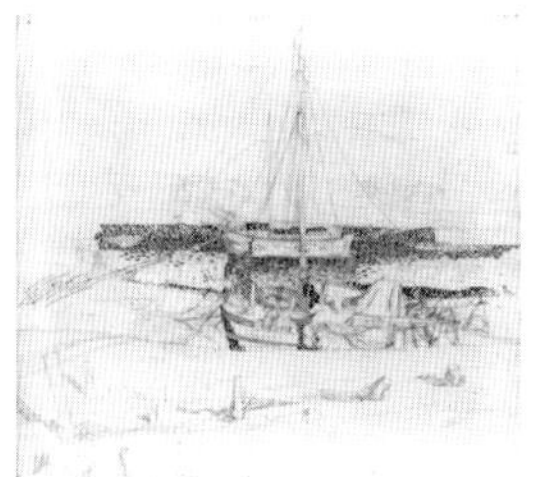

38 Jan Toorop: Zwei vertäute
Schiffe in einem Hafen.
Bleistift und Öl auf Leinwand
56×61 cm,
Gemeentemuseum Den Haag

suchung der Farboberfläche des unvollendeten Bildes *Zwei vertäute Schiffe in einem Hafen* (Abb. 38), das vermutlich vor 1903 in Katwijk entstand, fand man keine Spuren eines proteinhaltigen Bindemittels. Das Pigment des *Holzhackers* von 1905 (Abb. 39), der, wie ein Etikett auf der Rückseite verrät, auf einer Ausstellung der Zürcher Kunstgesellschaft gezeigt worden war, war teilweise proteinhaltig, während beim *Middelburg-Vlissingen-Kanal* von 1908 (Abb. 40) durchgängig eine niedrige Eiweisskonzentration vorliegt. Auf der Grundlage dieser recht vorläufigen Ergebnisse kann man annehmen, dass Toorop im Zeitraum von 1904–1908 mit Bindemitteln experimentiert hat, die tierisches Kollagen enthielten.

Wann Mondrian Toorop zum ersten Mal begegnet ist, lässt sich nicht genau sagen, aber es steht fest, dass es in dieser Periode geschah. Belegt ist ein Besuch Mondrians bei Toorop in Domburg vom September 1908.[79] Man besucht sich wohl kaum am Urlaubsort, wenn man nicht schon eine Weile befreundet ist. So ist anzunehmen, dass sich Mondrian und Toorop schon vor diesem Datum begegnet sind. Beide müssen sich auch sofort gut verstanden haben. Toorop hatte sich 1905 zum Katholizismus bekehrt und legte seither eine grüblerische Haltung an den Tag. Das hinderte Mondrian aber nicht daran, Sympathie für Toorop zu empfinden und tiefsinnige Gespräche über schwerwiegende, geistige Fragen mit ihm zu führen.[80]

Mondrian suchte nach Möglichkeiten, die spirituelle Seite seines Werks besser zur Geltung kommen zu lassen, und in den Diskussionen mit Toorop wird er bestimmt auch von technischen Neuerungen gehört haben, die ihm dazu verhelfen konnten, dieses Anliegen zu verwirklichen. Die Bindemittelanalyse von Farbproben aus *Devotion* (1908), *Leuchtturm in Westkapelle* (1909/10) (Abb. 45) und *Kirchturm in Domburg* (1909) (Abb. 46) hat tatsächlich tierisches Kollagen nachgewiesen, das im ersten Fall vermutlich von einem Haut- oder Knochenleim und in den beiden anderen Fällen möglicherweise von einem Fischleim stammt. Mondrian erzielte die matte, trockene Oberfläche, die seit etwa 1908 typisch für seine Gemälde ist, durch den Zusatz proteinhaltiger Bindemittel zu seinen Farben.

Obwohl man auf der Grundlage der bisher zusammengetragenen Fakten keine allzu rigorosen Schlüsse ziehen sollte, rückt dieses technische Detail den Abschnitt,

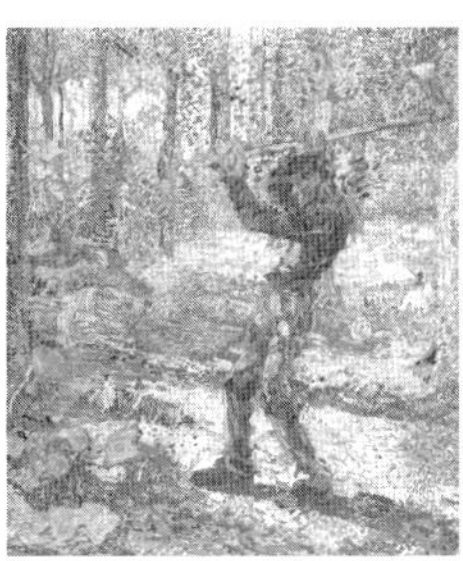

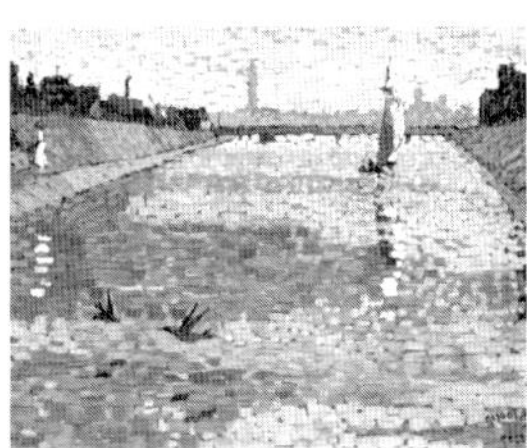

39 Jan Toorop: Der Holzhacker.
1905. Öl auf Leinwand,
100×91 cm
Gemeentemuseum Den Haag

40 Jan Toorop: Middelburg-Vlissingen-Kanal. 1907
Öl auf Papierkarton, 31×41 cm
Gemeentemuseum Den Haag

den Mondrian in einem Brief an Querido von 1909 der Beziehung zwischen *Klarheit und Technik* und der *Klarheit des Denkens* widmet, in ein anderes Licht. Es ist recht gut möglich, dass Mondrian in seinen Unterhaltungen mit Toorop mehr über die auffallend matten Oberflächen der Hodler-Gemälde auf der Amsterdamer Ausstellung erfahren hat. Toorop war besser als jeder andere in der Lage, Mondrian mit der divisionistischen Methode von Schweizer Künstlern wie Amiet und Giacometti vertraut zu machen – mit ihrem Streben nach einer matten Oberfläche, mit den Techniken, die sie zu diesem Zweck entwickelten, und mit dem theoretischen Hintergrund dieses Verfahrens. Dass Mondrian seit 1908 Emulsionen verwendete, ist gar nicht anders zu erklären.

Die Antwort auf die Frage, ob Ferdinand Hodler eventuell Einfluss auf die Entwicklung Piet Mondrians ausgeübt hat, muss also lauten, dass es im Zeitraum von 1900 bis 1914 zu einem Austausch zwischen der niederländischen und der Schweizer Kunstszene gekommen ist. Dieser Austausch verlief – auf nicht immer sehr direkten Wegen – über Einzelpersonen und andere individuelle Kanäle. Daher ist meist nicht eindeutig feststellbar, zu welchen Ergebnissen er geführt hat. Immerhin ergibt sich aus der Betrachtung dieses Austauschs ein nuancierteres Bild vom Einzug der modernen Kunst in den Niederlanden. Bisher war man der Überzeugung, dass alle Einflüsse von Paris ausgegangen seien.

Was Hodlers Einfluss auf Mondrian angeht, so hat Sweeney offenbar den richtigen Schluss gezogen, als er Mondrians Antwort vom Jahre 1942 dahingehend interpretierte, dass Hodlers Name genannt werden müsse, wenn auch vor allem im Zusammenhang mit dem Einfluss, den Toorop auf Mondrian ausgeübt habe.


Im Herbst 1906 schrieb Elimar Kusch, der Sekretär der Zürcher Kunstgesellschaft, einen Brief an den Organisator einer durch Deutschland reisenden Ausstellung der Neoimpressionisten. Er bezog sich darin auf eine erfolgreiche Ausstellung von Giovanni Giacometti, die im selben Jahr im Künstlerhaus stattgefunden hatte: *Wir hier in Zürich und in der Schweiz kennen diese Künstler nur durch die Werke von Amiet und Giacometti. Wir möchten die Originale, die echten Franzosen selbst sehen! Schon lange ist das unser Wunsch, unser lebhafter Wunsch und namentlich der unserer Künstler.* In den

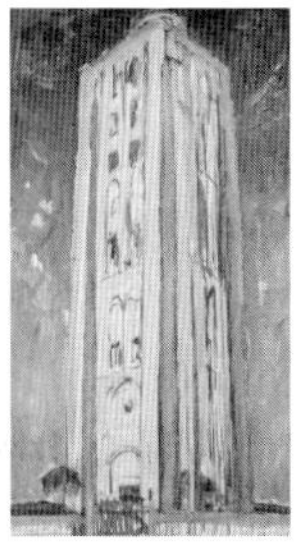

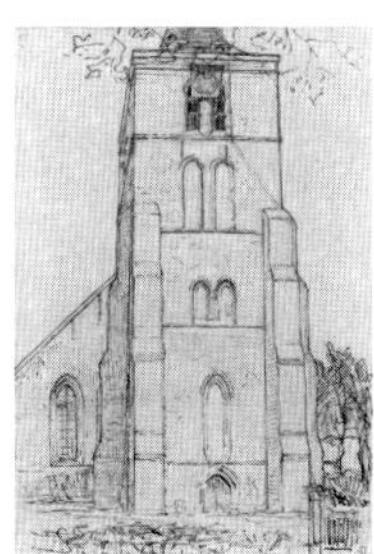

45  Piet Mondrian
Leuchtturm in Westkapelle,
1909/1910
Gemeentemuseum Den Haag

46  Piet Mondrian
Kirchturm von Domburg, 1909
Gemeentemuseum Den Haag

Niederlanden lag das nicht anders. Conrad Kickert schloss seine Besprechung der Amsterdamer Hodler-Ausstellung ein Jahr später mit einem ähnlichen Stossseufzer ab: *Es ist doch wirklich gut, dass St. Lucas seinen Mitgliedern wieder einmal etwas anderes vorführt. Könnte man nicht einmal grosse Franzosen einladen?*

Übersetzung: Rosi Wiegmann

Die Idee zu diesem Artikel entstand unter dem Eindruck
der Giovanni-Giacometti-Ausstellung, die Dieter Schwarz
1996 in Winterthur organisierte. Ohne die Unterstützung
und den Kommentar von Joop Joosten, Marty Bax,
Franz Meyer, Beat Wismer, Paul Müller, Henk van Os,
Jan Venema, Wietse van der Noort, Frits Keers,
Ch. Kronenberg, Vrany van Dorp, Beatrice Ilg, Paul Pfister,
Gerard van Wezel und Judith Durrer wäre er nie zustandegekommen. IJsbrand Hummelen und Reman Heesters
vom Institut Collectie Nederland in Amsterdam haben mir
beim Aufspüren der materialtechnischen Daten geholfen.
Paul Müller, Viola Radlach und Frau Ch. Kronenberg
waren für mich eine anregende Quelle der Information
auf dem Gebiet der niederländisch-schweizerischen
Beziehungen.


1  J.J. Sweeney: «Piet Mondrian». In: *Museum of Modern
Art Bulletin* XII/4 (1945), S. 2–12 (Nachdruck als separates
Typoskript vom Museum of Modern Art im Jahre 1948).
2  A.B. Loosjes-Terpstra: *Moderne kunst in Nederland
1900–1914.* Utrecht, 1987 (Nachdruch der Ausgabe von
1959), S. 11, 56 und 249 Anm. 5.
3  Frits Keers: «La Petite Parade». In: Jong Holland 3
(1989), S. 3. – Vor allem Carel Blotkamp und Joop Joosten
erwähnten die Ausstellung, vergleiche Carel Blotkamp:
*Mondriaan – Destructie als kunst.* Zwolle, 1994, S. 39
und 242 Anm. 37. – Vergleiche ferner Joop Joosten:
«Chronologie». In: *Piet Mondriaan 1872–1944.* Ausstellungskatalog, Mailand 1994, S. 25.
4  N.H. Wolf: «De Zwitsersche schilder Ferd. Hodler te
Amsterdam. Tentoonstelling Sint-Lucas, Rembrandtplein,
Juni – Juli 1907»: *Het Leven Geïllustreerd* Jg. 2, Nr. 26
(28. Juni 1907), S. 813f.
5  Carel Blotkamp (Anm. 3). Blotkamp verwechselt die
Ausstellung, die Hodler 1948 im Stedelijk Museum erhielt,
mit der Ausstellung von 1907, wenn er angibt, dass die
Ausstellung von 1907 sechzig Werke, darunter 20 Zeichnungen, umfasst habe.
6  Das Eröffnungsdatum wird von Frits Keers (Anm. 3)
genannt. Das Schlussdatum stand in *De Telegraaf* vom
Donnerstag, 20. Juni 1907 (Abendausgabe, Blatt 2) und in
*Het Vaderland* vom selben Tag (Abendausgabe, Blatt 1).
7  Die Briefe von Aletta de Jongh waren alle an die
Adresse Sarphatipark 42 adressiert, wo Mondrian von
Januar 1908 an wohnte. Postkarten aus Hengelo und
Arnhem, die kürzlich aus dem Nachlass von Simon Maris
aufgetaucht sind, hat Mondrian vor dem Oktober 1906
verschickt. Da ansonsten keine Briefe aus dieser Periode
bekannt sind, kann seine Anwesenheit in Amsterdam
für den Juni 1907 nicht schriftlich belegt werden (freundli-
che Mitteilung von Joop Joosten). Das einzige Indiz,
das als Beweis für den Aufenthalt in Amsterdam in den
Monaten April bis Mai gelten könnte, ist der Umstand,
dass er an einer relativ grossen Einsendung für die
St. Lucas-Ausstellung im Stedelijk Museum arbeitete.
Ferner verliess Mondrian Amsterdam gewöhnlich erst am
Ende des Sommers. Von Mitte Juli bis August besuchte
er dann seine Eltern in Arnhem.
8  Siehe N.H. Wolf (Anm. 4). Dieser Umstand ist auch den
folgenden Rezensionen zu entnehmen: «Hodler».
In: *Nieuwe Rotterdamsche Courant* vom 22. Juni 1907
(Blatt 1B). – Conrad Kickert: «Tentoonstelling Hodler».
In: *De Telegraaf* vom 23. Juni 1907 (Blatt 2). – Giovanni:
«Ferdinand Hodler». In: *Algemeen Handelsblad* vom
27. Juni 1907 (zweites Abendblatt). R.: «Tentoonstelling
van kunstwerken van F. Hodler». In: *Het Vaderland* vom
28. Juni 1907 (zweites Abendblatt B).

9 In: *Nieuwe Rotterdamsche Courant* (Anm. 8).
Und in: *Het Leven* vom 28. Juni 1907.
10 *De Telegraaf* (Anm. 8): «[...] das in seinen dunklen Partien dick und untransparent schwarz geworden ist.
Man hat sich viel Mühe gegeben, alles befindet sich an der richtigen Stelle, die Haltung ist hochmütig, aber gut erfasst, und doch macht nichts das Bild zu etwas «Ausgefallenem». – *Nieuwe Rotterdamsche Courant* (Anm. 8): «[...] Selbstbildnis, das den Kopf eines mindestens 18-jährigen und die Jahreszahl 1873 zeigt. Ein durchaus gutes Porträt, dessen Anlage an eines der jungen Rembrandt-Selbstbildnisse erinnert». *Algemeen Handelsblad* (Anm. 8): «[...] das interessante Selbstbildnis [...]». Het Leven (Anm. 9): «[...] und das Selbstbildnis des Künstlers, das jedoch ein Jugendporträt zu sein scheint (Hodler wurde 1853 in Bern geboren)».
11 *Nieuwe Rotterdamsche Courant* (Anm. 8): «In dieser Hinsicht ist das andere Interieur besser: ein Kupferstecher in seiner Werkstatt.»
12 *Nieuwe Rotterdamsche Courant* (Anm. 8): «Ein bürgerliches Konzept hat auch Hodlers Schuhmacher in seiner Werkstatt, ein Thema im Genre Tony Offermans.»
13 *De Telegraaf* (Anm. 8): «Was das eine Interieur betrifft, das ist für einen Holländer unverdaulich, zu kalt, zu geheimnislos, zu hölzern, zu viel Eisen. Auch wenn man zugeben muss, dass es hübsch gezeichnet ist, alles wird ausgedrückt, alles befindet sich an der richtigen Stelle, so ist es trotzdem trocken, taub, tot... altdeutsch!». – *Nieuwe Rotterdamsche Courant* (Anm. 8): «Und dann haben wir den Eindruck, dass Hodler sich nicht durch Vornehmheit auszeichnet. Seine Femme assise zeigt uns ein Fräulein, die das allerdings tut. Der Stoff ist ausdrucksvoll, die Figur hat Relief, und der Kopf ist lebendig. Aber in was für einem ordinären leeren Raum muss diese Frau sitzen! Wie wenig hat es der Maler verstanden, etwas Schönes daraus zu machen!».
14 *Algemeen Handelsblad* (Anm. 8): «Aber sein Werk Die Nacht – eine Skizze dazu, – die Haltung der Figuren wurde später leicht geändert – hangt bei St. Lucas [...]».
15 *De Telegraaf* (Anm. 8): «Und nicht anders als schön zu bezeichnen sind ein Kämpfer, der theatralisch ein blutiges Schwert hält, mit bluttriefendem Antlitz, Tapferkeit allein in der Kampfstellung vor hellgelber Hügellandschaft... ganz hyperdeutsch. – *Algemeen Handelsblad* (Anm. 8): «Und der bluttriefende Krieger, eine sehr starke Gestalt, ein schönes Symbol des Widerstands bis zum Tode [...]. Auch der Krieger ist farblich nicht schön [...]. – *Het Leven* (Anm. 9): «[...] und der Altschweizer Krieger [ist] für Hodlers «malerischen Monumentalstil» höchst charakteristisch.»
16 *De Telegraaf* (Anm. 8): «[...] auf dem grössten Gemälde fünf Figuren auf einer Bank, verzweifelt, in der Sonne, mit Gesichtern, die ganz aus roten und gelben und grünen und blauen Pinseltupfen bestehen, dito die Haare, ein Ding voller Komposition, so plump, wie es nur geht, fünf Figuren, nach drei Modellen gestaltet.» – *Nieuwe Rotterdamsche Courant* (Anm.8): «Schöne Farbigkeit fehlt uns auch auf seinen dekorativen Gemälden. Man nehme das grosse Bild mit den 5 auf einer Bank nebeneinandersitzenden Männergestalten, die fünf Verkörperungen der Verzweiflung darstellen. Zweiffellos sind die Köpfe stark im Ausdruck, ohne dass dabei in Übertreibung oder ins Theatralische verfallen wird. Ich lasse dahingestellt sein, ob überall die wünschenswerte Rundung erzielt wird – man denke an die mittlere Figur mit den mutlos herabhängenden Armen. Aber die Farbe ist wiederum nicht sehr anziehend.» – *Algemeen Handelsblad* (Anm. 8): «[...] und dann Die Lebensmüden, fünf Männer in einer Art Mönchskutten oder mit einem Tuch um die Lenden, auf einer Bank sitzend [...]. Fünf Männer, nicht mehr jung, alle vom gleichen Gefühl erfüllt, mit gefalteten Händen oder schlaff herabhängenden Armen, im mutlosen Blick ihrer Augen die klare Überzeugung, dass sie nichts mehr zu hoffen habe. Warum fünf? Weil fünf stärker als einer wirken, sagt der Hodler-Bewunderer Rosenhagen (der in Deutsche Kunst und Dekoration schrieb): hat Fra Angelico nicht desselbe gemacht, als er unendliche Engelsscharen an Marias Thron malte?» – *Het Leven* (Anm. 9): «Dagegen sind Die Enttäuschten – die Verkörperungen schweigenden Pessimismus – [...] für Hodlers «malerischen Monumentalstil» höchst charakteristisch.»
17 *Nieuwe Rotterdamsche Courant* (Anm.8): «Der weibliche Akt in Communion avec l'infini ist schön modelliert, aber im Ensemble wirkt auch dieses Werk wieder nicht sehr wohltuend. Es erinnerte mich entfernt an Böcklin.» – *Algemeen Handelsblad* (Anm. 8): «[...] der genannte Entwurf zu Der Tag; eine nackte Frau, in extatisch-betender Haltung auf einem schwarzen Teppich auf einer Alm, die den Titel Gemeinschaft mit dem Unendlichen erhalten hat [...]». – *Het Leven* (Anm. 9): «Communion avec l'Infini. Dieses Gemälde datiert von 1892 und gehört einem Sammler in Genf. Es zeigt eine nackte Frauengestalt bei der Anbetung des Unendlichen. Aussergewöhnlich ist der im zartem Sonnenglanz schimmernde Körper der Frau, die, auf einer grossen, ansteigenden Wiese stehend, in Ekstase die Arme hebt und das Gesicht zum Licht kehrt. Es ist seltsam, wie der Künstler diesen Effekt mit so wenig Mitteln erreicht. Schön sauber gemalt, mit kräftigem Pinselstrich, unverrückbar, wie es sich für einen Meister der Kunst gehört.»
18 *De Telegraaf* (Anm. 8): «Es ist eine Frau im Totenbett. Das Laken hat eine gelbgraue Färbung, die an Manet erinnert, z.B. an die «Olympia» (Louvre), das Ganze ist

in kühl braungrauem Ton gehalten, flott und fein gemalt.»
– *Algemeen Handelsblad* (Anm.8): «[...] in harten Farben
ausgeführt, besonders schwach in der Erfassung des
Stoffes, eine Skizze von einer Frau auf dem Totenbett,
vielversprechend im Umgang mit den Tönen Weiss und
Hellbraun [...].»
19 Siehe *Nieuwe Rotterdamsche Courant* (Anm. 8).
20 *Het Vaderland* (Anm. 8): «[...] aber bei näherer Betrachtung allmählich aus kleinen Gemälden wie «les chataig-
ners», junge, blühende Kastanien in einer staubigen,
kahlen und sonnigen Landschaft hervorgeht, die wegen
der guten Geländeschichtung überzeugt [...].»
21 *Nieuwe Rotterdamsche Courant* (Anm. 8): «Aber wie
wir dann wieder eine Landschaft wie Lac au soleil
couchant akzeptieren sollen, ist für uns eine offene Frage.
Hier scheint uns jedes Verständnis für Raum und Relief
zu fehlen, so dass der Baum im Vordergrund so niedrig
wie möglich vom Himmel absticht.»
22 *De Telegraaf* (Anm. 8): «In einem [Bild] namens Taureau
(ich schlage höflichst vor, ihn in eine Vache zu verwan-
deln) ist der Raum, der das Tier umgibt, sehr hell, die weit
entfernten Kühe sind in die ferne Atmosphäre einbezogen
worden, die Kuh ist gut gezeichnet, mit angespannten
Beinen und schlaffen Weichteilen. Das Tier, seine Zusam-
mensetzung, wurde in seinen Bestandteilen also gut verstanden.» – *Nieuwe Rotterdamsche Courant* (Anm. 8):
«Aus derselben Zeit – 1878 – stammt ein Taureau – zwar
etwas zur Radierung neigend, aber auch nicht ohne
Charme.»
23 *Nieuwe Rotterdamsche Courant* (Anm. 8): «Claire de
lune ist eine sehr gute Skizze, in die man sich aus einiger
Entfernung gut hineinversetzen kann.» – Aus der Zeit
bis zum Sommer 1907 sind vier Mondlandschaften von
Hodler bekannt. Siehe dazu Jura Brüschweiler: *Eine
unbekannte Hodlersammlung aus Sarajewo.* Bern, 1978,
S. 20: Mondschein am Genfersee (um 1881), Öl auf
Leinwand, 18 × 23,7 cm, aus der Sammlung von Jeanne
Cerani-Charles stammend, jetzt im Institut für Denk-
malschutz in Sarajewo. – Siehe ausserdem Paul Müller
und Viola Radlach: *Werkkataloge Gemälde Giovanni
Giacometti.* Band II–1/II–2, Nr. 33: Mondschein, «früher
Hodler», der auf der Rückseite die Aufschrift «Meyer-
Fierz» trägt.
24 Israël Querido: «Van Menschen en Dingen. Een schil-
ders-studie. Spoor – Mondriaan en Sluyters. Piet
Mondriaan (slot)». In: *De Controleur* vom 23. Oktober 1909.
25 Sweeney (Anm. 1). S. 2.
26 *Algemeen Handelsblad* (Anm. 8).
27 *Nieuwe Rotterdamsche Courant* (Anm. 8). – *Het Leven*
(Anm. 9).

28 Da die Jahresberichte der Sozietät St. Lucas von 1906
und 1907 (im Rijksprentenkabinet und im Gemeindearchiv
von Amsterdam) fehlen, kann die Frage nach dem Organisator der Hodler-Ausstellung nicht beantwortet werden.
Der Vorstand bestand 1906 aus A. Hesselink (Vorsitzen-
der), Simon Maris (Vizevorsitzender), C.M. Garms
(Sekretär), M. Monnickendam (zweiter Sekretär und
Gustaaf van de Wall Perné (Archivar). Letzterer löste Piet
Mondrian ab, der in den beiden vorhergehenden Jahren
den Posten des Archivars bekleidet hatte. Sowohl mit
van de Wall Perné als auch mit Simon Maris war Mondrian
gut befreundet.
29 Ungefähr sechzig Gemälde, Zeichnung und Bildhauer-
arbeiten verschiedener Künstler wurden vom 21. August
bis zum 21. September in der Schweiz gezeigt. Anschliessend wurde die Ausstellung vom Basler Kunstverein,
vom Sächsischen Kunstverein in Dresden und von der
Münchener Künstler-Genossenschaft übernommen.
30 Die Blütenlese machte hintereinander Station bei den
Kunstvereinen von Heidelberg, Stuttgart, Breslau und
Leipzig. 1906 war sie in derselben Zusammenstellung
noch immer unterwegs und wurde in Düsseldorf, Köln,
Hamburg, Münster, Mannheim und München gezeigt.
Siehe (Anonym): «De tentoonstelling van Sint Lucas
te Berlijn». In: *De Week Geïllustreerd* Jg. 4, Nr. 16
(15. Juni 1905), S. 242.
31 Jura Brüschweiler: «Ferdinand Hodler (Bern 1853 –
Genf 1918) – Chronologische Übersicht: Biographie,
Werk, Rezensionen». In: *Ferdinand Hodler.* Ausstellungskatalog, Berlin, Paris, Zürich 1983, S. 140.
32 Siehe Hans A. Lüthy: «Von Hodler-Sammlern». In:
*Ferdinand Hodler.* Ausstellungskatalog, Sammlung Max
Schmidheiny Zürich 1989, S. 29–38.
33 Ewald Bender: *Die Kunst Hodlers.* 2 Bände, Bern,
1923: Nr. 216 (S. 323) bzw. Nr. 146 (S. 313), Nr. 222
(S. 325) und Nr. 26 (S. 295).
34 Brüschweiler (Anm.31). S. 139.
35 Siehe Anm. 23.
36 C.A. Loosli: *Ferdinand Hodler – Leben, Werk und
Nachlass.* Band III, 1923, S. 51.
37 W. Feilchenfeldt: *Vincent van Gogh & Paul Cassirer,
Berlin. The reception of Van Gogh in Germany from
1901 to 1914.* Cahier Vincent 2, Zwolle: Waanders,
Rijksmuseum Vincent van Gogh, 1988, S. 147, 158.
38 Bender (Anm. 33). Band I, S.315, Nr. 166.
39 Bender (Anm. 33). Band II, S.418, Nr. 239: «Frau
R. Kisling».
40 Bender (Anm. 33). Band I, S. 291, Nr. 2.
(A.G. Meyer-Keller war nicht mit Meyer-Fierz verwandt.)
41 Brüschweiler (Anm. 31). S. 114.
42 Lüthy (Anm. 32). S. 35.

43 Bender (Anm. 33). Band II, S. 478, Nr. 25.

44 Brüschweiler (Anm. 31). S. 129.

45 Als weitere Möglichkeit bietet sich eine Studie an, die das Kunsthaus Zürich besitzt (Inv.Nr. 1920/896). Man weiss nicht, wer der Solothurner Besitzer der Zeichnung von 1907 war. Die zweite Skizze befand sich bei Hodler selbst.

46 Lüthy (Anm. 32). S. 29–38.

47 *Zürcher Privatsammlungen.* Ausstellungskatalog Kunsthaus Zürich November 1914. Alle genannten Werke stammten aus der Sammlung von Fritz Meyer-Fierz.

48 Das wurde mir am 16. Februar 1998 mündlich von Franz Meyer mitgeteilt. Die folgenden Informationen über Meyer-Fierz beruhen zu einem grossen Teil auf diesem und den darauffolgenden Gesprächen mit Franz Meyer.

49 Mündliche Mitteilung von Franz Meyer. Die einzige in Frage kommende Wiesbadener Ausstellung ist die «Holländische Secession», die von der Wiesbadener Gesellschaft für Bildende Kunst vom 4. bis 30. Oktober 1903 organisiert wurde.

50 Siehe H.W. van Os: «Otto Lanz en het verzamelen van vroege Italiaanse kunst in Nederland». *Bulletin van het Rijksmuseum* Jg. 26 (1978), Nr. 4, S. 147–174.

51 Mündliche Mitteilung von Frau van Dorp, der Enkelin von Otto Lanz en Anna Willi. In der Familie hält sich hartnäckig das Gerücht, Frau Lanz habe Modell für eine der Frauengestalten in Die Nacht gestanden.

52 Willem Steenhoff: «Tentoonstelling der modernen» In: *De Nieuwe Amsterdamer* vom 30. Oktober 1915. Joop Joosten machte uns freundlicherweise auf diese Äusserung von Meyer-Fierz über seine Haltung zu den Werken seiner Sammlung aufmerksam.

53 Brief Ernst Würtenbergers aus Karlsruhe an Jan Toorop, auf den 3. März 1926 datiert (in der Toorop-Kollektion der Koninklijke Bibliotheek enthalten): «[...] In dem ich annehme, Sie erinnern sich noch meiner Person – Sie besuchten mich in Zürich in meiner Atelier mit Herrn Kisling, Reiff-Franck oder Meyer Fierz – [...].»

54 Diese Zeichnung ist nach wie vor im Besitz der Familie. Eine Rechnung über zwei auf der Münchener Sezession verkaufte Werke – Der Rudernde (Nr. 227) und Stefan George (Nr. 306) -befindet sich im Toorop-Archiv der Koninklijke Bibliotheek in Den Haag.

55 *Zürcher Privatsammlungen* (Anm.47).

56 R. Siebelhoff: «The family background and personality of Jan Toorop». In: *Canadian Journal of Netherlandic Studies* 1981/82, S. 71–76.

57 1897 erschien in der Zeitschrift *Die Kunst für Alle* Jg. XIII, Heft 6 (15.12.1897) S. 89–94 ein fünfseitiger Artikel von Paul Schulze-Naumburg. 1902 stand in demselben Blatt eine Besprechung von B. Zuckerkandl, *Die*

*Kunst für Alle* Jg. XVII, Heft 8 (15.01.1902) S. 186–188. Beide Artikel befinden sich in der Toorop-Kollektion der Koninklijke Bibliotheek. Toorops Beitrag zu L'exposition internationale des arts decoratifs modernes in Turin wurde 1902 in *Deutsche Kunst und Dekoration* erwähnt. 1904 wurde der Künstler in der «Chronik» von *Kunst und Künstler* genannt, und am 24. Februar 1906 schrieb Karl Ernst Osthaus in der *Hager Zeitung* einen Artikel über sein Folkwanger Werk.

58 Siehe den Text (Typoskript) zu den Dokumenten der Toorop-Kollektion der K.B. von Charles Beets, der sich in der Toorop-Kollektion des R.K.D., Karton II, Mappe 3, befindet.

59 Marian Bisanz-Prakken: «Jan Toorop en Gustav Klimt. Een analyse van de betekenis van Jan Toorop voor het vroege werk van Gustav Klimt». In: *Nederlands Kunsthistorisch Jaarboek* 1976, Band 27 (1977), S. 175–209.

60 Ebenda. Und Marian Bisanz-Prakken: Jan Toorop – *Die Träumerin. Eine Neuerwerbung der Albertina. Wien und die Kunst der Niederlande um 1900.* In Ausstellungskatalog, Albertina (Graphische Sammlung) Wien 1992, passim.

61 Siehe zwei Briefe von Jan Toorop an Jan Veth vom 20. April und vom 23. Mai 1893 (Mikrofiches Nr. 104/ 213–215, Rijksprentenkabinet Amsterdam).

62 B. Zuckerkandl in: *Die Kunst für Alle* vom 15. Januar 1902, S. 186.

63 Siehe Jura Brüschweiler: *Ferdinand Hodler Fotoalbum,* Ausstellungskatalog Kunsthaus Zürich und Bern 1998, S. 101.

64 Brief Jan Toorops an Philip Zilcken, 21. Mai 1905 (Mikrofiche Rijksprentenkabinet Amsterdam).

65 Brief Jan Toorops an den Sekretär des Utrechter Vereins «Voor de Kunst» vom 10. April 1906 (in der Briefkollektion des R.K.D. enthalten).

66 Mündliche Mitteilung G. van Wezels am 10. Februar 1998, die auch in Briefen von Mathilde Schwarzenbach und Cäsar Schoeller – beides nicht genau identifizierte Zürcher Kontakte – bestätigt wird. In ihrem Brief aus Ulmberg, Zürich, vom 4. November 1910, verspricht Mathilde Schwarzenbach, sie werde Toorop vom Bahnhof abholen. «Jusqu' à Lundi il y a encore une autre exposition au Kunstgebäude, mais vous etes certainement mieux informée que moi [...]» Der Brief von Cäsar Schoeller aus Zürich vom 21. Mai 1911 ist schwer zu entziffern. Nur die Daten 8.–11. September und 15. September sind lesbar. (Beide Briefe befinden sich in der Toorop-Kollektion der Koninklijke Bibliotheek.)

67 Gertrud Wendermann: *Studien zur Rezeption des Neo-Impressionismus in den Niederlanden.* Berlin, 1993, S. 237ff.

68 Ebenda. S. 240.

69 Loosjes-Terpstra (Anm.2). S. 11.

70 Danièle Gros, Anna Stoll und Stefan Wülfert: «Giovanni Giacometti – Maltechnische Untersuchungen». In: Paul Müller und Viola Radlach: *Giovanni Giacometti 1868–1933*. Band II, Zürich: Schweizerisches Institut für Kunstwissenschaft, 1997, S. 82–87.

71 George Mauner: *Cuno Amiet – Hoffnung und Vergänglichkeit*. Aargauer Kunsthaus Aarau und Baden 1991, S. 20ff.

72 David Bomford, Jo Kirby, John Leighton und Ashok Roy: *Art in the Making – Impressionism*. National Gallery London, New Haven en London: Yale University Press, 1990, S. 72–75.

73 Siehe A. Callen: *Techniques of the Impressionists*. London, 1988, S. 24.

74 Siehe H. Travers Newton: «Observations on Gauguin's Painting Technique and Materials». In: C. Peres, M. Hoyle und L. van Tilborgh: *A Closer Look – Technical and Art-Historical Studies on Works by Van Gogh and Gauguin*. Cahier Vincent 3, Amsterdam: Rijksmuseum Vincent van Gogh und Zwolle: Waanders, 1991, S. 103–109.

75 Paul Signac, Cassis, Cap Lombard, 1889, und Maximilien Luce, Scheldeansicht, stammen aus der Sammlung des Haags Gemeentemuseum (Inv.Nr. SCH-1956-0054 und SCH-1958-0019). Die Proben wurden am 16. März

1998 entnommen, indem man am Bildrand etwas Farbe abschabte. Dieser Rand befand sich unter dem Rahmen und war nicht mit der Firnis bedeckt, die auf beide Gemälde nachträglich aufgetragen wurde.

76 Loosli (Anm. 36). Band II, S. 73.

77 Der Tag stammt aus der Sammlung des Haags Gemeentemuseum (Abb. 41). Für dieses Gemälde wurde eine besonders feine, dichtgewebte Porträtleinwand benutzt, die über eine direkt darunter befindliche Leinwand von ähnlicher Güte gespannt wurde. Auf diese doppelte Leinenschicht wurde die Farbe ohne Grundierung aufgetragen.

78 Otto Linck: Technische *Mitteilungen für Malerei*. München, 1934.

79 Domburgsch Badnieuws Jg. 26, Nr. 12 (12. September 1908), zitiert nach F. van Vloten: «Dromen van Weleer. Kunstenaars in Domburg 1898-1928». In: I. Spaander en P. van der Velde: *Reünie op,t Duin: Mondriaan en tijdgenoten in Zeeland*. Zwolle: Waanders,1994, Anm. 53, S. 64.

80 Siehe den Brief an Cornelis Spoor von Anfang Oktober (3.?) 1909. In: L. van Ginneken und J.M. Joosten: «Documentatie: Kunstenaarsbrieven aan Kees Spoor». In: *Museumjournaal* Jg. 15 (1970), Nr. 1, S. 206–209.

81 Zitiert nach Dieter Schwarz: *Giovanni Giacometti 1868–1933 – Leben und Werk*. Zürich, 1996, S. 95.

82 Conrad Kikkert in *De Telegraaf* (Anm.8).

**Marty Bax**

## Das Fadennetz,
## in das der Künstler seine Visionen hineinwebt

### Ferdinand Hodler, Piet Mondrian und die Theosophie

*Hodler ist ein Mystiker und ein Realist, ein Dualismus, der zu vielen Fehlurteilen Anlass gibt.*   Der Schriftsteller Louis Duchosal, ein Freund Hodlers[1]

*Entweder hat jemand einen abstrakten Geist oder nicht. [...] Mondrian ist immer der Welt entrückt gewesen, war ein romantischer Asket, ein ästhetischer Mönch. [...]*
*Sieh dir doch nur das Frühwerk Mondrians an, seine rote Mühle zum Beispiel.*
*Schon damals war alles, was er machte, genauso unwirklich.*

Die Malerin Charley Toorop, Tochter des Malers Jan Toorop, 1955[2]

Eine gemeinsame Ausstellung mit Werken des niederländischen Malers Piet Mondrian und des Schweizer Malers Ferdinand Hodler ist vom Visuellen wie vom Kunsthistorischen her ein ungewöhnliches Unternehmen. Mondrian, der durch sein abstraktes Werk als Pionier der abstrakten Kunst gilt, ist ein völlig anderer Künstler als Hodler, der wegen seines figurativen Œuvres immer ein Aussenseiter innerhalb der Kunst der Moderne geblieben ist. Dennoch gibt es deutliche Parallelen zwischen den beiden Künstlern und ihrem Werk. Möglicherweise hat es sogar einen konkreten Berührungspunkt gegeben: Ferdinand Hodlers Einzelausstellung 1907 in Amsterdam, organisiert von der Künstlervereinigung St. Lucas. Auf dieses Ereignis und seine mögliche Bedeutung für Mondrian wird in diesem Buch an anderer Stelle näher eingegangen. In diesem Artikel werde ich mich auf die Darstellung jener Parallelen zwischen den Künstlern beschränken, die das Ergebnis gleicher Anschauungen über das Wesen der Kunst sind.

Die Parallelen beginnen schon auf der biographischen Ebene: Beide waren um die vierzig, als sie sich mit einer mehr oder weniger kompletten Kunsttheorie einen Namen machten. Hodlers «Manifest» über den *Parallelismus,* bekannt unter dem Titel *Die Sendung des Künstlers,* stammt von 1897 – er war zu diesem Zeitpunkt gerade 44 Jahre alt. Wenig jünger war Mondrian, als er 1909 im Alter von 37 Jahren sein vorsichtiges theosophisches Glaubensbekenntnis publizierte. Anlass zu dieser Publikation war eine Besprechung seiner ersten grossen Ausstellung durch den Kunstkritiker Israël Querido. Diese Ausstellung fand im Januar 1909 im Amsterdamer Stedelijk Museum statt - Mondrian bestritt sie gemeinsam mit Cornelis Spoor und Jan *Sluyters*.[3] Zwischen 1912 und 1914, also zwischen seinem 40. und seinem 42. Lebensjahr, kritzelte Mondrian in Paris zwei Skizzenbücher mit semiabstrakten Zeichnungen voll, die manchmal von expliziten theosophischen Äusserungen begleitet wurden. Zu der Zeit brachte er für die Zeitschrift *Theosophia* erstmals seine kunsttheoretischen Ansichten zu Papier.[4] Dieser leider nicht mehr auffindbare Artikel gilt als Konzepttext für das berühmt gewordene Manifes *Die Neue Gestaltung,* das von 1918 bis 1920 in der von Mondrian mitbegründeten Zeitschrift *De Stijl* veröffentlicht wurde.[5] Mondrian war mittlerweile 46 Jahre alt. Wichtiger noch als diese biographische Parallele ist die Erkenntnis, dass beide Künstler im Grunde Aussenseiter waren. Beide waren zwar nicht antisozial, ganz im Gegenteil, aber sie lebten und erlebten das Leben – vor allem in der Kunst – in sich gekehrt. Beide waren sie Mystiker. Allerdings war die mystische Lebensauffassung Mondrians kunsthistorisch umstrittener als jene Hodlers, insbesondere in der Nachkriegszeit. Die Tatsache, dass sich die Kunsthistoriker häufig weigern, den Einfluss der exzentrischen Russin Helena Petrowna Blavatsky (1831–1891) auf Mondrians Kunstauffassungen anzuerkennen, ist auf die verbreitete Ansicht zurückzuführen, dass sich der theosophische «Humbug» der Blavatsky nicht mit Mondrians weltweit anerkannter Rolle als Wegbereiter der abstrakten Malerei vereinbaren lasse. Gern wird deshalb behauptet, theosophische Gedanken hätten Mondrians Schaffen nur in einer frühen Phase beeinflusst – in einer Zeit also, so lautet die gängige Erklärung, da der junge Künstler eben noch ein Suchender gewesen sei.

Weder bei Hodler noch bei Mondrian lassen sich jedoch Äusserungen oder schriftliche Zeugnisse finden, die darauf hindeuten würden, dass sie ihre mystischen Auffassungen von der Kunst zu einem späteren Zeitpunkt in ihrem Leben revidiert hätten. Daraus darf man den Schluss ziehen, dass sie ihre Haltung nicht geändert haben. Für beide gilt also: einmal ein Mystiker, immer ein Mystiker. Auch Mondrians abstrakte Kunst ist im Grunde immer theosophisch geblieben, selbst wenn sie sich – in Konsequenz seiner eigenen Theorie – aus dem ursprünglichen Kontext von Blavatsky gelöst hat und Teil geworden ist einer ausserordentlich vergeistigten und universalen Theorie über Mittel und Zweck der Kunst.

Es gibt jedoch auch grosse Unterschiede zwischen den beiden Künstlern. Der Literatur zufolge ist Hodlers Theorie über den *Parallelismus* ziemlich mager und einseitig. Hodler war ein einfach denkender Mensch, kein eloquenter Philosoph und Theoretiker. Sein «kunstästhetisches Programm» ist assoziativ und hat seinen Ursprung in direkten visuellen Erfahrungen sowie in einem intuitiven Gefühl für die organischen Zusammenhänge des Lebens.[6] Mondrian hingegen, der zwar weder ein geborener Theoretiker war, noch eine geschliffene Feder führte, war dennoch entschieden intellektueller orientiert und methodischer in seinen Darlegungen und Absichten. Bevor er seine Theorie *Die Neue Gestaltung* in *De Stijl* veröffentlichte, formulierte er jahrelang mühsam an seinem Text und überarbeitete ihn immer wieder. In den zwanziger Jahren wurde seine schriftstellerische Arbeit immer kreativer und stellte schliesslich eine wechselwirksame Ergänzung zu seiner Malerei dar.[7] Mondrian war überzeugt, dass das

Schreiben einen konstruktiven Beitrag zur Klärung der Entwicklung seiner Malerei leiste. So schrieb er in *Die neue Gestaltung in der Malerei: Die Wahrheit offenbart sich selbst, sagt Spinoza, doch durch das Wort kann das Wissen von der Wahrheit beschleunigt und vertieft werden.*[8]

Auch die künstlerische Entwicklung verlief bei Hodler und bei Mondrian unterschiedlich. Zwar stellt Hodlers um 1907–1908 entstandenes Bild *Eiger, Mönch und Jungfrau im Mondschein* (Abb.1) eine für die Zeit ziemlich revolutionäre Komposition dar, die auch den Anfang einer Reihe neuer und spannender Ladschaftsdarstellungen bildet. Aber nur ein Jahr später malte Mondrian bereits abstrahierte Abend- und Nachtdarstellungen, die man mit jenen vergleichen kann, die Hodler erst in den letzten Jahren seines Lebens, das heisst zwischen 1915 und 1918, geschaffen hat. (Abb.2) In der Periode von 1915 bis 1918 trat in Mondrians Werk eine revolutionäre Wende zur totalen Gegenstandslosigkeit ein. Und damit wird der Bruch zwischen den beiden Künstlern in visuell-bildhafter Hinsicht definitiv. Dennoch kündigt sich dieser Bruch nicht in ihren Auffassungen an. Beide Künstler hingen ihr ganzes Leben lang stark naturreligiösen Ansichten an, die sich sehr ähnlich waren. Mondrian wurde direkt von der modernen Theosophie Blavatskys beeinflusst, Hodler in erster Linie von der deutschen naturphilosophischen Tradition und später indirekt ebenfalls von Blavatskys Theosophie. Auch seine Kontakte zum Pariser Kunstkreis von Sâr Péladan und dessen *Salon Rose + Croix* spielten dabei eine Rolle. All diese Einflüsse können auf einen Nenner gebracht werden – den der jahrhundertealten philosophischen Tradition der Theosophia.

In diesem Text werde ich versuchen, den geistigen Gehalt in diesem Dreiecksverhältnis zwischen Mondrian, Hodler und der Theosophie zu deuten. Die enormen Mengen an verfügbarer Literatur erfordern jedoch strenge Einschränkungen. Ich gehe deshalb auch nur von zwei Texten der Künstler aus: Hodlers Schrift *Die Sendung des Künstlers* von 1897 und Mondrians Artikelreihe *Natürliche und abstrakte Realität. Dialog und Trialog über die Neue Gestaltung,* die zwischen 1917 und 1919 in der Zeitschrift *De Stijl* erschien. Anhand einer Auswahl der wichtigsten Texte der Sekundärliteratur werden sie in einen grösseren Kontext eingeordnet.

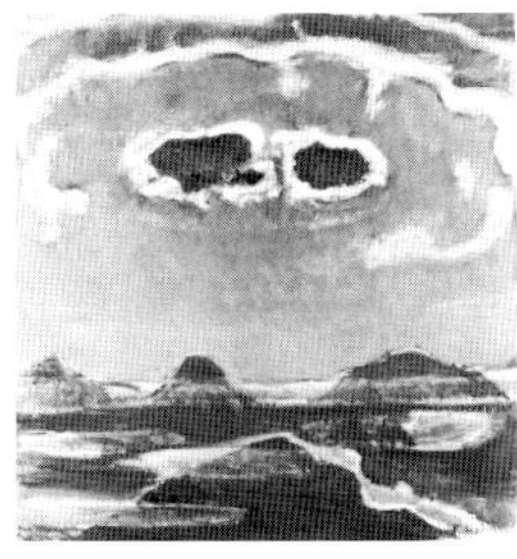

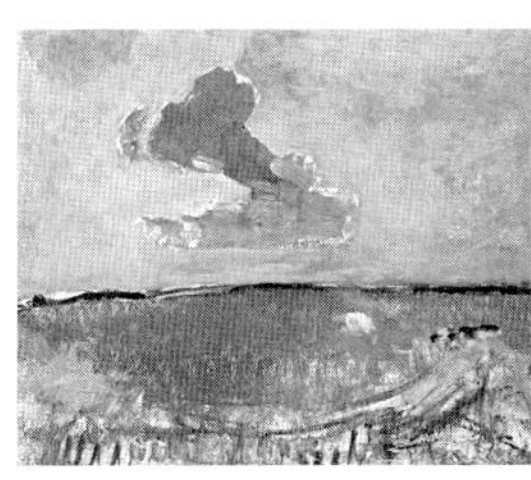

1 Ferdinand Hodler
Eiger, Mönch und Jungfrau im Mondschein. Um 1908
Öl auf Leinwand
72 × 67,5 cm
Privatbesitz Schweiz

2 Piet Mondrian
Die rote Wolke. Um 1908
Öl auf Karton
64 × 75 cm
Gemeentemuseum Den Haag

Zu der Zeit, da beide Künstler ihre Theorien fomulierten, bildete die Theosophie den gemeinsamen philosophischen Nenner.[9] Der Begriff Theosophie ist von den griechischen Worten «theos» (Gott) und «sophia» (Weisheit) abgeleitet. «Theosophia» gibt an, dass in der Theosophie Religion (theos) und Philosophie (sophia) unzertrennlich miteinander verbunden sind. Religiös ist in der Theosophie der Glaube an eine selbständige höhere Macht, die für das Entstehen allen Lebens verantwortlich ist. Philosophisch ist die Theosophie, weil sie bestrebt ist, die Existenz dieser höheren Macht zu «beweisen» - sowohl auf der Grundlage von reflektierender Argumentation als auch durch die Beobachtung der Art und Wirkung der sichtbaren und unsichtbaren Phänomene auf dieser Erde.

Die Theosophie besitzt einige typische Merkmale: Sie ist erstens eine Form des Monismus, der lehrt, dass alle sichtbaren und unsichtbaren Phänomene in Vergangenheit, Gegenwart und Zukunft auf einem einzigen «gestaltenden Prinzip» beruhen. Dieses Prinzip kann Gott heissen oder andere Namen wie das Eine, das All, die Wurzel haben. Mit der Bezeichnung Gott ist kein persönlicher Gott gemeint, sondern die universale Gottheit, eine unpersönliche Kraft, die die Welt schafft und lenkt. Damit kann man die Theosophie in eine religiöse Tradition einordnen, die singulär ist und doch Parallelen zu personengebundenen Religionen wie dem Christentum oder dem Islam aufweist.

Weil es im Monismus um die Welt im weitesten Sinne des Wortes – vom Molekül über die sichtbare Natur bis zum Kosmos – sowie um den unsichtbaren organischen Zusammenhang zwischen all diesen Phänomenen geht, wird die Welt oft als «die Natur» bezeichnet. Ein anderes Wort für Theosophie könnte also Naturreligion lauten. Bezeichnungen wie Naturphilosophie, Deismus, Pantheismus (All-in-Gott-Lehre) und idealistische Philosophie sind weitere Alternativen. Sogar Humanismus ist eine mögliche Bezeichnung für Theosophie, weil nicht Gott, sondern der Mensch letztendlich der Bezugspunkt ist. Alle genannten Namensvarianten der Theosophie sind im Laufe der Jahrhunderte entstanden, weil Theoretiker immer wieder verschiedene Aspekte dieser Tradition hervorheben, präzisieren oder neu definieren wollten.

Ein anderes Hauptmerkmal der Theosophie ist die Betonung der persönlichen mystischen Erfahrung einer spirituellen Realität, die der sichtbaren Wirklichkeit zugrundeliegt. In diesem Sinn ist die Theosophie eine gnostische Religion, eine Religion der persönlichen Einkehr und Einsicht in das Göttliche, die besagt, dass man die spirituelle Realität durch Intuition, Offenbarung, Kontemplation oder eine andere Art der Konzentration auf ein höheres Bewusstsein bzw. dessen Entwicklung erkennen kann. Die Theosophie hebt eine esoterische Lehre hervor: die *innere Lehre* oder die *Lehre des Verborgenen*. Das Wort esoterisch ist vom griechischen «esothèn» abgeleitet, was «von innen heraus», «geheim» oder «eingeweiht» bedeutet. Die esoterische Lehre ist der Gegenpol zur exoterischen Lehre, der «äusseren Umhüllung»; das griechische «exothérikos» bedeutet «von aussen». Der Gegensatz esoterisch-exoterisch kann in jedem Kontext angewendet werden. Das hat zur Folge, dass jedes wahrnehmbare Phänomen eine esoterische und eine exoterische Seite hat. Mit der «äusseren Umhüllung» ist nicht nur die sichtbare Materie oder die äussere Form von Pflanzen, Dingen, Tieren oder Menschen gemeint, sondern auch menschliches Verhalten, Rituale, Schrifttum, Kleidung, Werte und Normen. Das ist die Natur im Kleinen. Esoterisch ist alles, was dafür sorgt, dass sich die «äussere Umhüllung» in einer bestimmten Art und Weise manifestiert: unsichtbare Naturkräfte, kosmische Strukturen oder unsichtbare menschliche Kräfte und Triebfedern. Das ist die Natur im Grossen.[10]

Im Platonismus wird diese Dualität des Äusseren und des Inneren mit dem Schlagwort «wie oben, so unten» erfasst, womit gemeint ist, dass das Unten die materielle Erscheinungsform (die äussere Hülle) des Oben, der spirituellen Idee ist. Das Kosmische spiegelt sich in der Materie (dem Exoterischen) wider, weil es sich dem Menschen in dieser Welt sonst nicht offenbaren kann; umgekehrt geben die spezifischen äusseren Eigenschaften der Materie ihre wahre spirituelle Essenz (das Esoterische) wieder.

Um zu diesem esoterischen Kern des Lebens vordringen zu können, studiert der Theosoph okkulte (verborgene) Phänomene: Die unsichtbaren kosmischen Prozesse, die die Welt lenken. Entsprechende Kenntnisse kann man zum Beispiel durch das Ausführen von chemischen Experimenten (Alchemie) erwerben. Diese Experimente sind also einem höheren, esoterischen Ziel untergeordnet, nämlich dem Wissenserwerb und schliesslich der Erkenntnis des Göttlichen. Zum Schluss kann man die Theosophie in Beziehung zu Konzeptionen setzen, die man in der westlichen Kultur als «asiatisch» empfindet: Zum Beispiel den engen Zusammenhang zwischen Religion und Lebensphilosophie. Die «asiatischen» Elemente in der Theosophie könnten tatsächlich asiatischen Religionen wie dem Hinduismus oder dem Buddhismus entnommen sein, was bei Blavatsky deutlich der Fall ist. Aber diese Elemente können mit dem «Asiatischen» auch nur stark verwandt sein, ohne dass sie sich direkt auf die östlichen Religionen zurückführen liessen. Beispiele für eine solche Verwandtschaft sind die Ethik der griechischen Stoa, der «Humanismus» von Sokrates, der (Neo-)Platonismus oder Pythagoras' Ideen über die Transmigration der Seele. Die historische Entwicklung der Theosophie über die Jahrhunderte soll hier nicht gänzlich behandelt werden. Beginnen wir also mit zwei sogenannt spekulativen Philosophen der Aufklärung: dem Niederländer Baruch de Spinoza (1632–1677) und seinem Geistesverwandten, dem deutschen Philosophen Gottfried Leibniz (1646–1716). Die Arbeiten beider Philosophen enthalten alle wesentlichen Merkmale der traditionellen Theosophie. Bei Leibniz kommt dies unter anderem in seiner *Monadologie* zum Ausdruck, die eigentlich ihren Ursprung in der theosophischen Idee des Monismus hat. Spinoza wiederum stellt Gott und Natur als Wurzel (Substantia) allen Daseins dar. Spinozas *Ethica, Ordine geometrico demonstrata* (1677) kombiniert eine streng rationalistische Argumentation mit einer spirituell-spekulativen Theorie über die mathematische Ordnung des Kosmos. Sowohl das Gedankengut Spinozas als auch das von Leibniz bildete zu Beginn des 19. Jahrhunderts die Basis aller Lehren deutscher idealistischer Philosophen oder Naturphilosophen wie Lessing, Goethe, Fichte, Schelling, Schleiermacher, Schopenhauer, von Hartmann und letztendlich auch Nietzsche. Letztere lasen Leibniz' und Spinozas Theosophie allerdings auf sehr eigene Weise: Sie fassten die Natur zum Beispiel als eine selbständige, expressive Urkraft auf (Fichtes Ur-Ich). Oder sie entwarfen pessimistischere Varianten, wobei sie sich zum Teil von Ideen beeinflussen liessen, die erstmals direkt aus Sanskrit-Quellen stammten (Schopenhauer). Nietzsche zog daraus sogar die äusserste Konsequenz, nämlich dass Gott tot sei.

In den Niederlanden erlebte Spinozas Gedankengut um die Jahrhundertwende unter anderem bei den modernen Theosophen eine Renaissance. Diese Strömungen nun bildeten den geistigen Hintergrund für Mondrians theosophische Auffassung. In philosophischer Hinsicht wurzelte Blavatskys Theosophie, formuliert in ihrer mehrteiligen Publikation *The Secret Doctrine* (1888)[11], hauptsächlich in der deutschen naturphilosophischen Tradition von Leibniz und seinen Nachfolgern (durch ihren teilweise deutschen Hintergrund war Blavatsky zwar wohlvertraut mit Schopenhauer, weniger jedoch mit Spinoza). Der wichtigste eigene Beitrag Blavatskys zur theosophischen Tradition bestand aus zwei wesentlichen Faktoren. Erstens glaubte die Autorin, die wissenschaftlichen Entdeckungen, insbesondere die Evolutionslehre von Charles Darwin und Alfred Russel Wallace (1859), könnten empirische Beweise für einen verborgenen inneren Zusammenhang zwischen allen Phänomenen des Lebens (der Natur) liefern sowie die Garantie für die Weiterentwicklung der ganzen Welt hin zu einer höheren spirituellen Stufe – als spirituelles Endziel sah sie die universelle Brüderschaft. Damit knüpfte sie wieder an die Philosophen der Aufklärung an, die die kosmischen Ordnungsprozesse rational zu ergründen suchten. Zweitens bezog Blavatsky in ihre Lehre das in jener Zeit neue, konkrete Wissen über die Kulturen des fernen Ostens mit ein. Die ersten Übersetzungen primärer Sanskrit-Literatur, die noch zu ihren Lebzeiten erschienen, bewiesen ihres Erachtens, dass der Hinduismus und der Buddhismus ursprünglichere – weil ältere – Formen der Theosophie als ihre im Westen bekannten Varianten waren. Blavatsky behauptete sogar, dass die Urform der Theosophie eigentlich in Tibet entstanden sei und sich von dort über die ganze Welt verbreitet habe. Das erklärt auch, warum *The Secret Doctrine* mit Sanskrit-Begriffen durchsetzt ist. Die Autorin war der Ansicht, die indische Theosophie beschreibe den ursprünglichen inneren Zusammenhang der Prinzipien besser als spätere, westliche Interpretationen. Trotz des objektiv-wissenschaftlichen Ansatzes ihrer Arbeit, hat Blavatskys übermässige Verwendung von exotischen Begriffen dazu beigetragen, dass ihre Lehre auf Unmut und Unverständnis stiess – ihre mindestens ebenso kontroversen Persönlichkeit und Verhaltensweise trug allerdings das ihrige dazu bei.

Zum besseren Verständnis des Einflusses der Theosophie auf die Kunst der Jahrhundertwende sollte man Blavatskys Lehre und deren Einfluss jedoch unbedingt von zwei verschiedenen Positionen aus betrachten und die Implikationen beider Perspektiven im Auge behalten.

Erstens war die moderne Theosophie ein typisches Produkt ihrer Zeit und gewiss nicht die einzige populäre Variante der Theosophia. Auch Freimaurerei, Rosenkreuzertum, Spiritismus und andere Formen von «petites religions» gediehen zu jener Zeit. Allerdings scheint Blavatskys 1875 gegründete *Theosophische Gesellschaft* eine Vorreiterrolle bei der Entstehung neuer esoterischer Ideologien gespielt zu haben – bis hin zur heutigen New-Age-Bewegung. Die *Theosophische Gesellschaft* war der ideologische Schmelztiegel für suchende Seelen unterschiedlichster esoterischer Couleur, die sich später aus den verschiedensten Gründen von ihr emanzipierten und eigene Organisationen gründeten, die dann wiederum freimaurerisch, rosenkreuzerisch oder esoterisch ausgerichtet waren. Dies scheint vor allem auf die Schriftsteller- und Künstlerkreise zuzutreffen, in denen Mondrian und Hodler verkehrten.

Zweitens empfiehlt es sich, bei der Analyse der kunsttheoretischen Auffassungen von Künstlern des Fin de Siècle genauso zweigleisig zu verfahren wie es Blavatsky in ihrer modernen Theosophie tat. Einerseits stellt sie die schon beschriebenen essentiellen Merkmale der traditionellen Theosophie in den Mittelpunkt. Obwohl die Künstler innerhalb dieser Tradition über ihre je eigenen Formulierungen und Interpretationen verfügten, unterschieden sie sich in den theosophischen Grundgedanken und Grundhaltungen nicht wesentlich voneinander. Wenn man also die Grundgedanken untersucht, dann kristallisieren sich Verwandtschaften heraus, zum Beispiel eben zwischen Hodler und Mondrian. Dies obwohl die beiden Künstler nicht dieselbe Terminologie benutzten, keine genauen Quellen angaben und sich nicht einmal persönlich kannten.

Ausserdem sollten die spezifischen Gedankengänge, die Blavatsky aufgebaut hat und die neue (exotische) Terminologie, die sie eingeführt hat, nicht ausser Acht gelassen werden, denn die Künstler haben sie manchmal wörtlich übernommen. Dies beweist einerseits, dass der Einfluss von Blavatskys Theosophie auch an eine bestimmte Zeit, einen bestimmten Ort und bestimmte Künstler gebunden war. Andererseits ist es ein Indiz dafür, dass sich einzelne Künstler von Blavatskys spezifischer Interpretation der Theosophie haben inspirieren lassen, andere hingegen überhaupt nicht.

So hat sich der Einfluss von Blavatskys Theosophie deutlich in Mondrians Kunsttheorie manifestiert. Hodler hingegen stand eher in der langen theosophischen Tradition der Naturreligion, die ihm über die deutsche Naturromantik vermittelt wurde. Dennoch korrespondiert Hodlers *Parallelismus,* wenn auch nur indirekt, ebenfalls mit der modernen Theosophie. Seine Theorie erhielt ihre endgültige Form nach seiner kurzen Bekanntschaft mit einigen Esoterikern in Paris, zu denen auch Theosophen aus dem Umkreis von Blavatsky zählten.

Der Impuls zu einer neuen esoterischen Kunsttheorie in Pariser Künstlerkreisen ging auch von frühen Mitgliedern der *Theosophischen Gesellschaft* aus, unter anderem von dem Schriftsteller Edouard Schuré, den das Buch *Les Grands Initiés: Esquisse de l'histoire secrète des religions* (1889) in der Kunstszene unsterblich gemacht hatte. Impulse gab auch der Medizinstudenten Gérard Encausse, genannt Papus: Er war in diesen Kreisen der Schrittmacher und der Intrigant. Papus, de Guaita und Péladan bildeten ein Triumvirat, das sich für die Integration von Theosophie und Kunst einsetzte. Papus verfasste, neben dem Theosophen Edouard Schuré, zahlreiche okkulte Texte, die auch die französischen Symbolisten inspirierten. In einigen Fällen veröffentlichten die drei ihre Schriften unter dem Namen der *Theosophischen Gesellschaft,* z.B. de Guaitas *Essais de sciences maudites I: Au seuil du mystère* (vorläufige Version 1886; die endgültige Version erschien 1890 bei dem partiell theosophischen Verlag Carré). Auch gründeten sie verschiedene Organisationen, in denen Künstler aktiv waren: Zum Beispiel die *Groupe Indépendante des Etudes Esotériques* (Papus, 1890) und den *Ordre Kabbalistique de la Rose+Croix* (Papus und Péladan, 1890), der das Rosenkreuzertum propagierte. Der Vorstand beider Organisationen bestand zum Teil aus offiziellen Mitgliedern der *Theosophischen Gesellschaft.*

Der *Ordre Kabbalistique de la Rose+Croix* scheiterte jedoch schon bald an neuerlichen esoterischen Auseinandersetzungen. Der strenggläubige Péladan ärgerte sich zunehmend darüber, dass seine Gesinnungsgenossen den Katholizismus mit der Kabbala über einen Kamm scheren wollten. Als Ergebnis des sogenannten *War of the Two Roses,* den er 1891 entfesselte, trat Péladan sowohl aus der *Groupe Indépendante* als auch aus dem *Rose+Croix* aus. Im darauffolgenden Jahr gründete er den *Rose+Croix Catholique de Temple et du Graal.* Unter seinen Auspizien organisierte Péladan 1892 die erste Kunstausstellung symbolistischer Künstler, den *Salon de la Rose+Croix Esthetique.* In diesen Salons stellten auch Künstler aus dem Ausland aus, die Péladan als Gleichgesinnte betrachtete, darunter Jan Toorop aus den Niederlanden und Ferdinand Hodler aus der Schweiz.


**Hodlers Naturmystik**


Ferdinand Hodler stellte im ersten *Salon de la Rose+Croix* sein Gemälde *Die enttäuschten Seelen* (Abb. 3) aus. Er nahm zusammen mit einigen Freunden aus der von ihm 1887 in Genf gegründeten Gruppe *Cercle Indépendant* an der Ausstellung teil. Dazu gehörten der visionäre Architekturzeichner Albert Trachsel, der Bildhauer Rodo von Niederhäusern und der Musiker Emile Jacques-Dalcroze. Die Gruppe interessierte sich stark für Naturmystik, die fast immer Thema ihrer Kompositionen, Theaterstücke oder den dazu gehörenden Bühnenbildern und Reliefs bildete.[12] Albert Trachsel, den Hodler einen wahren Naturanbeter nannte, stand Modell für Hodlers erstes Werk mit einem naturmystischen Hintergrund, das *Zwiegespräch mit der Natur* (1884) (Abb. 4). Mit diesem Werk transponierte Hodler Trachsels Naturmystik auf sich selbst, denn er erklärte dieses Werk später zu *einer verfrühten Erscheinung meiner (späteren) Tendenzen;*

*es war der wahrste Ausdruck meiner Selbst.*[13] Vielleicht geriet Hodler über Dalcroze, der sich seit 1880 gelegentlich in Paris aufhielt, in Kontakt mit Péladans Orden.[14] Nachdem Péladan seinen *Ordre de la Rose+Croix* gegründet hatte, gab Dalcroze für die Mitglieder Kurse in Eurythmie, wie er es auch schon in Genf getan hatte. Mit Eurythmie war – was angesichts Dalcrozes esoterischer Orientierung nicht verwunderlich ist – die Bewegungskunst gemeint, bei der die Phantasie in räumlichen Ausdruck, in Bewegung umgesetzt wird. Die universalen Gesetzmässigkeiten der Bewegung wurden dabei durch die universalen Gesetzmässigkeiten der menschlichen Anatomie – etwa den symmetrischen Bau des Körpers – mitbestimmt. Das «Fühlen» der kosmischen Strukturen mittels Bewegung sollte Einsicht in die unsichtbare Ordnung des Alls verschaffen: *Es gilt mitzuschwingen, es gilt teilzunehmen mit eigenem Nerv und eigenem Sinn an dem Wellenschlag des Alls.*[15] Der andere Weg, der Hodler schliesslich in die Salons von Péladan führte, verlief über seinen Lehrmeister Barthélemy Menn (1815–1893) – und zwar in zweierlei Hinsicht. Durch Menns Unterricht lernte Hodler französische Maler wie Camille Corot, Gustave Courbet und um 1890 Pierre Puvis de Chavannes (1824–1898) kennen, einen Maler, den er besonders bewunderte. Puvis de Chavannes wird als geistiger Vater des französischen Symbolismus betrachtet, unter anderem weil er das Streben der (modernen) Kunst bündig als *das Kreieren von Harmonie, parallel zu der in der Natur* formuliert hatte.[16] Der Respekt zwischen Hodler und Puvis de Chavannes beruhte übrigens auf Gegenseitigkeit. Als Hodler 1891 sein Gemälde *Die Nacht* (Abb. 5) für den Salon Champs de Mars einschickte, erhielt er dafür den ersten Preis der Jury, der auch Puvis de Chavannes angehörte.

Barthélemy Menn führte Hodler ausserdem in kunsttheoretische Schriften über universale Mathematik und geometrische Verhältnisse in der Natur und der Kunst ein. Durch Menn lernte Hodler die klasssische Proportionslehre der Renaissance kennen.[17] In visueller Hinsicht war Charles Blancs Lehrbuch *Grammaire des Arts du Dessin* (1867) wichtiger. Blanc wiederum bezog sich auf die Schriften des ersten Direktors des Kupferstichkabinetts der Universität Leiden, Humbert de Superville (1770–1849), insbesondere auf seinen *Essai sur les signes inconditionnels dans l'art* (Leiden 1827–1832). Und gerade bei Blanc und de Superville handelt es sich um Autoren, die auch wieder mit Mondrians Kunstauffassungen in Verbindung gebracht werden.[18] In seinem Buch

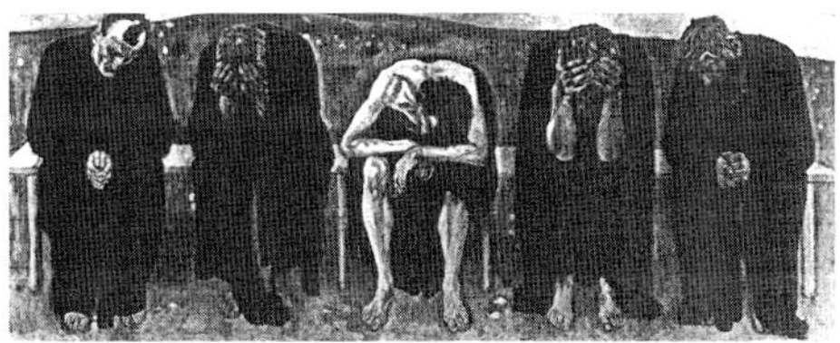

3 Ferdinand Hodler
Die enttäuschten Seelen. 1891–92
Öl auf Leinwand, 120×299 cm
Kunstmuseum Bern

enthüllte Blanc, grösstenteils nach dem Vorbild de Supervilles, welche Proportionen die Ägypter in ihren Grabreliefs verwendeten, und beschrieb die typische Methode, menschliche Figuren als umgeklappte Silhouette wiederzugeben. Mindestens so wichtig war Blancs Darlegung der Elementargesetze der Natur in traditionell-theosophischer Tradition. Er war der Ansicht, dass sich diese Gesetze in der menschlichen Anatomie am reinsten offenbarten: Harmonie bestehe grundsätzlich in der Einheit von Gegensätzen, nämlich der Regelmässigkeit (in diesem Fall die bilaterale Symmetrie des Körpers) und der Unregelmässigkeit (die Unterschiedlichkeit der Gliedmassen). Die esoterische Bedeutung des Menschen in dieser Welt komme in seiner natürlichen aktiven Position, der vertikalen, zum Ausdruck. So bilde der Mensch die Verbindungslinie zwischen der Erde, der «horizontalen Natur», und dem Himmel.

Hodler war ansonsten mit seinem philosophischen und ästhetischen Hintergrund ein Kind seiner Zeit, in der man die Tradition der Theosophie fortsetzte, sie zugleich aber auch in einem veränderten Kontext zu neuer Blüte brachte. Die Naturphilosophie hatte zu Hodlers Zeit ein gespanntes Verhältnis zu den neuen Erkenntnissen der empirischen Wissenschaft, inbesondere der Evolutionslehre. Hodler liess sich also, abgesehen von Menn, vor allem von dem zeitgenössischen «materialistischen» Naturwissenschaftler Karl Vogt (1817–1895) inspirieren, dessen Lesungen er eifrig besuchte. Vogts wissenschaftliche Erläuterungen der ewigen Naturgesetze und deren Auswirkungen empfand Hodler als die Bestätigung dessen, was Menn ihn gelehrt hatte. Anders ausgedrückt: In Hodler trafen Vogts *Empirismus* und Menns esoterischer Humanismus in einer für das 19. Jahrhundert typischen Form der Theosophia zusammen, die im grossen und ganzen mit der modernen Theosophie Blavatskys identisch war.

## Hodlers «Parallelismus»

Hodler fasste 1893 seine persönlichen Auffassungen über Natur und Kunst in einem einzigen theoretischen Begriff zusammen, dem *Parallelismus*. Das offizielle Geburtsdatum dieser Theorie fällt in die Zeit seines vorübergehenden Engagements für den *Salon de la Rose+Croix*. Vielleicht hatte Hodler das Bedürfnis, sich von seinen Kollegen zu unterscheiden oder sich neben ihnen als Avantgarde-Theoretiker – mit

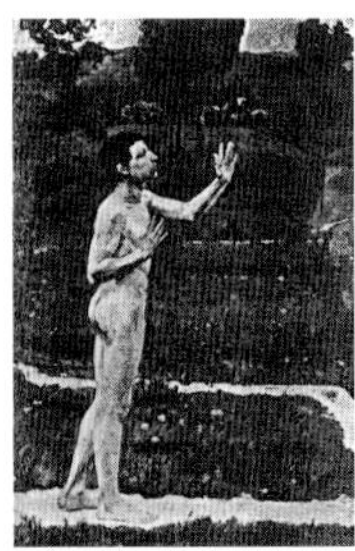

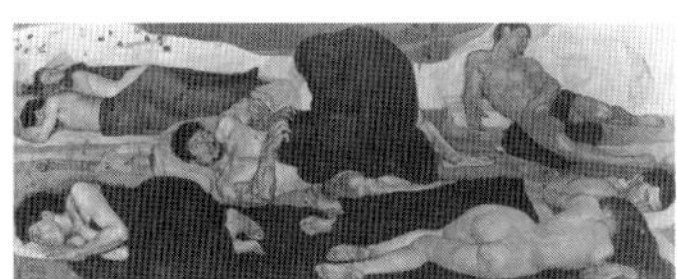

4 Ferdinand Hodler
Zwiegespräch mit der Natur.
Um 1884
Öl auf Leinwand, 237×162 cm
Kunstmuseum Bern, Depositum
der Gottfried Keller-Stiftung

5 Ferdinand Hodler
Die Nacht. 1889/90
Öl auf Leinwand, 116×299 cm
Kunstmuseum Bern

einem anderen esoterischen Einschlag als zum Beispiel die französischen Symbolisten oder Péladan – einen Platz in der Kunstgeschichte zu sichern. Letzteres würde erklären, warum er sein Leben lang vehement darauf bestand, ein Patent auf den *Parallelismus* zu haben, und die Hoffnung nicht aufgab, sein Oeuvre werde eines Tages beweisen, dass der *Parallelismus* ein *Weltgesetz von allgemeiner Gültigkeit* sei.[19]

Hodlers Erklärungsversuch des *Parallelismus,* der in der Version von 1897 unter dem Titel *Die Sendung des Künstlers* in weiten Kreisen bekannt wurde, ist in theoretischer Hinsicht ziemlich diffus und mutet etwas konstruiert an. Im wesentlichen aber ist er ein Bekenntnis zu einer rein traditionellen, esoterischen Interpretation des Zwecks und des Wesens der Malerei. Viele Begriffe und Argumente findet man bei Mondrian wieder, wenn auch in anderen Formulierungen.

Hodler sah es als seine künstlerische Mission an, *das Ewige in der Natur auszudrücken, nämlich die Schönheit, und zwar die wesentliche* [esoterische] *Schönheit.* Sie ist *la verité agrandie, amplifiée par l'élimination des tous les détails insignificants* [das Exoterische].[20] Um die Wahrheit bzw. Schönheit ausdrücken zu können, brauche der Künstler jedoch, so behauptet Hodler mit Verweis auf Platon, die sichtbare Natur, *die schon vorhandenen Werte der Welt, in der er lebt, […] die unerschöpfliche Quelle aller Auskünfte.* Mittels seiner Sinne vermittle und interpretiere der Künstler die Natureindrücke. Nur er könne über das «wie unten» das «so oben» ausdrücken.

Der Künstler müsse seine Sinne zu diesem Zwecke jedoch durch Anstrengung entwickeln: *Man lehrt uns, wir müssen sehen lernen. Zum Sehen gehört eigentliche Willensanstrengung.* Sehen lernen ist also von grösster Wichtigkeit. Das Auge muss aus zwei zusammenhängenden Gründen trainiert werden: zum genauen (objektiven) Registrieren (Genauigkeit) und zum (metaphysischen) Erleben der Schönheit (Schönheitsempfinden). Hodler paraphrasiert hier die gnostische Komponente der Theosophie.

Der Künstler, der sich im Wahrnehmen übe, lerne erst *die Form und Farbe der Dinge* zu sehen und dann deren Beziehungen: den *Formenrhythmus* und die *Gruppierung der Figuren in ihren Lebensbeziehungen,* die *Beziehungen [der] Einzelteile zu einer Gesamtheit.* Hodler schliesst aus diesen Beobachtungen: *Sehen heisst demnach kennen!* Damit wollte er sicher sagen: «Sehen» führt zur metaphysischen Fähigkeit des «Durchschauens» und das Durchschauen führt in gestalterischer Hinsicht zu *vergrösserter, vereinfachter, von allen Zufallswerten losgelöster Natur.*

Damit ist der Maler Hodler im Bereich der Bildelemente angekommen. Denn parallel zum Prozess des «Sehens» bis zum «Durchschauen» verläuft der Prozess des «Gestaltens» bis zum «Durchgestalten». Hodler erläutert diesen Prozess wie folgt – wobei er dem Cloisonnismus der französischen Symbolisten Emile Bernard und Paul Gauguin verpflichtet ist: Die Form sei die Basis jeder visuellen Darstellung. Form könne man in Linie («der Strich») und Fläche («die ebene Fläche») ausdrücken. Der dreidimensionale Ausgangspunkt, die sichtbare Natur nämlich, werde in zwei Dimensionen übersetzt – in das Gemälde.

Die Linie selbst berge schon den Begriff der «Unendlichkeit» in sich und sei eng mit dem Begriff «Bewegung» verbunden. Letzteres ist logisch, weil das Ziehen einer Linie die Folge einer Bewegung ist. Die Beziehung jedoch, die Hodler zu der «Unendlichkeit» herstellt, hebt die Bedeutung der Linie/Bewegung auf eine metaphysische Ebene. So wird die Linie der urtheosophischen Formel «Bewegung = Denken = männliche Urkraft» vergleichbar. Die Form, die aus dem Ziehen von Linien, d.h. aus der Kontur entsteht, sieht Hodler als *Körperlichkeit der Natur in ihren Verhältnissen zu einer ebenen Fläche.* Die Form könne entweder von ihrem Umriss oder von der von der Linie eingeschlossenen Fläche her betrachtet werden. Diese Fläche zeige nicht nur die konkreten Masse, sondern auch die *schmückende, architektonische Wesensart* der Dinge. Hodler paraphrasiert also den klassischen Gegensatz zwischen dem Betrachten der Aussenseite (das Exoterische) und der Innenseite (das Esoterische). Zugleich bezieht er sich mit seinem Hinweis auf die *Wesensart* auf das kosmische Komplement der Linie, nämlich den Raum, der in der Theosophie das weibliche Ur-Element darstellt. Hodler vertritt die Ansicht, dass die Linie/Kontur und die Fläche ohne einander nicht existieren können. Er formuliert damit die Uridee von der komplementären Einheit des Männlichen und des Weiblichen. Des weiteren sagt Hodler, dass sowohl die Linie als auch die Farbe von der Form und Farbe her so unverkennbar wie nur möglich sein sollten, wenn sie optimale Überzeugungskraft besitzen sollen. Jede Farbe verfügt über einen *musikalischen, von der Form unabhängigen Reiz,* der verstärkt wird, wenn man sie in bestimmten Zusammensetzungen verwendet. Farben sollten ausserdem gleichmässig aufgetragen werden. Eine gleichmässig aufgetragene Farbe gebe zusammen mit einer deutlichen Kontur die esoterische Kraft («innere Körperlichkeit») einer Form am besten wieder. Daneben könne dieselbe Farbe auch in Nunancen verwendet werden, die zu-sammen auch ein Gefühl der Harmonie hervorrufen: *Der Reiz der Farben besteht hauptsächlich in ihren Gleichklängen, in der Wiederholung der Abstufungen ein und derselben Farbe.*

Die Wiederholung einer Farbkombination, einer Farbe in verschiedenen Nuancen oder der Form und Linie führe zur Rhythmik des Bildes, dagegen bringe die prominente Rhythmik von gleichartigen, aber doch immer wieder leicht unterschiedlichen Elementen eine Einheit ins Bild. In diesem Zusammenhang ist Hodlers Hinweis auf die Rhythmik der Baumstämme in einem Wald klassisch geworden. Er setzte sie beispielsweise in seinem Werk *Buchenwald* von 1885 ein (Abb. 6), das er als erstes Produkt seines *Parallelismus* betrachtete – allerdings nur avant la lettre, denn in einem Versuch, diese kausale Beziehung herzustellen, hat Hodler dieses Bild selbst nachdatiert.[21]

*Unter «Parallelismus» verstehe ich jede Art von Wiederholung,* schrieb Hodler. *Nicht ich habe den Parallelismus erfunden. Er ist ein Naturgesetz.*[22] Dieses Naturgesetz sei Schönheit, *und zwar die wesentliche Schönheit. [...] Ist der Parallelismus nicht das herrschende, dann ist er das ordnende Element. [...] Das Kunstwerk offenbart dann eine*

*neu erfasste Ordnung der Dinge und wird, durch den Gesamteindruck, den es ausstrahlt,
schön wirken.*

Ergänzend sei noch gesagt, dass Hodler zwei Formen des *Parallelismus* unterschei-
det, die in einem hierarchichen Verhältnis zueinander stehen. Auf diesen Aspekt geht
er in seinem Text *Die Sendung des Künstlers* nicht ausdrücklich ein, in anderen Varianten dieses Textes ist er jedoch enthalten. Diese beiden Formen des *Parallelismus,* die
eigentlich demselben Stamm entspriessen, sind der *Parallelismus der Empfindung* («de
la vie»), das *innere Auge,* und der *Parallelismus der Form (décoratif), das äussere Auge.*
Die zweite Form ergibt sich aus der ersten, da *der Parallelismus der Empfindung nach
aussen sich in den formalen Parallelismus übersetzt.*[23] *Der Parallelismus* ist für Hodler
also in erster Linie ein spirituelles Gesetz, das den gestalterischen Regeln des *Parallelismus* in der Kunst zugrunde liegt. *Parallelismus* ist *ein Gesetz, das über die Kunst hin-
ausragt, denn er beherrscht das Leben.*[24] Hodler spricht hier also die esoterische Überzeugung aus, dass «wahre» Kunst nur aus dem mystischen Erleben (Durchschauen)
der sichtbaren Realität entstehen kann.

Dies ist also das Wesen von Hodlers *Parallelismus:* Farben, Linien und Flächen –
flach, klar abgegrenzt, in rhythmischer Wiederholung und von drei Dimensionen (der
sichtbaren Natur) auf zwei Dimensionen (das Gemälde) reduziert – ergeben ein Bild
der Einheit in der Vielfalt, der kosmischen Eurhythmie. «Parallelistische Kunst» ist die
Kunst, in der nicht die sichtbare Natur, sondern eine «neue Natur» ausgedrückt und
nach abstrakten Gesetzen geordnet wird, die der Künstler erst nach tiefgehenden Studien und Selbststudien verstehen (im Sinne von durchschauen) kann.

Hodler hielt sein Leben lang an dieser Überzeugung fest, wie aus seinen späten
Worten an die Adresse seiner Studenten hervorgeht: *L'art ce n'est pas imiter servilement
la nature, comme font les ignorants, prenant l'accidentiel pour le principal et le permanent.
Une très grande pénétration en elle aide à mieux la reconnaître. Initiation avec science*
[d.h. Einblick in das Esoterische, kombiniert mit empirischer Observation]. *L'œil voit
mieux ce qu'il connait bien. Il faut avoir une vue très étendue et comprendre qu'une ligne
est aussi importante qu'un paysage; comprendre les analogies et les dissemblances, les
harmonies. Une œuvre d'art doit être la synthèse de tout ce que vous avez vu et de ce que
vous en connaissez. On fait une nouvelle nature.*[25]

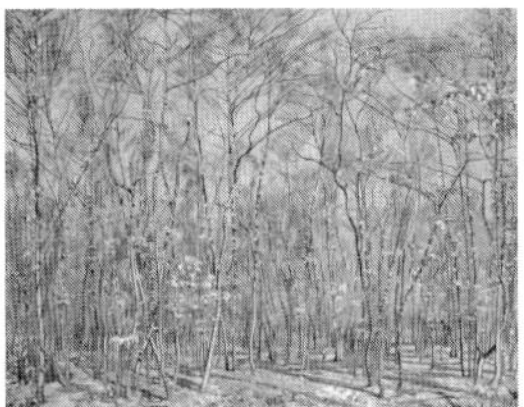

6  Ferdinand Hodler
Der Buchenwald. 1885
Öl auf Leinwand
102×131 cm
Kunstmuseum Solothurn

Sosehr Hodlers Theorie auch die abstrakten Ordnungsprinzipien der Natur zum Thema hatte, sosehr ist sein Œuvre immer figurativ geblieben. Es handelt sich um eine Figuration zwischen zwei Polen, die zwischen Naturalismus und *Parallelismus* hin und her pendelt. Kompositorisch behandelte Hodler beide Pole gleich: *Man kann die Probe machen [...] Immer wieder wird der Betrachter selbst im Landschaftswerk, darin sich Hodler stets enger an das Naturvorbild zu halten pflegte, trotz grösster motivischer Verschiedenheit auf das gleiche tektonische Gerüst stossen, und wenn es nicht horizontalparallel rhythmisierte «Wolkenspruchbänder» und elliptisch geschwungene Uferlinien sind, die unmissverständlich darauf hindeuten, so sind es ein akkurat mit der Bildmittelachse zusammenfallender Berggipfel oder sonstwelche stark sprechende Symmetrien und Form- resp. Farbwiederholungen, die, um das Gleichnis Wölfflins wiederaufzunehmen, als das Fadennetz sich offenbaren, in das der Künstler seine Visionen hineinwebt.*[26] Hodlers Œuvre reicht von Porträts über symbolische Figurenkompositionen, in denen er parallelistische Ideen auszudrücken versuchte, bis hin zu Landschaften aus seiner direkten Schweizer Umgebung. Manchmal sind Hodlers Porträts schonungslos realistisch, wie zum Beispiel in der Serie von Kranken- und Totenbettszenen seiner Freundin Valentine Godé-Darel aus den Jahren 1914/15. In derselben Periode änderte sich Hodlers seit ungefähr 1892 offensichtlich konsistente, parallelistisch-kompositorische Arbeitsweise vor allem in bezug auf seine Landschaften, dramatischer als das bisher der Fall gewesen war.

Während Hodler bis etwa 1914 hauptsächlich bizarr emporragende Bergketten gemalt hatte, kam es – auffälligerweise während der Krankheitsjahre seiner Geliebten – zu einer Wechselwirkung zwischen den horizontal akzentuierten Landschaftsbildern des Genfer Sees und der sterbenden Valentine. Diese Wechselwirkung kann man sogar an der Datierung der Werke verfolgen, weil Hodler immer öfter das genaue Entstehungsdatum auf dem Werk selbst festhielt.

Die kranke Valentine malte er in einem immer grimmiger und gleichsam immer grausamer werdenden realistischen Stil, wobei er die Veränderungen in ihrem Gesicht, die mit dem Sterbensprozess einhergingen, immer eindringlicher hervorhob. Auf der anderen Seite wurden seine Landschaften immer stiller, bis meditative, mit breitem Pinselstrich gemalte Bilder entstanden, auf denen die von der Abendsonne verfärbte Luft und die Wolken über die schematisch wiedergegebenen Bergketten dominieren. Die Erfahrung der unwiderruflichen zeitlichen Begrenztheit von Valentines Leben findet ihr Komplement in der Erfahrung der Ewigkeit der Natur (Abb. 7, 8).

Der *Parallelismus* erhält in jener Zeit eine tiefere esoterische Bedeutung, die Hodler noch nie zuvor so explizit ausgedrückt hatte. *Sehen Sie, wie da drüben alles in Linien und Raum aufgeht?* fragte der Künstler 1917. *Ist Ihnen nicht, als ob Sie am Rande der Erde stünden und frei mit dem All verkehrten? Solches werde ich fortan malen!*[27] In seinen späten Landschaften wandte Hodler nur noch die elementarsten und zugleich metaphysischsten seiner Grundsätze an: die traditionelle kosmische Analogie zwischen dem Weiblichen, das sich im Horizontalen und Räumlichen ausdrückt und von der violetten Farbe und dem Element Wasser symbolisiert wird, und dem Männlichen, für das die Linie, die Kontur und die Farbe Gelb (die Sonne) steht. Die Farbe Blau (Religiosität) bildet das Verbindungsglied. Hodler starb am 19. Mai 1918. Er ist immer ein figurativer Maler geblieben, unabhängig davon, wie abstrakt und esoterisch seine Gedanken über die Kunst auch waren und wie sehr die Mystik seine Lebenshaltung bestimmt hat. Trotzdem gibt es viele Parallelen zu dem auf abstrakte Naturdarstellung konzentrierten Piet Mondrian. Im Unterschied zu Hodler zog jedoch Mondrian die endgültigen Konsequenzen aus jenen Wesensmerkmalen der Theosophie, die auch Hodlers *Parallelismus* zugrunde liegen.

## Mondrian und die Natur

Aus Piet Mondrians figurativer Periode (1892–1912) sind etwa 750 Arbeiten bekannt, aus der abstrakten Periode ungefähr 200. Vor allem das figurative Werk ist sehr unterschiedlich, nicht so sehr in bezug auf die Thematik, sondern vor allem in bezug auf den Stil und das Verfahren. Die Kombination aus beschränkter Variationsbreite der Thematik und grosser Vielfalt in der Ausarbeitung ist einer der faszinierendsten Aspekte von Mondrians Schaffen. Diese Kombination zeigt einerseits, dass Mondrians künstlerische Erlebniswelt sehr geschlossen war und hauptsächlich auf eine Richtung hinauslief: die Natur. Andererseits beweist sie, dass Mondrian alle Möglichkeiten innerhalb dieses begrenzten Rahmens ausschöpfen wollte und dass er als Maler keine Mühe scheute, die Natur in all ihren Facetten zu erforschen.

Piet Mondrian hatte von Anfang an eine ausgesprochene Vorliebe für die Natur, speziell für die Landschaft. Zur Abwechslung befasste er sich manchmal mit Stadtansichten (die man als «Kulturlandschaft» betrachten kann) und in geringerem Masse mit Blumen und Stilleben. Menschen malte Mondrian nur sporadisch aus eigener Initiative; in den meisten Fällen handelte es sich bei seinen Porträts um Auftragsarbeiten, die er nur annahm, um seinen Lebensunterhalt bestreiten zu können. In stilistischer Hinsicht ist für Mondrian die ziemlich rasche, frontale Wiedergabe der Themen und

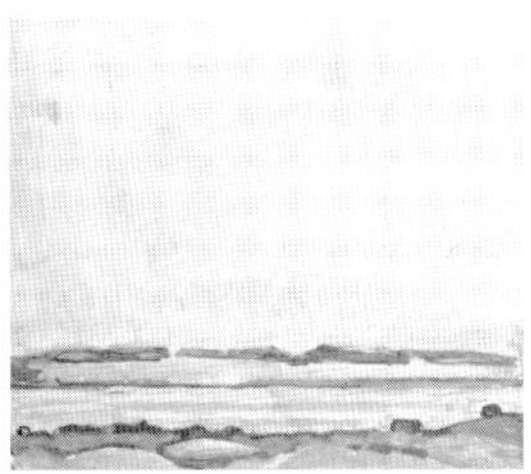

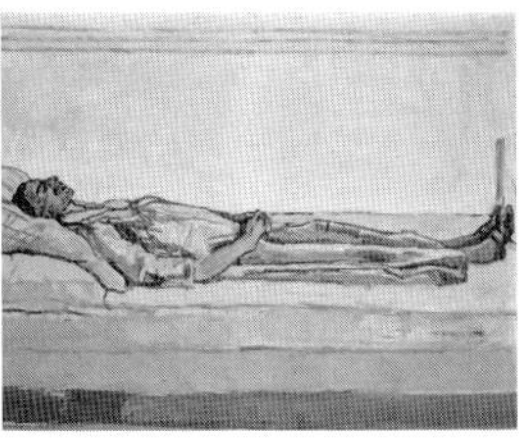

7 Ferdinand Hodler
Sonnenuntergang am Genfersee
von Vevey aus. 1915
Öl auf Papier, 37,5 × 41,5 cm
Privatbesitz Schweiz

8 Ferdinand Hodler
Die tote Valentine Godé-Darel.
26.1.1915
Öl auf Leinwand, 65 × 81 cm
Rudolf Staechelin'sche
Familienstiftung

«in Grossaufnahme» seine Verwendung grosser Flächen charakteristisch. Seit ungefähr 1900 vereinfachte er auch die Farbgebung weitgehend, manchmal bis hin zu einer einzigen Farbskala. Deutliche Beispiele dafür aus seiner frühen Periode sind das Haus am *Gein (Gein West Nr. 55)* (1900) (Abb. 9) und der *Abend an der Weesperzijde* (1903) (Abb. 10), die er in blauen Farbtönen malte. Das verwandelt die gesamte Atmosphäre noch stärker hin zu einer meditativen Stimmung, in der auch nicht die geringste Andeutung von Aktivität zu verspüren ist.

Zugleich kommt hier ein anderer, früh ausgeprägter Aspekt von Mondrians Werk zum Vorschein, den er in seinem abstrakten Werk bis zum Extrem trieb. Mondrian malte seine «Nahaufnahmen» von Blumen, Landschaften, Häusern oder Booten nämlich nicht, um diese als Objekte der menschlichen Aktivität wiederzugeben, sondern um sie als Subjekte zu zeigen. Die abgebildeten Gegenstände sind gleichsam Porträts eines beseelten Teils der Natur, der eine eigene Identität und eine eigene, selbständige Aussage besitzt. Die ersten Anzeichen von Mondrians Infektion mit dem grassierenden Virus der Theosophie äussern sich in einem Werk von 1900. Auf die Rückseite einer Zeichnung aus der Serie *Wassergraben am Gein* zeichnete Mondrian eine *Seerose* (Abb. 11). Die Zeichnung vereint zwei theosophische Gedanken: dass die Natur auf unsichtbaren geometrischen Strukturen basiert und dass die Natur ein Zusammenspiel von Energiekräften ist, mit anderen Worten, dass sie «Lebende Natur» ist. Letzteres suggerierte Mondrian durch die zahlreichen kreisförmigen Wiederholungen der Konturen – die Blume strahlt Energie aus. Der erste Gedanke wird dadurch verkörpert, dass die Seerose, selbst kreisförmig in ihrer Struktur, von einem Viereck eingefasst wird. Die Kombination von Kreis und Viereck weist in die Richtung eines architektonischen Gestaltungssystems: den Kreis im Quadrat. Die Theosophen jener Jahre betrachteten dieses System als Symbol für die Einheit von Materie und Geist und verwendeten es deshalb mannigfach in ihren Architektur- und Dekorationsentwürfen. Und schliesslich ist die Seerose, die westliche Variante des indischen Lotus, in der theosophischen Lehre das Symbol für die spirituelle Entwicklung und für die Einheit des Männlichen mit dem Weiblichen.

Wie eng und direkt Mondrians Kontakte mit der theosophischen Bohème im Amsterdam um die Jahrhundertwende waren und wann sie entstanden sind, ist noch

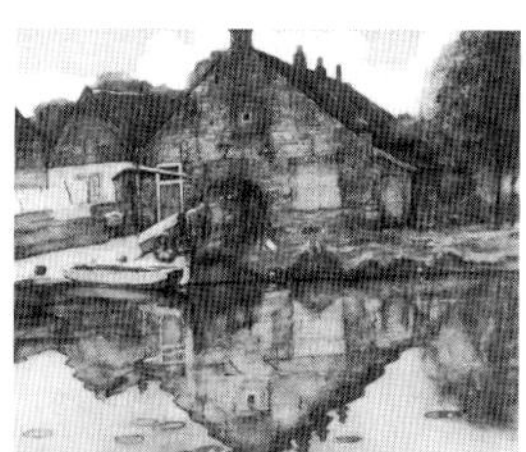

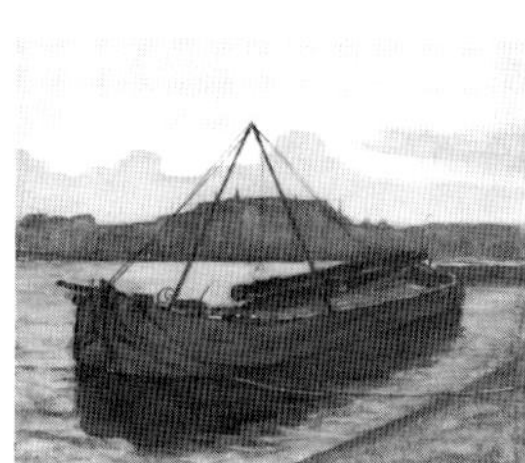

9  Piet Mondrian
Haus am Gein (Gein West Nr. 55).
1900, Aquarell und Gouache
auf Papier, 46 × 57 cm
Kunsthandel

10  Piet Mondrian
Abend an der Weesperzijde.
1903, Aquarell und Gouache auf
Papier, 55 × 66 cm,
Gemeentemuseum Den Haag

immer Gegenstand von Spekulationen. Die Mondrian-Forschung hat jedoch nachgewiesen, dass sich Mondrian in einem Umfeld bewegte, in dem er geradezu zwangsläufig mit der Lehre von Helena Blavatsky in Berührung kommen musste: Er pendelte zwischen Hochschule, Auftraggebern, Künstlerorganisationen (inbesondere St. Lucas) und (Atelier-)Wohnungen hin und her.

Aus Mondrians theosophischer Inkubationszeit sind nur sporadische Bemerkungen von Freunden überliefert. So soll er um 1901 bei einem gemütlichen Künstlertreffen *leise murmelnd seine Ideale zum Ausdruck gebracht* und bei einem Spaziergang an der Amstel mit einer seiner Studentinnen über *Platon und das Schöne* philosophiert haben. Im Jahre 1904, während seines langen Aufenthalts in dem kleinen Brabanter Ort Uden, besuchten ihn die Amsterdamer Freunde häufig, und danach sass er dann immer mit seinem Freund Albert van den Briel am Kaminfeuer und sprach über die Theosophie und über *Kreise in Beziehung zu Drei- und Vierecken.* Mondrian soll bei einem dieser Treffen gesagt haben: *Das kommt in der Natur nicht vor, aber es ist doch geschaffen worden. Es besteht, wenn wir darüber nachdenken.* Dies ist die erste dokumentierte Aussage Mondrians über seine Absicht, im kreativen Prozess zwischen dem Sichtbaren und der ihm zugrunde liegenden Idee zu trennen – das heisst zwischen der Natur, die er malte, und der Natur, von der er ahnte, dass sie ihr zugrunde liegen müsse.

Da Mondrian aber ein besonnener Mensch war, sollte es noch Jahre dauern, bis er sich öffentlich zur Theosophie bekannte, und im Mai 1909 der *Theosophischen Gesellschaft* beitrat. Dennoch sind in seinem Werk schon ab 1905 Anzeichen dafür vorhanden, dass er sich die universalen Prinzipien der Theosophie zu eigen machte.

Nach seiner Rückkehr aus Uden im Jahre 1905 fing Mondrian bewusst an, in Serien zu arbeiten. Er wählte mit grosser Sorgfalt ein Thema und lotete es ganz aus, indem er es in unterschiedlichen Techniken, Ansichten oder zu unterschiedlichen Tageszeiten wiedergab. Mondrian nahm einen nahen oder entfernten Standpunkt ein, malte morgens oder abends, bei schönem Wetter oder dichtem Nebel, in Ölfarbe oder Aquarelltechnik. Mondrians Behandlung der Baumreihen, denen er bei seinen Spaziergängen am Gein begegnete, ist recht auffällig: Die Baumstämme verdichten sich am Ufer zu einem rhythmischen Muster aus vertikalen Streifen. Mondrian fing an, Baum-

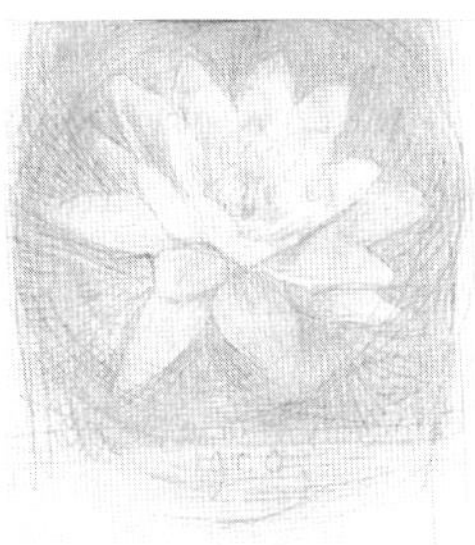

11  Piet Mondrian
Lotus. 1900 / Conté-Stift auf Papier,
30,6 × 21,6 cm
Privatbesitz

reihen, die aus drei bis elf Bäumen bestanden, zum alleinigen Gegenstand eines Gemäldes zu machen (Abb. 12).

In beiden Fällen, sowohl bei der serienmässigen Wiedergabe eines Themas als auch bei der Wiedergabe von Baumreihen, drängt sich ganz deutlich der Vergleich zu Hodlers *Parallelismus* auf. Denn die Bäume stehen oft parallel zur Bildfläche und kreieren trotz kleiner Unterschiede in ihrer rhythmischen Variation die Idee des «Weltgesetzes», auf die sich Hodler mit seiner Theorie des *Parallelismus* bezog.

In Mondrians Darstellungen der Natur am Gein verdichtet sich Laub zuweilen zu einer zusammenhängenden horizontalen Fläche. Ein solcher dunkelgrüner Klumpen spiegelt sich ebenso massiv im Wasser wider. Indem er mit der Horizontlinie spielt, hebt Mondrian abwechselnd die Bäume am Ufer oder ihre Spiegelung an der Wasseroberfläche hervor. Diese Arbeiten scheinen das «mal oben, mal unten» auszudrücken.

In den Jahren 1906/07 konzentrierte sich Mondrian vor allem auf (Fluss-)Landschaften bei Abend oder Nacht und begann, mit Kompositionsprinzipien zu experimentieren. Er war bestrebt, durch die Kombination aus horizontal und vertikal gelagerten Elementen und durch den Kontrast zwischen undefinierten Räumen und klar definierten und positionierten Elementen wie dem Mond, der Mühle oder einem einzigen Baum, so etwas wie eine mehrschichtige Einheit im Bild zu erreichen. Farben spielten dabei ebenfalls eine Rolle, wobei sich die Gelbkombinationen gegen die Violetttöne durchsetzten.

Die Mühle gehörte in jener Zeit zu den Objekten, die Mondrian am häufigsten benutzte, um mit der Komposition, der Farbe oder der perspektivischen Verzerrung zu experimentieren. Er fertigte in diesen beiden Jahren mehr als dreissig Varianten an: Von eher naturalistischen Fassungen bis zu einer Version, in der sich die Mühle in einer Explosion aus Farbflecken aufzulösen scheint, wie es auch auf dem berühmten Bild *Die Mühle bei Sonnenlicht* (Abb. 13) der Fall ist. Die Zeichnung *Landschaft mit Mühle bei Abcoude* (Abb. 14) ist, was die Komposition angeht, eine der absolutesten, die Mondrian von einer Mühle geschaffen hat: die Spitze des Mühlenrumpfes steht exakt in der Mitte der Bildfläche. Das Flügelkreuz akzentuiert die Horizontale und die Vertikale, und die peitschende Bewegung in der Darstellung der Landschaft lenkt alle Aufmerksamkeit auf diesen zentralen Punkt.

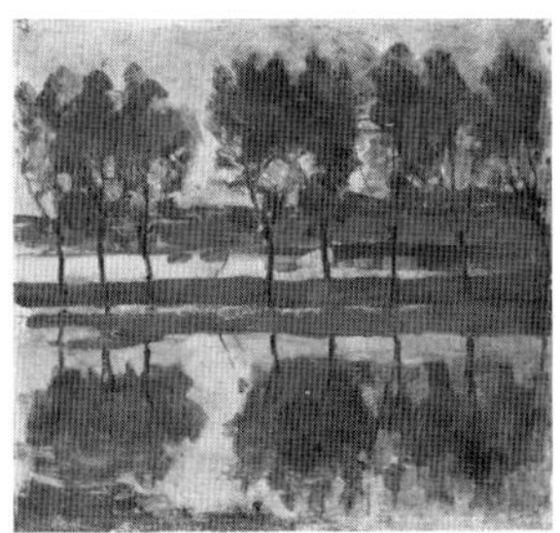

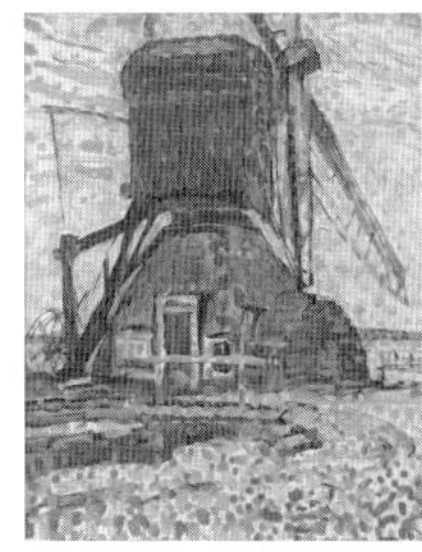

12  Piet Mondrian
Bäume am Gein: Mondaufgang.
1908, Öl auf Leinwand
79×92,5 cm
Gemeentemuseum Den Haag

13  Piet Mondrian,
Windmühle im Sonnenlicht. 1908
Öl auf Leinwand, 114×87 cm
Gemeentemuseum Den Haag

Mondrians anfangs noch recht vages Interesse an der Mystik nahm 1908 konkretere
Formen an. In dem Jahr malte er zum Beispiel das Bild *Passionsblume,* zu dem ihm
eine meditierende theosophische Freundin Modell stand (Abb. 15).[29] Aber auch der Charakter seiner Landschaften veränderte sich grundlegend. Bäume fingen vor Energie
buchstäblich an zu vibrieren, Mond und Sterne wurden zu den stechenden Augen der
Landschaft, und sogar die Fenster und Türen von Häusern bildeten das Schema eines
menschlichen Gesichts. Es hat den Anschein, als ob Mondrian den Naturformen plötzlich – nach dem Vorbild des Menschen – eine Seele habe geben wollen. Zu diesem
Interesse für die animistische Seite der Natur könnten Mondrian der (damals noch)
theosophische deutsche Lehrer und Philosoph Rudolf Steiner angeregt haben, der in
jenem Jahr eine Reihe von Lesungen in den Niederlanden gehalten hatte. Zu diesen
Lesungen wurden manchmal auch Nichttheosophen zugelassen (zu dieser Kategorie
gehörte Mondrian 1908 noch). Steiner sprach unter anderem über die okkulte (verborgene) Energie der Pflanzenwelt.[30]

In den Jahren 1908/09 nahm Mondrian das Thema der Blume wieder auf, das er
kurz nach 1900 aufgegeben hatte. Mondrian wählte ganz spezifische Blumensorten,
etwa Sonnenblumen und die orientalische Chrysantheme, daneben aber auch lili-
enähnliche Sorten wie die Tigerlilie, die Amaryllis und den Aaronsstab. In einer Serie
aus drei Werken stellte er eine Blume in verschiedenen Stadien des Verwelkens dar.
Zu den Dünenansichten, Leucht- und Kirchtürmen schliesslich, die zwischen 1908 und
1911 entstanden, inspirierten ihn Badeorte an der Nordseeküste, in der Provinz Zeeland. Er verbrachte dort die Sommermonate in einer kleinen Künstlerkolonie, zu der
auch Jan Toorop, Cornelis Spoor und Jacob van Heemskerk gehörten.


## Mondrians «Neue Gestaltung»

Mondrians theosophische Kunstauffassung wurzelt im künstlerischen Klima von
Amsterdam, wo er von 1892 bis 1912 wohnte. In Paris führte er diese Gedanken von
1912 bis 1914 weiter. Als er sich im Ersten Weltkrieg gezwungenermassen wieder in den
Niederlanden aufhielt, geriet er in der Gooi-Region erneut in einen Künstlerkreis, für

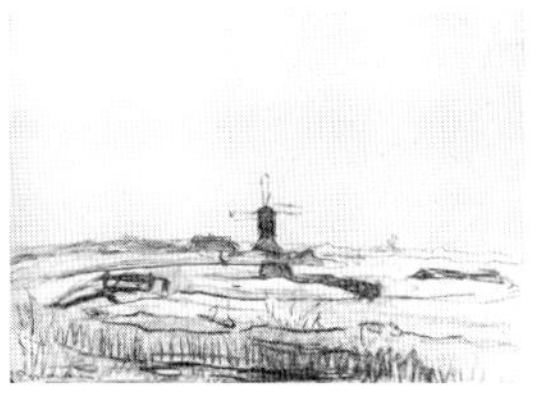

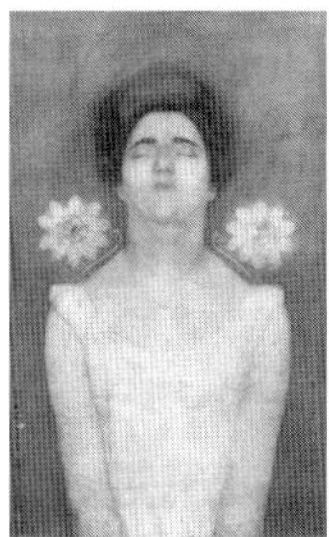

14  Piet Mondrian
Landschaft mit Mühle bei
Abcoude. Um 1907
Kohle auf Papier
25 × 36 cm, Privatbesitz
Gemeentemuseum Den Haag

15  Piet Mondrian
Passionsblume. 1908
Aquarell auf Papier
72,5 × 47,5 cm
Gemeentemuseum Den Haag

den die Theosophie einer der künstlerischen und philosophischen Bezugspunkte war.[31]
In diesem Ambiente entwickelte sich Mondrians Kunst zur totalen Abstraktion.
1909 hatte sich Mondrian zum ersten Mal öffentlich über seine neue Kunstauffassung
geäussert. Dies geschah in einem Brief an den Journalisten Israël Querido, von dem
eine Besprechung der Ausstellung stammte, die Mondrian und seine Gesinnungsgenossen Kees Spoor und Jan Sluyters im Amsterdamer Stedelijk Museum durchge-
setzt hatten.

In zwei Abhandlungen, kurz *Dialog* (Zwiegespräch) und *Trialog* (Gespräch zwischen drei Personen) genannt, die zwischen 1917 und 1920 in der Zeitschrift *De Stijl*
veröffentlicht wurden, beschrieb Mondrian die Entwicklung seiner Ansicht zur Kunst.
In diesen Texten stellte er an den Anfang seines Übergangs vom «natürlichen Realismus» zum «abstrakten Realismus» ein Werk von 1905, also das Werk, das er nach seiner Rückkehr aus Brabant gemalt hatte. Weil Mondrian, wie schon erwähnt, seine
kunsttheoretische Arbeit genauso kultivierte wie das Malen selbst, und weil er in beiden Fällen sehr bedachtsam an die Arbeit ging, gibt es meiner Ansicht nach keinen
Grund, diese Aufsätze nicht beim Wort zu nehmen. Aus ihnen können wir folgern,
dass Mondrians aktive Auseinandersetzung mit der Theosophie von ungefähr
1904–1905 datiert. Die zweite Schlussfolgerung lautet, dass von dieser Zeit an Mondrians ganzes Schaffen, auch sein abstraktes Werk, in der Theosophie seine Wurzeln hat.

Eine detaillierte Erörterung von Mondrians theosophischer Kunsttheorie würde,
ohne sein Leben zu berücksichtigen, ein ganzes Buch erfordern. Wer den Inhalt, die
Struktur und die Tragweite von Blavatskys Theosophie versteht, der wird die beiden
Mondrian-Texte als Paraphrase dieser modernen Variante der Theosophie – in ihrer
Anwendung auf die bildende Kunst – lesen können.[32]

In einiger Hinsicht verläuft Mondrians Gedankengang parallel zu dem Hodlers.
Dennoch hat Mondrian, soweit ich feststellen kann, als einziger eine so geschliffene
Kunsttheorie entwickelt und zudem die endgültigen gestalterischen Konsequenzen aus
der Theosophie in ihrer Blavatskyschen Variante gezogen. Im folgenden werde ich auf
die wesentlichen Punkte dieser Theosophie eingehen, die bereits erwähnt wurden.

Die Theosophie ist der Glaube an den Monismus, der besagt, dass alles aus einer
einzigen kosmischen Urquelle ensteht. In Blavatskys Theosophie wird diese Quelle
unter anderem «das Eine», «das Univerale» oder «das Unveränderliche» genannt.
Alles, was sichtbar ist in der Natur (die Gesamtheit aller Phänomene unserer Welt) ist,
wie Platon sagte, die materielle Widerspiegelung des Universalen. In der Kunst wird
das Universale als universale Schönheit bezeichnet.

*Aber immer gestaltete die Malerei durch die Natur; durch das Schöne der Natur stieg sie zum Idealen empor.*



*Stieg tatsächlich vom Schönen der Natur zum Idealen empor, doch in der Gestaltung ist das Ideale etwas anderes als die blosse Darstellung des Naturbildes.*

**A**  *Ob das Ideale nicht nur durch uns selber existiert?*

**B**  *Es existiert durch uns, aber auch ausser uns. Die Weisen sagen: das Ideale ist überall und in allem. Wie dem auch sei: das Ideale offenbart sich ästhetisch als Schönheit.*

In der sichtbaren Welt ist das Universale *in die Materie hinabgestiegen, hat sich in den Schleier der Materie gehüllt.* Dieser Schleier ist die materielle Illusion des Universalen. Diese nimmt dann so viele Gestalten an wie es Erscheinungsformen gibt. Indem es in die Materie hinabsteigt, durchläuft das Kosmische einen Prozess der Involution.

So kann sich das Universale eigentlich in zweierlei Gestalt manifestieren: in der Materie (dem Schleier des Universalen) und im Geist (dem Universalen selbst). Dieser Dualismus von Materie und Geist wird als kosmisches Urverhältnis aufgefasst. Mondrian bezieht sich in seinen Texten sehr oft auf das Universale und auf die Ureinheit von Materie und Geist und bemerkt dazu, dass ihn das schon immer beschäftigt habe. Letzteres impliziert, dass Mondrian auch selbst der Meinung war, als mystischer Künstler geboren zu sein.

**B**  *Mein gegenwärtiges Werk meint nichts anderes als mein frühes: sie haben beide den gleichen Sinn, und dieser Sinn kommt gerade in meinem letzten Werk deutlich heraus. […]*

**B**  *Durch Gegenüberstellung von Farbe und Linie Beziehung darzustellen.*

**A**  *Aber in Ihrem früheren Werk stellten Sie doch die Natur dar?*

**B**  *Ich gestalte mittels der Natur. Wenn Sie mein Werk in seinem Fortschreiten verfolgen, werden Sie merken, wie ich immer mehr von der natürlichen Erscheinung der Dinge absehe und wie allmählich die Darstellung der Beziehung in den Vordergrund rückt. […]*

**B**  *Beziehung tritt in der Naturform, in der natürlichen Farbe und Linie nur verschleiert auf; sie muss durch Farbe und Linie an sich dargestellt werden, um zu bestimmtem Ausdruck zu kommen.*

Als Ursprung ist das Universale so abstrakt, dass es für menschliche Begriffe «zu hoch» ist, aber weil der Mensch eine Seele besitzt, die auch einen Funken des Kosmischen in sich trägt, kann er sich doch eine Vorstellung vom Universalen machen. Der Künstler ist dazu besonders begabt, weil er Intuition besitzt. Intuition ist eine Kombination aus Verstand und Gefühl; sie ist besser ausgedrückt eine «vertiefte», d.h. esoterische, unmittelbare Erfahrung des Kosmischen im Zusammenspiel aller Sinne. Daher hat der Künstler den besonderen Auftrag, aus der sichtbaren Natur diese kosmische Essenz, die Essenz des Lebens, zu destillieren. Dies berührt den bereits erwähnten gnostischen Aspekt der Theosophie. Mondrian spricht davon, die Natur zu verinnerlichen, d.h. esoterisch zu betrachten.

**B** *[...] Kunst ist eine Zweiheit von Natur und Mensch, nicht blosse Natur. Der Mensch gestaltet die Natur nach seinem Bilde: wenn der Mensch sein tiefstes Wesen wiedergibt, Innerlichkeit offenbart, muss er notwendigerweise auch die Natur verinnerlichen.*

**A** *Sie verachten die Natur also nicht?*

**B** *Im Gegenteil! Sie ist auch für die Neue Gestaltung die grosse Offenbarung, in der unser tiefstes Wesen sich manifestiert und eine feste Erscheinungsform gewinnt.*

**A** *Ich möchte unser Gespräch gern fortsetzen: [...] Sie wollen also Realität darstellen, und ich dachte, dass Sie gerade die Seele der Dinge ausdrücken wollten.*

**B** *Im Grunde weder das Eine noch das Andere. Wenn wir Realität das Äusserliche, die Erscheinung der Dinge nennen, dann darf man dies nicht ausschliesslich darstellen, weil der Mensch auch Innerlichkeit, also Geist und Seele ist. Weil er aber auch zu gleicher Zeit eine Äusserlichkeit darstellt, kann das Innerliche nicht allein dargestellt werden. Die Malerei beschritt immer ungefähr den Mittelweg, aber weil sie Formdarstellung war, gab sie hauptsächlich Seelenleben wieder. Das Seelenleben ist das menschliche Gefühlsleben. Die Seele der Dinge gestalten heisst also: unsere eigene Seele zum Ausdruck bringen. Und das ist nicht das höchste Ziel der Kunst.*

**A** *Ist es denn nicht die Seele, die den Menschen zum Menschen macht?*

**B** *Die Seele? Die Weisen sprechen auch von der Seele der Tiere. Der Geist macht den Menschen zum Menschen. Zum Menschen, doch die Kunst zielt darauf hin, das Übermenschliche auszusagen. Sie ist Intuition. Sie ist der reine Ausdruck jener unbegreiflichen Kraft, die universal wirkt und die wir deshalb das Universale nennen können.*

**A** *Und Sie stellen sonst doch das Bewusste des menschlichen Geistes so hoch?*

**B** *Ganz gewiss, aber ich sagte: die Kunst ist Intuition. Der Kunstausdruck muss bewusst sein. Nur dann, wenn unser Geist bewusst das wahre Wesen der Intuition erkennen kann, vermag die Intuition rein zu wirken. Im unbewussten Menschen ist das «Unterbewusste» ungenau und trübe: im Bewussten kommt es zur Bestimmtheit. Nur der bewusste Mensch kann ein reiner Spiegel des Universalen sein: er kann bewusst mit dem Universalen eins sein und sich dadurch über das Individuelle erheben.*

Um diese verinnerlichte Natur begreifen zu können, muss der Mensch also ein Bewusstsein dafür entwickeln. Auch das ist gnostisch; der Mensch kann durch Kontemplation oder Konzentrationsübungen wie z.B. Yoga lernen, sich des Göttlichen bewusst zu werden, weil der Mensch über seine Seele mit dem universalen Geist verbunden ist. Im folgenden paraphrasiert Mondrian das Prinzip der direkten inneren Anschauung, wobei zugleich deutlich wird, dass er diese gnostische Fähigkeit durchaus besitzt: *Obwohl Ziel in sich selbst, erzieht die Neue Gestaltung zum bewusst-universalen Sehen [...] [Man gelangt] gerade indem man es ungeteilt in sich aufnimmt zur reinen Realisierung des Schönen: indem man, wie ich bereits sagte, sich selbst in der Betrachtung vergisst: dann spiegelt dieses aufgenommene Schöne sich schon von selbst in allem wider. [...] Man muss darin geübt sein, so viel ist sicher, oder aber man muss ein Künstler sein. Dieser kann, wenigstens für einige Momente, völlig in der Schönheit aufgehen.*[40]

Die Bewusstwerdung erfolgt also über die Entwicklung der Intuition, die wiederum eine Kombination aus Verstand (Intellekt) und Gefühl (Seele) ist. Mondrian misst in seinem Dialog dem Gefühlsaspekt grosse Bedeutung zu, weil er mit der inneren (esoterischen) Essenz seiner *Neuen Gestaltung* zusammenhängt. Er meint, dass sich darum auch der Betrachter in dieser Hinsicht entwickeln sollte, weil er erst dann das Wesen seiner Kunst nachvollziehen könne.

**A** *[...] Dann ist die abstrakte Gestaltung also nicht nur verstandesmässig, sondern auch ein Produkt des Gefühls?*

**B** *Des vertieften Gefühls und des vertieften Verstandes. Wenn das Gefühl vertieft wird, geht es in den Augen vieler scheinbar verloren: daher wird es nur so selten in der Neuen Gestaltung erkannt. Abstrakt-reale Malerei muss man aber sehen lernen, so wie der Maler es lernen muss, abstrakt-real zu gestalten. Sie stellt einen Lebensprozess dar, der sich im Kunstausdruck spiegelt. [...]*

Um den Kern des Kosmischen darzustellen, müsse der Künstler die sichtbare Wirklichkeit *zerstören,* um sie danach nach tieferen, kosmischen Gesetzen wieder aufzubauen. Diese neue Form der Kunst erreiche damit eine höhere Stufe, die näher zum Kern des Universalen hinführe. Dieser Prozess heisst bei Mondrian Evolution. Die Evolution ist der Involution entgegengesetzt, aber beide können nicht ohne einander existieren. Ist die Involution erforderlich, um das Universale in der Materie zur Wirkung zu bringen, so ist die Evolution dagegen ein Vergeistigungsprozess – weg von der Materie und zurück zum Universalen. Beide Prozesse werden sich unaufhörlich wiederholen, bis keine Materie mehr benötigt wird, um das Universale erfahren zu können.

Zwar ist in jeder Form der traditionellen Theosophie ein Konzept der spirituellen Evolution enthalten, aber Blavatsky hat eine recht einzigartige und spezifische Evolutionstheorie aufgestellt. Ihre Ideen wurden stark von der Evolutionslehre von Darwin und Wallace geprägt, die wie eine Bombe in jede Glaubens- und Wissenschaftsrichtung des 19. Jahrhunderts einschlug. Ebenso grossen Einfluss übten die asiatischen Lehren vom Karma und der Reinkarnation auf sie aus. Der doppelte Prozess der Involution und Evolution kehrt verbaliter in Mondrians Text zurück, in dem der Autor argumentiert, dass er zwar nach spiritueller Kunst strebe, aber dabei an den Stoff, das heisst an seine Bildmittel, gebunden sei. Den Konflikt, den diese Gebundenheit an die Materie hervorruft, nennt Mondrian das Tragische.

**Z** [= Mondrian]

**Z** *Von der kosmischen Evolution aus gesehen entwickelt sich der Mensch nun in umgekehrter Richtung: von der Materie zum Geist hin.*

**Y** [= der halbwegs in die Kunst Eingeführte]

**Y** *Aber es ist doch gewiss nicht Ihre Absicht, das Körperliche vom Geistigen zu trennen?*

**Z** *Keineswegs! Das Körperliche ist allgemein auch ein Ausdruck des Geistes, obwohl von niedererem Rang. Aber der Mensch ist ein sehr besonderes Wesen, welches genau in der*

*Mitte der existierenden Dinge gestellt ist. Durch das körperliche Leben bekommt er Zugang zur Erkenntnis seiner selbst. Neben oder vielmehr in seinem gewöhnlichen Leben aber ist noch ein anderes Leben: ein abstraktes Leben; und mit diesem haben wir es zu halten, wenn wir zu einem reinen Begriff der Kunst kommen wollen. Um nämlich die Entwicklung der Kunst von der natürlichen zur abstrakten Realität recht zu verstehen, müssen wir erst verstehen, dass die Entwicklung des Menschen, und zwar selbst im Körperlichen, in der Form der Verinnerlichung weiterschreitet. Und diese Evolution können wir zwar Evolution des Geistes, aber auch ebensogut umgekehrte Evolution des Körperlichen nennen. Im Leben ist dieses entgegengesetzte Wachstum der beiden genannten Faktoren, des Körperlichen und des Geistigen, meist ungleichmässig und widerspruchsvoll. Indes ist die Äquivalenz beider notwendig, um das Gleichgewicht zu bewahren. [...]*

**Y** *Ich sehe immer mehr ein, dass sich die neue Malerei nicht mehr in den naturalistischen Formen ausdrücken kann. So will ich Vernunft annehmen und mich in den Abbau des Natürlichen schicken.*

**Z** *Vorausgesetzt nur, dass dieser Abbau, wie in der Neuen Plastik, den neuen Aufbau in sich enthält: die Äquivalenz des Ausdrucks von Körperlichem und Geistigem als ein und desselben. Das Natürliche soll nur von seinen Äusserlichkeiten befreit, nicht aber zerstört werden: dann wird die offenbare Einheit zu einer Dualität, und diese offenbare Dualität kann zu einer reinen Wahrheit werden. [...] Die Natur offenbart alles, das Wahre wie das Schöne, aber sie drückt beides nur unter dem Schleier der natürlichen Erscheinung aus, und in eben diesem Schleier vor der Wahrheit liegt das Tragische.*

Aus Mondrians Abhandlungen über das *Verhältnis* geht hervor, wieviel mehr als andere Künstler seiner Zeit (auch als Hodler), er nach der kosmischen Wiedergabe der Natur in ihrer höchsten, vergeistigsten Form strebt. Mondrian behauptet, dass der Kosmos, also auch seine *Neue Gestaltung* als künstlerischer Ausdruck des Kosmischen, einzig und allein auf der Grundlage mathematischer Gesetze und der Energie existiere. Darin stimmt er vollständig mit Blavatskys Auffassungen überein, die ihrerseits mit dieser Theorie früheren Philosophen aus der Tradition der Theosophie (etwa Platon und Spinoza) folgte. In ihrem Werk *The Secret Doctrine* setzt Blavatsky das komplizierte Zusammenspiel der universalen mathematischen Gesetze und den Begriff der kosmischen Energie allerdings bis ins Detail auseinander.

Der mathematische Charakter der Theosophie führt Mondrian zu der These, dass die gerade horizontale und vertikale Linie der reinste Ausdruck des Urverhältnisses zwischen Materie und Geist sei. Hier muss jedoch gesagt werden, dass dies Mondrians individuelle künstlerische Entscheidung war. Andere Künstler wie zum Beispiel Wassily Kandinsky, der ebenfalls stark von der Theosophie Rudolf Steiners beeinflusst war, entschieden sich stattdessen für amorphe Formen. Mondrian glaubte jedoch, dass er, indem er sich für die gerade Linie und vor allem für die gerade vertikale Linie entschied, die direkteste Verbindung – in der Theosophie Korrespondenz genannt – zwischen der Materie (dem «unten») und dem Geist (dem «oben») visualisieren könne.

Die Bevorzugung der geraden vertikalen Linie zieht dann logischerweise die gerade horizontale Linie nach sich, da sonst das absolute kosmische Gleichgewicht nicht erreicht werden kann.

Bei seiner Suche nach der Aufhebung der sichtbaren Natur in der «kosmischen Natur» sah sich Mondrian auch gezwungen, mit der Farbe und den Linien nicht nur «natürlich» umzugehen, sondern *mathematischer und doch nicht symmetrisch*. In dieser Hinsicht weisen seine Auffassungen Parallelen zu denen Hodlers auf, der ebenfalls von den verborgenen Gesetzen der Symmetrie und Asymmetrie in der Natur sprach.

**A** *Ich verstehe aber nicht, warum Sie sich so stark zum Graden hingezogen fühlten, so dass Sie die Kurve vollständig ausgeschaltet haben.*

**B** *Die Neigung, das Grosse zu gestalten, führte zum Suchen nach der grössten Spannung: diese liegt im Kontrast der Geraden. So musste sich jede Kurve in der Geraden lösen, für das Gebogene blieb kein Raum mehr. [...] Das Abstrahieren allein genügt nicht, um das Natürliche in der Darstellung aufzuheben. Um dies zu erreichen, ist auch noch eine vom Natürlichen abweichende Stellung von Linie und Farbe erforderlich.*

**A** *Dann verändert der Maler also auch, was man Komposition nennt.*

**B** *Ja, eine ganz andere, eine eher mathematische und doch nicht symmetrische Komposition ist erforderlich, um zur reinen Gestaltung der Gleichgewichtsbeziehung zu gelangen. Wenn man nämlich nichts anderes tut, als das Natürliche durch das Gerade darzustellen, gibt man immer noch das Natürliche wieder, obwohl wir doch schon einen viel stärkeren Eindruck davon bekommen werden.* Für den esoterischsten Aspekt von Mondrians Kunsttheorie steht der Begriff der kosmischen Energie. In dem Moment, da Mondrian dieses Thema in seiner Kunsttheorie anschneidet, äussert er sich auch esoterischer als jeder Künstler vor ihm. Blavatsky ist der Ansicht, dass die Energie eigentlich schon vor dem Entstehen der mathematischen Gesetze existiere, denn erst Energie lasse alles in der Welt, also auch die Gesetze, entstehen. Die Energie, das Universale und das Leben sind eigentlich Synonyme, deren gemeinsames Merkmal die Bewegung und der Rhythmus sind.

*[Ihr Rhythmus] ist für uns Menschen gleichsam der gestalterische Ausdruck des Lebens und vereint das Besondere zum Einzelnen [...] . Die Vielfalt des Besonderen stellt jedoch einen natürlichen Rhythmus dar, der das Launenhafte der Dinge ein wenig auflöst, während die Vielfalt des Urverhältnisses ein eher verinnerlichter Rhythmus ist, der gerade das Absolute des Urverhältnisses wieder aufhebt. In diesem Unterschied tritt die Trennung zwischen der alten und der neuen Gestaltung besonders hervor: die natürliche Malerei hatte die Aufgabe, den Rhythmus in der Gestaltung zu betonen, während die neue Kunst den natürlichen Rhythmus möglichst aufheben soll. In der Neuen Gestaltung bleibt der Rhythmus, egal wie verinnerlicht er ist, dennoch bestehen und wechselt sogar noch, weil die Grössenverhältnisse, in denen sich das eigentliche Verhältnis, das Urverhältnis, ausdrückt, ungleich sind. Dadurch kann es ja auch die lebendige Wirklichkeit für uns Menschen bleiben.*[44]

Auf einer unsichtbaren und kosmischen Ebene sei die Energie einem Beben vergleichbar. Dieses Beben bewege sich durch den Raum, erst durch den Urraum, den Kosmos, danach durch die irdische Atmosphäre. Hieraus folge also, dass das *Verhältnis,* die kosmische Harmonie, im Grunde ein Vibrationsverhältnis im universalen Raum sei. Das Vibrationsverhältnis könne man im Gemälde, der zweidimensionalen *Verhüllung der Materie,* mit dem rhythmischen Verhältnis von Farbe und Linie erfassen. Es bestimme jedoch auch die *inneren Bewegungen* eines Künstlers, die jeden Moment anders aussehen können – der Künstler könne mit ihnen durch inneres Schauen in Kontakt bleiben. Eine logische Konsequenz dieses Gedankens bestand für Mondrian darin, auch sein Atelier als einen Raum zu betrachten, der von den von ihm und seinen Gemälden verursachten Vibrationsverhältnissen bestimmt werde. So wurden Kunst, Künstler und Atelier in der Neuschöpfung des kosmischen Verhältnisses auf Erden im denkbar mystischsten Sinne vereint. In Mondrians weiterem Leben sollte sich das dynamische Verhältnis zwischen Kunst und Leben, die er beide als materielle und spirituelle Gegebenheiten betrachtete, im ständigen Wechsel seiner Ateliereinrichtung und im Wandel des Antlitzes seiner Kunst widerspiegeln (Abb. 16).

Übersetzung: Helga Marx

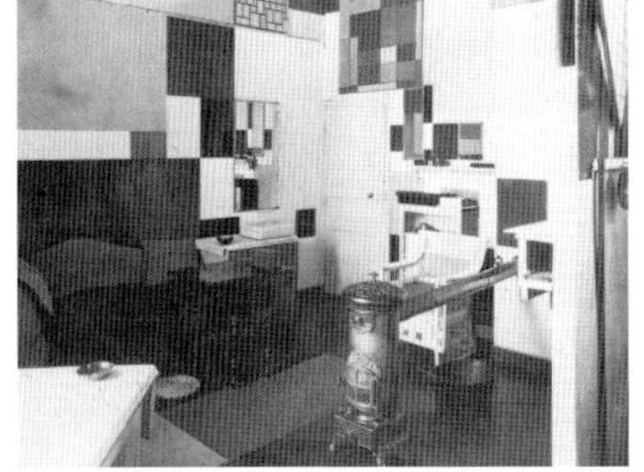

16  Atelier von Piet Mondrian 1926

1 F. Zelger: *Der frühe Hodler – Das Werk 1870–1890.* Bern, 1981, S. 77, Anmerkung 146.

2 N. Brederoo: *Charley Toorop: Leven en werken.* Amsterdam, 1982, S. 201.

3 Dieser Brief wird an anderer Stelle in diesem Katalog in deutscher Übersetzung publiziert.

4 R.P. Welsh und J.M. Joosten: *Two Mondrian Sketchbooks 1912–1914.* Amsterdam, 1969.

5 Ich zitiere hier und in der Fortsetzung dieses Textes nach der Neuauflage von Mondrians «Dialoog» und «Trialoog». In: H. Henkels: *Gedurende een wandeling van buiten naar de stad.* 2 delen, Den Haag, 1986.]

6 P. Dietschi: *Der Parallelismus Ferdinand Hodlers – Ein Beitrag zus Stilpsychologie der neueren Kunst.* Basel, 1957, S. 26, 80: P. Vignau-Wilber: «Ferdinand Hodlers Parallelismus». – In: *Zeitschrift für Schweizerische Archäologie und Kunstgeschichte 51* (1994), 1, S. 291 – J. Bruschweiler: «Ferdinand Hodler – Comments on Fritz Schmalenbach's Essay on Hodler's Position in Early Expressionism». In: *Ensor, Hodler, Kruyder, Munch. Pioneers of Modernism.* Ausstellungskatalog, Museum Boijmans van Beuningen Rotterdam 1988–1989.

7 Die beste (am wenigsten mit Vorurteilen behaftete) Monographie über Mondrian stammt von C. Blotkamp: *Mondriaan – Desructie als Kunst.* Zwolle, 1994; englische Version unter dem Titel *Mondrian – The Art of Destruction.* London, 1994.

8 Zitiert nach B. Wismer: *Mondrians ästhetishe Utopie.* Baden (CH), 1985, S. 34.

9 Nachstehende Abhandlung basiert auf meiner in Kürze erscheinenden Dissertation unter dem vorläufigen Titel *Kunst is ook theosofie – De avantgarde in Nederland 1880–1920.*

10 Dieser Unterschied ist in der deutschen Sprache nicht sichtbar.

11 H.P. Blavatsky: *The secret doctrine – I: Cosmogenesis; II: Anthropogenesis.* Mit Index, London, 1888; in der niederländischen Version (Amsterdam 1907–1911) noch erweitert um Deel III: «Esoterische opstellen en instructies».

12 D. Fässler: «Körperausdrucksformen zwischen Tradition und modernem Ausdruckstanz». In: *Zeitschrift für Schweizerische Archäologie und Kunstgeschichte 51* (1994), 1, S. 334–335.

13 Ebenda. S. 326.

14 Ebenda. S. 334; S. Schulze: *«Frei mit dem All verkehren» – Freudschaft und Kunstsinn – Die ehemaligen Solothurner Ferdinand Hodler-Sammlungen.* Ausstellungskatalog Frankfurt/M, Schirn Kunsthalle 1996–1997, o.S.; S. Witzmann: «Dem Kosmos zu gehört der Tanzende – Der Einfluss des Okkulten auf den Tanz». In: *Okkultismus und Avantgarde 1900–1915.* Ausstellungskatalog Frankfurt/M, Schirn Kunsthalle 1995, S. 600–608 – B. von Waldkirch: «Jena und das Geistige in der Kunst Ferdinand Hodlers». *In: Zeitschrift für Schweizerische Archäologie und Kunstgeschichte 51* (1994), 1, S. 339–350.

15 Ebenda. Die Beiträge von Schulze, Witzmann.

16 Zu Puvis de Chavannes siehe: *Puvis de Chavannes.* Ausstellungskatalog, Musée du Petit Palais Paris 1979.

17 Fässler (Anm.12). S. 326.

18 *Mondrian – From figuration to abstaction.* Ausstellungskatalog, The Seibu Museum of Art Tokio 1987, S. 172–173 und Anm. 47.

19 Vignau-Wilber (Anm.6). S. 291–292.

20 Dietschi (Anm.6). S. 84.

21 Zelger (Anm.1). S. 71.

22 Zelger (Anm.1). S. 70 – Dietschi (Anm.6). S. 21, zitiert eine Variante: «J'appelle parallélisme toute sorte de répétition de forme, associé à des répétitions de couleurs.»

23 Dietschi (Anm. 6). S. 27.

24 Vignau-Wilber (Anm. 6). S. 291.

25 Dietschi (Anm. 6). S. 77.

26 Dietschi (Anm.6). S. 70–71. Er verweist hier auf Heinrich Wölfflins Klassiker «Kunstgeschichtliche Grundbegriffe».

27 Schulze (Anm. 14). o.S.

28 *Mondriaan aan de Amstel 1892–1912.* Ausstellungskatalog, Gemeentearchief Amsterdam, S. 37–42; englische Version: Mondrian. The Amsterdam Years 1892–1912.

29 M. Bax, S. Niemeijer und H. Snel: De passies van Piet Mondriaan. In: *Jong Holland* 10 (1994), 2, S. 32–42.

30 Mondrian hat die Sammlung von Steiners Lesungen sein ganzes Leben bewahrt.

31 L. Heyting: *De wereld in een dorp – Schilders, schrijvers en wereldverbeteraars in Laren-Blaricam.* Amsterdam, 1994.

32 F. Evelein: «Mondriaans neoplasticisme Üzuiver theosofische kunst». *Theosophia* 97 (1996), 6, S. 225–235.

33 Henkels (Anm.5). S. 18–19.

34 Ebenda. S. 18.

35 Ebenda. S. 29.

36 Ebenda. S. 23.

37 Ebenda. S. 26.

38 Ebenda. S. 22.

39 Ebenda. S. 24–25.

40 Ebenda. S. 42.

41 Ebenda. S. 21.

42 Ebenda. S. 44–45.

43 Ebenda. S. 20–21.

44 Ebenda. S. 39.

## Bernhard von Waldkirch

## Hodler heute

*Vielleicht gibt es Zeiten, die weniger die Wahrheit als vielmehr eine Vertiefung
des Wirklichkeitssinnes, eine Erweiterung der Phantasie brauchen.* Susan Sontag

### «je suis une femme pourquoi pas vous?»[1]

Die Schweizer Künstlerin Marie-Antoinette Chiarenza setzte diese Frage als provozie-
renden Titel über eine Arbeit, die sie 1995 im Depot des Berner Kunstmuseums realisierte und als Postkarte herausgab (Abb. 1). Drei Mitarbeiterinnen des Frauen-Kunstfo-
rums Bern haben sich mit der Künstlerin unterhalten. Einige Statements aus diesem
Gespräch sollen einleitend dazu dienen, die Bruchlinien in der heutigen Hodler-
Rezeption aus einer bewusst subjektiven Sicht aufzuzeigen.

*Das erste Bild Deiner zehnteiligen Postkartenserie, an der Du gerade arbeitest, trägt
den programmatischen Titel: «Ich bin eine Frau, warum Sie nicht?» Das Foto zeigt Dich im
Keller des Berner Kunstmuseum vor einem Bild des Schweizer Nationalkünstlers Ferdinand
Hodler, auf dem er einen Holzfäller bei der Arbeit dargestellt hat. Es sieht aus, als seist Du
gerade aus dem Bild herausgetreten, als Kontrastprogramm zu den ätherischen Frauengestalten, die Hodler malte. Du trägst eine weiblich aufreizende und doch kämpferische Mon-
tur mit roter Lederjacke und roten Schuhen, und dazu eine geschulterte Axt, die genauso
aussieht wie die Axt, die hinter Dir von der brachialen Männergestalt geschwungen wird.
Die Pose, die Du einnimmst, ist einem berühmten Multiple von Joseph Beuys mit dem Titel
La rivoluzione siamo Noi, 1972 (Abb. 2), nachempfunden, auf dem der alte Künstlerscha-
mane neuen Ufern entgegenschreitet. Stellst Du Dich mit der Axt dem Herrscheranspruch
der grossen männlichen Heroen der Kunstgeschichte entgegen?*
*Marie-Antoinette Chiarenza: Es gibt Momente, wo man Statements machen muss. Wir
wissen schon längst, dass wir heute nicht nur einen einzigen Star in der Kunstszene haben,*

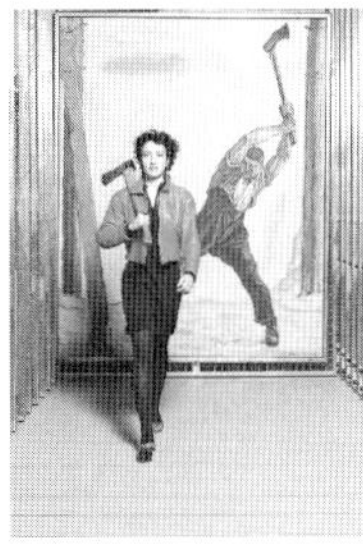
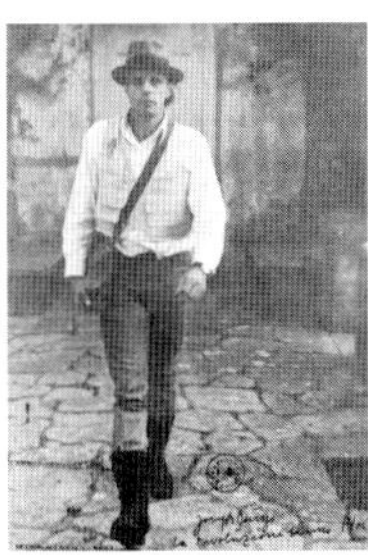

1 Marie-Antoinette Chiarenza
*je suis une femme pas vous?*
1968–1995, farbige Postkarte,
Foto: Guy Perrenoud

2 Joseph Beuys, La rivoluzione
siamo Noi. 1972, Multiple
(Foto: Ausstellungskatalog Joseph
Beuys, Kunsthaus Zürich 1993)

*ich kann rechts und links gucken und überall jemanden finden. Man muss auch gar nicht wissen, dass ich den Schritt von Beuys kopiere. Dieses Bild soll im Kopf zirkulieren, es geht um Geld, um Krieg und Kunst, um Frauen und Männer. Ich zeige Symbole, die jeder verstehen kann, wie zum Beispiel die Axt. [...]. Kunst ist für mich kein Ziel, sondern ein Mittel. Das Prozesshafte, das Denken, das Experimentelle ist wichtiger als das, was man nachher als Endprodukt sieht.*

*Im Unterschied zu Deinen anderen Arbeiten, die ich kenne, ist diese Arbeit verkäuflich. [...] Auf der Rückseite der Postkarte bietest Du Fotos mit diesem Motiv in verschiedenen Formaten zum Verkauf an.*

*[...] Natürlich hat niemand ein solches Foto gekauft, denn die Leute haben ja bereits die Postkarte vor sich, und ein Original existiert nicht. Ich habe bewusst die Postkarte als billiges Medium zur Verbreitung dieser Arbeit gewählt und habe sie auch kostenlos verteilt. Das Bild von Hodler war übrigens Anfang des Jahrhunderts auf einem Fünfzigfrankenschein gedruckt. Es ist absurd, Bilder von Künstlern auf Geldscheine zu drucken wie zum Beispiel jetzt das Bild von Sophie Taeuber-Arp. Künstler arbeiten ja immer ohne finanzielle Sicherheit, und ganz besonders Künstlerinnen erhalten zu wenig finanzielle Förderung.*

*Marie-Antoinette Chiarenza: Es genügt aber nicht, dass Frauenförderung institutionalisiert wird, dass Kommissionen gebildet werden und Kompromisse gefunden werden. Es braucht vor allem engagierte und fanatische Einzelpersonen, die sich für die Kunst von Frauen und Männern einsetzen. [...] Männer und Frauen haben dasselbe kulturelle Erbe, und ich hoffe, dass wir aus der Geschichte gelernt haben. Es geht nicht darum, dass die Frauen Männerterritorien einnehmen, wir müssen zusammen ein ganz neues Weltbild entwerfen und neue Beziehungsmuster auf jedem Gebiet aufbauen.*[2]

Es scheint mir bezeichnend, dass Chiarenza nicht in erster Linie nach dem künstlerischen Stellenwert des von ihr gewählten Hodler-Werkes fragt. Ihr geht es vielmehr um die lebenden Bilder, die im Kopf der Leute heute, zwischen Biel, Bern und Paris, zwischen den Museen mit *dem grossen männlichen Heroen der Kunstgeschichte* und einer sich etablierenden alternativen Kunstszene, zirkulieren. *Es geht um Geld, um Krieg und Kunst, um Frauen und Männer. Ich zeige Symbole, die jeder verstehen kann, wie zum Beispiel die Axt.* Der fortschreitenden Musealisierung der Kultur begegnet Chiarenza mit dem Aufruf, *zusammen ein ganz neues Weltbild zu entwerfen und neue Beziehungsmuster auf jedem Gebiet aufzubauen.* Dabei versteht sie es, männliche Machtstrukturen aufzubrechen und umzupolen in eine andere Form von Energie. Zu diesen Macht-Strukturen gehören auch die rezeptions-geschichtlichen Bedingungen, unter denen Hodlers Malerei seit den 1920er Jahren betrachtet worden sind.[3]

Vor fünfundzwanzig Jahren deklarierte der Kunsthistoriker Dr. Walter Hugelshofer das Ende der Hodler-Erfolgsstory. Vor allem die grossen Figurenkompositionen befremdeten ihn. *Man schämt sich ihrer feierlichen Getragenheit und kann nichts mehr anfangen mit ihrem begeisterten Optimismus.*[4] Die verhängnisvolle Spaltung des gesamten Werks in einen realistischen und in einen idealistischen Teil wurde bereits 1942 durch das einflussreiche Buch von Hans Mühlestein und Georg Schmidt vorgenommnen. In der Folge durften Landschaften und Porträts in Ausstellungen und Sammlungen zirkulieren, während die Figurenkompositionen meistens in den Depots verschwanden. Hodler schrumpfte zum schweizerischen Nationalmaler, dessen Werke (Figurenkompositionen und Landschaften) immer häufiger für patriotische Festreden, politische und wirtschaftliche Repräsentationsanlässe und Jahrhundertfeiern instrumentalisiert werden. Von dieser Umklammerung hat sich sein Werk bis heute nicht befreien können. Eine Wende kündigte sich in der amerikanischen Hodler-Forschung der 1970er Jahre an. Peter Selz (1972), Sharon Hirsh (1974; 1983) und vor allem Robert Rosenblum (1975) sahen in Hodlers Figuren-Kompositionen und Landschaften ein gleichgerichtetes geistiges Ringen, das, in der europäischen Romantik verankert, zutiefst verwandt war mit den spirituellen Tendenzen in der modernen Kunst des 20. Jahrhunderts: Munch, van Gogh, der Blaue Reiter, Klee, Mondrian, O'Keeffe, Pollock, Newman, Rothko. Der romantische Traum, sakrale Bilder für ein nichtkonfessionelles Ritual in einer durch und durch säkularisierten Welt zu malen, ging für einen dieser Künstler in Erfüllung. Die Rothko Kapelle in Houston gilt heute als seltenes Beispiel einer geglückten Synthese von Kunst und religiösem Erlebnis. – Die jüngere Forschung hat nun begonnen, die Grenzen monographischer Ausstellungen zu überschreiten und Hodlers Malerei in einen Zusammenhang mit der europäischen Kunstgeschichte zu stellen. Wegweisend wurden die Arbeiten von Oskar Bätschmann zur Symmetrie und Kombinatorik (1986).

## Zwischen Abstraktion und Einfühlung

Hodler wusste, dass er die internationale Anerkennung seiner Kunst Gustav Klimt und der Wiener Secession verdankte. 1904 öffnete sie ihren Hauptsaal einer Auswahl seiner Werken, unter welchen die dominierenden Figurenkompositionen auf ein begeistertes Echo stiessen (Abb. 3). Doch bei keinem war die Begeisterung grösser als bei Cuno

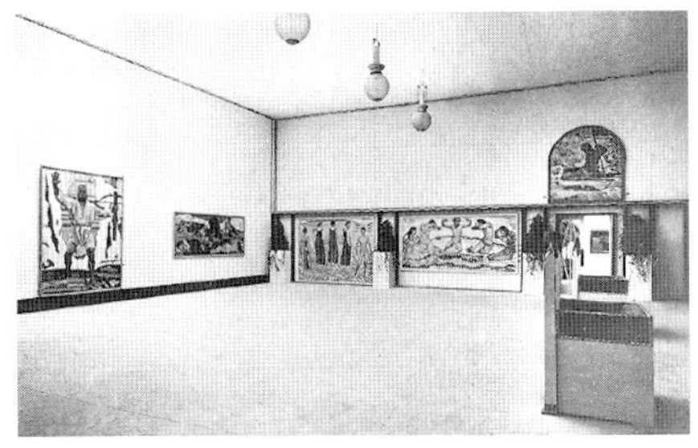

3 Der grosse Hodler-Saal der XIX. Ausstellung in der Wiener Secession, 1904. Fotografie. (Fotonachweis: Ausstellungskatalog) *F. Hodler in Wien*, Wien 1993)

Amiet, der mit eigenen Werken teilnahm und dessen Bewunderung für die endlich erfolgt Anerkennung seines künstlerischen Vorbilds wir diese überaus treffende Schilderung entnehmen.

*Nun aber hinaus aus der halbdunklen Vorhalle und hinein in das Licht, in den weiten hohen, hellen Saal, den Hodlersaal.*

*Da waren sie nun alle die erhabenen Meisterwerke, von uns bewundert und verehrt seit langer Zeit, vereinigt und ganz neu: der Tell, die Nacht, die Lebensmüden, die enttäuschten Seelen, die Eurhythmie, der Auserwählte, die Wahrheit, der Tag, Jüngling vom Weibe bewundert, die Ergriffenheit, Empfindung, der Frühling, Blick ins Unendliche, die heilige Stunde, den vier Wänden entlang, immer eins vom anderen getrennt durch ein schmales grünes Bäumchen nur. Und es war ein einziges kraftvoll mächtiges Fluten von Linien, Formen und von hellen, klaren Farben. Vereinigt diese, eins nach dem anderen entstandenen Werke eines grossen Meisters, zu Einem überragend starken Hodler. [...]*

*Hodler war gekommen, stand in seinem Saal, schaute und staunte. Noch nie hatte er alle seine Bilder beisammen gesehen, so zusammengesehen. Seine Augen glänzten, die Nasenflügel bebten, sein Mund stand offen. Der Mann von einundfünfzig Jahren war erregt, beglückt. Erfolg, jetzt war er da, der ersehnte. Jetzt hatte er gewonnen.*[5]

Als erster Künstler in diesem Jahrhundert weist Amiet auf den einheitlichen Gesamteindruck hin: als *kraftvoll mächtiges Fluten von Linien, Formen und von hellen klaren Farben.* Der feierliche Ton ist kennzeichnend für die hochgespannten Ziele der Wiener Secession. Ihr Ziel war *die Vereinigung aller Künste mit dem Leben* (Werner Hofmann). Ihre Werke sollten sich an *alle, ohne Unterschied des Standes und des Vermögens,* wenden. *Kunst ist Allgemeingut.* So heisst es programmatisch in ihrer Zeitschrift *Ver Sacrum. Geschäft oder Kunst, das ist die Frage der Secession.*[6] – Durch den neuen Kult der Wechselausstellung sollte die Spaltung von Kunst und Kommerz, zumindest während der Dauer eines Ausstellungsbesuches, überwunden werden. Daher liest sich Amiets Schilderung wie eine Initiation, die den Besucher vom Chaos der Aussenwelt, über eine halbdunkle Vorhalle hinein in das Heiligtum der Kunst führen möchte. Kunst als eine zweite Schöpfung? Ein starker Eindruck steigt, gleich einer Vision, in Amiets Vorstellung auf, nachdem er körperlich und geistig in das Fluten von Linien, Formen und Farben eingetaucht ist.

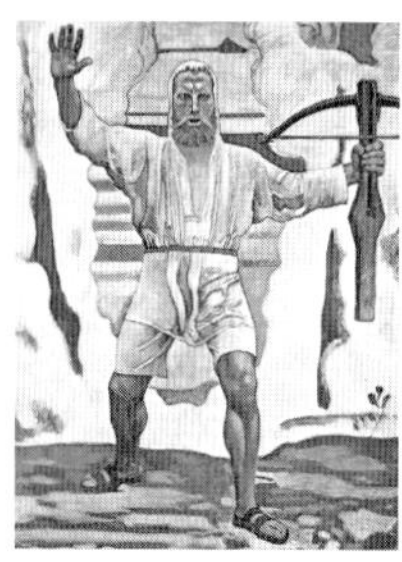

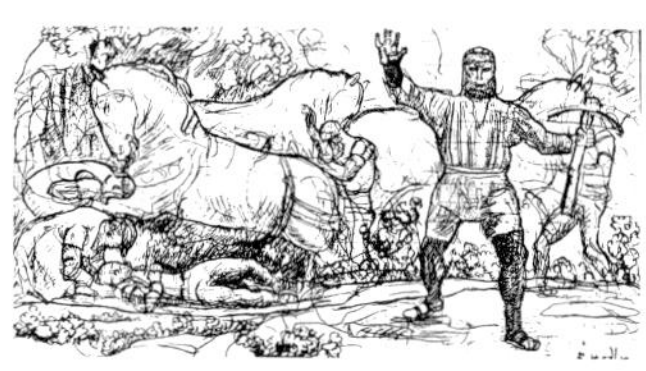

4 Ferdinand Hodler: *Wilhelm Tell (Selbstbildnis).* 1897, Öl auf Leinwand, 256×196 cm, Kunstmuseum Solothurn

5 Ferdinand Hodler: *Gesslers Tod.* 1897, Bleistift und Tusche, mit Aquarell gehöht, 12,2×22,7 cm, Kunstmuseum Basel, Kupferstichkabinett

Er feiert Hodler als siegreichen Lichtbringer, als modernen Apoll, der die schillernde Welt des geschäftigen Alltags Lügen straft; auch als ergreifenden Selbstdarsteller, der durchaus imstande ist, den verdienten Erfolg zu geniessen. An der Schwelle zu diesem Lichtereignis steht Hodlers *Wilhelm Tell* (Abb. 4), ein Selbstbildnis, dem die Secession den Ehrenplatz eingeräumt hatte. Mit Recht, meinte Franz Servaes, der beste Hodler-Interpret unter den Wiener Kritikern. Seiner Feder verdanken wir die Umwandlung des mythischen (ursprünglich skandinavischen) Freiheitskämpfers in einen modernen *Tages- und Lichthelden* als Verkörperung *menschlicher Tatkraft und naiver Siegesfreude.*[7] Nach vollbrachter Tat gehe er wie ein Prediger umher und verkünde den Völkern die Freiheit. Dass es sich um mehr als bloss einer Personifikation des eigenen Erfolges handelt, hat Servaes sehr richtig erkannt: *Das Sagenhaft-Individuelle tritt fast völlig zurück hinter dem Menschheitlich-Symbolischen.*[8] Servaes vergleicht den *Tell* mit den Kompositionen *Der Tag* und *Die Wahrheit,* den eigentlichen Manifest-Bildern der Hodlerschen Malerei. Auch hier deckt er unmissverständlich die allgemein menschlichen, geistigen Grundlagen in Hodlers Kunst auf.

Tatsächlich handelt es sich beim Tell um eine Freiheitsgebärde, deren Wirkung nicht in erster Linie auf der äusseren Ähnlichkeit mit den Kolossalfiguren der amerikanischen Freiheitsstatue und ihren zahlreichen Abwandlungen in der Werbegrafik für Elektrizität der Jahrhundertwende beruht.[9] Die Monumentalität der Figur resultiert einerseits aus der architektonischen Wirkung der Komposition, *aus der bewussten Verbindung senkrechter und waagerechter Linien*[10], wie sie Servaes am *Tell* beobachtete. Allerdings irrte er sich, als er im *Tell* einseitig den Wegbereiter einer «Reinen Kunst»[11] vermutete. Eher weist er wieder einen entscheidenden Schritt vom «reinen Sehen» weg, wie es noch in der Kunsttheorie des 19. Jahrhunderts vom autonomen Kunstwerk gefordert wurde. *Aus dem ästhetischen ist so ein religiöses und ethisches Problem geworden, das die Kunst auf eigenem Boden löst und veranschaulicht.*[12] Wohl hatte Hodler in seinen Lehrjahren die klassischen Harmonieregeln eifrig studiert, sie aber mehr intuitiv als im akademischen Sinn «korrekt» eingesetzt. Später war er überzeugt, mit dem *Parallelismus* eine neue Theorie gefunden zu haben, die sich sowohl auf die Natur, wie auch auf die Wahrnehmung und die Psychologie anwenden lässt, und von der er sich eine praktische, völkerverbindende Wirkung erhoffte.[13] Was dem *Tell* die monumentale

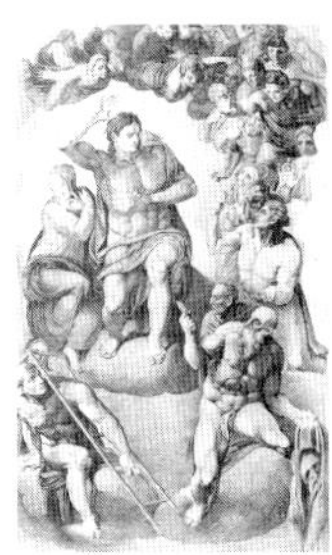

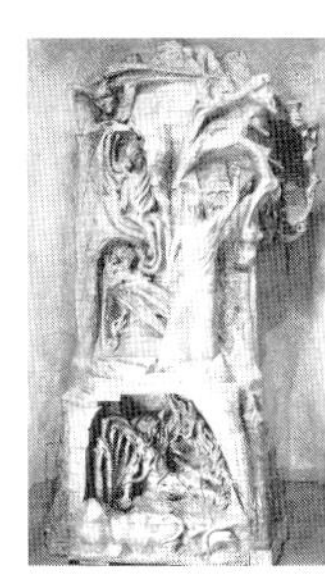

6  Conrad Martin Metz
(1749–1827) nach
Michelangelo: *Das Jüngste
Gericht, der Weltenrichter
und die Madonna,* 1803–
1808, Maniera lapis und
Kaltnadel, 73,8 × 43,3 cm.

7  Rudolf Steiner / Edith
Maryon: Der Menschheits-
repräsentant. 1917–1924,
Holz, Goetheanum,
Dornach / Schweiz

Präsenz verleiht – die Vergegenwärtigung einer mythisch-historischen Tat und die künstlerische Darstellung der Wechselbeziehungen zwischen oberen und unteren, rechten und linken, vorderen und hinteren Bildkräften –, wird in einer einzigen, raumschaffenden Gebärde zusammengefasst. Die Geste der erhobenen Rechten kulminiert in der gespreizten, frontal geöffneten Hand, als sollten die fünf Finger den aufbrechenden *Tag,* die *Wahrheit,* den *Blick in die Unendlichkeit* ankündigen, drei fünffigurige Kompositionen Hodlers, die nach dem *Tell* das Aufrichten der menschlichen Gestalt und das Erwachen der Psyche an der Schwelle zu einem abstrakten Raum-Zeit-Kontinuum thematisieren. Die zurück und nach unten weisende Armbrust erinnert und überwindet gleichzeitig die Geschichte. Gesslers Tod, die herrlichen Pferde, gesteigert zu Seelenbegleitern, bleiben in den Entwürfen zurück.[14] In der bewussten Selbstinszenierung des Künstlers wird der Anspruch auf Wahrheit mit kämpferischem Pathos als persönlicher Durchbruch, als Überwindung der Geschichte gefeiert und mythisch überhöht. Tell steht vor uns als Lichtbringer und Tatmensch im Achsenkreuz zwischen Geschichte und Gegenwart, Abstraktion und Emotion, Notwendigkeit und Freiheit. Seine Gestalt wirkt wie ein Kraftwerk, das die antike Siegerpose und den christlichen Heilsgestus des Weltenrichters am Jüngsten Tag um die revolutionäre Tat des inspirierten Künstlers erweitert und diese drei Gesten aufbereitet zu einer neuen, frei verfügbaren, geistigen Energie.

Eine gewisse Dreistufigkeit bei Hodler zu vermuten, mag auf den ersten Blick überraschen. Vergessen wir nicht, dass er in seinem Genfer Freundeskreis mit theosophischem Gedankengut in Berührung kam, und dass er sich in einem nichtkonfessionellen Sinn als religiöser Maler verstand.[15] Frappant sind einige Parallelen zu Rudolf Steiner, der Hodlers Figurenkompositionen kannte und schätzte.[16] Das bedeutendste Kunstwerk Rudolf Steiners, die grosse Holzskulptur *Der Menschheitsrepräsentant* (Abb. 7), die in den Jahren 1917–1924 entstand, sollte das Goetheanum als Gesamtkunstwerk aus Architektur, Plastik und Malerei vollenden.[17] Aufschlussreich in unserem Zusammenhang ist auch hier die Gebärde, die Steiner, als künstlerischer Dilettant, sehr viel überzeugender in Sprache übertragen konnte als Hodler, der sich zum Inhalt seiner Kompositionen jeweils nur in lakonischen Worten äusserte. *Der Menschheitsrepräsentant* kämpft nicht, sondern versöhnt als «kosmische Liebe» die widerstrebenden Kräfte des Alls. Der erhobenen Linken entspricht das intellektualisierende Wesen Ahrimans, das den Menschen zum *Philister, Pedanten, Materialisten macht;* der gesenkten Rechten dagegen Luzifer, *das sind die Kräfte, die uns verweichen, verjüngen, die uns zur Phantasie bringen [...], damit wir nicht ein lebender Leichnam werden.*[18] Psychoanalytisch gedeutet heisst das: Zwischen dem Es als Sitz der Triebe und dem Über-Ich als Ort der Normen versucht sich das Ich zu behaupten. *Eine Handlung des Ich ist dann korrekt, wenn sie gleichzeitig den Anforderungen des Es, des Über-Ichs und der Realität genügt, also dessen Ansprüche miteinander zu versöhnen weiss.*[19] Der *Menschheitsrepräsentant* steht, wie der *Tell,* der *Tag* und die *Wahrheit,* als agierendes Zentrum, das den Kosmos im Gleich-

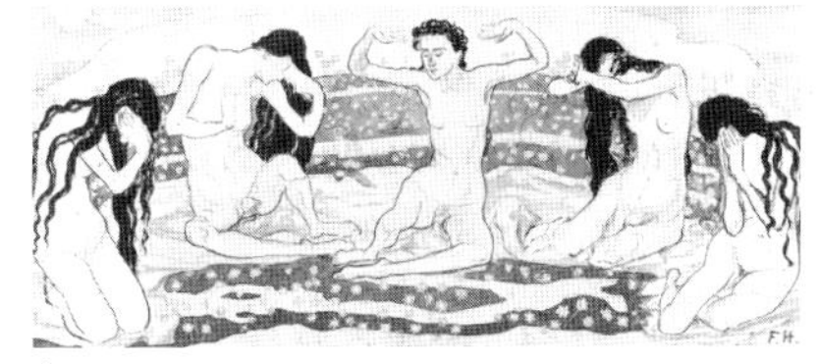

8

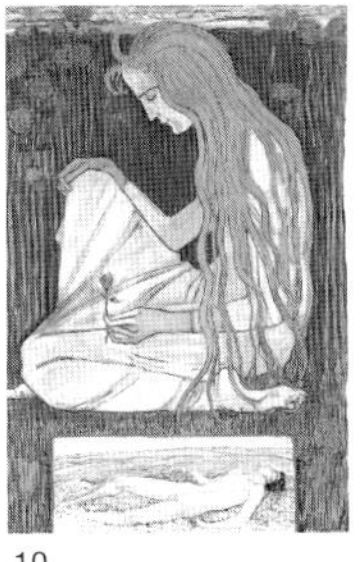

10

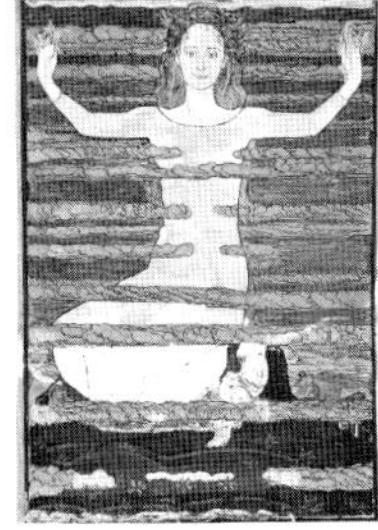

11

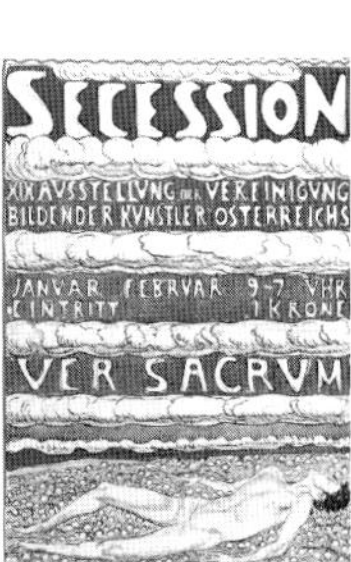


12

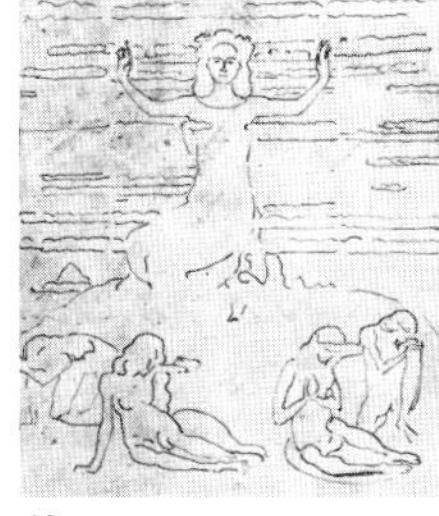

13

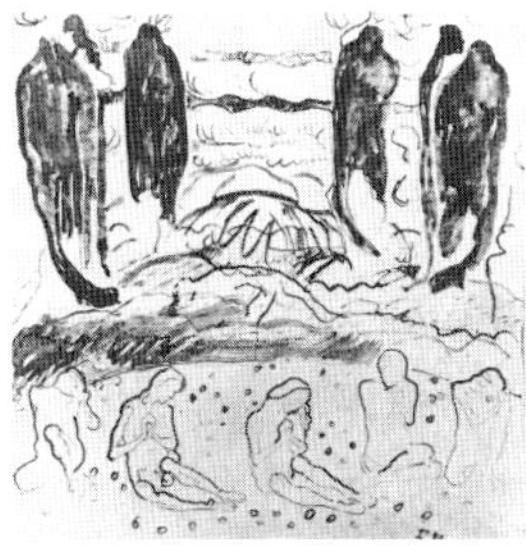

14

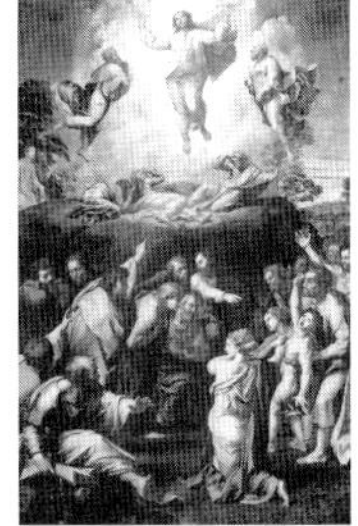

16

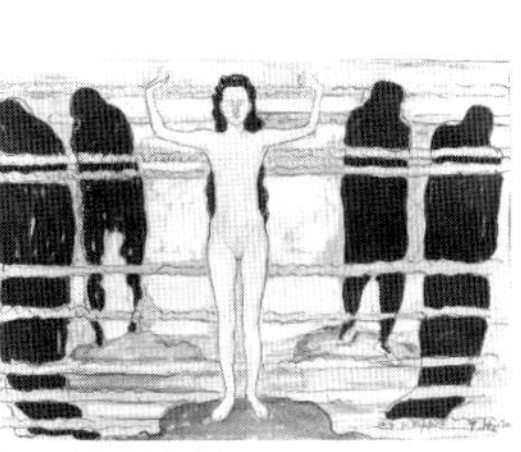

9

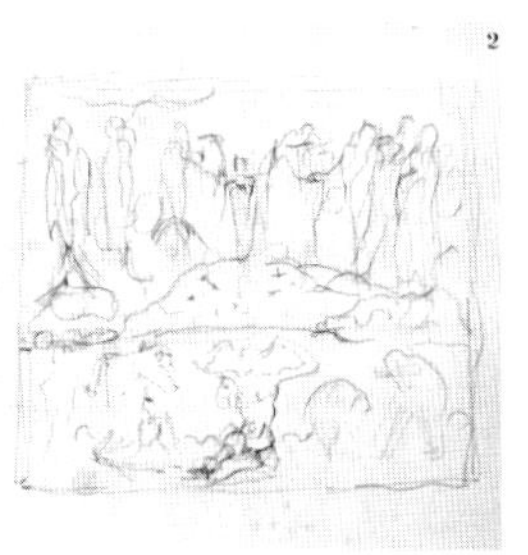

15

8  Ferdinand Hodler: Der Tag. 1899,
Kompositionsstudie, Aquarell
und Deckfarbe, auf Papier,
22,5×51 cm, Kunsthaus Zürich

9  Ferdinand Hodler: Die Wahrheit.
1898–1902, Kompositionsstudie,
Deckfarben und Tusche, auf
Papier, 33,1×47,5 cm, Kunsthaus
Zürich

10  Ferdinand Hodler: Der Traum.
1897/1903, Aquarell, Gouache
und Öl auf Papier, 95×65 cm,
Privatbesitz

11  Ferdinand Hodler: Die Kunst
oder Die Poesie. 1897 Aquarell,
Gouache, Öl auf Papier,
97,2×69,5 cm, Museum für
Gestaltung, Zürich

12  Ferdinand Hodler: Plakat zur
XIX. Ausstellung der Wiener
Secession. 1904, Farblithografie,
96×64 cm, Schule für Gestaltung,
Zürich

13  Ferdinand Hodler: Der Tag/Die
Wahrheit, Ideenskizze. 1897–1899,
Feder in Tusche, auf Papier,
Privatsammlung

14  Ferdinand Hodler: Der Tag/
Die Wahrheit, Ideenskizze.
1898–1899. Feder und Pinsel
in Tusche, auf Papier, Standort
unbekannt

15  Ferdinand Hodler: Der Tag/
Die Wahrheit, Ideenskizze.
Bleistift auf Papier, 15,7×17,1 cm,
Kunsthaus Zürich

16  Raffaello Sanzio: Verklärung
Christi. 1517/20, Öl auf Leinwand,
405×278 cm, Rom, Vatikan

gewicht hält, auf einem Gebirgsvorsprung. Unter ihm befindet sich das Erdreich, geöffnet wie eine Höhle, über ihm das Reich der Lüfte und des Lichts. Die erhobene Hand als Symbol für Heilung und Schöpfung entspricht dem dramatischen Charakter des Schöpfungsvorgangs.

Die Farbe Weiss verbindet diese drei (männlichen und weiblichen) Hierophanien mit den schneebedeckten Bergpyramiden in Hodlers Landschaftsmalerei. *Das Weiss ist dem Lichte verwandt. Fühlen wir das Weiss, das heisst das Lichtartige,* dann empfinden wir nach Rudolf Steiner, *wie das Ich im Raume sich entzündet an dem Weissen zu seiner inneren Stärke [...].*[20]

Die Begriffe «Abstraktion» und «Einfühlung», die Wilhelm Worringer seiner 1908 erschienenen, berühmten Abhandlung zu Grunde legte, sind nicht weit von Steiners, Freuds und Hodlers Vorstellungen entfernt. Worringer verstand seine Arbeit als einen Beitrag zur Stilpsychologie, die in einer zukünftigen, die Kunst aller Zeiten und Völker berücksichtigenden Kunstgeschichte ebenso den Historiker wie auch den *um neue Ausdrucksziele ringenden ausübenden Künstler* interessieren wird. Er vertrat die Ansicht, dass alle Kunst im Grunde subjektiv ist, und hielt die Intuition für das wichtigste Element schöpferischen Gestaltens. Als Wegbereiter des Expressionismus sah Worringer, ähnlich wie Fritz Burger, in der Kunst Ferdinand Hodlers eine die Tradition mit modernen Mitteln fortsetzende Leistung, die den Blick durch Einfühlung zur abstrakten Schönheit von Linien, Formen und Farben hinführt. Sei es in Hodlers *Tell* oder *Tag,* in den Schnitzereien der Maori oder im erst besten assyrischen Relief, für Worringer ist alle künstlerische Produktion nichts anderes als *eine fortlaufende Registrierung des grossen Auseinandersetzungsprozesses, in dem sich Mensch und Aussenwelt seit Anbeginn der Schöpfung und in aller Zukunft befinden. So ist die Kunst nur eine andere Äusserungsform jener psychischen Kräfte, die, in demselben Prozess verankert, das Phänomen der Religion und der wechselnden Weltanschauung bedingen.*[21]


**Ein unendlicher Prozess**


Seine Gedanken über das Wesen der Kunst trug Rudolf Steiner am 28. Oktober 1909 in Berlin als eine Art Kunstmärchen vor. In einer vereisten Landschaft stehen zwei weibliche Gestalten. Aus dem Abendrot tritt ihnen ein Sendbote der «höheren Welten» entgegen. Er horcht auf ihre Gefühle. Die eine Frau spricht: *Wie wunderschön ist die Landschaft ringsherum!* Der andern friert. Die beiden Frauen fallen in einen tiefen Schlaf. Der Schlaf der Frierenden wird ihr fast zum Tode. Die Nachwirkung der Empfindung: *Ach wie schön!* hält die Glieder der anderen Frau am Leben. Im Traum hört sie die Stimme des Jünglings: *Du bist die Kunst!*[22]

Wäre der Autor dieses symbolistischen Märchens nicht bekannt, man könnte es für eine Beschreibung von Hodlers Ideenskizzen zu den um die Jahrhundertwende entstandenen, in Wien 1904 ausgestellten, mehrfigurigen Kompositionen *Der Tag* und *Die Wahrheit* halten.

Der Bildgedanke entfaltet sich sprunghaft wie ein pantomimisches Mysterienspiel. Neben Raum und Fläche wird zum ersten Mal die Zeit bedeutsam. Um das Hodlersche Kunstmärchen besser zu begreifen, lohnt sich ein Blick auf die Vorgeschichte. Im Auftrag der Zürcher Kunstgesellschaft entwarf Hodler 1897 zwei Plakate für die ständige Sammlung. Der erste Entwurf zeigt eine sitzende weibliche Figur im Profil inmitten einer Blumenwiese. Der rothaarige Kopf ragt wie ein Blütenkelch nur unmerklich über den Horizont. Die ganze Figur scheint wie verzaubert, ihre Aufmerksamkeit nach innen gerichtet, als wartete sie auf ein erlösendes Zeichen. Später hat Hodler diesen Entwurf überarbeitet und in Wien 1904 unter dem Titel *Der Traum* ausgestellt. – Im zweiten Entwurf erscheint die Frauengestalt auf einem Berggipfel, umgeben von Wolken, frontal, ohne Attribute, die Arme erhoben und die Hände zu einer Art Segensgestus geformt. An einer Ausstellung in Genf 1899 wurde das Bild als *Die Kunst,* in Wien 1904 als *Die Poesie* gezeigt (Abb. 11).[23]

Introvertierte und extrovertierte Gebärde, Befangensein in der Illusion und Befreiung durch die künstlerische Vision werden in diesem Anfangsstadium, ähnlich wie bei Steiner, noch als gegensätzliche Prinzipien gedacht. Zwischen 1898 und 1899 sucht Hodler in zahlreichen Ideenskizzen nach einer Bildform, in der die Gegensätze prozesshaft aufeinander bezogen werden. Die Plakatentwürfe für die Zürcher Kunstsammlung, vor allem ihre Verbindung mit Motiven des Secessionsplakats[24] und ihre programmatische Bedeutung für Hodlers Malerei, lassen erkennen, dass Hodler auf dem Höhepunkt seiner Karriere eine Art von Urgebärde suchte, in der Leben und Kunst, Prosa und Poesie, Zeitkunst und Raumkunst vereinigt sind – von der Bewegung des Körpers im Raum, zum Tanz, zur Kleidung, zur Baukunst, zur Plastik, zur Malerei, bis hin zur Gebrauchskunst.

Diesem Bildgedanken am nächsten kommen die zweistufigen Ideenskizzen in *Der Tag.*[25] Das untere Bildregister nimmt das Motiv des *Traums* wieder auf und zeigt die Frauengestalten nun in einer Reihe als Bewegung, als Entwicklung vom Schlafen zum Erwachen, von kalten zu warmen Farben. Die angedeutete Gipfelregion weist, wie beim *Tell,* auf die Grenzerfahrung zwischen Intellekt und Intuition hin. Das Erwachen der Seele ist gemeint, wenn sie, von einer Vision ergriffen, in einen Körper eintritt. Ergriffenheit und Empfindung sind für Hodler, wie später auch für viele Expressionisten, die Voraussetzung, damit Kunst entstehen und verstanden werden kann. Im oberen Bildregister erscheint das Motiv der Kunst oder Poesie als aufrechtstehende, weibliche Aktfigur, gesteigert zu einer leuchtenden Vision, die allein kraft ihrer leiblichen Präsenz die schwarz verhüllten männlichen Rückenfiguren zu vertreiben vermag. – Man denkt unweigerlich an Raffaels *Verklärung Christi* (Abb. 16). Dieses Bild hat immer wieder Anlass zu Kritik gegeben, weil das Geschehen auf zwei Ebenen angesiedelt ist, einer visionären (oben) und einer irdisch-realen (unten). Jedoch *beides ist eins,* wie

Goethe den Widerspruch deutete, *beides aufeinander sich beziehend, ineinander einwirkend.*[26] Die künstlerische Vision vereint, was die dogmatisch-christliche während Jahrhunderte getrennt hat.

Leider kam keine der zweistufigen Ideenskizzen zur Ausführung. Aus dem oberen Teil entstanden die beiden Fassungen zur *Wahrheit* (1902 und 1903), aus dem unteren die drei Fassungen zum Tag (1899, 1904/7, 1910). *Der Tag* wurde zusammen mit *Die Nacht* (1889) und *Eurhythmie* (1895) an der Pariser Weltausstellung von 1900 mit einer Goldmedaille ausgezeichnet.

Ein kurzer Vergleich mit Mondrians Triptychon *Evolution* von 1911 (Abb. 17) zeigt, wie entscheidend die erreichte Stilstufe für die folgenden Kompositionen werden sollte. Für Mondrian symbolisierte das geistige Erwachen der Mittelfigur die Wende zur Abstraktion und damit den endgültigen Abschied vom narrativen Symbolismus der Jahrhundertwende. Statt der Darstellung von Vorstellungsinhalten entwickelte er eine vereinfachte Bildstruktur, an die Stelle der expressiven Handschrift traten homogene Farbfelder und der hierarchische Bildaufbau wurde durch die Struktur gleichwertiger Elemente ersetzt. In seinen ungegenständlichen Kompositionen suchte Mondrian die Vergeistigung im Bild auf ein Höchstmass zu steigern. Auch für ihn war Kunst nicht Selbstzweck. Seine Geistigkeit trifft sich mit Hodlers Tat-Ethos in der Vorstellung, dass Kunst über das Bild hinausweise und als stabilisierender Faktor auf die unberechenbaren Kräfte der Gesellschaft zurückwirke.

Von der *Nacht* bis zu *Tag / Wahrheit* thematisierte Hodler einen Aufrichteprozess, der an der Schwelle zu einem neuen Jahrhundert von den Folgen des Realismus befreien sollte. Die späteren Kompositionen – *Die Empfindung, Heilige Stunde* aber auch *Der Auszug der Jenenser Studenten und Einmütigkeit* bis hin zu *Blick in die Unendlichkeit* und *Floraison* variieren den Bildgedanken der *Eurhythmie*. Als ein «In-Gang-Kommen» hat Rudolf Steiner seine Eurhythmie einmal beschrieben: *Und sie [die Eurythmistin] setzt den einen Fuss vor den andern, verwandelt die Ruhe in Bewegung, und verwandelt die Bewegung in den Reigen, und schliesst den Reigen in der Form ab.*[27]

Neben der rhythmischen Gymnastik von Emile Jacques Dalcroze und der Eurythmie Rudolf Steiners stellen Hodlers Bilder einen eigenständigen Versuch dar, durch eurhythmische Erziehung des ganzen Menschen mehr Geleichgewicht in die Gesell-

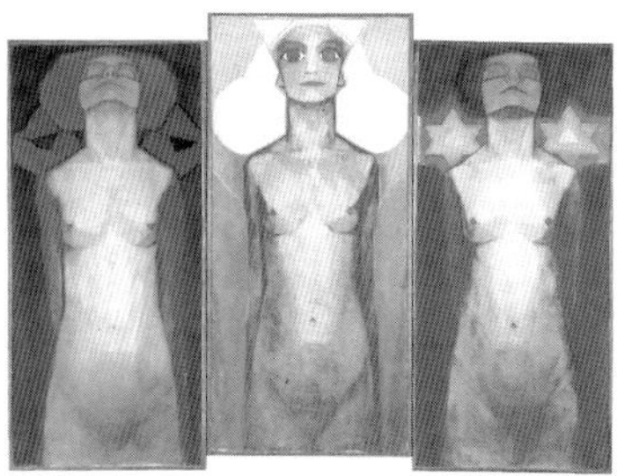

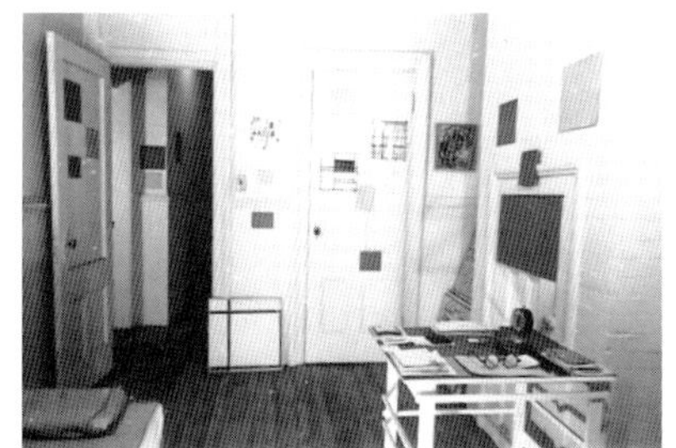

schaft zu bringen. Zum Gesamteindruck von Hodlers Bilder-Reihen gehört auch die Wechselbeziehung von Gesten der künstlerischen Tat und solchen der eurhythmischen Einfühlung in die Natur. *Wilhelm Tell, Die Kunst, Der Tag* und *Die Wahrheit* sind sozusagen die Eltern der Tat- oder Kunst-Gebärde, die in zahlreichen Auftragswerken für das Landesmuseum in Zürich, die Universität in Jena, die Fünfzig- und Hundertfrankennote, das Rathaus in Hannover variiert worden ist. Der Eurhythmie-Gedanke hingegen basiert auf den älteren einfigurigen Kompositionen *Zwiegespräch mit der Natur* (1884), *Aufgehen im All* (1892) und *Ergriffenheit* (1894) (Abb. 19). Er durchzieht das gesamte Schaffen der Landschaften und der Figuren. Man kann darin das horizontale Gestaltungsprinzip erkennen, während die Tat/Kunst-Gebärde als vertikales Prinzip, vom Kraftakt eines Holzfällers bis zur Grenzerfahrung einer Vision, die unendliche Wiederholung der Natur strukturiert. Im Achsenkreuz von Horizontale und Vertikale wird die schöpferische Leistung sichtbar und fühlbar als eine Kraft, die die erstarrte Gebärde des Bildes belebt und aktualisiert.

Die aktive Vermittlerrolle von Kunst, Künstler und Kunstrezipient, wie sie erstmals bei Goethe gültig ausgebildet erschien, verband Hodler mit einem subjektiven Tat-Ethos, das für das Kunstverständnis des 20. Jahrhunderts wegweisend geworden ist. *Das Schöne kann daher nicht erkannt, es muss hervorgebracht – oder empfunden werden [...], und hat daher seinen höchsten Zweck in seiner Entstehung, in seinem Werden schon erreicht.*[28]

Die Tragik des Unfertigen, Fragmentarischen eines solch unendlichen Werdeprozesses haben viele Künstler im 20. Jahrhundert erfahren.


## Der «pathetische Stil»


Es wäre verlockend, die Fäden weiterzuspinnen und die mannigfaltigen Verbindungen zu der nach 1900 sich formierenden Avantgarde aufzudecken. Das Beziehungsgeflecht zwischen Hodler und der Kunst im 20. Jahrhundert ist so vielschichtig und widersprüchlich, dass sich daraus mit dem besten Willen keine gradlinige, modernistische Tendenz interpretieren lässt. Was nicht ausschliesst, dass Hodlers Kunst interessante

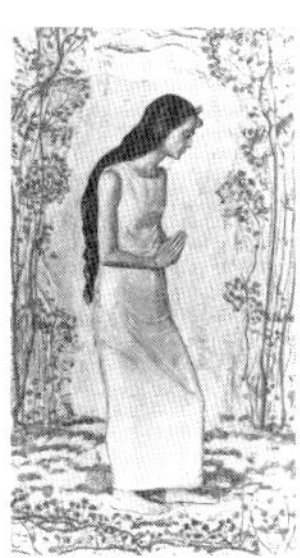

17 Piet Mondrian: Evolution, 1910/11. Öl auf Leinwand, Mittelbild: 183×87,5 cm, Seitenbilder je 178×85 cm, Gemeentemuseum Den Haag

18 Atelier von Mondrian in New York, 1944

19 Ferdinand Hodler: Ergriffenheit. 1894, Öl auf Leinwand, 45×26 cm, Kunstmuseum Bern

Schnittflächen mit der Avantgarde aufweist. Am vielfältigsten sind sie da zu greifen, wo Hodler als europäischer Secessionist einen eigenständigen Beitrag zur Entwicklung und Etablierung einer symbolistischen Koine geleistet hat. Von den daraus hervorgegangenen radikalen Positionen der Abstraktion und der Expression scheint Hodlers Werk aus heutiger Sicht gleich weit entfernt. Jawlensky, Kandinsky, Klee, Kirchner, Kokoschka schätzten Hodlers Kunst (Abb. 20), lehnten sie später, wie Klee es schon 1911 für sich formulierte, bedingt ab. Die anfängliche Ähnlichkeit erwies sich nur bei jenen Künstlern, die nach einer spirituellen Fundierung ihrer Kunst forschten, als tragfähig genug, um über die Stilunterschiede das Verbindende nicht aus den Augen zu verlieren. Bedenken wir Kandinskys Mahnung: *Es gibt keine Frage der Form im Prinzip. –* Oder: *[Man] sollte sich aus der Form keine Gottheit machen.*[30] Denn Formen verweisen auf Empfindungen und können solche wiederum auslösen, für sich selbst geben sie nur das Schema des Lebendigen[31], wie Heinrich Wölfflin schon 1886 erkannt hatte. Im *Blauen Reiter*-Almanach und in seiner Schrift *Über das Geistige in der Kunst* vertrat Kandinsky Positionen, die Hodler wohl auch mitunterschrieben hätte, wäre da nicht die Formfrage übermächtig geworden. Denn auch für Kandinsky hatte die moderne künstlerische Revolution letztlich nicht eine ästhetische, sondern eine geistige Bedeutung. Kunst war für Kandinsky *eine Macht, die zweckvoll ist, und der Entwicklung und Verfeinerung der menschlichen Seele dienen [muss].*[32] Jedoch sollte diese Macht in den Dienst eines nicht unbedenklichen *neuen geistigen Reiches* gestellt werden, dessen Folgen damals noch nicht absehbar waren. Klees Theorie, besonders seine pädagogischen Schriften, geben Aufschluss über grundsätzliche bildnerische Probleme, die auch Hodler beschäftigt haben. Die folgenden Zitate und Kommentare sind der von Max Huggler verfassten Einführung in den *Pädagogischen Nachlass* von Paul Klee entnommen.[33]

Als ein zentrales Thema taucht in Klees bildnerischem Denken immer wieder der Begriff der Bewegung auf *Das bildnerische Werk entstand aus der Bewegung, ist selber festgelegte Bewegung und wird aufgenommen in der Bewegung (Augenmuskeln).* Jeder Zeichnung (ein Punkt, der sich in Bewegung setzt ) geht eine lange «Vorgeschichte» voraus: genaueste Kenntnis der Natur und die *geistvollste Auffassung des Zusammenwirkens dieser Dinge im Weltganzen* waren für Klee wie auch für Hodler grundlegende

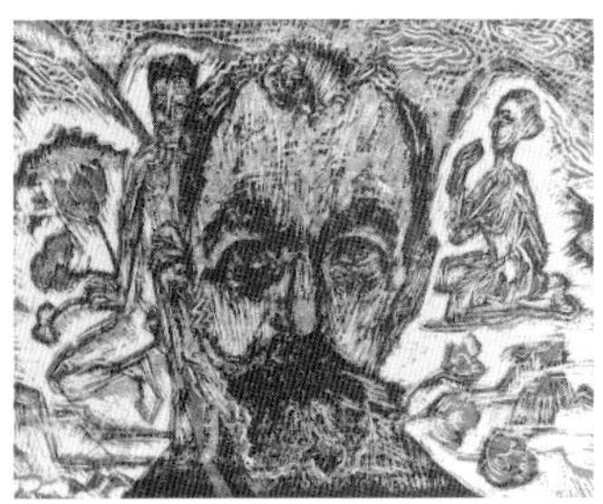

20  Ernst Ludwig Kirchner
Hodler-Kopf. 1918
Holzschnitt, 46×58 cm
Bündner Kunstmuseum, Chur

Voraussetzungen des Schaffens. Die Erhaltung des Gleichgewichtes erscheint unausgesprochen als Bedingung des Daseins und des Kosmos, folglich auch der künstlerischen Arbeit. Damit wird das Missverständnis ausgeräumt, *als ob ein Werk nur aus Form bestehe. Denn Form als Erscheinung ist ein böses gefährliches Gespenst.* In der *bildnerischen Mechanik (oder Stillehre)* wird die Lehre von der Bewegung systematisch ausgeführt. Bewegungslosigkeit ist Liegen und Lage, ihre Überwindung ist Macht: *Hinauf bedeutet Verheissung, hinab Enttäuschung.* Der schreitende Mensch und die sich ausbreitende Pflanze erreichen durch Verschiebung von Gewichten die horizontale Eigenbewegung um das Lot herum, wofür bei Klee das Symbol der Waage eintritt. Ruhe gestalten heisst für Klee nicht einfach eine liegende Figur zeichnen, sondern Schicht auf Schicht ein Gebilde aus Lagen darstellen. Eine grundlegende Übereinstimmung zwischen Klee und Hodler zeigt sich im Bereich des «pathetischen Stils».

Der Übergang vom statischen auf das dynamische Gebiet vollzieht sich im *aktiven Aufbau* des Menschen zu einem psycho-physischen, geistigen und deshalb mobilen Wesen. In der Spannung zur körperlichen Schwere liegt die Tragik, von der sich der Mensch zu befreien unternimmt – durch die Erfindungen des Wurfgeschosses, der Armbrust, des Rades, der Vehikel einschliesslich des Flugzeuges. Mit ihm ist die Kraft der Vertikalen überwunden. In *seinem Willen zu reiner Dynamik ist das Flugzeug den Anstrengungen des lebendigen Geistes vergleichbar, über das irdisch Gesetzmässige, das Physische Herr zu werden.* Diesem Willen zur Dynamik entspricht in Klees Stillehre der *pathetische Stil, ein Sturm und Drang-Stil, eine Romantik, die nach der Oberwindung der leidigen irdischen Gebundenheit trachtet, um sich dereinst im All, in der geräuschlosen selbstverständlichen reinen Dynamik erlöst zu hoffen.* Hodler und Klee verstanden sich beide als hellhörige Vertreter eines Übergangsstils, in dem die Statik sich pathetisch nach der dynamischen Freiheit sehnt.

*Denn über allen Werkzeugen des Sehens sieht das Gehirn. Es vergleicht die eine Harmonie mit der anderen und entdeckt so die wirklichen inneren Zusammenhänge der Dinge. Und aus dieser Tätigkeit des Gehirns zusammen mit den Erfindungen des Herzens werden neue Herrlichkeiten geboren.*[34] Für Hodler erweist sich gerade dieser Zwiespalt von intellektueller und emotionaler Intelligenz als der künstlerisch fruchtbarere Moment. Im Unterschied zu Klees «reiner Dynamik», die letzlich nach Überwindung der irdischen Gebundenheit trachtet, erwartet Hodler vom Kunstwerk, dass es in den allgemein verständlichen Formen einer Landschaft, eines Porträts oder einer Figurenkomposition *eine neue Ordnung offenbare, die den Dingen innewohnt [...].*[35] Kunst soll, wenn wir Hodler richtig verstehen, im Sichtbaren das Unsichtbare – die Tragik der menschlichen Existenz und der dramatische Charakter jeder künstlerischen Hervorbringung, – sichtbar machen.

## «Was man wirklich von der Welt wahrnimmt»

Zwei Künstler haben Hodlers Spätwerk in ihren Tiefen ausgelotet und für ihr eigenes
Schaffen fruchtbar gemacht: Jawlensky und Giacometti. Alexej von Jawlensky, aufge-
wachsen im inspirierenden Vorfeld des *Blauen Reiter,* Kandinskys Weggefährte und wie
dieser mit der in Entwicklung begriffenen Anthroposophie Rudolf Steiners vertraut,
arbeitete die Variationen von landschaftlichen und figürlichen Themen zu einer religiösen Weltformel aus.[36] Zweimal, 1905 und 1915, hat er Hodler in seinem Atelier
besucht. In den politisch düsteren dreissiger Jahren und unter dem Einfluss einer langsam fortschreitenden Lähmung wandelte sich das menschliche Antlitz in seinen klein-
formatigen Bildern zur modernen Ikone. *Über Isolation und Ausstellungsverbot hinaus,*
schreibt Thomas Zacharias, *haben die kleinen Tafeln ihr Gesicht gegen die Schläger-Visa-
gen von Thorak und Breeker behauptet, die sich in denselben Jahren in immer grössere
Dimensionen blähten.*[37] Das Bildnis, das Hodler 1912 von seiner Freundin und Geliebten Valentine Godé-Darel malte, vermittelt in seiner Farbigkeit und hieratischen
Strenge einen lebhaften Eindruck von der gegenseitigen Wertschätzung der beiden
Maler. Von einer Beeinflussung kann nicht die Rede sein. Dazu waren die Voraussetzungen zu grundverschieden. Dem elf Jahre jüngeren Russen mochten indessen Hodlers Bilderreihen – die Genfersee-Landschaften, die symmetrischen Spiegelungen, die
Figurenkompositionen und Selbstbildnisse – irgendwie wesensverwandt erscheinen.
Jawlensky malte zwischen 1914 und 1921 rund 380 farbige *Variationen über ein landschaftliches Thema.* Diese «serielle» Arbeitsweise, die er im Verlauf seines Lebens
immer weiter verdichtete, gründet auf der ständigen Auseinandersetzung mit der
Natur. Genau darin konnte er sich durch Hodler bestätigt fühlen, der seinerseits durch
einen bestimmten Formen- und Farbenrhythmus einen korrespondierenden Eindruck,
eine «Seelenlandschaft», im Betrachter evozieren wollte. Über seinen zweiten Atelier-
besuch im Frühjahr 1915 notierte Jawlensky später: *Ich war immer sehr gerne bei Hodler,
da ich seine Kunst bewunderte, auch liebte ich ihn persönlich als Mensch.*[38]

In Hodlers Atelier lag damals die ganze Bleistift- und Ölskizzen-Serie der sterbenden Valentine Godé-Darel (Abb. 24). Nach zweijähriger Krankheit wurde sie im Januar
1915 von ihren Leiden erlöst. Als Hodlers vierzigjährige Freundin im Mai 1913 mit dem
Krankenwagen abgeholt wurde, war sie nicht nur schwer erkrankt, sie erwartete auch
ein Kind von ihm. Im Oktober brachte sie die Tochter Pauline zur Welt. Die Godé-
Darel-Serie gehört mit vergleichbaren Motiven von Edvard Munch und Käthe Kollwitz
zu den ergreifendsten Krankendarstellungen der Kunstgeschichte. An Intensität wird
sie nur durch die Selbstbildnis-Reihe von Frieda Kahlo übertroffen. Zur Verdeutli-
chung ihres bestürzenden Wirklichkeitsgehaltes darf man den ursprünglich privaten
Charakter dieser Zeichnungen ebensowenig aus den Augen verlieren wie ihr einge-
standenes Scheitern an der Ungeheuerlichkeit des Vorhabens. Nur unter diesen Voraussetzungen enthüllen die Darstellungen der sterbenden und der toten Godé-Darel

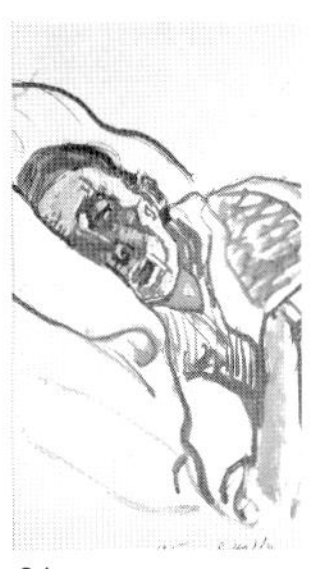

24

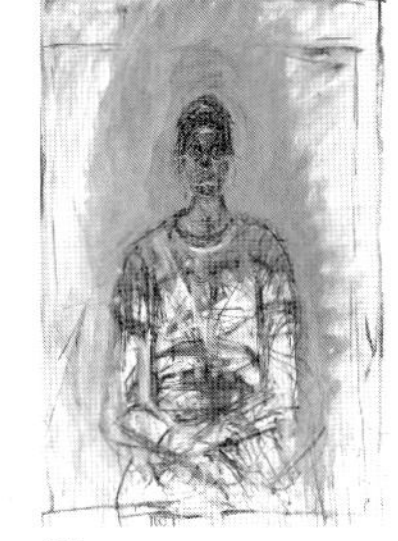

25

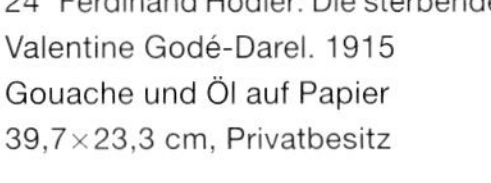
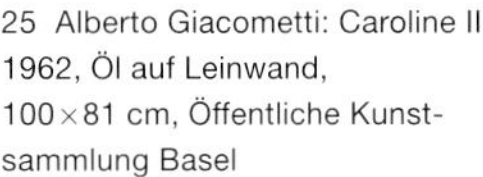

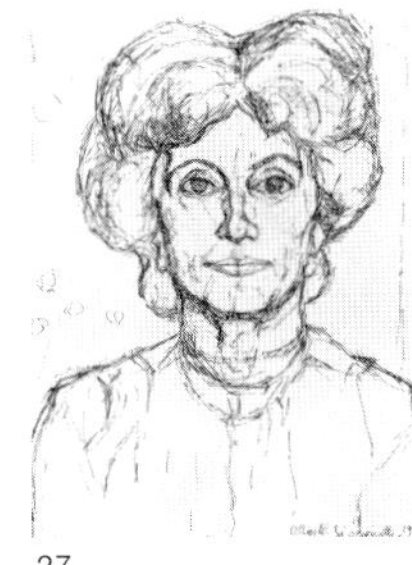

27

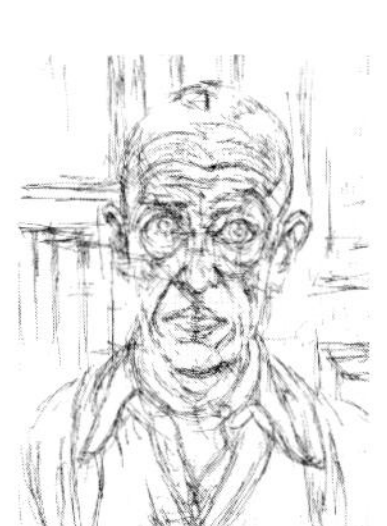

26

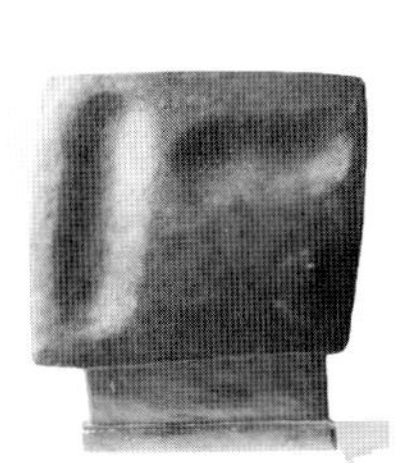

29

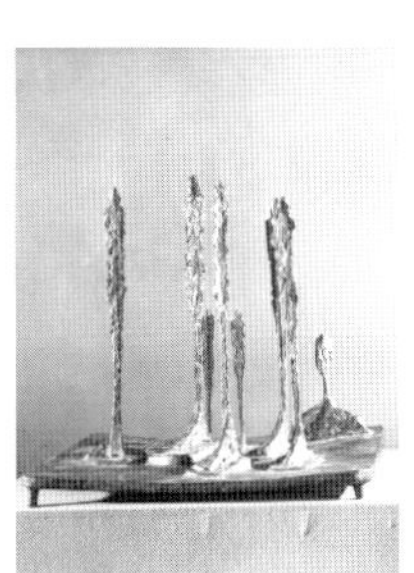
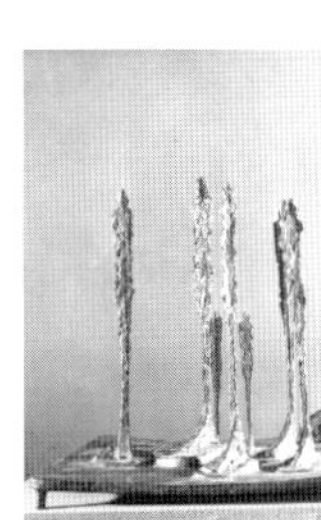

38

30

24  Ferdinand Hodler: Die sterbende
Valentine Godé-Darel. 1915
Gouache und Öl auf Papier
39,7×23,3 cm, Privatbesitz

25  Alberto Giacometti: Caroline II.
1962, Öl auf Leinwand,
100×81 cm, Öffentliche Kunstsammlung Basel

26  Alberto Giacometti: Michel
Leiris auf dem Krankenlager.
1957/60, Radierung,
24,7×16,8 cm, Kunsthaus Zürich

27  Alberto Giacometti: Bildnis der
Mutter. 1918, Feder in Tinte,
25,4×19,9 cm, Alberto Giacometti-
stiftung, Zürich

28  Alberto Giacometti: Porträt
Michel Leiris. 1957/60, Radierung,
24,6×16,8 cm, Kunsthaus Zürich

29  Alberto Giacometti: Tete qui
regarde. 1928, Bronze,
39,5×35,5×6,5 cm, Alberto
Giacometti-Stiftung, Kunsthaus
Zürich

30  Alberto Giacometti: Grande
tête de Diego. 1954, Bronze,
65×39,5×24,5 cm, Alberto
Giacometti-Stiftung, Kunsthaus
Zürich

38
Alberto Giacometti: Der Wald
(Sieben Figuren und ein Kopf).
1950, bemalte Bronze,
Höhe 57 cm, Alberto Giacometti-
Stiftung, Kunsthaus Zürich

etwas vom Geheimnis der Grenzerfahrung, um die es Hodler schon in früheren Kranken- und Todesbildern ging, die aber erst dem Zweiundsechzigjährigen in den Studien am Krankenbett seiner Geliebten die ganze Ausweglosigkeit eines solchen Unternehmens vor Augen führte. Die verstörende Präsenz des Unfertigen, der Leere, des Nichts bricht sich im Valentine-Godé-Darel-Zyklus zum ersten Mal gewaltsam eine Bahn durch Hodlers Schaffen. Da gibt es keine versöhnenden Farben, keine zugedeckten Leinwände, keine durchgezogenen Umrisslinien. Der Raum heischt seinen Teil am Leben, spätestens dann, wenn sich dieses seiner Übermacht nicht mehr erwehren kann. Die Grenze zwischen Innen und Aussen verläuft aber nicht entlang der Zimmerwände, das Fenster kann vom Sterben so wenig abschirmen wie ein Kleid oder die Umrisslinien des Körpers. Auch die Angst vor dem eigenen Tod bricht wieder aus. An der Dürer-Scheibe spiegelt sich das Gesicht des Malers in den aufgelösten Goucheumrissen des Modells. Am Tag vor Valentines Tod skizziert er seine Züge, hält Zwiesprache mit dem Tod. Wenn Hodler in den folgenden Tagen die Leiche der Geliebten und die Landschaft vor dem Fenster mit dem gleichen aufgewühlten Blick betrachtet, enthüllt sich ihm der Tod nicht mehr als versöhnende horizontal-parallelistische Einheitsvision, wie sie oft in der Literatur herbeizitiert wird. Was sich ihm damals zeigte, sind die offenen Zeichen einer durchlittenen Krise, die für Zusammenhänge hellsichtig machen kann. Michel Leiris hat in einem Aufsatz über Alberto Giacometti die Momente der Krise als die einzig wesentlichen im Leben bezeichnet: *Il s'agit des moments où le dehors semble brusquement répondre à la sommation que nous lui lançons du dedans, où le monde extérieur s'ouvre pour qu'entre notre coeur et lui s'établisse une soudaine communication.*[39]

Auf die innere Verwandtschaft des Godé-Darel-Zyklus mit Zeichnungen von Alberto Glacometti wurde in der Literatur schon hingewiesen.[40] Aufschlussreich ist der Vergleich mit Giacomettis Folge von Radierungen *Vivantes cendres, innommées* von 1957–1960, der die Rückkehr aus dem Totenreich nach dem gescheiterten Selbstmordversuch des Michel Leiris thematisiert. Giacomettis postkubistische und surrealistische Skulpturen hatten für Leiris die irritierende Präsenz eines Fetischs. Er bezeichnete sie als *Versteinerungen einer Krise; und dennoch gab es in diesen Skulpturen nichts Totes; im Gegenteil, alles daran ist wie bei einem wirklichen Fetisch überaus lebendig.*[41] Primitivismus und Exotismus waren für die Surrealisten Vehikel, um sich von den festgefahrenen intellektualistischen Strukturen des gebildeten europäischen Mittelstands zu befreien. Giacomettis Interesse an den aussereuropäischen Kulturen war anders gerichtet. Für ihn war der Surrealismus eine Attitüde, die ihm auf dem Weg zu einem erweiterten Verständnis von Wirklichkeit nicht helfen konnte. Er suchte in der Kunst etwas darzustellen, was dem entspricht, *was man wirklich von der Welt wahrnimmt.*[42] Dabei suchte er den Wirklichkeitsbegriff so weit wie nur möglich zu dehnen. Das Organ, aus dessen Mitte die Welt wahrgenommen wird, war nicht mehr die leibseelische Empfindung, nicht mehr Herzarbeit, sondern fast ausschliesslich die Leistung des Blickes. Die Federzeichnung *Bildnis der Mutter,* 1918 (Abb. 27), in Hodlers Todesjahr entstanden, liest sich wie eine versteckte Hommage an das neben Cézanne umstrittenste und einflussreichste Vorbild des siebzehnjährigen Giacometti. Hodler war Pate von Giacomettis Bruder Bruno. Der junge Alberto geht auf die wesentlichsten Gestaltungsprinzipien Hodlers ein: Symmetrie, Binnenrahmen, Frontalität, Entmaterialisierung und Steigerung des Gesichtsausdrucks durch den Blick.[43] Unentwegt erforschte Giacometti den menschlichen Blick auf Plätzen und Strassen zwischen Paris und seinem Heimatdorf Stampa im bündnerischen Bergell, ebenso wie in den kunstgeschichtlichen und ethnografischen Sammlungen; ja seit frühester Kindheit widmete er seine ganze Aufmerksamkeit der Tätigkeit des Auges. Das Leben war nichts ohne das Abenteuer des lebendigen Blicks. Giacometti kam zum Schluss, dass der Blick, das heisst die Fähigkeit, *durch das Auge, nicht mit dem Auge* zu sehen, wie William Blake es formuliert hatte, in der europäischen Kultur seit der griechisch-römischen Antike erloschen war. Dagegen wirke *die Skulptur der Neuen Hebriden echt und mehr als echt, weil sie einen Blick hat. Es handelt sich nicht um die Imitation eines Auges, es handelt sich wirklich um einen Blick. Der ganze Rest ist nur der Träger des Blicks.*[44] Das sind die berühmt-berüchtigten Sätze aus einem Interview mit Georges Charbonnier von 1951, die über seine Entwicklung als Plastiker nach 1945 Aufschluss geben sollten. Die Fetischisierung des Blickes hatte in Giacomettis Plastik das fast vollständige Verschwinden des Körpervolumens, die Frontalität und Distanzierung der Figuren zur Folge.[45] Am Kopfende weisen seine Figuren wie ein senkrechter Strich nach oben ins Unendliche. Am Fussende dehnt sich die Masse in die Breite, so dass Füsse, Sockel und Platte miteinander verschmelzen. Die Tragik der menschlichen Existenz zwischen Schwere und Leichtigkeit erinnert noch einmal mit leisem Pathos an Klee und Hodler.

Im Unterschied zu diesen empfand Giacometti, ähnlich wie Samuel Beckett und Francis Bacon, alles Menschliche viel stärker von der «Furie des Verschwindens» (H.M. Enzensberger) bedroht. Nach dem Verschwinden des Blicks vor zweitausend Jahren droht jetzt, mit dem Verschwinden des Körpers, auch noch das Verschwinden des Gesichts. Eine vielleicht Jahrhunderte dauernde Agonie hat die Epidermis durchlöchert und ihr langsames Zerstörungswerk begonnen. Die sitzenden Figuren in den Gemälden Giacomettis tragen die Spuren der Verwesung, ihre Körper scheinen sich zu öffnen und zu bluten, als lägen sie krank, wie Valentine Godé-Darel, auf einem Sterbebett. Sie erscheinen wie Geister, die von den Toten zu uns zurückkehren und wieder verschwinden. Diegos Kopf schneidet sich wie das Blatt einer scharfen Axt in den Raum. Von der Seite gesehen fressen sich seine Züge dem Betrachter sofort ins Gedächtnis. Von vorn wird das Gesicht, wie das eines Fisches, vom umgebenden Raum verschluckt. Einzig der Blick lässt nicht mehr los. Er bleibt in der Leere hängen und schafft das beunruhigende Gefühl *einer räumlichen Atmosphäre, die die Lebewesen unmittelbar umgibt, sie durchdringt und schon das Lebewesen selbst ist; die exakten*

*Grenzen, die Dimensionen dieses Wesens werden undefinierbar.*[46] Tod und Leben werden bei Giacometti zum simultanen Erlebnis eines einzigen Augenblicks. Jede Sitzung mit dem Modell weitet sich zum Kampf aus, ein Kampf gegen das Übermächtigwerden des Toten. *Alle Lebewesen waren tot, und die Sehweise wiederholte sich oft: in der Untergrundbahn, auf der Strasse, im Restaurant; wenn der Kellner in der Brasserie Lipp sich über mich beugte, erstarrte er mit offenem Mund, ohne Verbindung zur vorangegangenen Bewegung, zum nachfolgenden Moment – den Mund offen, die Augen in absoluter Reglosigkeit.*[47] – *Wenn ich nach einem Modell arbeitete – und zwar von vorneherein mit einem gewissen Entsetzen – gelang es mir jedesmal, wenn ich nur ein wenig insistierte, den Schädel fast hindurchzusehen.*[48] Und immer wieder die nüchterne Feststellung: *Was den Toten vom Lebenden unterschied, war sein Blick.*[49] Wenn Giacometti dem Blick einmal auf der Spur war, konnte er im gleichen Gesicht die grössten Abenteuer erleben: *Und das Abenteuer, das grosse Abenteuer besteht darin, jeden Tag etwas Unbekanntes zu entdecken, im gleichen Gesicht, das ist grösser als alle Reisen rund um die Welt.*[50] Giacomettis Blickfetische beschwören jenes zweite Gesicht hinter den erstarrten Augen, dessen Ausdruck die Meditationsbilder Jawlenskys vielleicht am genauesten treffen.

## «Denn sie meinen das Grösste»: Hodlers Ideenskizzen und die Farbe Blau

*Communication avec l'nfini/Aufgehen im All* nannte Hodler ein Bild von 1892, das nach seiner Beschreibung *eine nackte weibliche Figur auf einem schwarzen Tuch und auf freiem Felde stehend darstellt* (Abb. 31).[51] Zum ersten Mal versucht Hodler, eine Figur über den schwarzen Tüchern der *Nacht* (1890) aufzurichten und mit symbolischen Gebärden die Integration von Leben und Sterben zu inszenieren. Das gebeugte Knie sollte diesen Prozess sinnfällig machen; eine Demutsgeste, die in mittelalterlichen Verkündigungsdarstellungen die Muttergottes beim Erscheinen des Engels einnimmt. Hodlers Figuren haben die Begegnung mit dem Unendlichen verinnerlicht: sie «denken» mit dem Knie, intuitiv, erst dann schalten sich die Emotionen und die Gedanken ein. Was die Gebärde verschlüsselt, wird später im Werkprozess offensichtlich. Von der ersten Ideenskizze bis zum ausgeführten Bild an der Wand lässt sich der Aufrichteprozess in

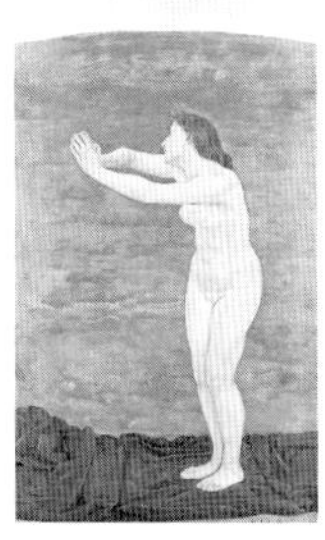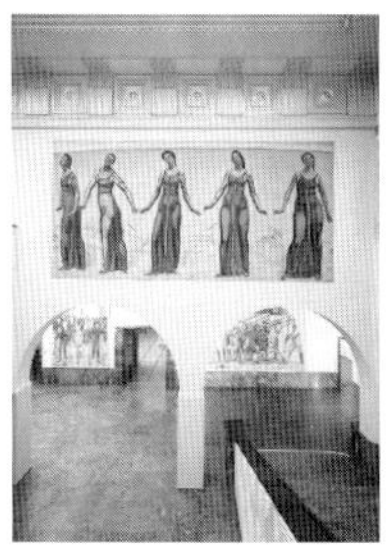

31  Ferdinand Hodler: Aufgehen im All. 1892, Öl auf Leinwand, 159 × 97 cm, Öffentliche Kunstsammlung Basel

32  Ferdinand Hodler: Blick in die Unendlichkeit II. 1916 Öl auf Leinwand, 343 × 723 cm Kunsthaus Zürich

immer zahlreicheren Skizzen, Studien und Varianten nachvollziehen. Bei den letzten Auftragswerken für die Zürcher Universität und das Landesmuseum ersetzt das unendliche Variieren in Hunderten von Zeichnungen das fehlende oder nicht vollendete Wandbild. Der Prozess hat sich verselbständigt und ist über den Stillstand einer endgültigen Fassung hinausgewachsen.

Gegen die Furie des Verschwindens hat Hodler immer gewaltigere Bilderwände aufgerichtet. Der *Blick in die Unendlichkeit I,* eine 8,95 Meter breite und 4,45 Meter hohe Leinwand, ist seine Antwort auf den Passions-Zyklus der sterbenden Valentine Godé-Darel (Abb. 32).

Die Skizzen am Krankenbett der Freundin wechselten ab mit den Kompositionsstudien zum Wandbild. Wiederum fordert die paralysierende Einheitsvision des Todes (als Horizontale) den Drang nach künstlerischer Bewältigung der Krise heraus. Sein Inneres verwandelt sich in ein «Schlachtfeld». Hodler macht sich 1915, kurz nach der Ausführung der ersten Monumentalfassung zum *Blick,* gleichzeitig an die Entwürfe zu *Die Schlacht bei Murten* (Landesmuseum) (Abb. 33) und zu *Floraison* (Universität Zürich). Bilderstreit und Tanz des Lebens, die beiden Energieströme, die Hodlers Leben gezeichnet haben, scheinen hier von der Last der Ausführung befreit. Beide Wandbilder blieben unvollendet. Dynamische und statische Bildgedanken werden zu tänzerischen Gesten kombiniert oder gewaltsam voneinander getrennt. Ein «Pandämonium» von farbigen Eindrücken stellt sich ein, wo in Wahrheit nur die Spannungsfelder durch Linien angedeutet sind. Hodlers Ideenskizzen haben an innerer Grösse die Wandbilder überflügelt.

Er hingegen war fest überzeugt, dass das Grosse gar nicht gross genug dargestellt werden könne. Er warf den Zürchern vor, dass sie die Bedeutung der Komposition *Blick in die Unendlichkeit* nicht begriffen hätten. Die zweite, kleinere Monumentalfassung, die heute in der Treppenhalle des Kunsthauses hängt, wurde in seinen Augen dem Anspruch der Bildidee schon nicht mehr gerecht. *Diese Weiber kann man gar nicht gewaltig genug malen,- denn sie meinen das Grösste. Sehen Sie, mit diesen fängt ein Neues an.*[52] Was meinte Hodler mit dem Neuen, und in welchen Dimensionen muss man sich dieses Grösste vorstellen? Zwei Antworten sind denkbar. Die eine bezeichneten wir als Kraft, die im Achsenkreuz von Eurhythmie und Tat-Ethos sichtbar wird.

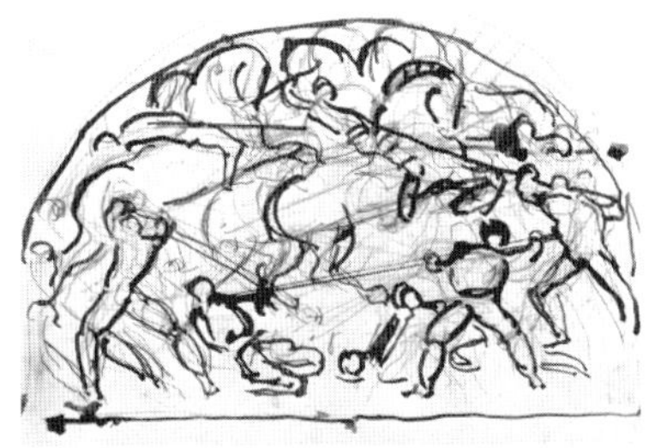

33 Ferdinand Hodler: Schlacht bei Murten. 1915/16, Ideenskizze, Kunsthaus Zürich

Die andere weist unmissverständlich ins Offene, Inkommensurable, zur Farbe Blau, die wie keine andere zur Leitfarbe der Moderne geworden ist.[53]

Hodler verstand das Leben, ähnlich wie Giacometti, als eine tägliche Herausforderung an den Tod. Was ihm vorschwebte, war ein rhythmisches Verhältnis von Leben und Sterben, wie es sich im Verlauf der Jahre durch Arbeit und Studium bei ihm eingestellt hatte. In der Nacht des 14. März 1914, seinem 61. Geburtstag, drei Wochen nach Valentines erster Operation und vier Monate vor Ausbruch des ersten Weltkriegs, hat Hodler dieses Wunschbild seinem Freund Mühlestein mitgeteilt: *So kommt der Tod auf uns zu, jede Sekunde unseres Lebens ist das eine schöne ruhige Bewegung und eine Gegenbewegung. Wenn du ihn aufnimmst in dein Wissen, in deinen Willen: das schafft die grossen Werke. Und du hast nur dieses eine Leben, um etwas zu leisten. Das gliedert unser ganzes Leben, es gibt ihm einen vollkommen anderen Rhythmus. Das zu wissen, das verwandelt den Todesgedanken in eine gewaltige Kraft.*[54]

Irgendwie möchte man Hodler rechtgeben. An der Schwelle zum ersten Weltkrieg – Hodler gehörte zu den Mitunterzeichnern der Genfer Petition gegen die Beschiessung der Kathedrale von Reims – nachdem der Tod ihm die Freundin entrissen hatte, *kann man diese Weiber gar nicht gewaltig genug malen.* Doch «die blauen Riesenleiber», vom Empfindungshandwerk versteinert, haben die Blicke unempfindlich gemacht für das Leben um sie herum. Man steigt die Treppenhalle hinauf in den hellen Oberlichtsaal des zweiten Geschosses und hat das Bild nicht gesehen. Und doch wäre die Distanz mithilfe der Zeichnungen überbrückbar. Da finden sich Ideenskizzen mit einer vorwärtsdrängenden Bewegung, andere schliessen die Figuren zum Kreis, wieder andere inszenieren den Aufrichteprozess vom Liegen zum Hocken und Stehen.

Gelingt es einmal, die Bewegung auch im Wandbild sichtbar zu machen, dann wäre der Blick von der Wand erlöst. Es käme wieder Raum ins Bild, leben in die Figuren. Eine Viertelsdrehung haben sie bereits ausgeführt, einen Viertel ihrer blauen Oberfläche gezeigt: vom frontalen In-Erscheinung treten (der ersten, zweiten und dritten Figur von rechts) bis zum Abwenden und Ausrichten des Blickes nach links und nach oben (der beiden Figur links). Eine Blickorientierung wäre damit eingeleitet, nur eine Viertelsdrehung vom gewohnten Schauen entfernt und noch lange nicht nahe genug am Dasein der Dinge. Eine solche Annäherung an das Unerreichbare meint Rilke, wenn er schreibt: *Wir haben nie, nicht einen einzigen Tag, den reinen Raum vor uns, in den die Blumen unendlich aufgehn.*

Vielleicht hatte Hodler diesen Raum vor Augen, als er seine gewaltigen Weiber malte. Seinem Freund Johannes Widmer machte er 1917 folgende Erklärung: *Durch die grossen Figuren kam ich den weiten Flächen, dem blauen Himmel näher. Blau ist mir überhaupt die liebste Farbe [...] die Ferne ist blau [...]. Übrigens ist Blau eine Farbe, die mir zu sagen scheint, was, wie der Himmel, wie der See, jenseits des Alltags, ungreifbar, herrlich ist.*[55]

Diese Blau-Vision trifft sich mit einer fundamentalen Erfahrung der Mystik. Wer das «formlose» Licht sehen will, muss sich von den Leidenschaften dieser Welt abwenden, sich von allen Vorstellungsbildern befreien und in den leidenschaftslosen Zustand der Apatheia übergehen.[56] Doch alle menschliche Anstrengung fruchtet nicht, wenn die «göttliche Gnadenzuwendung» ausbleibt. Ohne die Erfahrung des Angesprochen-Seins oder Angeblickt-Werdens stumpft unser Blick zu einem bloss noch registrierenden und reproduzierenden Apparat ab. Erst in der Begegnung von Innen und Aussen leuchtet das *Licht der Seele* im Herzen auf. Dann erblickt der *innere Mensch,* der zum Gnostiker geworden ist, zum Gotterkennenden, in sich das *Licht der Schönheit seiner selbst.* Bei den ägyptischen Mönchen stand diese Lichtschau stets im Zenit der Bemühungen. Es war das, was sie als das «reine Gebet» bezeichneten. Dieses in der Selbstschau ausströmende Licht hat aber die Qualität Blau, da es dem *Saphir und der Farbe des Himmels ähnlich ist.*[57]

Dem andalusischen Lyriker Juan Ramón Jiménez gelang der Hinweis auf dieses Licht im Gedicht *Wolke*[58] in nur vier kurzen Versen. Jeder Vers stellt einen Schritt dar, in Richtung eines erweiterten Schauens.

*Was ich in dir sehe, Himmel,*
*dies ist das Geheimnis,*
*was jenseits von dir ist,*
*bin ich hier, traumversunken.*

Durch die «grossen Figuren» kam Hodler in seinen späten Landschaften den Dingen tatsächlich näher. Das lyrische Schauen von Gleich zu Gleich macht die Grenzen durchlässig, die Umrisse mischen sich in das Farbgeschehen ein. Der nahsichtige Ausschnitt eines *Bergbachs bei Champéry* (1916) (Abb. 34) nimmt nun, ohne Pathos, die Dimensionen des menschlichen Schicksals an: *Das Gestein – das sterbende Element – stemmt und sträubt sich gegen das Wasser – das Element des ewig Lebendigen.*[59] Brüschweiler trifft genau den Ton; er trägt die Gedanken in die Nähe eines bekannten Zen-Spruchs, wonach die Stärke dem Wasser, dem weiblichen Element, und die Schwäche dem Gestein, dem männlichen Element, zugeordnet wird.

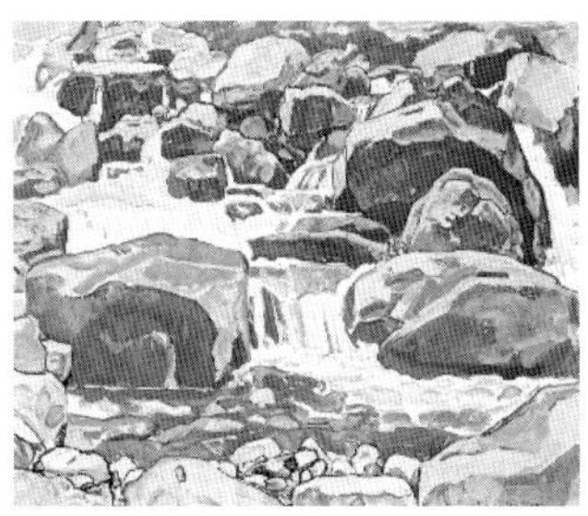

34  Ferdinand Hodler: Bergbach
bei Champéry. 1916
Öl auf Leinwand, 83 × 97 cm
Bündner Kunstmuseum, Chur

Auch in den Selbstbildnissen hat die Blick-Rhetorik der Jahrhundertwende einer neuen Sachlichkeit Platz gemacht. Die Anstrengung ist sichtbar und doch überträgt sich diese unerbittliche Selbstschau allein durch das aus dem Bild strömende Licht. Das Selbstbildnis verwandelt sich in ein Kraftfeld, je länger man sich darin betrachtet.

## Das Gespräch

Ein unterirdischer Gang führt vom Symbolismus Ferdinand Hodlers über Yves Klein («le Monochrome») zum «erweiterten Kunstbegriff» von Joseph Beuys. Alle drei waren zu einer gewissen Zeit ihres Lebens von der Rosenkreuzerbewegung fasziniert. Auf die Phase der Mystik folgte bei jedem die Überwindung und die innere Verwandlung, die bei allen in eine ungeheure Produktivität mündete. Die Idee des Gesamtkunstwerks, das Leben und Kunst in eins setzt, geht wie ein Leitmotiv durch ihr ganzes Wirken. Yves Klein rief 1958 in einer Pariser Galerie «Die Blaue Revolution» aus: *Bewegung mit dem Ziel, das Denken und das Handeln des französischen Volkes zu verändern in Hinsicht auf ihr Pflichtgefühl ihrer und allen Nationen gegenüber.*[60] Revolution als Kehrseite der mystischen Erfahrung von Blau wie sie Klein bei Gaston Bachelard formuliert fand: *Am Anfang ist das Nichts, dann folgt ein tiefes Nichts und am Ende steht eine blaue Tiefe.*[61] In dieser Dichotomie von Revolution und Mystik gibt sich ein Denkmodell zu erkennen, das von der europäischen Romantik bis in unsere Gegenwart nicht aufgehört hat, Ideen und Emotionen zu zünden. Der Künstler als Mystiker ist Vermittler, als Revolutionär ist er Beweger, der durch seine Aktion direkt auf die Gesellschaft Einfluss zu nehmen versucht. *Der Maler soll ein einziges Meisterwerk malen: sich selbst, unaufhörlich und so eine Art Atomreaktor werden, eine Art Generator mit einer stetigen Ausstrahlung, der die Atmosphäre mit seiner ganzen malerischen Gegenwart erfüllt und sie nach seinem Weggehen im Raum hinterlässt. Das ist Malerei, die wahre Malerei des 20. Jahrhunderts.*[62] Yves Klein schrieb dies 1957 in sein Tagebuch, mehr als fünfzig Jahre, nachdem Cuno Amiet die generierende Kraft in Hodlers Malerei entdeckt hatte. Nationalsozialistische Barbarei und marktwirtschaftliche Monokultur haben die Symbole dieser Kraft für ihre Zwecke missbraucht und ausgebeutet. Die missverstandenen und ihres Sinnes beraubten Bilder wurden lange Zeit aus den Sammlungen entfernt und in die Keller der Museen versorgt.

Künstlerinnen wie Marie-Antoinette Chiarenza haben den Gang in die Unterwelt gewagt. Indem Chiarenza die Axt auf sich nimmt, symbolisiert sie die Verinnerlichung der Kraft, die vom Holzfäller auf sie übergeht. Chiarenza spielt auf das Motiv der doppelköpfigen Axt an, als Arbeitsgerät *(Der Holzfäller)* und als Ritualgerät (die geschulterte Axt). Die Doppelaxt war bei den alten Kretern gleichzeitig Szepter und Waffe, ein geheimnisvolles Instrument, das mit dem Labyrinth und den matriarchalen Strukturen der altkretischen Gesellschaft in Verbindung gebracht wird. Das *Axtblatt*

(1961) von Joseph Beuys strömt solche Kräfte aus (Abb. 35). Wie jedes echte Kunstwerk wirkt es heilend und verletzend zugleich, je nach dem wie weit man den Kunstbegriff fasst. Folgt man den weissen Linien bis ins Zentrum, dann wird das Axtblatt zur Axtplastik: Stierkopf und Auge, Insel und Labyrinth. Dunkelheit kann heilsam sein, Licht kann verletzen und töten. Wer in solchen Kontrastpaaren denkt, weiss vom milden Schein der Lampe in Goethes Märchen, das uns in rätselhaften Bildern die tiefsten Wahrheiten näherbringt: ‹Was ist herrlicher als Gold?› fragte der König. ‹Das Licht,› antwortete die Schlange. Was ist erquicklicher als Licht? fragte jener. Das Gespräch, antwortete diese.[63]

Kein Künstler des 20. Jahrhunderts hat sich so intensiv durch das Gespräch mitgeteilt wie Joseph Beuys. Das Gespräch wurde zu einem unverzichtbaren Teil seiner Plastischen Theorie. Beuys hat in seiner begrifflichen Arbeit deutlich gemacht, dass es ihm in erster Linie um die künstlerische Erziehung des Menschen geht. Seine Vorbilder waren Leonardo, Goethe und Steiner. Auf ihre Humanitätsvorstellungen bauend, scheute er keine Anstrengung, seine *Soziale Plastik* als ein neues Weltmodell zu lehren und zu leben. Als Fluxus-Künstler hoffte er noch, durch Aktionen sich unmittelbar verständlich zu machen. Interpretationen, besonders Selbstinterpretationen, lehnte er als unkünstlerisch ab. Er suchte den Schock, um einen kreativen Prozess in Gang zu setzen, um im Menschen *Gegenbilder* zu erzeugen, die aus der Intuition kommen und die einen *Energieschub* auslösen. Gegenbilder machen etwas frei im Menschen, geistige, seelische Kräfte, die durch Gewöhnung verschüttet sind. Zwar behauptete Beuys, er arbeite nicht mit Symbolen, sondern mit Materialien. Je weiter er sich aber auf ein Material einliess, desto transparenter wurden die Grenzen zum Symbol. Körpergesten, Tiere, Pflanzen, Anorganisches, vor allem aber Fett, Filz und Kupfer, mechanische Geräte, Batterien aller Art, Abfälle, Videokameras, Transportmittel, Lebensmittel, und vieles andere wurden in seine Aktionen einbezogen. Eine für Beuys typische Gesprächssituation ergab sich, als der Akademie-Professor und Fluxus-Künstler am 7.8.1964 sich vor dem Innenminister schriftlich verantworten musste, weil man unter seinen Akten den folgenden Eintrag gefunden hatte: *Erhöhung der Berliner Mauer um 5 cm (bessere Proportion!).*

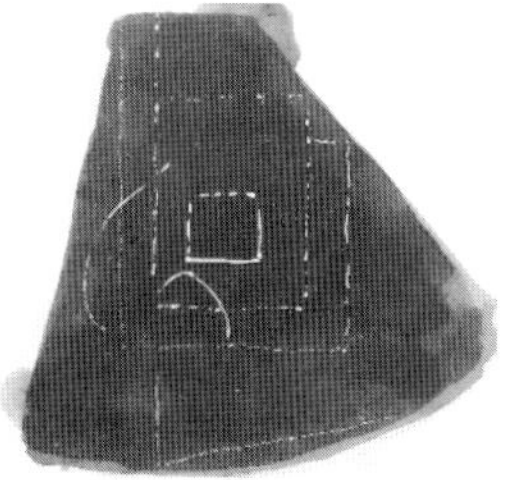

35  Joseph Beuys: Axtblatt. 1961
Ölfarbe und Lack auf Papier
20,2 × 22,7 cm
Museum Schloss Moyland
Sammlung van der Grinten

*Dies ist ein Bild und sollte wie ein Bild betrachtet werden. Nur im Notfall oder aus Schulungsgründen greift man zur Interpretation. Es ist mir nicht verständlich, warum Sie nicht ohne Interpretation den offensichtlichen Sinn verstehen.*

*Ich fange ganz real-banal an (Untertreibungsmethode!). Die Betrachtung der Berliner Mauer aus einem Gesichtswinkel, der allein die Proportion dieses Bauwerks berücksichtigt, dürfte doch wohl erlaubt sein. Entschärft sofort die Mauer. Durch inneres Lachen. Vernichtet die Mauer. Man bleibt nicht mehr an der physischen Mauer hängen. Es wird auf die geistige Mauer hingelenkt, und diese zu überwinden, darauf kommt es ja wohl an.*

*Zunächst also wird die Mauer durch mich, für mich überwunden. Motto: Unter meiner Herzenregierung wäre die Mauer erst gar nicht entstanden. Spontan entstehende Frage.- Welches Wesenglied in mir oder anderen Menschen hat dieses Ding entstehen lassen? Wieviel hat jeder von uns zum Möglichsein dieser Mauer beigetragen und trägt weiter bei? Ist jeder Mensch ausreichend am Verschwinden dieser Mauer interessiert? Welche antiegoistische, antimaterialistische, welche wirklichkeitsgemässe geistige Schulung bekommt der junge Mensch, diese jemals zu überwinden?*

*Quintessenz: Die Mauer als solche ist völlig unwichtig. Reden Sie nicht soviel von der Mauer! Begründen Sie durch Selbsterziehung eine bessere Moral im Menschengeschlecht, und alle Mauern verschwinden. Es gibt ja so viele Mauern zwischen mir und Dir. Eine Mauer in sich ist sehr schön, wenn die Proportion stimmt.*[64]

Das Gespräch über die Proportion, früher ein Dogma der Akademie, wird durch Beuys auf jeden beliebigen Gegenstand übertragen und dynamisiert. Sobald man seinen Blick auf die Proportionen oder, wie Hodler sagte, *die inneren Zusammenhänge der Dinge* lenkt, die den Gegenstand mit den Bedingungen unserer Wahrnehmung verbinden (Atmung, Empfindung, Vorstellungskraft, Abstraktionsvermögen, etc.) löst sich die starre Form, unter der wir den Gegenstand in unserem Gedächtnis gespeichert haben, auf. Dieser Übergang vom statisch toten Gebiet der Formfixierung zum dynamisch lebendigen der Formwerdung, sollte jetzt nach Klee, Klein und Beuys, auch bei Hodler keinerlei Schwierigkeiten mehr bereiten.[65] Das Kunstwerk als eine *Dynamomaschine,* die Bewegungskraft transformiert in eine andere, lichtähnliche Energie, dieser Gedanke hat Hodler zeitlebens beschäftigt. Auf seinen Plakatentwürfen *Die Elektrizität*

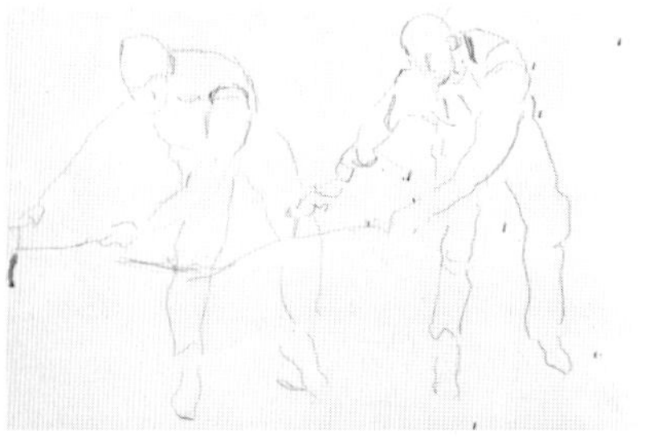

36  Ferdinand Hodler: Der Mäher, Studie. 1909/10, Bleistift, auf Papier, 29×44,5 cm, Kunsthaus Zürich

(1896) und *Die Technik* (1896)[66] ist die verhüllte weibliche Gestalt, die über eine liegende männliche hinwegschreitet, eindeutig negativ besetzt. Sie gehört in den Randbezirk der abgespaltenen dunklen Mächte, die vor dem Erscheinungsbild der Wahrheit fliehen.

Energie und Technik als rohe, vom Denken und Fühlen abstrahierte Kraft, hat in seine Kunst keinen Eingang gefunden. So stellte sich Hodler auch die moderne Arbeit nicht als monotone mechanische Dienstleistung vor, sondern belebt vom Rhythmus der Bewegung und offen für die inspirierte Tat. Durch C.A. Looslis Kommentare wissen wir, dass *Der Mäher* (Abb. 36) und *Der Holzfäller* für Hodler Sinnbilder waren für Rhythmus und Kraft und dass er seinen Bildern am liebsten diese beiden Titel gegeben hätte.

*…Schau dir einmal so einen Mähder [sic!] an, wie er Schritt um Schritt fortschreitet, die Sense zum Schnitt ausholt; wie dann, wenn der Schnitt geführt wird, sein Körper sich senkt, um sich in stets gleich bleibender Kurve wieder zu erheben, um gleich darauf wieder in die Kurve zurückzuversinken. Dieses stete Hin- und Herwiegen, wie ein weicher Wellenschlag, ist einfach berauschend. Stell dich vor ihn und schau ihm zu: nach allen vier Richtungen der Fläche verteilt sich gleich- und regelmässig seine stete harmonische Bewegung; es liegt ein ruhiger Takt darin, der etwas Tröstliches, Wohltuendes hat. Du siehst darin die Verkörperung der geruhsamen, selbstsicheren, wohlüberlegten Kraft, die nichts übereilt, die alles voraussieht, die ohne Hast noch übermässige Eile, Schritt um Schritt, Schnitt um Schnitt, die Arbeit vor sich wegräumt, sie ohne jegliche Aufregung bewältigt und zum Ziel gelangt. Der Mähder ist das gerade Gegenteil vom Holzfäller. Dieser strengt bei jedem Hieb seine ganze Kraft, sein ganzes Wesen plötzlich an; jeder Streich wirkt wie eine jähe Entladung, als ob der Blitz drein schlüge. Beim Mähder gibt es weder Spannung noch Abspannung; er wirkt wie eine Dynamomaschine, die fortwährend Strom abgibt, ohne sich je zu unterbrechen, ohne je nachzulassen, ohne sich je zu ermüden, noch zu erschöpfen, freilich auch, ohne je Blitze zu schleudern. Wenn du gar eine ganze Reihe von Mähdern auf einer Wiese im Gleichtakt mähen siehst, dann wird der schöne Eindruck noch verstärkt. Es würde noch ergreifender wirken, wenn sie nebeneinander, statt hintereinander mähen würden und du sie von vorne betrachten könntest.*[67]

Auch für Beuys nimmt der Tod einen bedeutenden Raum ein. Wie kann die Wissenschaft und die Kunst die wesentlichen Dinge in unserem Leben begreifen, ohne sich über den Tod, den Nullpunkt, das Nichts Gedanken zu machen? In einem Gespräch mit seinem Freund Hagen Lieberknecht von 1972 sagte Beuys: *Die Materie erreicht man nur, wenn man den Tod erreicht. Gehirn als materielle Unterlage des Denkens, Reflexionsorgan, so hart und blank wie ein Spiegel. Wenn das bewusst ist, dass es ein Spiegelorgan ist, wird auch klar, dass das Denken nur vollzogen werden kann durch den Tod hindurch und es dann allerdings etwas Höheres gibt für das Denken: seine Auferstehung in der durch den Tod errungenen Freiheit, ein neues Leben für das Denken. Dass es sich zukünftig auf ganz andere Weise vollziehen kann, es sich vorstellen lässt, dass man nach einigen Epochen mit dem Knie denken kann. Und ich behaupte, heute kann man das schon [...].*[68]

Die Überwindung des Denkens als reproduzierende Tätigkeit öffnet den Weg zum «erweiterten Kunstbegriff». *Man müsste ein Baum sein!* Dieser Satz von Alberto Giacometti lenkt den Blick auf eine der grandiosesten und zugleich erfolgreichsten Aufrichteaktionen des 20. Jahrhunderts. Der Baum als etwas Irreales im Realen war Giacometti schon als Kind zum inneren Erlebnis geworden. Man denkt an seine Plastik *Der Wald* von 1950 (Abb. 37). Auf einer Sockelplatte ist ein schauender Kopf sieben Frauenstatuetten gegenübergestellt. Die Komposition erinnerte Giacometti *an eine Waldecke, die ich in meiner Jugend jahrelang gesehen habe und deren Bäume mit den kahl auffragenden Stämmen (fast bis zum Wipfel ohne Äste) mir immer wie Leute vorkamen, die inne hielten und miteinander sprachen.*[69] Giacometti wusste, dass er dieses Unbeschreibliche, das er in dieser Waldecke gesehen hatte, einmal darstellen werde. Als er an der Figurenplastik arbeitete, war ihm dann nicht bewusst, dass es der Wald sein würde, wie er ihn damals sah. Auf der Höhe seiner künstlerischen Laufbahn ist es ihm gelungen, das darzustellen, was er durch seine Augen wirklich wahrnahm: seine Angst vor der Leere, vor der Isolation, vor dem Verschwinden ebenso wie das ganz Andere, Unbegreifliche, das seine Wahrnehmung übersteigt. Zeichenhaft fremd und einsam stehen Giacomettis Figuren auf dem Platz und doch auf eine seltsame Art miteinander verbunden *Vor dem Krieg hatte ich den Eindruck, die Wirklichkeit sei etwas Festes. Heute gar nicht mehr. So wenig, dass für mich die Landschaft, die ich betrachte, und die Bäume, die ich betrachte, wenn ich ins Café gehe, jeden Tag anders sind. Das ist neu für mich. Die Welt verblüfft mich täglich mehr und mehr. Sie wird weiter, wunderbarer, unbegreiflicher, schöner. Mich packen die Einzelheiten, das kleine Detail, wie das Auge in einem Gesicht oder das Moos an einem Baum.*[70]

Zur Eröffnung der documenta 7, 1982 in Kassel, rief Joseph Beuys die Aktion *7000 Eichen* ins Leben. Er selbst pflanzte den ersten Baum vor dem Museum Fridericianum, und dort wollte er fünf Jahre später, am ersten Tag der documenta 8, die letzte der *7000 Eichen* pflanzen. Der Tod hinderte ihn daran. Aber die Idee zündete: «Stadtverwaldung statt Stadtverwaltung». Mit dieser Parole eröffnete Beuys eine der erfolgreichsten ökologischen Aktionen. Für DM 500.- konnte man sich an der Aktion im Stadtgebiet von Kassel beteiligen. Neben jeder gepflanzten Eiche sollte eine 1,20 m hohe Säule aus Basalt stehen. Als die 7000 Basaltblöcke 1982 auf dem Friedrichsplatz vor dem Museum in einem keilförmig strukturierten Steinhaufen deponiert wurden, hagelte es Proteste. Das «ökologische Zeichen» wurde heftig diskutiert und bekämpft. Als Beuys starb, waren 5500 Bäume gepflanzt. Zur Eröffnung der 8. Documenta 1987 pflanzte sein Sohn Wenzel in Gegenwart von Eva Beuys das 7000. Stück.[71] Er war der «Auserwählte» dieser gross angelegten Menschheits-Aktion, die fast hundert Jahre nach Hodlers Gemälde – heute im Hodler-Saal des Kunstmuseums Bern[72] – die künstlerische Vision in die Tat umsetzt.

Für Hinweise und Anregungen danke ich, Angelika Affentranger-Kirchrath, Laura Arici, Tobia Bezzola, Bice Curiger, Bernhard Fibicher, Loa Haagen, Guido Magnaguagno und Harald Szeeman. Ein besonderer Dank geht an Bernhard Fibicher und Loa Haagen für die Durchsicht des Textes.

1 «En 1968 on pouvait lire sur les murs de Paris toutes sortes de graffitis, et entre autres cette phrase.» Brief von Marie-Antoinette Chiarenza an den Verfasser, Biel, 20.7.1996.
2 «Und Cynthia schaut zu – Künstlerinnen-Interieur: Marie-Antoinette Chiarenza». In: *frauen-kunstszene* Nr. 1 (März 1996), S. 5 – 10. Falsch zitierte Titel, Namen, Bezeichnungen wurden berichtigt.
3 Zur Hodler-Rezeption vgl. Eduard Hüttinger: Rezeptionsgeschichtliche Überlegungen zu Hodler, in: *De Artis et Libris, Festschrift Erasmus 1934 – 1984*. Erasmus Antiquariat, Amsterdam, 1984, S. 249 – 255.
4 Walter Hugelshofer: Die Ferdinand-Hodler-Story. Aufstieg und Niedergang seines Ruhms, in: *Schweizer Montatshefte,* Heft 12, März 1971, S. 1083 – 1088.
5 Cuno Amiet: Die Ausstellung der Secession in Wien, Januar – Februar 1904, in: *Neujahrsblatt der Zürcher Kunstgesellschaft 1950,* S. 24 – 25.
6 Zit. in: Jura Brüschweiler: *Ferdinand Hodler im Spiegel der Wiener Kunstkritik.* Wien, 1993, S. 37.
7 Franz Servaes, 1904, zit. in: Brüschweiler (Anm.6). S. 60.
8 Ebenda.
9 *Ferdinand Hodler und das Schweizer Künstlerplakat 1890 – 1920.* Ausstellungskatalog, Kunstgewerbemuseum Zürich 1983, S. 35 – 37, Abb. 40 – 45.
10 Franz Serveas, 1904; zit. in: Brüschweiler (Anm. 6). S. 60.
11 Ebenda.
12 Fritz Burger: *Cézanne und Hodler – Einführung in die Probleme der Malerei der Gegenwart.* München, 1919 [3., 1. Jena 1913] S. 48. Burgers Beobachtungen zum Tell sind durchaus in unserem Sinne; was nicht bedeutet, dass wir auch seine Interpretation teilen: «Hodler schildert auch nicht den Helden, der mit dem Schicksal ringt, um es zu besiegen, sondern der Held wird zum Schicksal selber, stark, unverrückbar, zur Gottheit, die durch ihn wirkt und spricht, schreckhaft gross, wie Moses, als er vom Berge Sinai kam.»
13 Zur Diskussion über Hodlers Parallelismus vergleiche Oskar Bätschmann: Die Symmetrien von Ferdinand Hodler. In: *Symmetrie in Kunst, Natur und Wissenschaft.* Ausstellungskatalog, 2 Bände, Mathildenhöhe Darmstadt 1986, Band 1: Texte, S. 355 – 372 .
14 Die Figur des Wilhelm Tell entstand im Zusammenhang mit den Entwürfen zum Wandbild Gesslers Tod (1897) für das Schweizerische Landesmuseum in Zürich. Zur Ikonographie und Auftragssituation vgl.: *Ferdinand Hodler. Peintre de l'histoire suisse.* Ausstellungskatalog, Hrsg. Jura Brüschweiler, Fondation Pierre Gianadda Martigny 1991, S. 40 – 63.
15 Zur Thematik des Religiösen in Hodlers Malerei vergleiche: Sharon Hirsh: *Ferdinand Hodler: Iconography in Transition. 1891 – 1894,* Phil-Diss. University of Pittsburgh, 1974 [Typoscript], ders.: *Hodler's Symbolist themes.* Umi Research Press, Ann Arbor, Michigan, 1983 und besonders ders.: *Ferdinand Hodler.* München, 1981, S. 22 – 35. Auch die Kritik reagierte unmissverständlich auf den religiösen Gehalt seiner Bilder, z.B. Ludwig Hevesi in seiner Ausstellungsrezension vom 23.11.1901

über das Bild Der Auserwählte». Er sprach von einer «unbestimmten Heiligkeit» in diesem Bild, das vom Hochaltar einer modernen Kirche strahlen sollte. Zitiert in: Jura Brüschweiler (Anm. 6), S. 14 – Der Auserwählte «wäre würdig in eienr Kirche der Zukunft anstelle des Alters zu stehen». In Anwesenheit von Maria Waser soll Hodler den Satz gesprochen haben: «Im Grunde habe ich noch keine andern als religiöse Bilder gemalt.» In: Maria Waser: *Wege zu Hodler.* Zürich, 1927, S. 78.
16 Zum Verhältnis von Steiner und Hodler vergleiche Günter Metken: Kann Kunst «geistig» sein? Rudolf Steiners Aesthetik in Theorie und Praxis, in: *Rudolf Steiner, Tafelzeichnungen, Entwürfe, Architektur.* Ausstellungskatalog, Württembergischer Kunstverein Stuttgart 1994, S. 128 – 131.
17 Ebenda Abb. S. 137.
18 Rudlof Steiner, zit. in: Metken (Anm. 16). S. 137 – 138. Hodlers Tell hält allerdings die Rechte in die Höhe, nähert sich damit eher dem Gestus des Weltenrichters am jüngsten Tag.
19 Sigmund Freud: *Abriss der Psychoanalyse.* 1953, S. 11.
20 Rudolf Steiner 1923, zit. in: *Rudolf Steiner.* Ausstellungskatalog 1994 (Anm. 16), S. 55.
21 Wilhelm Worringer: *Abstraktion und Einfühlug – Ein Beitrag zur Stilpsychologie.* München, 1908. Zitiert in: Udo Kultermann: *Geschichte der Kunstgeschichte – Der Weg einer Wissenschaft.* 1966, S. 192 – 193. Ebenfalls zitiert in: Wassily Kandinsky: *Über das Geistige in der Kunst.* 1912. Einführung von Max Bill, Bern 1972, S. 11.
22 Rudolf Steiner, zit. in: Metken (Anm.16). S. 127 – 128.
23 Ausstellungskatalog Kunstgewerbemuseum Zürich 1983 (Anm. 9), S. 46 – 63. – Oskar Bätschmann: Hodlers Kombinatorik. In: *Jahrbuch 1984–1986, Schweizerisches Institut für Kunstwissenschaft, Beiträge zu Kunst und Kunstgeschichte um 1890.* Zürich, 1986, S. 66 – 67.
24 Ausstellungskatalog, Kunstgewerbemuseum Zürich 1983 (Anm. 9), Abb. 111, S. 71.
25 *Ferdinand Hodler – Ideenskizzen und Studien zum Tag.* Ausstellungskatalog, 1994, Kat. 18, Abb. S. 87. – Hirsh (Anm. 15), 1981, Abb. 19: Vorstudie für «Der Tag» um 1897. – *Ferdinand Hodler.* Ausstellungskatalog Nationalgalerie Berlin / Musée du Petit Palais Paris / Kunsthaus Zürich 1983, Abb. 179 – 181. – Bätschmann (Anm. 23) S. 66 – 67, Abb. 14 – 17.
26 Johann Wolfgang von Goethe: Zweiter römischer Aufenthalt vom Juni 1787 – April 1788. In: *Goethes Werke.* Hamburger Ausgabe in 14 Bänden, Herausgegeben von Erich Trunz, Band XI, S. 454.
27 Zit. in: Steiner (Anm. 20). S. 128.
28 Johann Wolfgang von Goethe, zit. in: Max Huggler: Die Kunsttheorie von Paul Klee. In: Festschrift Hans R. Hahnloser. Bern 1959. Zit. in: *Der «Pädagogische Nachlass» von Paul Klee.* Schriftenreihe der Paul Klee-Stiftung, Nr. 3, erschienen anlässlich der Ausstellung im Kunstmuseum Bern, 1977, S. 18.
29 Paul Klee: «Rezension der Hodler-Ausstellung in der Galerie Heinrich Thannhauser». München, 1911. In: *Die Alpen,* Heft 4, Bern, Dezember 1911, S. 243 – 245. Durch seine satirischen Inventionen suchte Klee sich von den naturalistischen und idealistischen Stilisierungstendenzen der Jahrhundertwende zu befreien. «Die gespannten spitzigen Formen und die symbolische ‹berhöhung der Figuren sind Merkmale, die den Einfluss Hodlers erkennen lassen.» Marcel Franciscono: Paul Klee um die Jahrhun-

dertwende. In: *Paul Klee, Das Frühwerk 1883–1922.*
Ausstellungskatalog, Städtische Galerie im Lenbachhaus,
München, 1979/80, S. 53. Zur Invention Held mit dem
Flügel, 1905, 38, schrieb Klee in sein Tagebuch: «Ein
tragikomischer Held, vielleicht ein antiker Don Quijote.»
Zit. in: Ausstellungskatalog, München 1979/80, S. 329.
30 Wassily Kandinsky: Über die Formfrage». 1912, in:
*Der blaue Reiter.* S. 137, 162.
31 Heinrich Wölfflin: Prolegomena zu einer Psychologie
der Architektur [1886]. *Kleine Schriften,* 1946, S. 26.
32 Kandinsky (Anm. 30). 1973.
33 Huggler (Anm. 28), S. 3–18.
34 Ferdinand Hodler, 1897. Zit. in: *Ferdinand Hodler.*
Ausstellungskatalog 1983 (Anm. 25), S. 20.
35 Ebenda.
36 Zum Verhältnis von Hodler und Jawlensky vergleiche
Juliane Willi-Cosandier. In: *Alexej von Jawlensky.* Ausstellungskatalog, Genf 1995, S. 133.
37 Thomas Zacharias: *Blick in der Moderne. Einführung
in ihre Kunst.* München, 1984, S. 330–331.
38 Willi-Cosandier (Anm. 36). S. 133.
39 Michel Leiris: Alberto Giacometti. In: *Documents I.*
Genf, 1929, S. 209 ff.
40 Rudolf Koella: Zur kunstgeschichtlichen Bedeutung
von Hodlers zeichnerischem Werk. In: *Ferdinand Hodler.
Zeichnungen.* Ausstellungskatalog, Kunstmuseum
Winterthur / Kunstmuseum Solothurn 1983. – Bernhard
von Waldkirch (Anm. 25) S. 225.
41 Michel Leiris, zitiert in: Ursula Perucchi-Petri: *Alberto
Giacometti, Vivantes cendres, innommées, eine unbekannte Graphikfolge.* Ausstellungskatalog, Kunsthaus
Zürich, 1989, S. 6.
42 Alberto Giacometti, Interview von 1963, zit. in: Reinhold
Hohl: *Alberto Giacometti.* Stuttgart, 1971, S. 246.
43 Ebenda S. 21, 24, 229. – Christian Klemm: *Die Sammlung der Giacometti-Stiftung Zürich.* Ausstellungskatalog,
1990, Abb. S. 31.
44 Alberto Giacometti, Gespräch mit Georges Charbonnier von 1951, zit. in: Perucchi-Petri (Anm. 41), S. 8–9.
45 Zum Thema der Präsenz von Giacomettis Figuren
durch Formalität und Distanzierung vgl. Yves Bonnefoy:
*Alberto Giacometti, Biographie d'une vie.* Paris, 1991.
46 Henri Laurens, zit. in: Perucchi-Petri, (Anm. 41), S. 11.
47 Giacometti, Alberto, 1946.
48 Giacometti (Anm. 44). S. 14.
49 Giacometti (Anm. 42). S. 246.
50 Alberto Giacometti im Gespräch mit Parinaud, zitiert
in: *Alberto Giacometti.* Kunsthaus Zürich, 1962/63, S. 15.
51 Ferdinand Hodler in einem Brief an Büzberger, Genf,
17. September 1892. In: Carl Albert Loosli: *Ferdinand
Hodler. Leben, Werk und Nachlass.* 4 Bände, Bern
1921–1924, Band 4, 1924, S. 334.
52 Waser (Anm. 15), S. 82–83.
53 *Blau: Farbe der Ferne, Blau: Kaleidoskop einer Farbe.*
Ausstellungskatalog in 2 Bänden, Hrsg. Hans Gercke,
Andreas Bee, Christmut Präger. Heidelberger Kunstverein
1990. – Angelika Overath: Die blaue Enegie der Dichter.
Von Novalis' «blauer Blume» zur Zeitfarbe der Moderne.
In: *Neue Zürcher Zeitung,* Nr. 162, Beilage Literatur und
Kunst, Samstag/Sonntag, 15./16. Juli 1995, S. 61.
54 Hans Mühlestein/Georg Schmidt: *Ferdinand Hodler.
Sein Leben und sein Werk.* Zürich 1942, S. 521.
55 Johannes Widmer: *Von Hodlers letztem Lebensjahr.*
Zürich 1919. Hodlers Hang zur Mystik wurde oft fest-

gestellt. Die meisten Interpreten sehen diesen Hang zu
sehr in Abhängigkeit von «Stündeler»-Bewegung und
Rosenkreuzer-Mystizismus. Eine genauere Untersuchung
diese Phänomens bei Hodler steht noch aus.
56 Der Zustand der Apatheia meint Leidenschaftslogikeit
nicht als Überwindung oder gar Zerstörung der leibseeli-
schen Ganzheit, sondern als einen durch Übung erreich-
baren «fast engelhaften» und friedvollen Zustand. Charakterisiert ist dieser Zustand durch die Schau eines Lichts,
eines «Lichts ohne Form». Vergleiche: Alois M. Haas:
*Mystik als Aussage, Erfahrungs-, Denk- und Redeform
christlicher Mystik.* Frankfurt a.M. 1996, S. 215.
57 Evagrios Pontikos (ca. 345–399) wird in der neuesten
Forschung als «Beginner und Schöpfer der eigentlichen
christlichen Mystik» dargestellt. Vgl. dazu das grundlegende Werk von Alois Haas (Anm. 56) S. 212–220.
58 Juan Ramon Jiménez: *Stein und Himmel* [1919],
Stuttgart 1988, S. 62–63: «Nube/Lo que yo te veo,
cielo,/eso es el misterio;/lo que està de tu otro lado,/
soy yo acqui, sonando».
59 Jura Brüschweiler: *Ferdinand Hodler.* Ausstellungskatalog Basel, 1979, S. 146.
60 Yves Klein (1928–1962): «Die Blaue Revolution – Paris,
20. Mai 1958». Zit. in: Blau. Ausstellungskatalog Heidelberger Kunstverein (Anm. 53), Band 1, S. 84.
61 Aus Gaston Bachelards Buch *L'Air et les songes.*
Zit. Ebenda.
62 Yves Klein: «Tagebucheintragung von 1957». Zitiert
in: Heiner Stachelhaus: *Joseph Beuys, Jeder Mensch ist
ein Künstler.* München, 1991, S. 52.
63 Johann Wolfgang von Goethe: Das Märchen.
In: *Goethes Werke* (Anm. 26), S. 215.
65 In einem Interview sprach sich Beuys entschieden
gegen Hodler aus. Für ihn war er ein Konstruktivist im
Gegensatz zu Munch, van Gogh und Segantini, die er zu
den grossen spirituellen Kräften der Moderne zählte.
Vergleiche Joseph Beuys und Dieter Koepplin: Nicht
blosse Bilder. In: *Edvard Munch – Sein Werk in Schweizer
Sammlungen.* Ausstellungskatalog, Kunstmuseum Basel,
1985. – Es wäre zu fragen, welche Hodler-Werke Beuys
kannte und ob er sein Urteil nicht revidiert hat. Jedenfalls
entsteht durch eine Reihe von Gemeinsamkeiten, ein pro-
duktiver Widerspruch, der uns erlaubt, die Änderungen
zum Verhältnis von Hodler und Beuys im Interview nicht
für das letzte Wort zu halten.
66 Ausstellungskatalog Kunstgewerbemuseum Zürich,
(Anm.9), S.42–45, Abb.56 und 61. – Jura Brüschweiler,
Ausstellungskatalog Matigny (Anm. 14), S. 294–299:
Brüschweiler interpretiert den Plakatentwurf nach einem
älteren Titel als «Triumph der Technik». Mit einem solchen
Titel wird die Technikbegeisterung des Jahrhundert-
anfangs unkritisch auf Hodler übertragen. Vgl. auch die
Ähnlichkeit der Figur des «Génie sombre» (1889) mit dem
«Ingenieur» (1889/90).
67 Bernhard von Waldkirch: *Ferdinand Hodler – Zeichnungen der Reifezeit 1900–1918.* Ausstellungskatalog Kunsthaus Zürich, 1992, S. 156.
68 Stachelhaus (Anm. 62), S. 85–87.
69 Zit. in: Hohl (Anm. 42), S. 207–208.
70 Giacometti im Gespräch mit André Parinaud, 1962.
Zit. in: Hohl (Anm. 42), S. 208.
71 Stachelhaus (Anm. 62), S. 180–182.
72 Ferdinand Hodler: «Der Auserwählte» (1893/94),
Öl auf Leinwand, 2,19×2,96 m, Kunstmuseum Bern.

**Ferdinand Hodler**

**Über die Kunst**

Es ist die Mission des Künstlers, dem Unvergänglichen der Natur Gestalt zu geben, ihre innere Schönheit zu enthüllen. Der Künstler kündet von der Natur, indem er die Dinge sichtbar macht; er heiligt die Formen des menschlichen Körpers. Er zeigt uns eine vergrösserte, eine vereinfachte Natur, befreit von allen Details, die nichts sagen. Er zeigt uns ein Werk nach den Massen seiner Erfahrung, seines Herzens und seines Geistes.

Die Kunst: Das ist der Gestus der Schönheit. Plato definiert, das Schöne sei der Abglanz des Wahren. Das will heissen: man tue die Augen auf und studiere die Natur.

Wenn der Künstler produziert, so borgt er die Elemente der Darstellung von einer Welt, die schon existiert und in deren Mitte er lebt. Die stärkste Phantasie wird genährt von der Natur, dieser unerschöpflichen Quelle der Belehrung. Sie ist es, die unsere Einbildungskraft stimuliert. Je mehr man in das Wesen der Natur eingedrungen ist, um so vollständiger ist das Erlebnis, das man wiedergeben kann. Je mehr Mittel des Ausdrucks man besitzt, um so besser gelingt die bildhafte Verständigung. Man gibt seiner Liebe Gestalt: man zieht jene Figur einer anderen vor. Man reproduziert die Reize der Landschaft, in der man glücklich war.

Die Empfindung ist für den Maler jenes Moment, das sein Schaffen bestimmt. Es drängt ihn, zu berichten von der Schönheit der Landschaft, der menschlichen Figur, des Stückchens Wirklichkeit, das ihn so lebhaft zu rühren vermochte.

Die Eindrücke, die wir von der Natur erhalten, hinterlassen in uns Spuren von wechselnder Tiefe und Dauer. Ihre Auswahl determiniert alle Charaktere des Werkes, das heisst: das Wesen, den Charakter des Malers.

Durch Auge und Gehirn werden uns die Schönheiten vermittelt, von denen wir umgeben sind, mit grösserer oder geringerer Stärke, je nach dem Grade der rezeptiven Fähigkeiten des Einzelnen.

**Vom Sehen**

Das gänzlich unerzogene Auge sieht nicht in derselben Art, wie das Auge des Geübten, Form und Farbe der Dinge. Es begreift nicht alle Werte der Erscheinung, jenen Rhythmus der Formen, der durch Bewegung, Stellung und Gestus erzeugt wird. Vor allem aber wird es dem Tempo der Bewegung nur mühsam folgen können. – Mag sein, dass man die Physiognomie eines Menschen wiedererkennt, so wird man doch die genauen Formen des Kopfes gänzlich vergessen haben. Man sieht einen Baum und weiss, das ist eine Platane oder dergleichen; dieser Baum ist gross oder klein. Aber das wird auch alles sein. Wer diesen Baum bildlich darstellen wollte, müsste die Proportionen jedes einzelnen Teiles begriffen haben. Und dann: die Proportionen eines Objektes zu erfassen, das sich von einer ebenen Fläche abhebt, wird einem unvorbereiteten Auge niemals gelingen. Es ist leicht, jene besondere Rolle zu erkennen, die jedem Ding innerhalb der Ordnungen des Lebens zugeteilt ist. Am besten wird das Auge geübt durch die Vergleichung der Formen untereinander, die aufmerksame Beobachtung einer Person, ihrer Physiognomie, der Farbe ihrer Kleidung und Umgebung. Man kann die Fähigkeiten des Auges nach zwei Seiten entwickeln: zu absoluter Zuverlässigkeit und zu künstlerischem Geschmack.

Sehen: das ist, die Verhältnismässigkeit aller Erscheinung erkennen. Sehen: das ist Wissen.

Unsere Abhängigkeit von den wechselnden Verhältnissen, in denen uns die Dinge erscheinen, hindert die richtige Kenntnis der wirklichen Dimensionen, sogar die völlige Anschauung des Objektes, das wir doch nur von einer Seite erblicken. Es bleibt uns nichts übrig, als die Dinge im Ensemble der Erscheinung zu sehen, in ihrer Harmonie. Es würde auch nicht genügen, ein Objekt in seiner Realität zu schildern. Sondern es sind auch die optischen Bedingungen aufzudecken, die uns eine Linie vertikal erscheinen lassen und einen grossen Menschen gross. Man behauptet, das Auge sei kein Organ von Fähigkeit, dass es, ohne vorausgegangene Übung, zum Beispiel das Abbild eines Menschen wiedergeben könne. Sonst wäre ja jeder imstande, auf den ersten Schlag ein genaues Porträt zu machen. Doch selbst ein geübtes Auge ist unzuverlässig in bezug auf die Grössenverhältnisse.

Von einem Menschen mit geübtem Auge sagt man, er habe den Kompass im Auge. Aber man muss ihn auch in der Hand haben, wie Michelangelo, Leonardo und Dürer. Diese drei waren im Besitz einer reiferen Anschauung als die Masse der Sterblichen. Ich nenne sie, die durch die Form eine wahrhafte Macht des Ausdrucks erreicht haben.

Was aber sieht das geübte Auge? Es erfasst mit einem einzigen Blick nicht nur die Realität des Objektes, sondern auch das Ensemble der Linien, den Charakter der Proportionen. Es erkennt die räumlichen Beziehungen der Dinge untereinander, und es sieht die Wirkungen des Lichts.

Es gibt Maler, die infolge der Bildung ihres Auges eine besondere Art der Farbenanschauung entwickeln, ja sogar einen eigentümlichen Reiz. Doch wenn dieses das einzige Verdienst des Werkes wäre, so müsste man es ein untergeordnetes nennen. Es gibt kein wirkliches Kunstwerk, das nicht im Intellekt und in der Empfindung seinen Ursprung hätte. Das ist die höhere Wahrnehmung.

Das Talent besitzt ein Gefühl für Harmonie, das es zunächst nicht mitteilen kann. Man muss mit offenen Augen die Dinge ansehen, von denen man entzückt war. Dann bedarf es nur einer Gelegenheit, um diese Harmonie in eine Formel zu übersetzen, die den andern verständlich ist.

Wenn der Künstler sich nicht damit begnügt, eine Anekdote zu erzählen, wenn er vielmehr höhere künstlerische Absichten hat, so kann er seine Bemühungen konzentrieren auf die Form, die Farbe oder auf die Erscheinungen von Licht und Schatten.

In der Natur sind diese drei Elemente vereinigt, aber auf dem einen oder anderen liegt ein stärkerer Akzent. Wer auf die Form leichter reagiert, ordnet ihr die Farbe unter, und umgekehrt wie Tizian und Giorgione. Die reinen Koloristen legen ganz logisch eine Komposition nach den Forderungen der Farbe an. Sie stellen eine Figur in Licht oder Schatten, nicht aus Gründen der Form, sondern um gewisse Effekte der Färbung zu erzielen.


## Die Form

Welches auch immer das Ziel ist, das der Maler erreichen will, er kann es nicht ohne Form; sie ist eine unumgängliche Forderung. Man kann sich nicht ausdrücken, und nichts ist sichtbar ohne sie. Man kann sagen, dass sie zu vier Fünfteln die Ähnlichkeit bedingt, die äussere Gestalt der Körper, den Raum, die inneren Zustände der Seele, und dies ohne jede Hilfe der Farbe. Es genügt, sich Zeichnungen, Gravüren, Photographien darauf anzusehen.

Die Form ist allen Künsten gemeinsam, die das Runde erstreben: der Plastik, der Architektur, der Malerei. Sie ist das ausdruckfähigste Element; sie hat wie die Farbe einen verlockenden Reiz. Die gerade Linie, das Viereck, der Kreis sind Figuren voller Ausdruck.

Wir sind auch fast besser imstande, die Form wiederzugeben als die Farbe. Denn unsere Ausdrucksmittel entsprechen mehr dem Element, das wir darstellen sollen. Die Form ist in der Malerei auch weniger der Täuschung unterworfen als die Farbe. Sie ist der äussere Ausdruck eines Körpers, der Ausdruck seiner Oberflächen.

Aus all dem geht die Bedeutung der Zeichnung hervor, deren Aufgabe es ist, die äussere Gestalt der Dinge vorzuführen. Die Mittel, über die der Zeichner verfügt, um die Form wiederzugeben, sind der Strich und die ebene Fläche. Der Strich für sich allein drückt die Unendlichkeit aus. Die Form eines jeden Gegenstandes, wie er sich uns darstellt, besteht aus einem äusseren Umriss und aus inneren Formen.

Das ist eine Folge unserer Art zu sehen. Denn in Wirklichkeit sind alle Flächen des Körpers äussere. Der Umriss gibt nicht nur die Ausdehnung und die Hebungen und Senkungen eines Körpers wieder, er hat auch noch einen schmückenden, architektonischen Charakter, dadurch, dass er einen Körper von dem benachbarten klar abhebt. Und vor allem, weil sie diesen ornamentalen Charakter des Umrisses betonten, erklären sich die Wirkungen gewisser Meister.

Der Umriss des menschlichen Körpers hängt ab von den Bewegungen, er ist an sich selbst ein Element der Schönheit. Diese doppelte Bemühung, einerseits die Logik der Bewegung auszudrücken, andererseits auf die Schönheit, den Charakter des Umrisses hinzuweisen, erzeugt fast immer bei dem Künstler ein langes Ringen.

Man gesteht dem Umriss seine schöne Rolle heute willig zu, und dadurch wird er in der Tat ornamental. Man kann sagen, dass die dekorative Kunst mehr und mehr den Charakter des Ornaments annimmt.

Alle Meister aber haben das gemeinsame Bestreben gehabt, die Gestalt klar loszulösen aus ihrer Umgebung, die Schönheit der Linie im Umriss zu suchen; sie stellten lange Linien kurzen entgegen, studierten Bewegungen und Verhältnisse des menschlichen Körpers und entdeckten ihren Rhythmus.

Wie aber sehen wir die Dinge? Als Gegensatz von Hell und Dunkel, von Licht und Schatten, als Verschiedenheit von Farben. Und endlich noch insofern, als sich die Körper linear voneinander abheben.

Alle Körper mit glatter Oberfläche haben einen sehr klaren Umriss. Wenn man unter dem Vorwand, ihn zu verschönen, dem Umriss seinen Charakter nimmt, ihn schwächt und verwischt, und das zum Schaden der Rundmodellierung, die dadurch flau und verblasen wird, so macht man ein falsches Werk, und vor allem, wenn die Beleuchtungsverhältnisse Genauigkeit erfordern.

Diese Art zu mildern, wo es nicht nötig erscheint, ist im höchsten Grade langweilig. Derlei verrät übrigens auch eine unkorrekte Zeichnung, eine banale Anschauung, den Kitsch. Solche Leute bilden sich ein, dass mildern verschönern heisse.

Doch wenn die klare Kontur ihre Schönheit hat, so sind darum die Abstufungen der Farbe nicht weniger schön. Sollen sich aber die weichen Konturen rechtfertigen, so muss man sein Modell in ein bestimmtes Licht stellen oder in den Halbschatten, wie Carrière oder Tizian.

Man gebraucht und missbraucht dieses mildernde Verfahren, denn das Publikum neigt dazu, diese Dinge zu lieben. So habe ich mir von einem Photographen sagen lassen, dass viele Damen weiche und verwischte Porträts lieben, die sie nie weich genug bekommen könnten. Und es sei nicht so sehr die äussere Kontur, die sie geschwächt zu sehen wünschten, als vielmehr die Modellierung des Gesichts. Ich für meinen Teil kenne nichts Schöneres, als gewisse Frauenporträts der primitiven Italiener, deren Konturen von einer bewundernswerten Klarheit sind.


**Die Farbe**

Die Farbe charakterisiert und differenziert die Gegenstände; sie steigert und betont; sie trägt ausserordentlich zum dekorativen Effekt bei. Die Farbe entwickelt höchst wirksame musikalische Reize, unabhängig von der Form. Die Farbe hat Einfluss auf die Moral. Sie ist ein Element der Freude, der Heiterkeit. Es sind besonders die hellen Farben zusammen mit dem Licht, die diesen Eindruck erregen. Aber die dunklen Farben gebären die Melancholie, die Traurigkeit und selbst das Entsetzen. Man gibt dem Weiss die Bedeutung der Unschuld, während ein Schwarz das Böse, den Schmerz darstellt. Das lebhafte Rot wirkt wie Härte und Leidenschaft, das helle Blau ruft die weichen Empfindungen hervor, das Violett die Traurigkeit. Die Werte der Farben werden gesteigert durch ihre Verbindung; sie werden harmonisiert oder sie begleiten sich wie parallele Zierate, oder sie stossen sich auch und erzeugen Gegensätze.

Die Wirksamkeit und Bedeutung der Farben hängt ab von ihrer Intensität, ihrer Ausbreitung und ihrer Lagerung inmitten der anderen, die sie steigern oder entkräften, je nach der grösseren oder geringeren Nähe von Weiss oder Schwarz. Verbunden mit der Form tritt die Farbe noch stärker hervor und bestimmt die Rhythmen, die aus der Abwechslung und aus der Wiederholung resultieren. Die Farbe ist übrigens niemals von der Form getrennt, aber die Form kann sie zu grösserer Wirksamkeit bringen.

Die Färbung der Dinge hängt ab von der Farbe der Beleuchtung. Anders sind die Töne bei grauem, anders bei blauem Himmel. Wenn wir heiterer sind bei blauem Himmel, so ist es nicht nur wegen der Klarheit des Wetters, des Kontrastes der belichteten und beschatteten Flächen, sondern auch, und vor allen Dingen, wegen des lachenden Spiels der gefärbten Schatten, die, anstatt grau, durchtränkt sind von Blau und Violett, und in deren Mitte das Orange der Reflexe schimmert.

Bei schönem blauem Himmel ist die Farbe der Schatten blau und violett, für die Bäume ultramarin, und alle belichteten Blätter glänzen wie eine Masse. Was für angenehme Gefühle ruft dieser Akkord von Blau und Grün hervor.

Und der Bach in den Bergen, der zum Tale eilt, scheint auf seinem bläulichen Grunde mit riesigen Diamanten geschmückt zu sein. Dagegen beeinträchtigt eine allzu starke Belichtung die Schönheit des Rotes und der anderen Werte, und nur die transparenten Farben werden ihre Wirkung behalten. Aber die Blumen scheinen zu seufzen unter dem heftigen Ansturm des Lichtes; ihre Farben verblassen.

Bekanntlich ist es die Farbe, die zwischen Publikum und Maler öfters Streitigkeiten erregt. Lange vermochte man nicht zu begreifen, dass ein rosa Kopf in freier Luft violett bei blauem Himmel werden kann, und orange oder selbst lebhaft rot, wenn er von den Strahlen der untergehenden Sonne beleuchtet wird. Das Auge versteht aus Mangel an Beobachtung, hauptsächlich aber wegen zu geringer Übung, diese vom Künstler formulierten Nuancen nicht, sie erscheinen ihm wie eine entsetzliche Übertreibung.

Der Reiz der Farben liegt vor allem in ihren Akkorden, in der Wiederholung von Nuancen derselben Farbe. Die sanften Harmonien scheinen leichter in die Seele einzudringen, sie scheinen wirklich die Lieblingsakkorde des Herzens zu sein. Ich denke jetzt an jene Musik der Linien in gewissen Fragmenten des Parthenonfrieses. Disharmonien aber, Kontraste, überraschen und erregen, scheinen dem Nervensystem Gewalt anzutun. Doch sind die Übergänge von einem weichen Akkord zu einem kontrastierten, harten häufige Empfindungen im Leben.

Und all dieser Reichtum von Farbe, diese hellen und dunklen Flecken, die Kontraste und die wechselnden Akkorde zitternder Töne sind ein Geschenk des Lichts.

**Der Parallelismus**

Parallelismus nenne ich jede Art von Wiederholung. So oft ich in der Natur den Reiz der Dinge am stärksten verspüre, ist es immer ein Eindruck von Einheit.

Führt mich mein Weg in einen Tannenwald, wo die Bäume sich hoch zum Himmel heben, so sehe ich die Stämme, die ich zur Linken und Rechten vor mir habe, als unzählige Säulen. Ein und dieselbe vertikale Linie, viele Male wiederholt, umgibt mich. Mögen sich nun diese Stämme hell von einem immer dunkler werdenden Hintergrund abheben, mögen sie gegen das tiefe Blau des Himmels gestellt sein, die Ursache, die in mir jenen Eindruck von Einheit bestimmt, ist ihr Parallelismus. Die vielfachen senkrechten Linien wirken wie eine einzige grosse Vertikale oder wie eine ebene Fläche.

Wenn man über eine Wiese hinblickt, wo nur eine einzige Art von Blumen sich dem Auge bietet, wo zum Beispiel die Blüten des Löwenzahns sich in hellem Gelb von dem grünen Grunde des Rasens abheben, so wird man einen Eindruck von Einheit empfinden, der in Entzücken versetzt. Ich bemerke, dass die Wirkung grösser sein wird, der Eindruck stärker, als wenn sich eine Mischung von Blumen da vor uns ausbreitete, die in Farbe und Form verschieden sind.

Ein anderes Beispiel: Da stehen ein paar blühende Lorbeerstämme von ein und derselben Farbe, oder wir gehen einen Weg, der von Fliederbäumen eingefasst ist; man wird gleicherweise jenen Reiz empfinden, der von der Wiederholung ausgeht. Oder man versetze sich im Geist auf eine Ebene, die mit Felstrümmern übersät ist, etwa infolge des teilweisen Einsturzes eines Berges (wie man das zum Beispiel am Fusse des Mont Salève bei Genf sehen kann), so wird man denselben tiefen Eindruck empfinden, wie ihn die Gleichartigkeit aller einzelnen Teile verursacht.

Eine analoge aber stärkere Wirkung verspüren wir, wenn wir auf einem Berggipfel inmitten der Alpenregion stehen. Alle die unzähligen Spitzen, die uns umgeben, verschaffen uns jenen eigenen Reiz, der aus der Wiederholung resultiert.

Im Herbst sieht man die Blätter der Bäume, ein und dasselbe Blatt – etwa das der Akazien – ausgestreut auf dem Erdboden; die Art, wie diese Blätter so nebeneinander liegen, kann uns entzücken. Wenn ich den wolkenlosen Himmel betrachte, so zwingt mich die grosse Uniformität zur Bewunderung. Und sind bei diesem Beispiel die Elemente, welche den Parallelismus erzeugen, auch nicht sichtbar geschieden, wie bei den vorhergehenden, so sind sie darum nicht weniger vorhanden: Jedes einzelne Luftmolekül steht in einer Parallelwirkung zu dem anderen. – In allen Fällen nun, in denen der Parallelismus nicht nur für sich allein als Ursache jenes Reizes zu konstatieren ist, lässt sich doch ein gewisses Element der Ordnung in der Natur nachweisen. So haben zum Beispiel alle Blütenblätter dieselbe Form und sind um einen Mittelpunkt gruppiert.

Ein Baum bringt immer Blätter und Früchte derselben Form hervor. Wenn Tolstoi in seiner Schrift: *Was ist Kunst* sagt, man könne niemals mit grösserem Rechte behaupten, dass nichts einem Platanenblatt ähnlicher sieht als das Blatt der Platane. Man wird ebensowenig einen Apfelbaum Kirschen oder verschiedenartige Früchte hervorbringen sehen, wie man jemals erleben wird, dass eine Pflanze mehrere Arten von Blüten trägt.

Wir ersehen also aus allen diesen Beobachtungen, welche wichtige Rolle der Parallelismus oder die Wiederholung in der Natur spielt, und besonders bei den Dingen, an denen wir unsere grösste Freude haben, wie die Blumen.

Ich muss noch hinzufügen, dass bei fast allen diesen Beispielen, die ich eben angeführt habe, die Wiederholung der Farbe sich zu derjenigen der Form gesellt. Die Blütenblätter einer Blume, wie auch die Blätter der Bäume, sind im allgemeinen von derselben Farbe.

Dasselbe Prinzip der Ordnung erkennen wir auch im Bau des tierischen und menschlichen Körpers, in der Symmetrie der rechten und linken Körperhälfte.

Unsere Kleidung trägt dieselben Falten an den beiden Schultern, an den beiden Ellbogen und Knien, die gleichen Abdrücke unserer Bewegungen. Das merkt man besonders an einem Gewand, das bereits einige Zeit getragen ist.

Doch brechen wir ab und fassen wir zusammen: Der Parallelismus lässt sich nachweisen an den verschiedenen Teilen eines Gegenstandes, für sich allein betrachtet; er besteht noch augensichtlicher, wenn man mehrere Objekte derselben Gattung nebeneinander hält.

Wenn wir nun unsere Lebensäusserungen mit diesen Erscheinungen in der Natur vergleichen, so sind wir erstaunt, dasselbe Prinzip wiederkehren zu sehen.

Wir wissen und wir empfinden es alle in gewissen Momenten, dass das, was uns Menschen eint, stärker ist als das, was uns trennt.

Der Sinn und die hauptsächlichsten Bedingungen des Lebens sind dieselben für uns alle. Wir haben alle unsere Freuden und unseren Schmerz, die nur Wiederholungen derjenigen der anderen sind, und die nach aussen hin durch dieselben oder durch analoge Gesten sichtbar werden, da wir doch von einerlei Fleisch und Bein sind.

Feiert man irgendwo ein Fest, so sehen wir die Menschen sich in ein und derselben Richtung bewegen: das sind Parallelen, die einander folgen.

Manchmal erblickt man Menschen um einen Redner gruppiert, der seine Gedanken vorträgt; oder betreten wir eine Kirche während des Gottesdienstes, so empfinden wir jenen Strom von Einheit als etwas Imposantes.

Setzen sich ein paar Leute, die derselbe Zweck zusammenführt, an einen Tisch, so können wir sie als Parallelen auffassen, die irgendwie eine Einheit bilden, etwa als die Blätter einer Blume.

Sind wir froh, so hören wir nicht gern die Stimme der Disharmonie, die uns aus unserer Heiterkeit herausreissen würde.

Auch sagt man im Volksmund: gleich und gleich gesellt sich gern.

An all dem lässt sich nun unschwer der Parallelismus oder das Prinzip der Wiederholung nachweisen. Und dieser Parallelismus der Empfindung übersetzt sich nach aussen in den formalen Parallelismus, vom dem wir bereits sprachen. (Man wird jetzt meine Bilder: *Die Lebensmüden, die Enttäuschten,* die *Eurhythmie* oder den *Tag* verstehen, und erkennen, dass ich mir Seelenzustände oder überhaupt Stoffe auswählte, an welchen die Einheit unserer Empfindung am deutlichsten sich offenbart.)

Ist ein Gegenstand angenehm, so vermehrt die Wiederholung seinen Reiz, drückt er Trauer oder Schmerz aus, so erhöht sie die Traurigkeit. Ist dagegen ein Stoff barock oder abstossend, so wird er durch die Wiederholung bis zum Unerträglichen gesteigert werden. So bewirkt also die Wiederholung eine Steigerung der Intensität. Indessen, abgesehen vom Stoff, löst die Wiederholung einer Form oder einer Farbe an sich angenehme Empfindungen aus.

Seit der Kunstübung der Primitiven hatte man dieses Prinzip der Harmonie aus den Augen verloren, man dachte nicht mehr daran. Man suchte den Reiz des Verschiedenartigen, und man wurde zu Zerstörern der Einheit.

Wenn ich für meinen Teil dazu gekommen bin, den Wert und die Kraft jenes Elementes wiederzuerkennen, so war es dadurch, dass ich die Natur beobachtete, wie ich es eben an Beispielen gezeigt habe, die ich bis ins Unendliche vermehren könnte.

Trachten nach der Einheit, nach einer starken und machtvollen Einheit, das heisst nichts anderes, als einer Sache zur grössten Klarheit verhelfen, das heisst, eindeutig ausdrücken, dass dieses Ding voll Anmut ist und jenes voll Stärke.

Aber damit ist es heute nichts. Die Kunst unserer Epoche beweist es. Ein tolles Hasten nach den Reizen der Verschiedenheit herrscht allgemein, mit geringen Ausnahmen, die wie Puvis de Chavannes den Sinn der Harmonie erkannt haben.

Die Verschiedenheit ist ein Element der Schönheit wie der Parallelismus, vorausgesetzt, dass man sie nicht übertreibt. Denn allein schon der Bau unseres Auges bedingt, dass wir Verschiedenheit in einen Gegenstand von absoluter Einheit hineintragen.

Der Künstler weiss das wohl. So oft er die Einheit eines Gegenstandes betonen möchte, stösst er sich hart an jene Gesetze der Perspektive, nach denen die augenscheinliche Grösse eines Menschen abnimmt, je weiter er sich von unserem Auge entfernt. Oder man braucht nur ein paar Menschen in anscheinend gleicher Bewegung zu sehen, um bald zu merken, dass die Tatsache ihres verschiedenen Aussehens nicht aus der Welt geschafft werden kann.


**Es ist nicht immer so leicht, wie es scheint, einfach zu sein.**

Ich habe gesagt, dass ein geübtes Auge geschickter ist als ein anderes, die Phänomene des Lichts und der Form zu sehen, aber dass es noch anderer Mittel bedarf, um die Schönheit eines Körpers zu erkennen. Denn über allen Werkzeugen des Sehens steht das Gehirn. Es vergleicht die eine Harmonie mit der anderen und entdeckt so die wirklichen inneren Zusammenhänge der Dinge. Und aus dieser Tätigkeit des Gehirns zusammen mit den Erfindungen des Herzens werden neue Herrlichkeiten geboren.

Das Kunstwerk wird eine neue Ordnung offenbaren, die den Dingen innewohnt, und das wird sein: die Idee der Einheit.

Basis dieses Textes bildet ein Vortrag, den Ferdinand Hodler 1897 in Freiburg gehalten hat. In dieser ergänzten Form wurde er erstmals publiziert in: *Der Morgen* Nr. 1 (Januar 1909) S. 23–26.

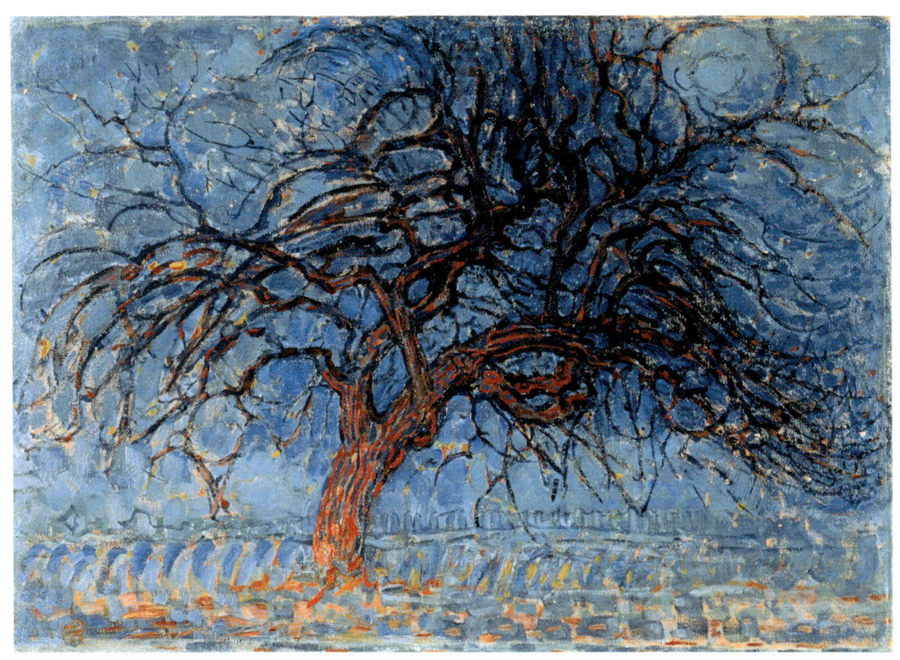

Abend/Roter Baum. 1908

Piet Mondrian

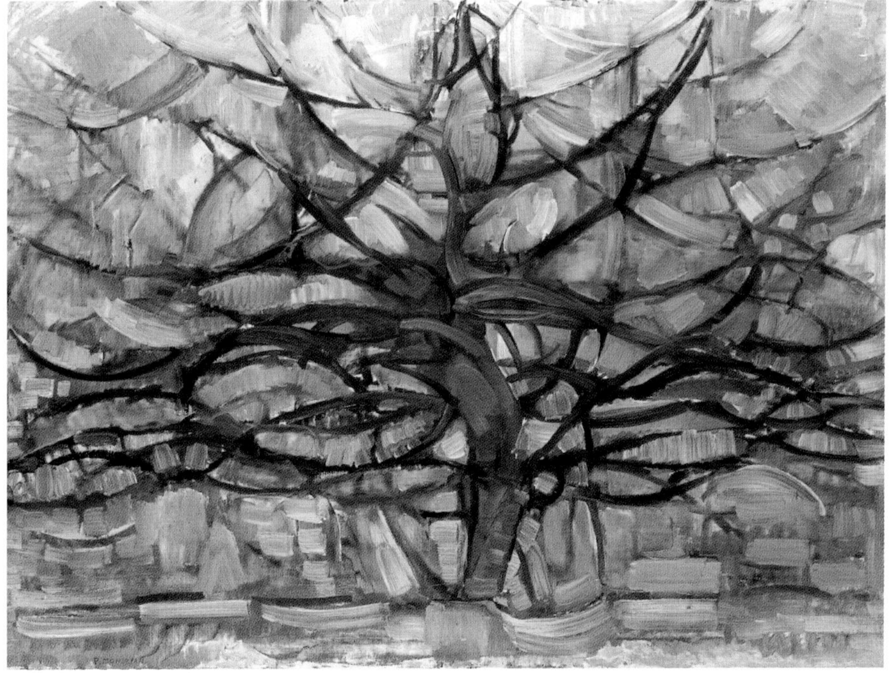

Grauer Baum. 1911

190

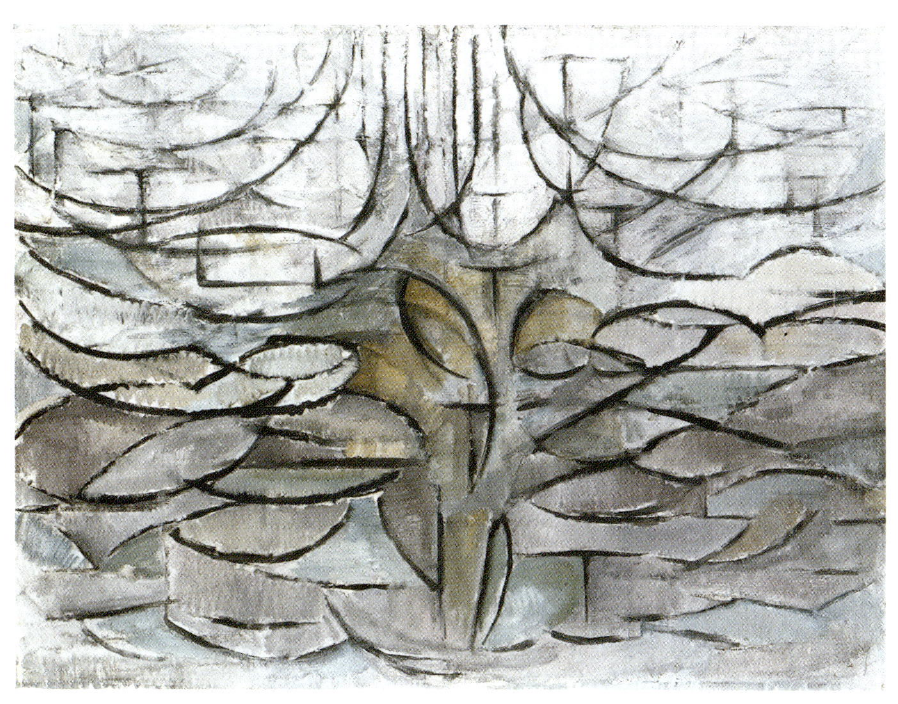

Blühender Apfelbaum. 1912

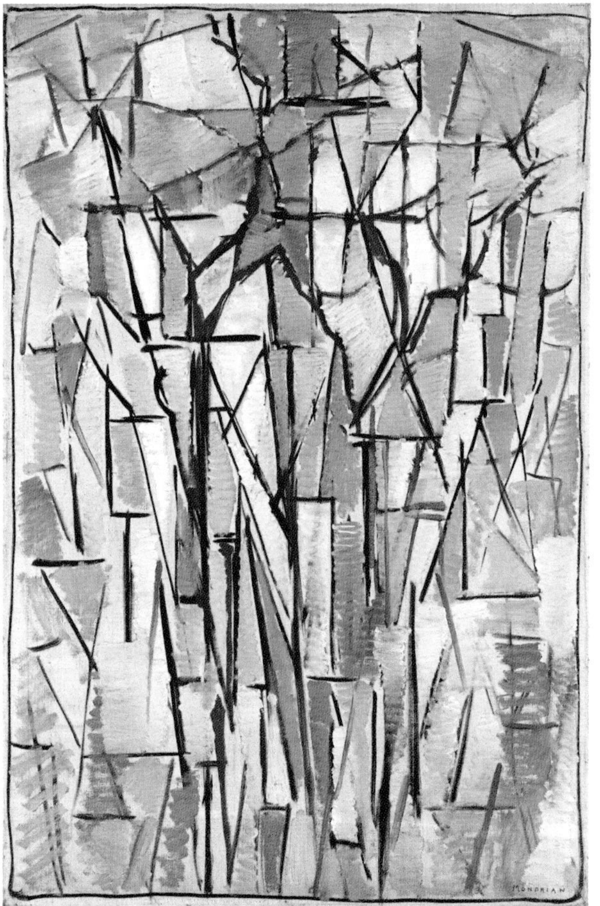

Komposition mit Bäumen II. Um 1912/13

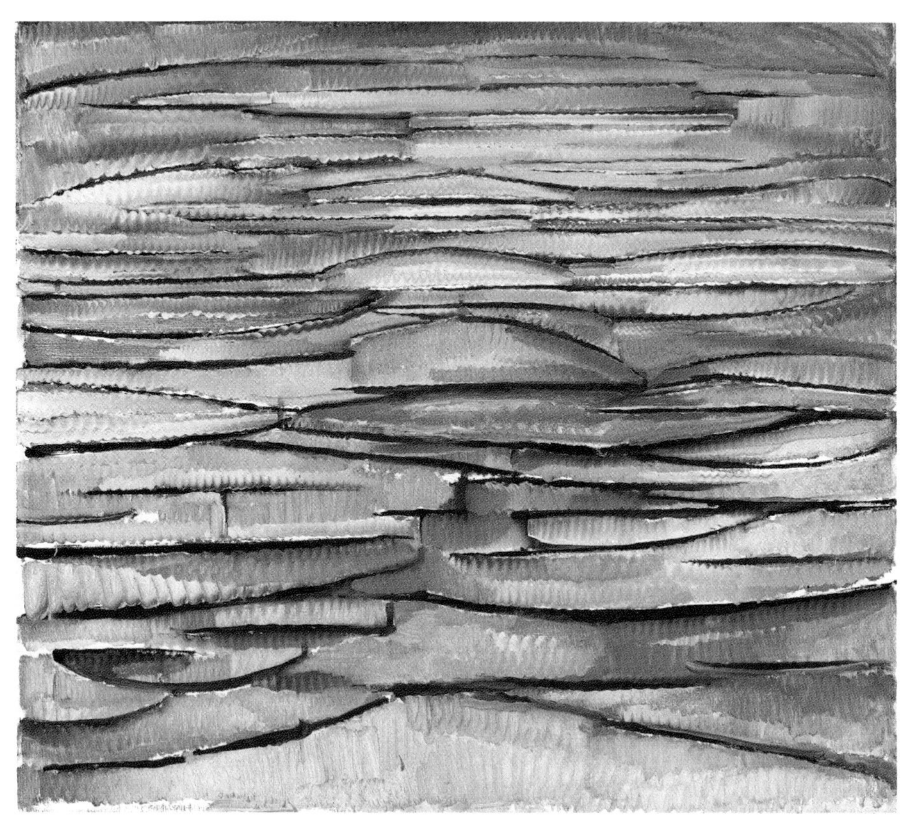

Das Meer. 1912

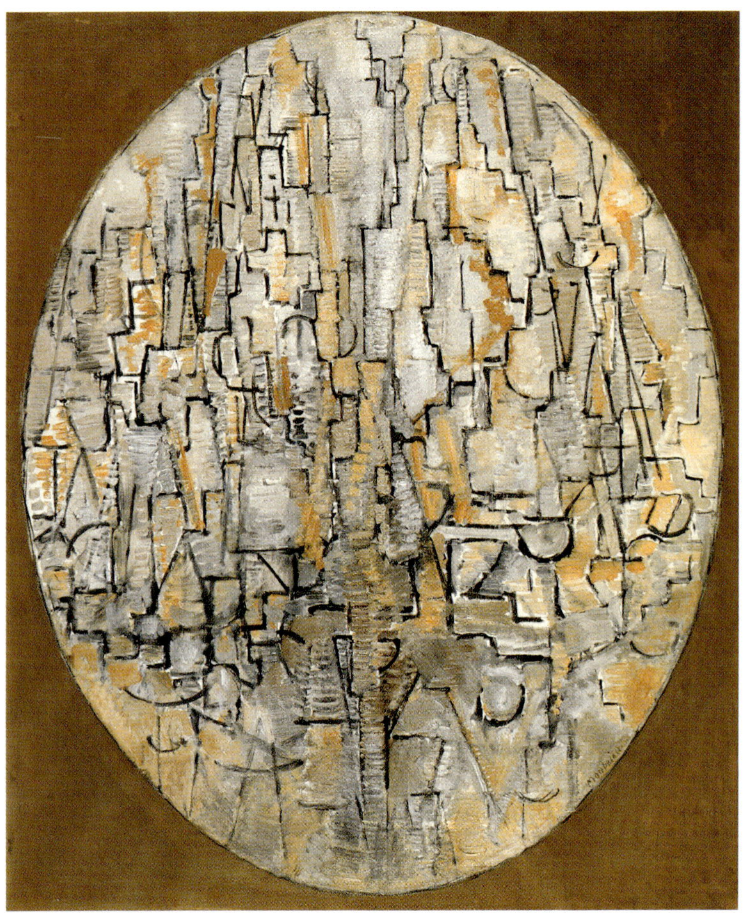

Tableau Nr. 3, Ovale Komposition. 1913

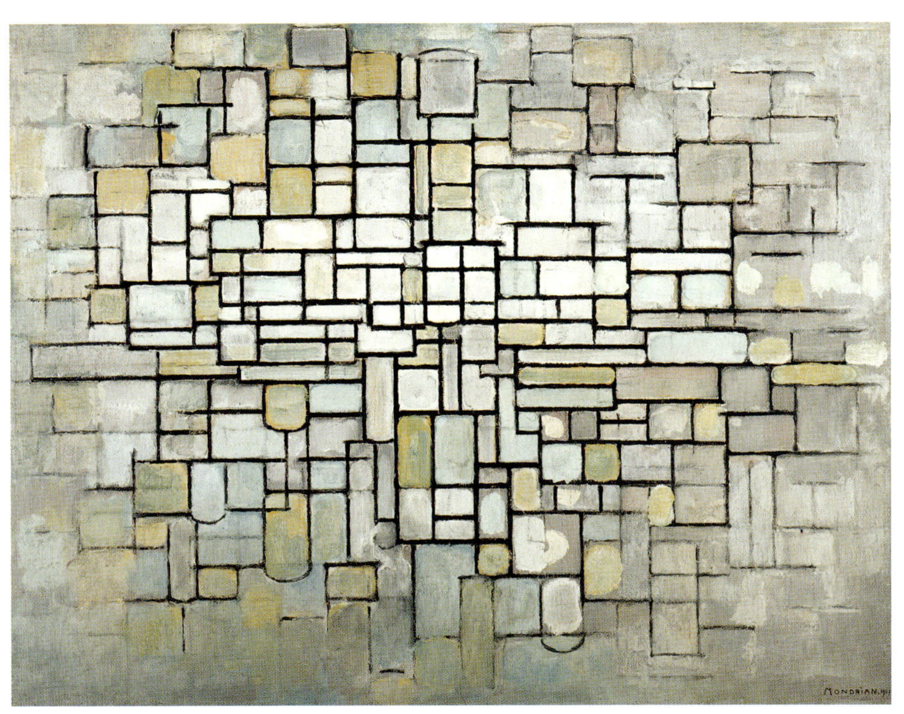

Composition No. II/Komposition mit Linie und Farbe. 1913

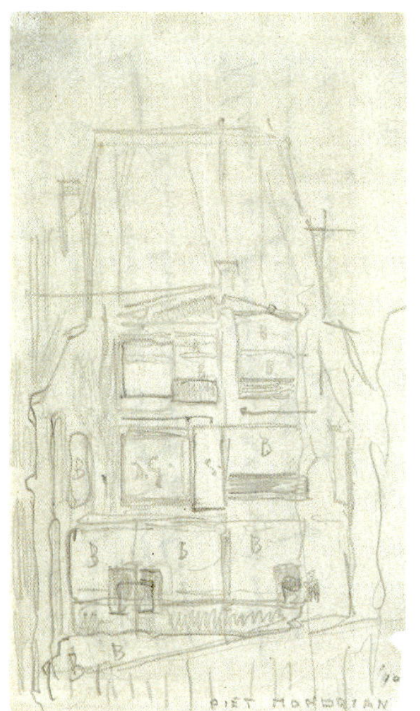

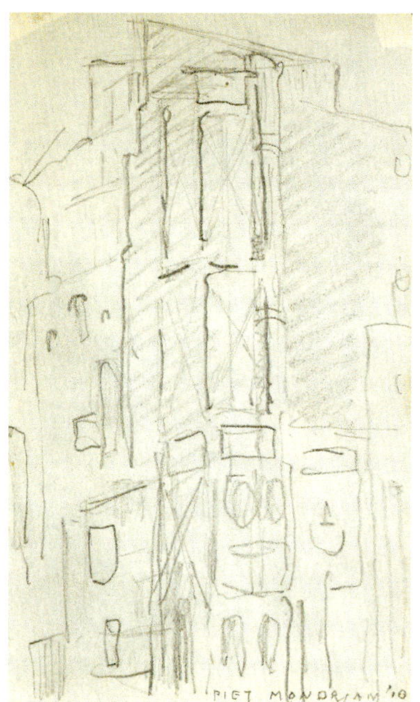

Abbruchhaus in Paris. 1913/14                    Pariser Fassade. 1912–14

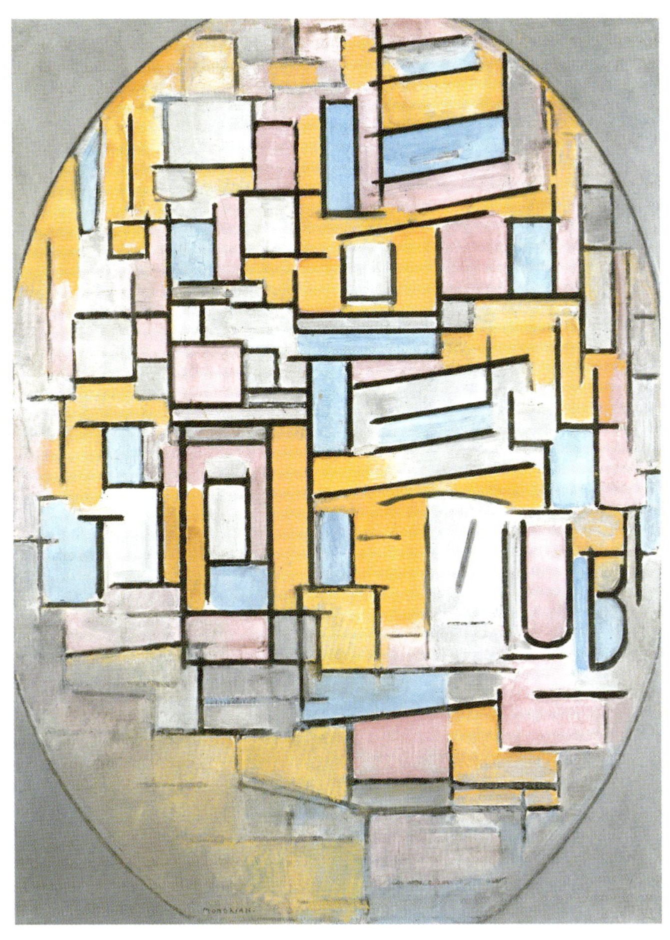

Ovale Komposition mit farbigen Flächen 2. 1914

**Ferdinand Hodler**

Werke der Reifezeit

1904 – 1910

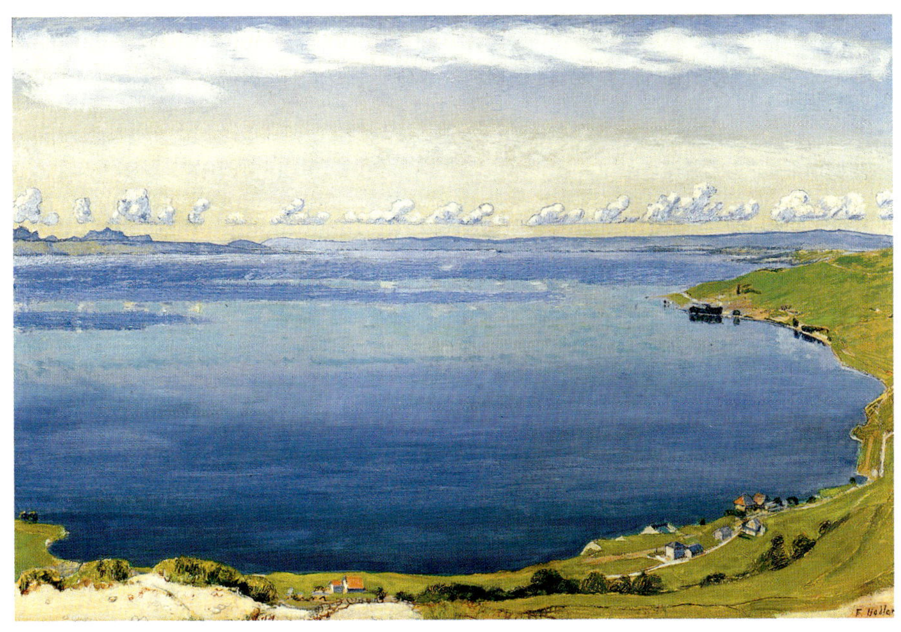

Bleu Léman. 1904

Ferdinand Hodler

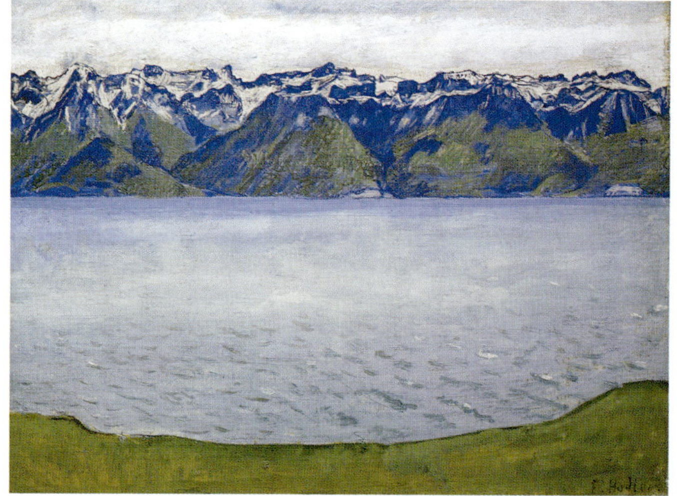

Genfersee mit Savoyerbergen. Um 1907

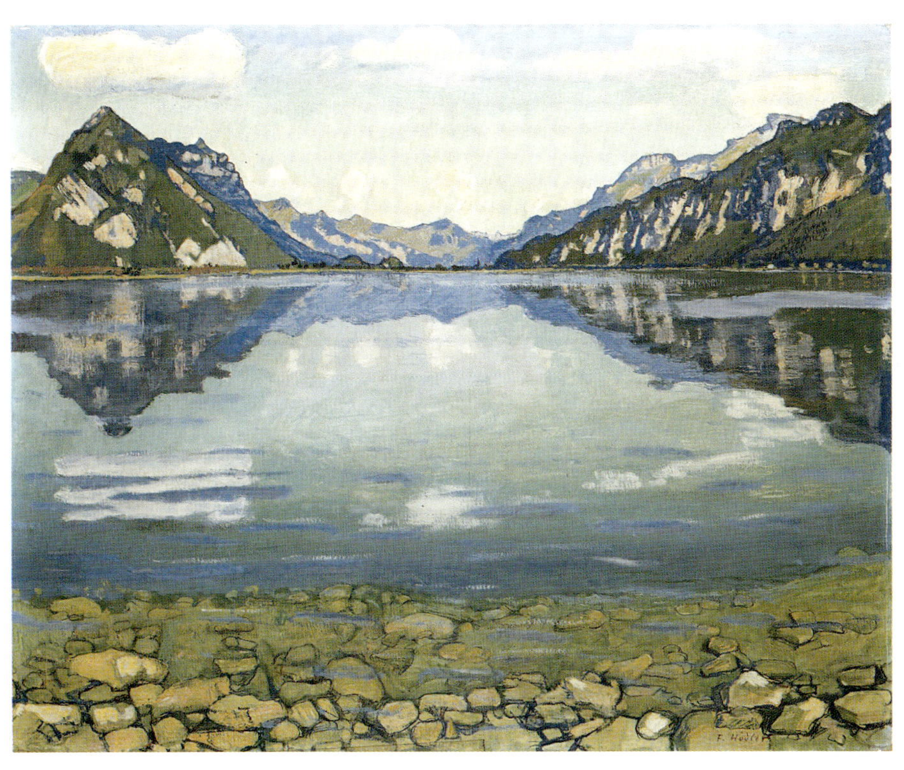

Thunersee mit Grundspiegelung. 1904

Ferdinand Hodler

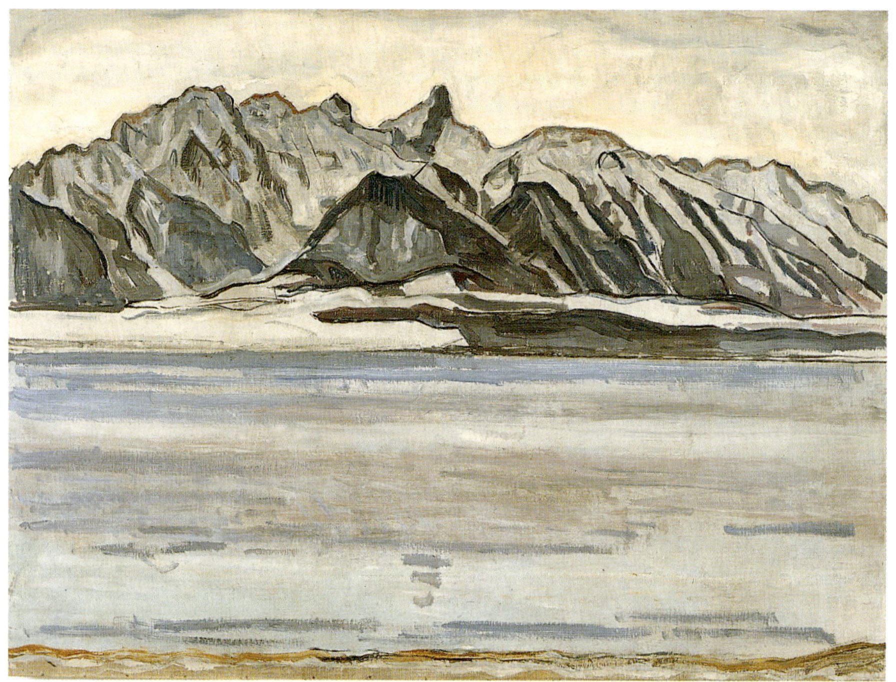

Die Stockhornkette im Winter. 1912

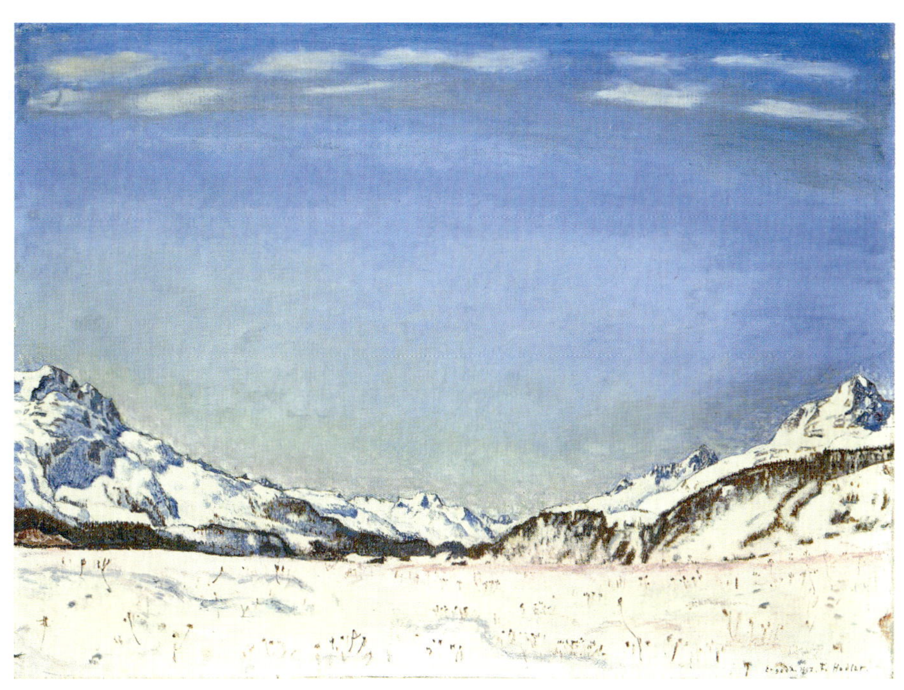

Herbstschnee am Silvaplanersee. 1907

Ferdinand Hodler

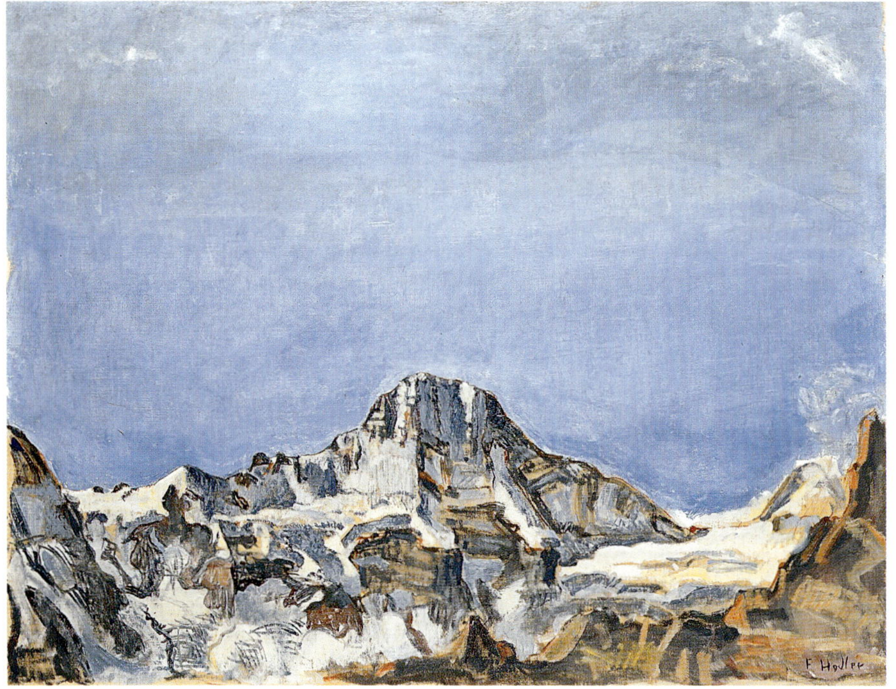

Breithorn. 1911

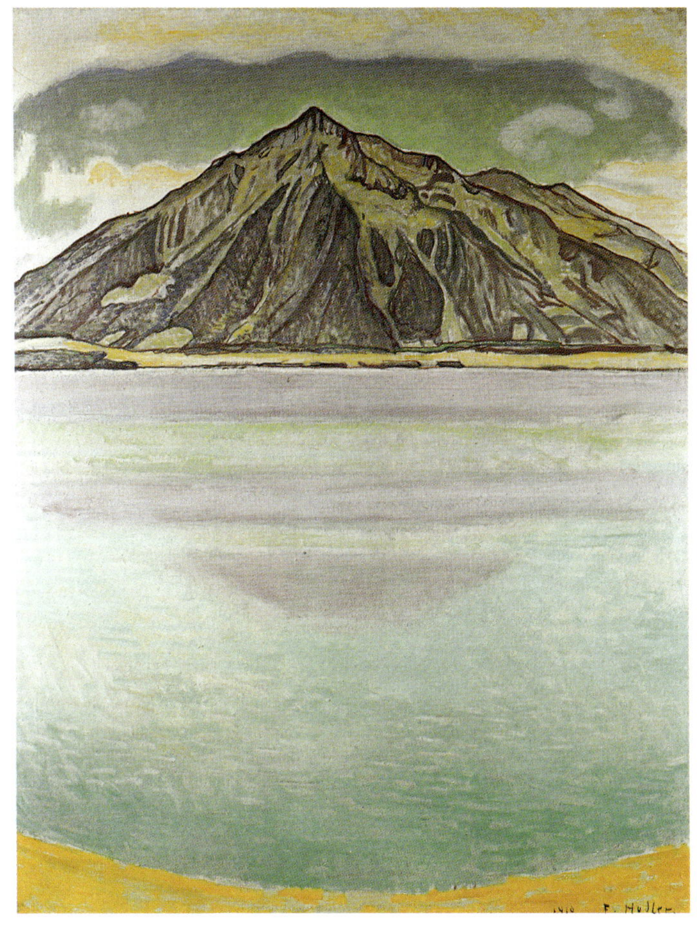

Thunersee mit Niesen. 1910

Ferdinand Hodler

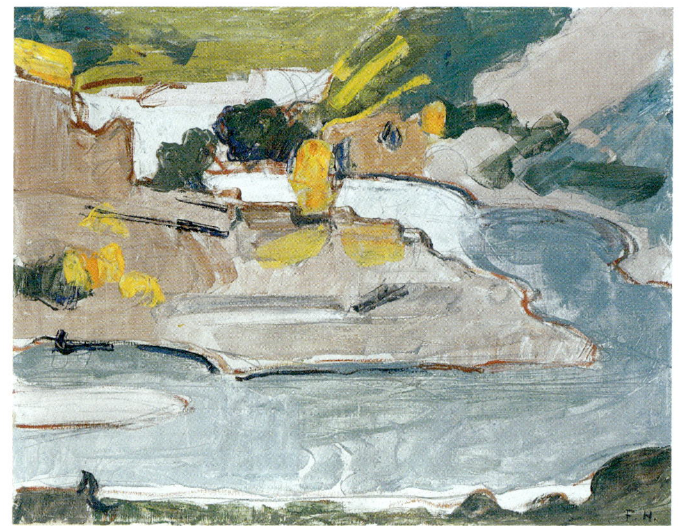

Landschaft an der Arve. 1912

206

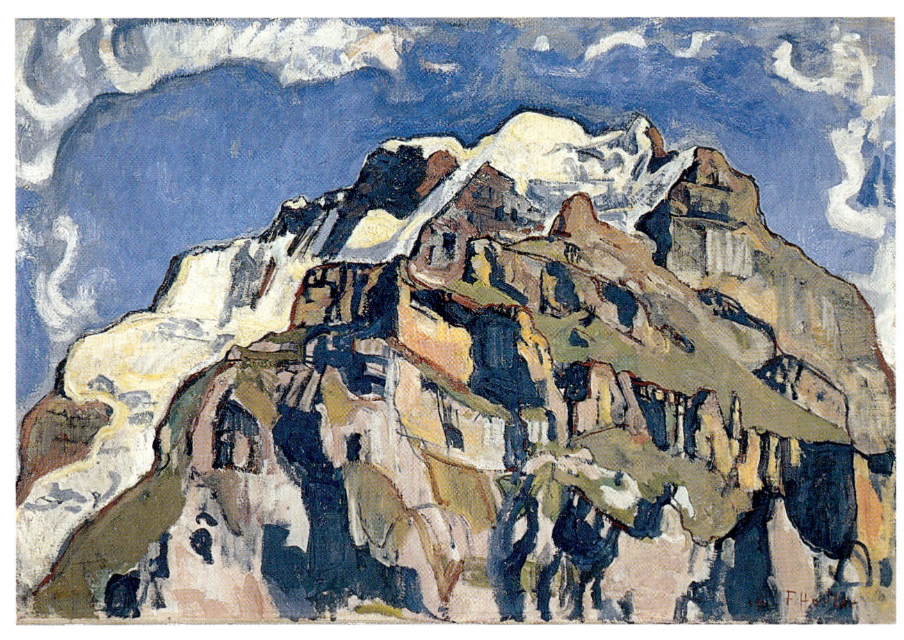

Die Jungfrau mit Silberhorn von Mürren aus. 1911

Ferdinand Hodler

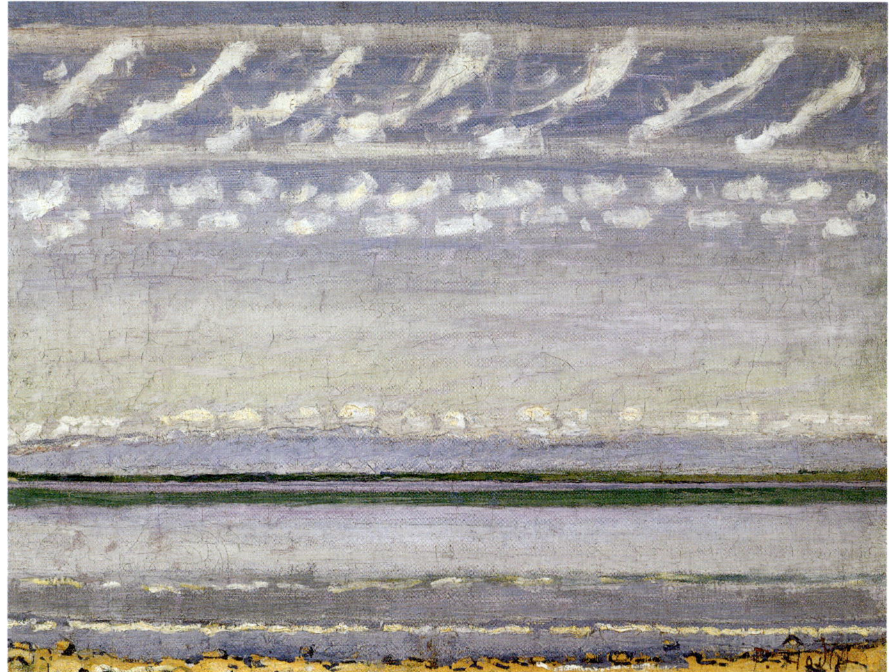

Landschaftlicher Formenrhythmus (Genfersee). 1909

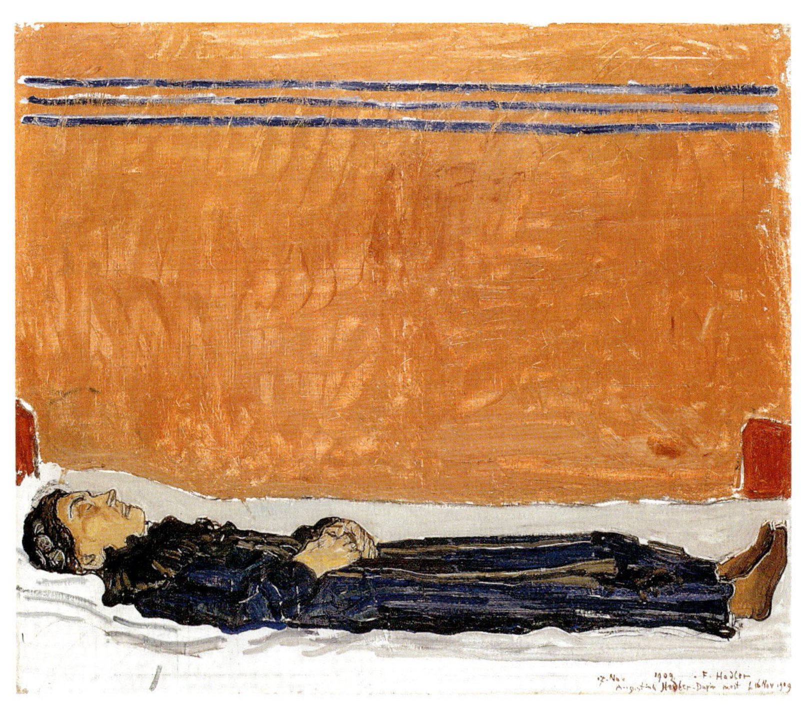

Die tote Augustine Dupin auf dem Sterbebett. 1909

Ferdinand Hodler

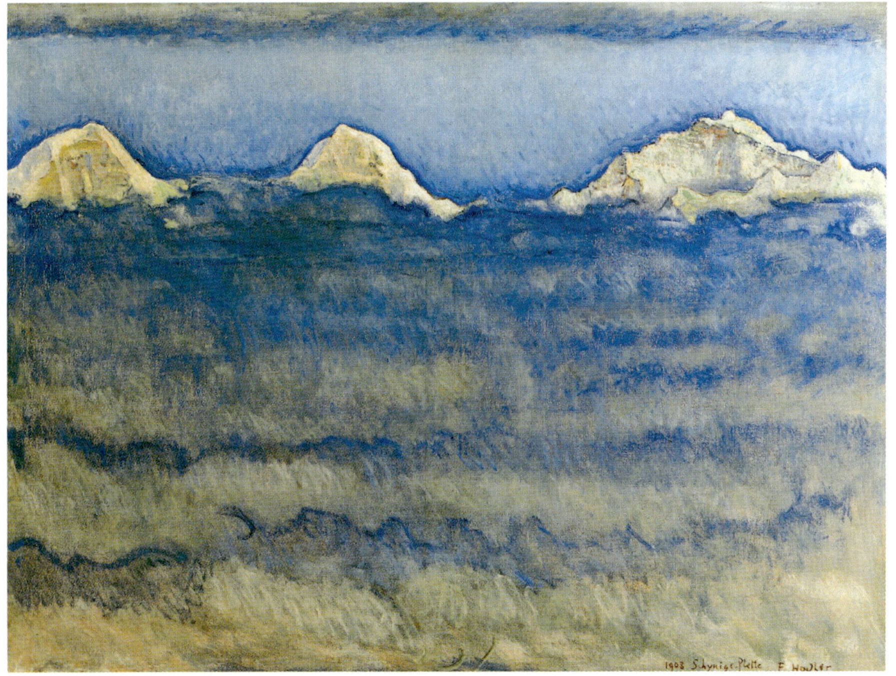

Eiger, Mönch und Jungfrau über dem Nebelmeer. 1908

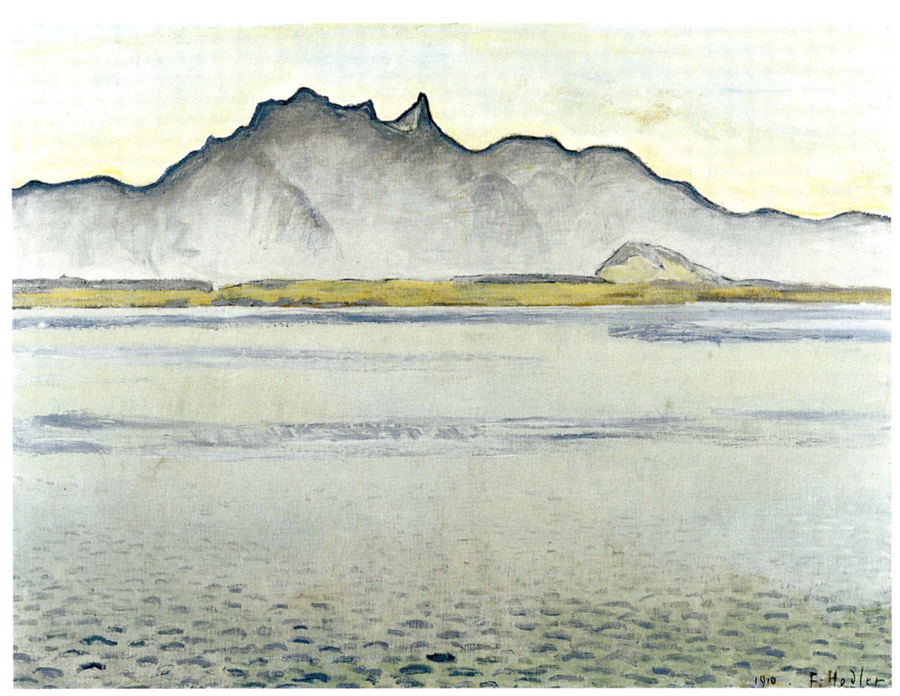

Thunersee mit Stockhornkette. 1910

Ferdinand Hodler

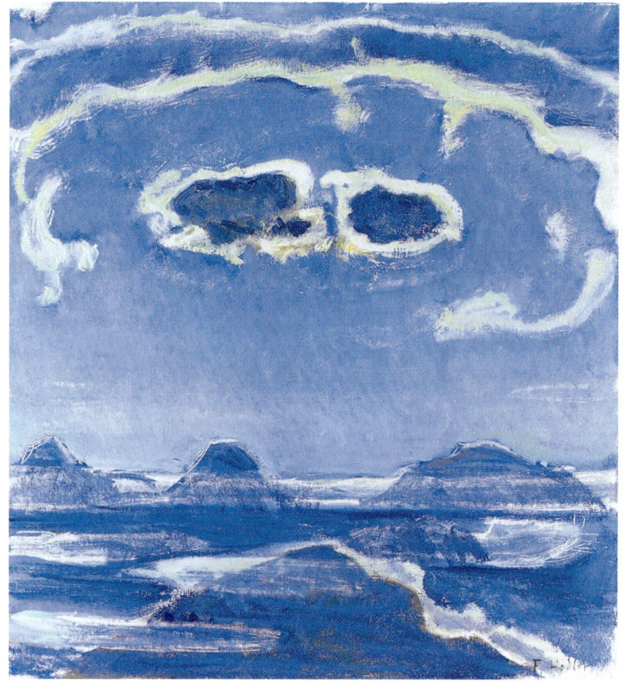

Eiger, Mönch und Jungfrau im Mondschein. Um 1908

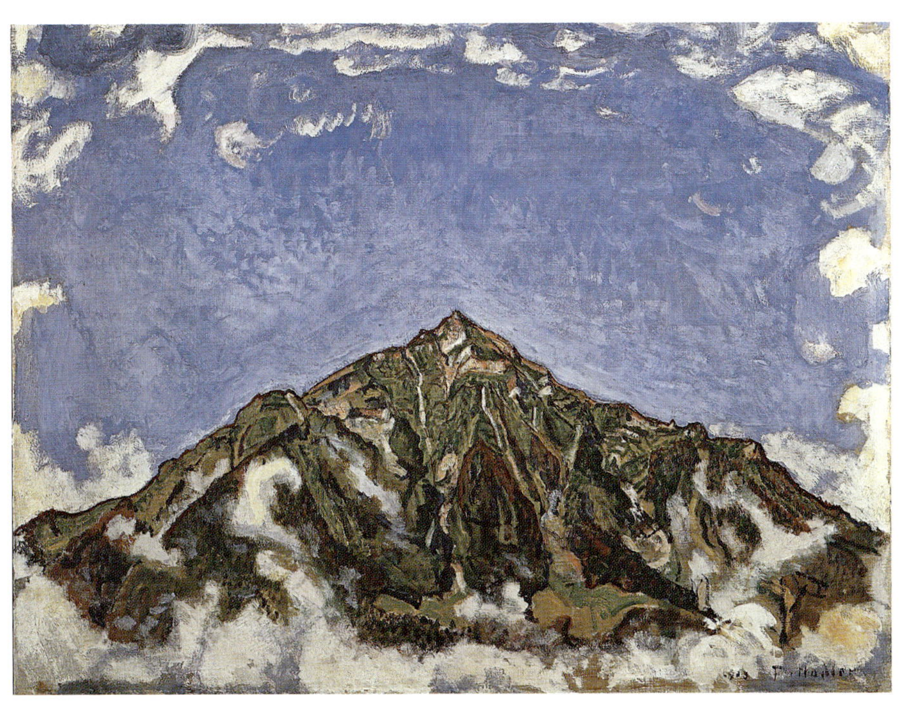

Der Niesen vom Heustrich aus. 1909

**Piet Mondrian**

Der Übergang zur reinen Gestaltung

1914 – 1919

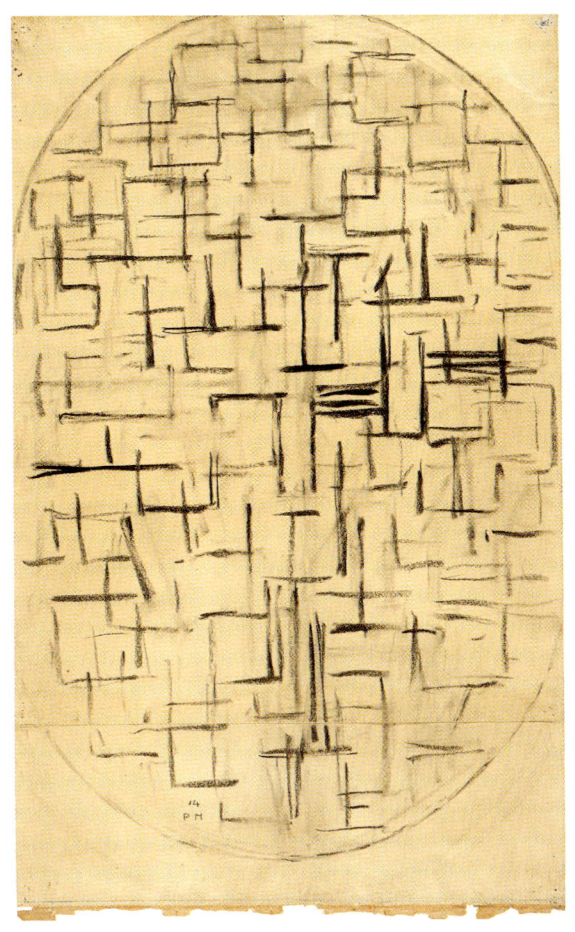

Baum. 1914

Piet Mondrian

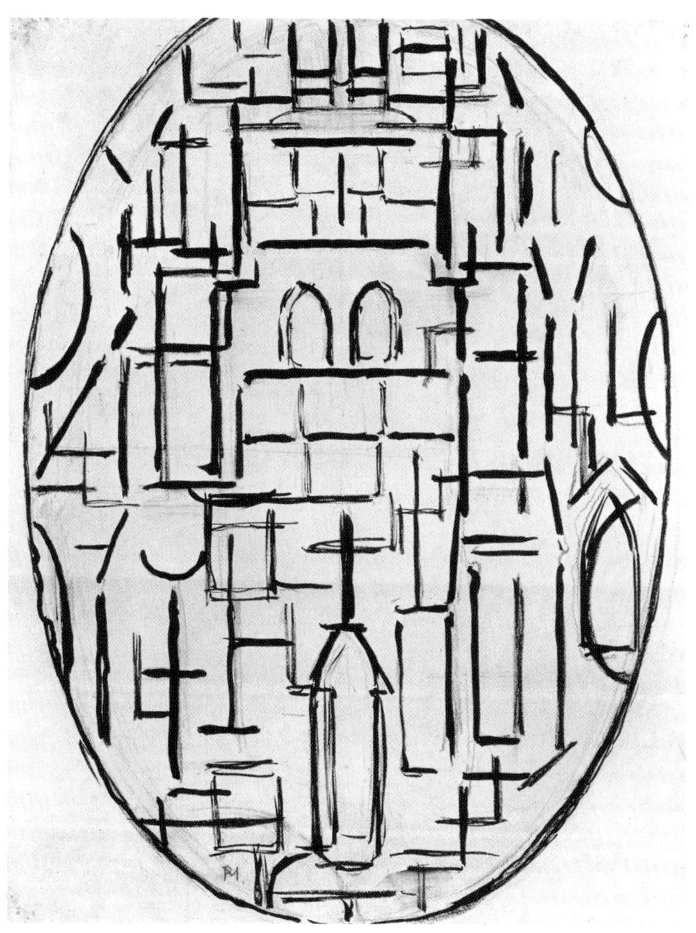

Kirchenfassade 1. 1914

216

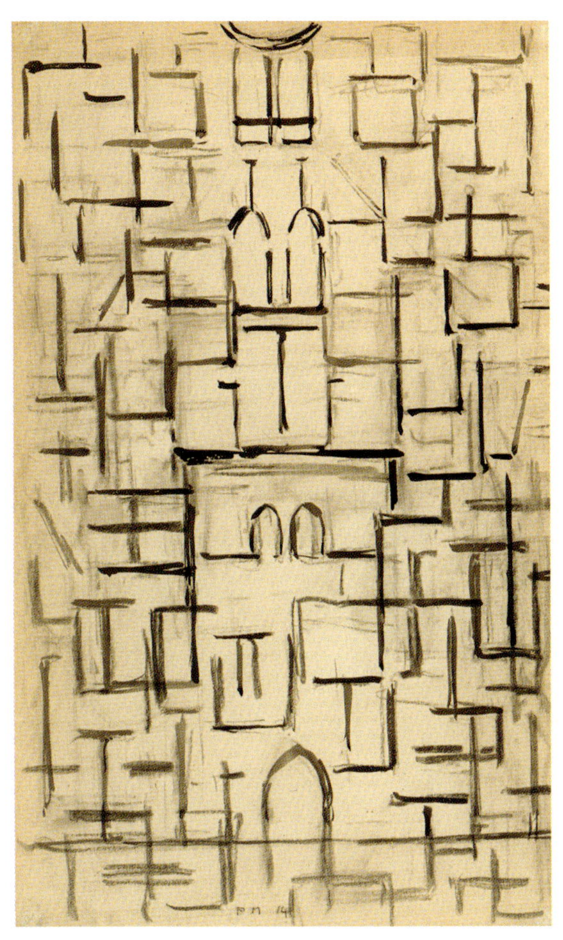

Kirchenfassade 2. 1914

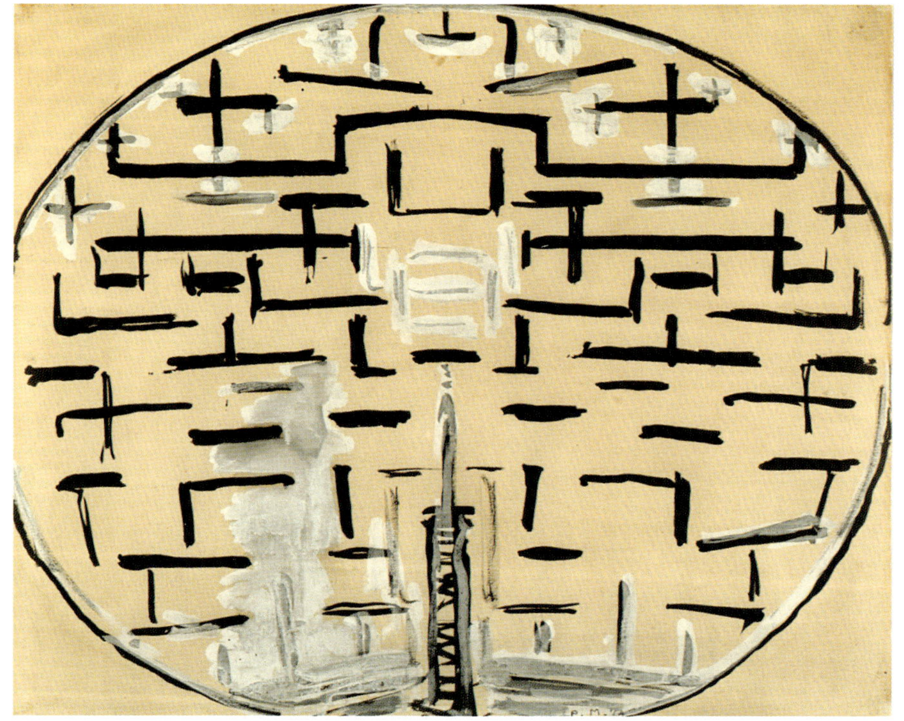

Pier und Ozean 1. 1914

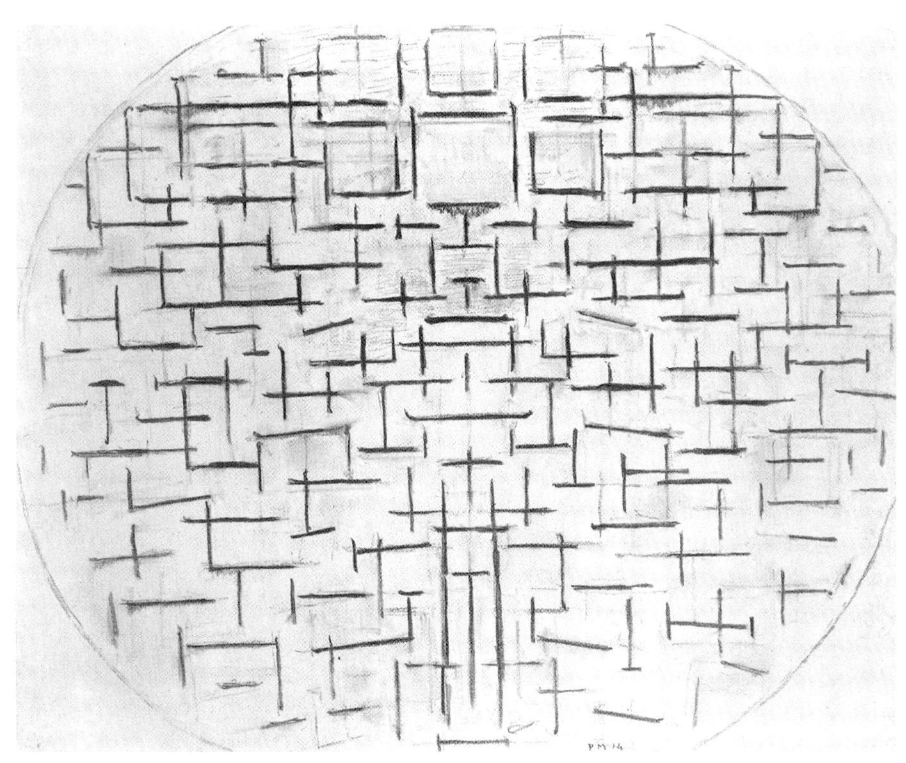

Pier und Ozean 4. 1914

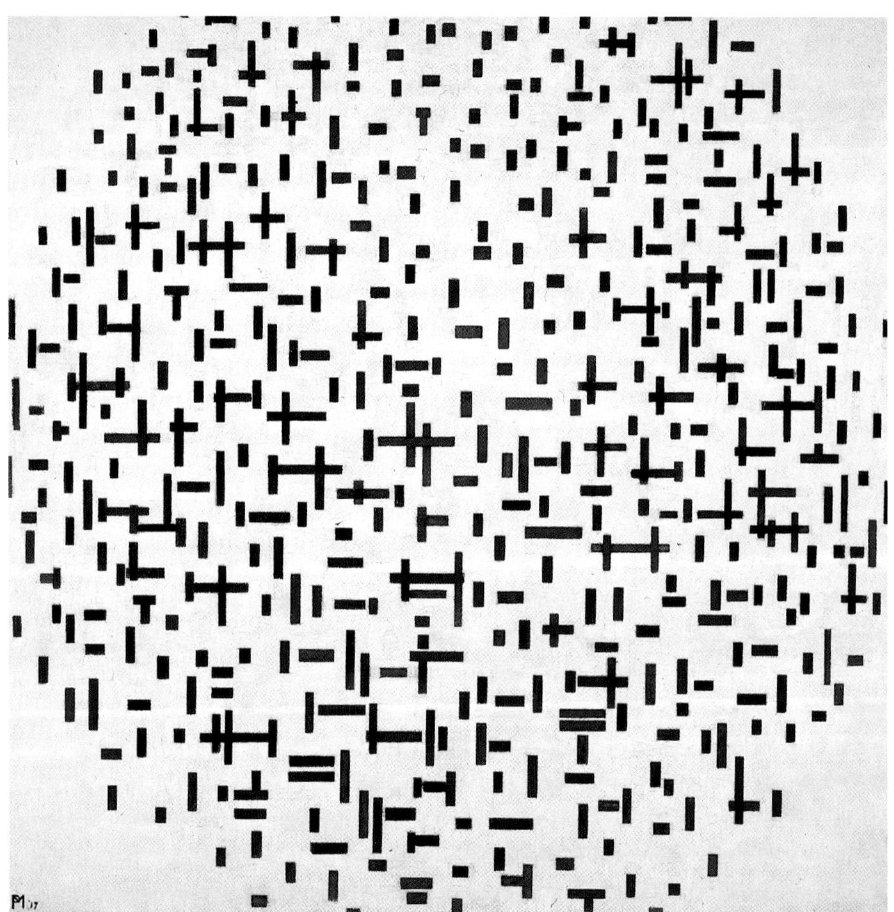

Komposition mit Schwarz und Weiss/Komposition mit Linie. 1917

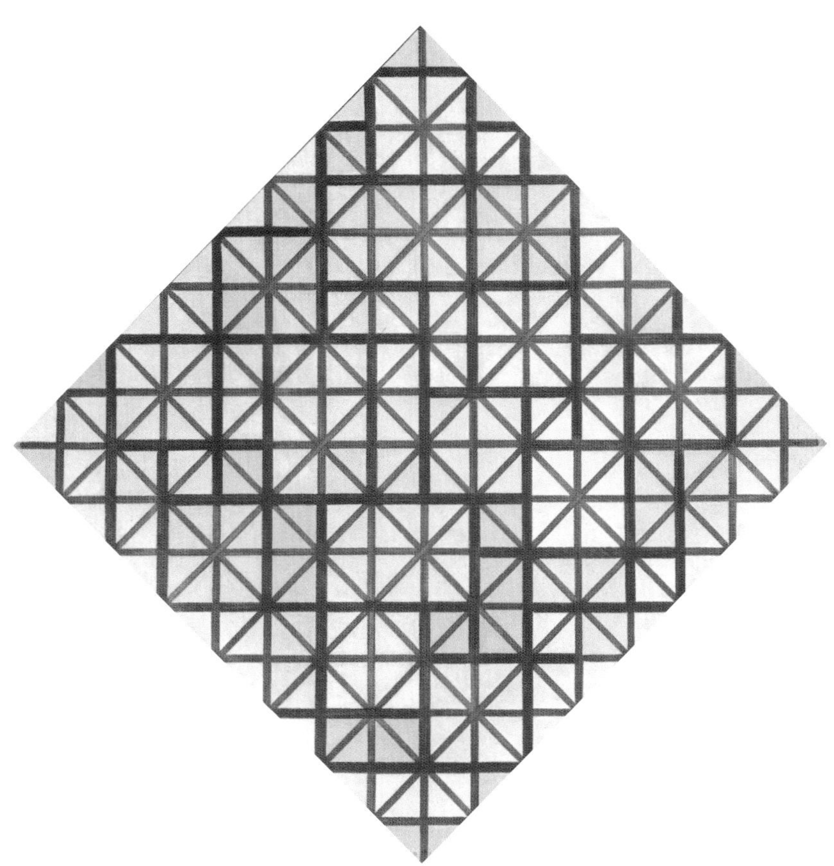

Komposition mit Gitterwerk 1 (Raute). 1918

Piet Mondrian

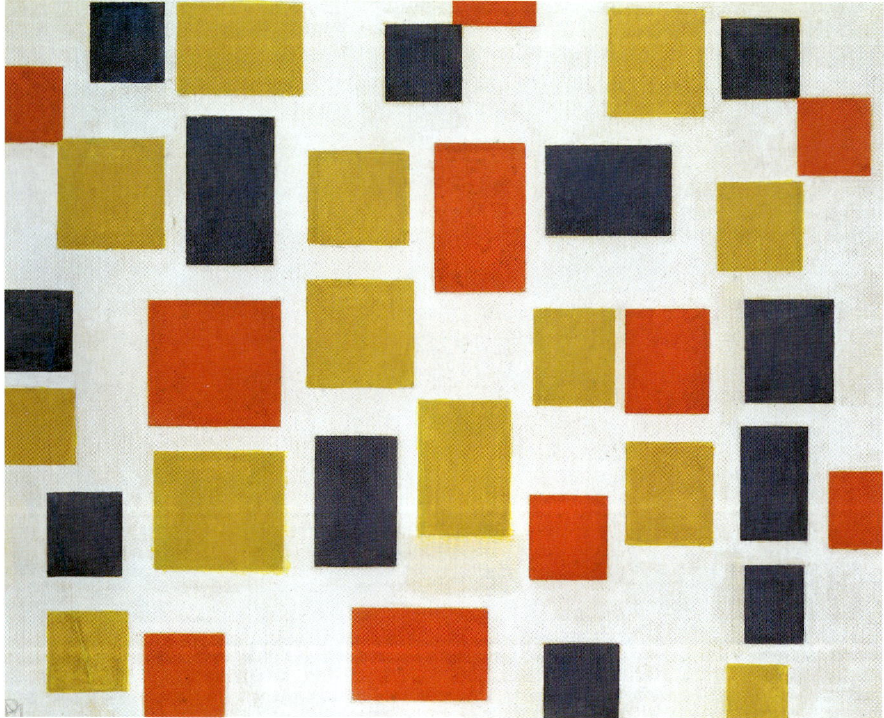

Komposition mit reinen Farbflächen auf weissem Grund. 1917

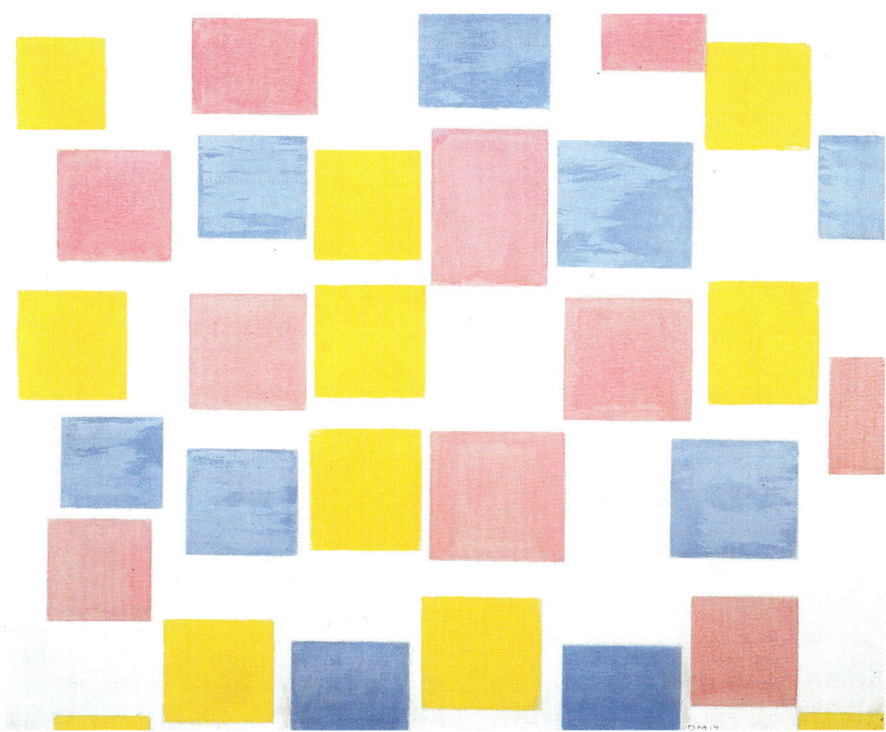

Komposition mit farbigen Flächen 2. 1917

Piet Mondrian

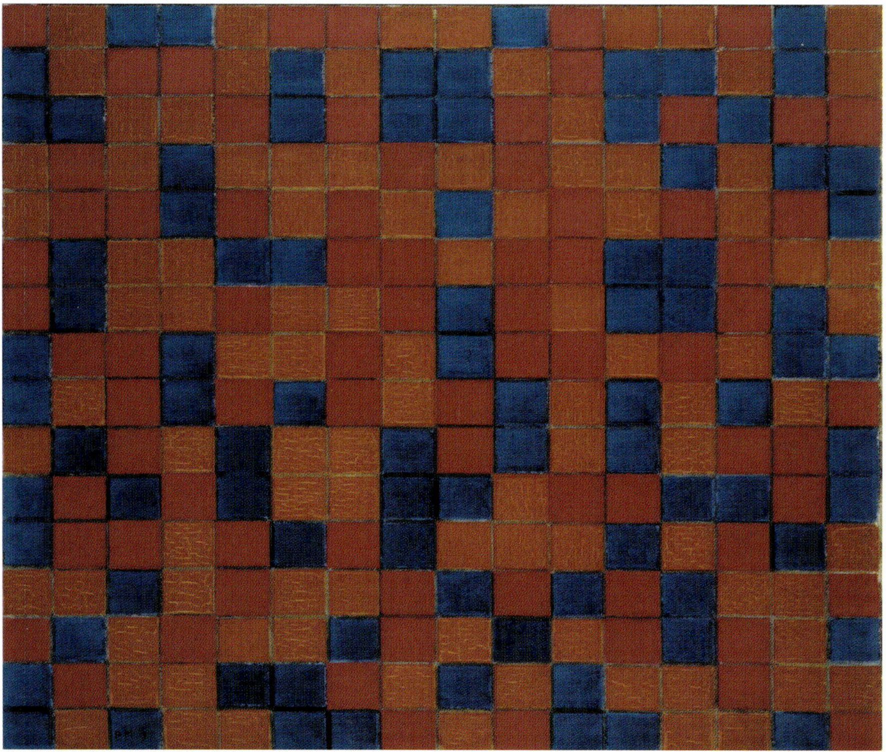

Komposition mit Gitterwerk 8; Schachbrett mit dunklen Farben. 1919

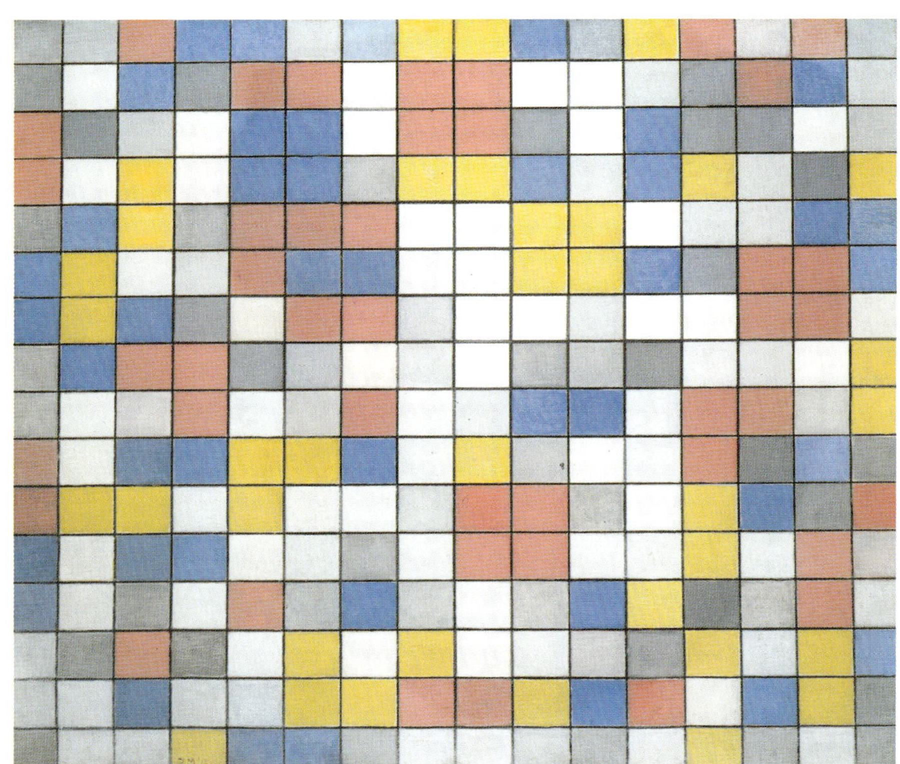

Komposition mit Gitterwerk 9; Schachbrett mit hellen Farben. 1919

**Ferdinand Hodler**

Das Sterben der Valentine Godé-Darel
und späte Landschaften
1915–1918

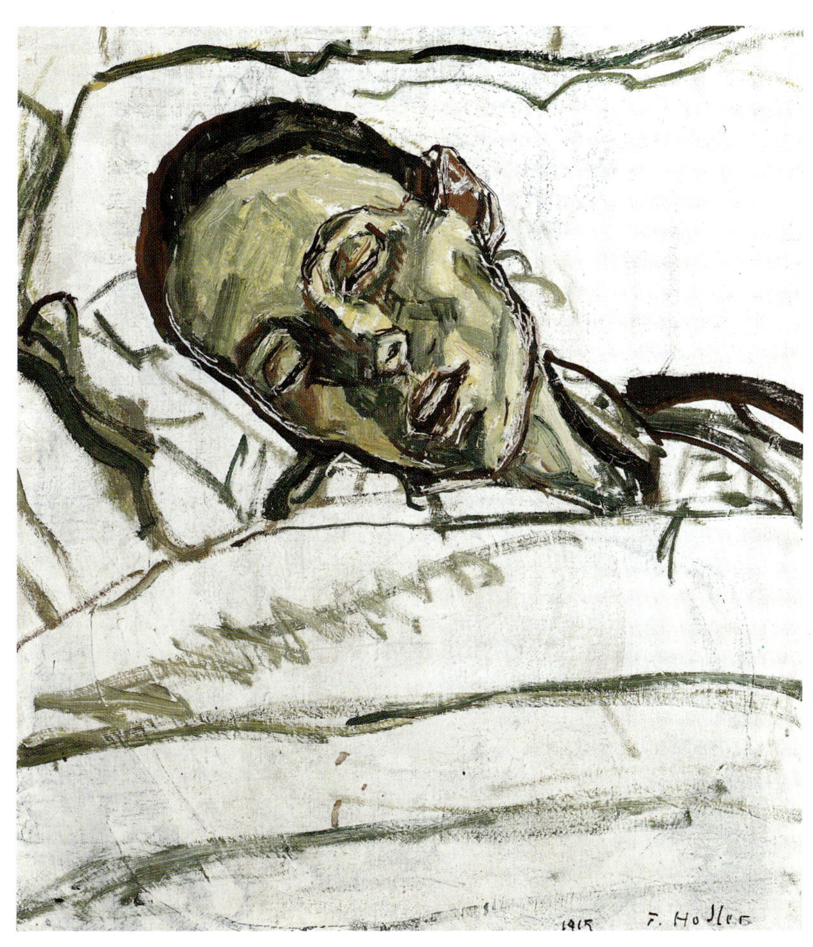

Die sterbende Valentine Godé-Darel. 1915

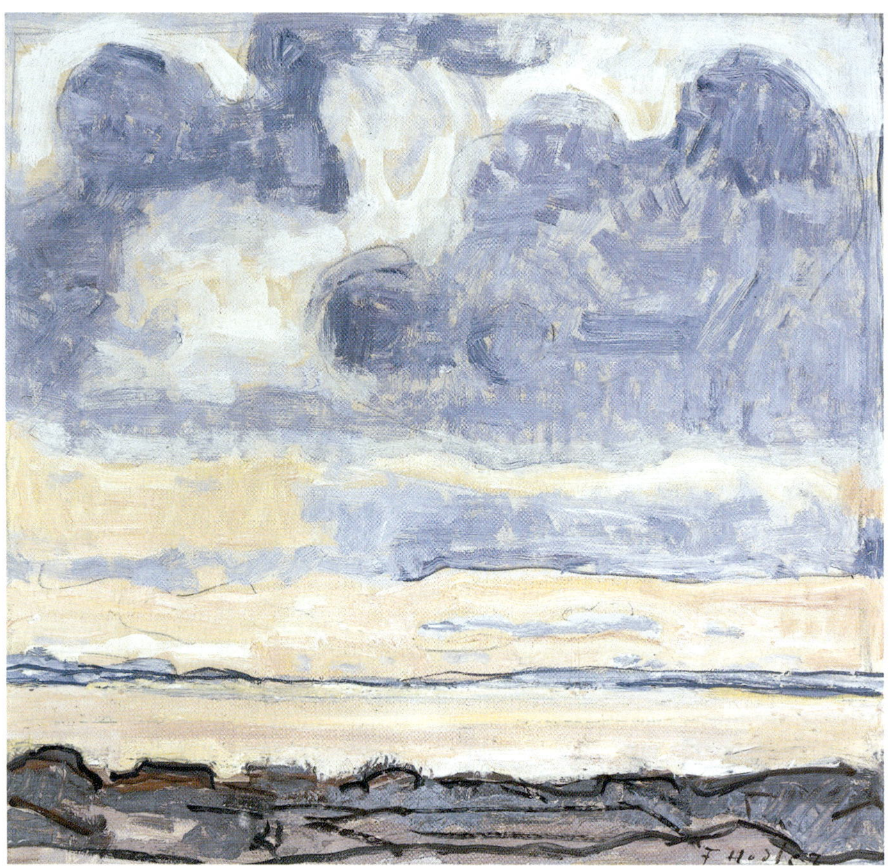

Blick über den Genfersee. 25.1.1915

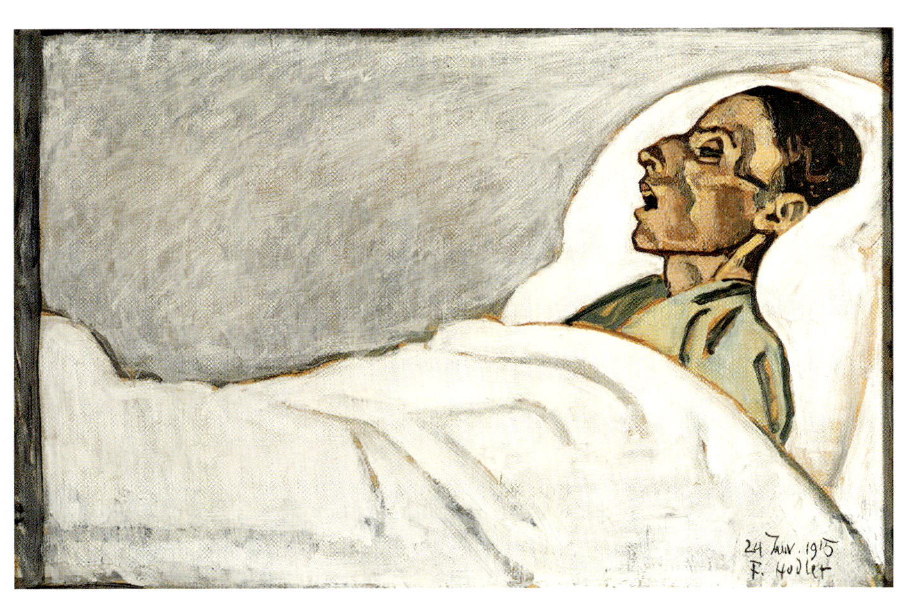

Die sterbende Valentine Godé-Darel. 24.1.1915

Ferdinand Hodler

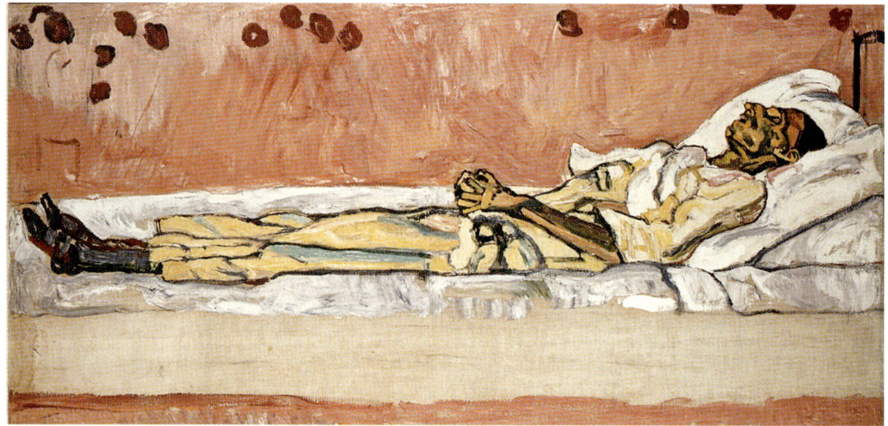

Die tote Valentine Godé-Darel mit Rosen. 26.1.1915

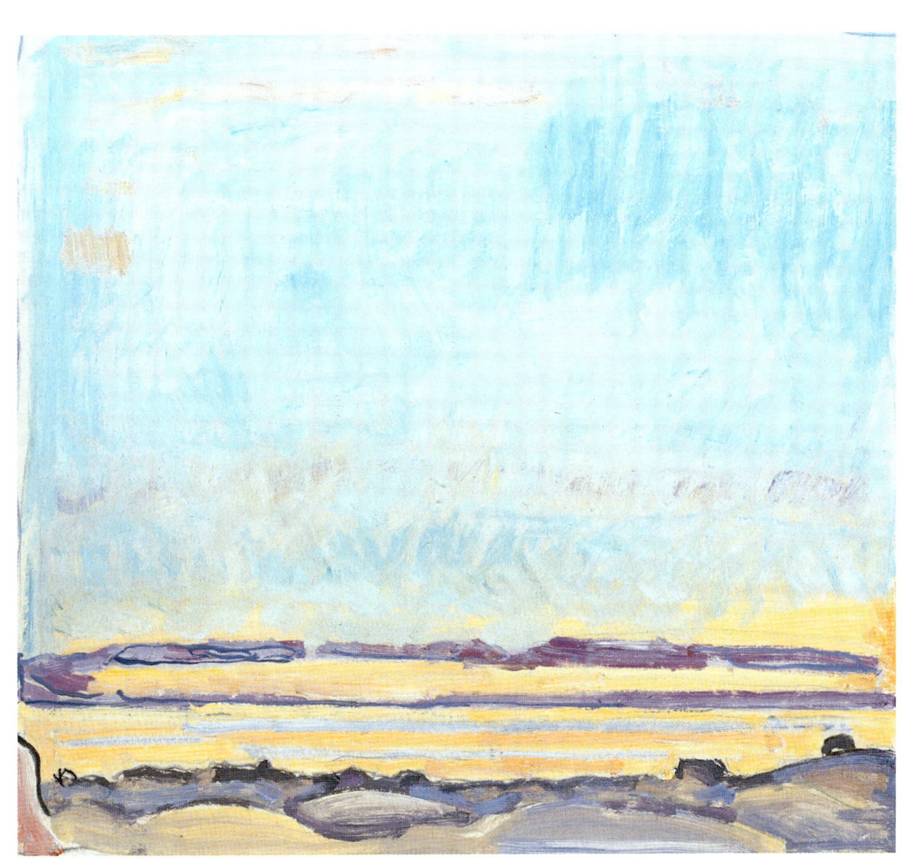

Grüner Abendhimmel am Genfersee. 25.1.1915

Ferdinand Hodler

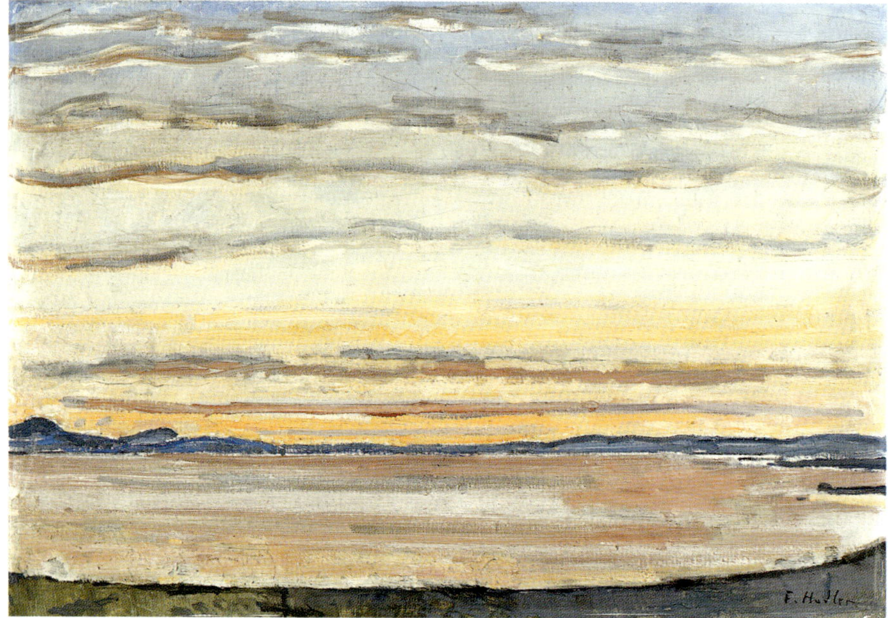

Sonnenuntergang am Genfersee. 1915

232

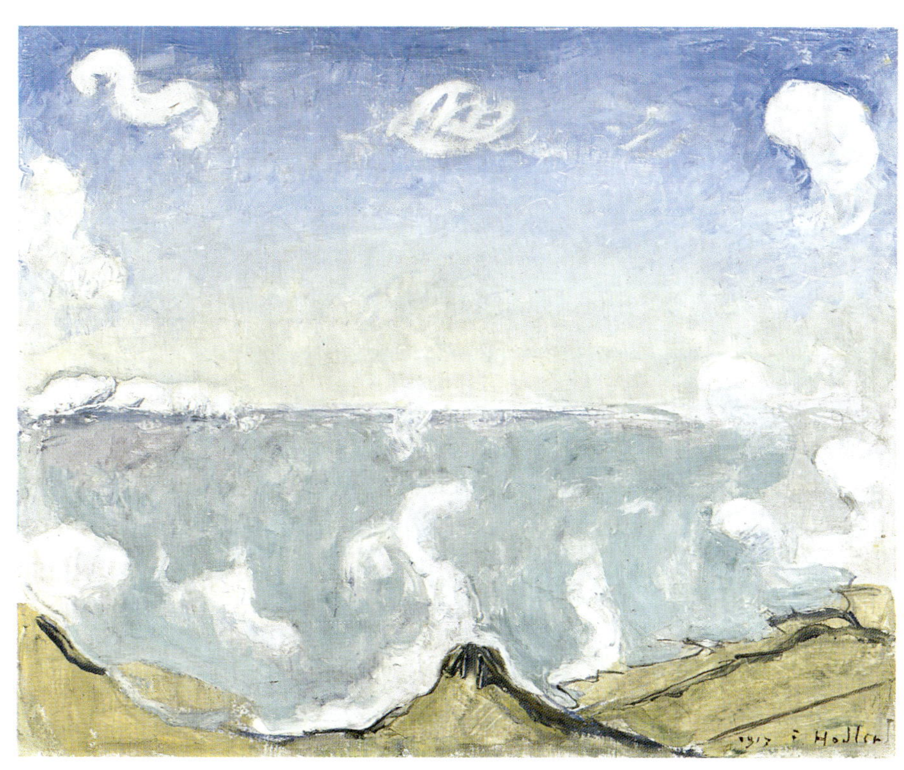

Aufgehender Nebel bei Caux. 1917

Ferdinand Hodler

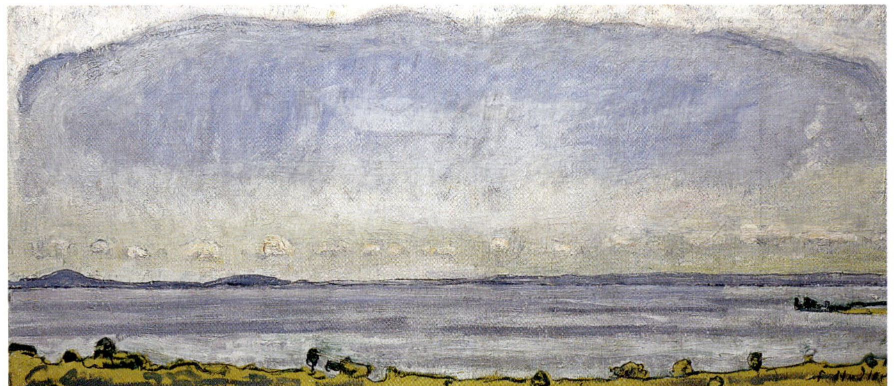

Genfersee von Rolle aus. Um 1915

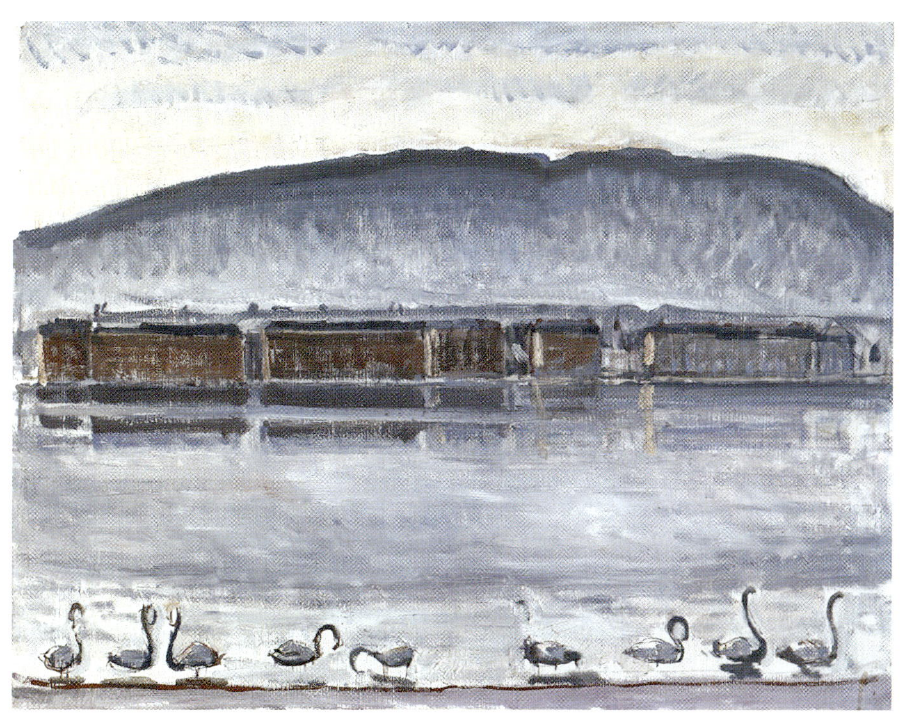

Der Salève vom Quai Mont-Blanc aus. 1917

Ferdinand Hodler

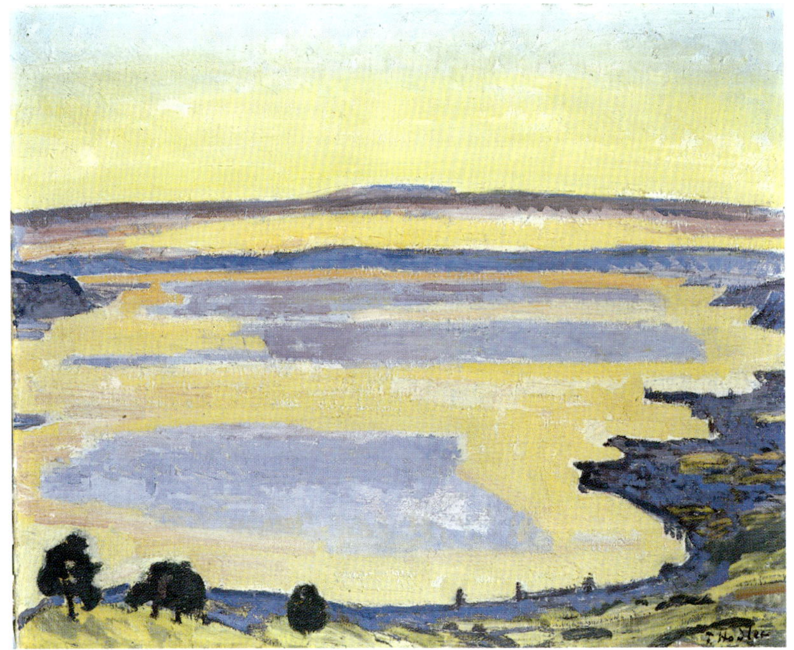

Sonnenuntergang am Genfersee von Caux aus. 1917

236

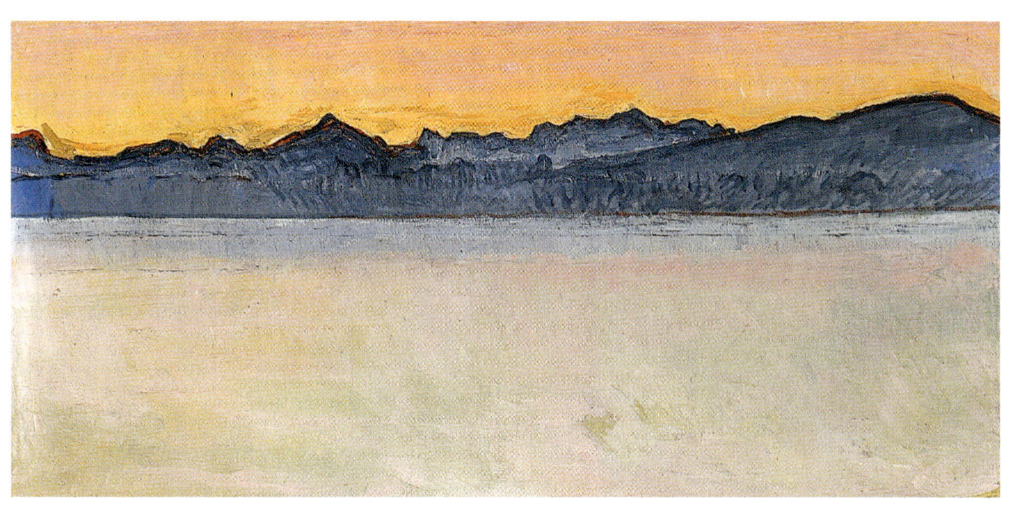

Genfersee mit Mont-Blanc im Morgenrot. 1918

**Piet Mondrian**
Neoplastische Kompositionen
ab 1921

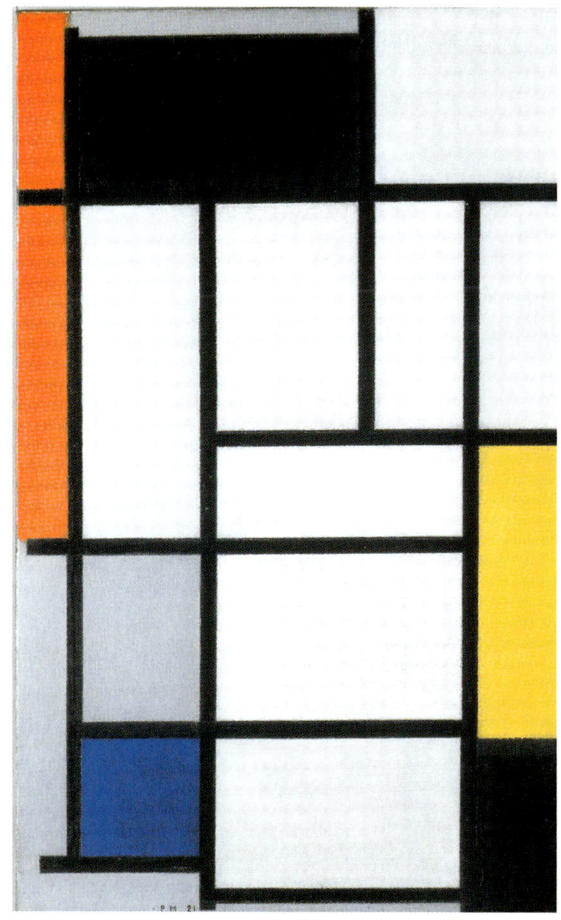

Komposition mit Rot, Gelb und Blau. 1921

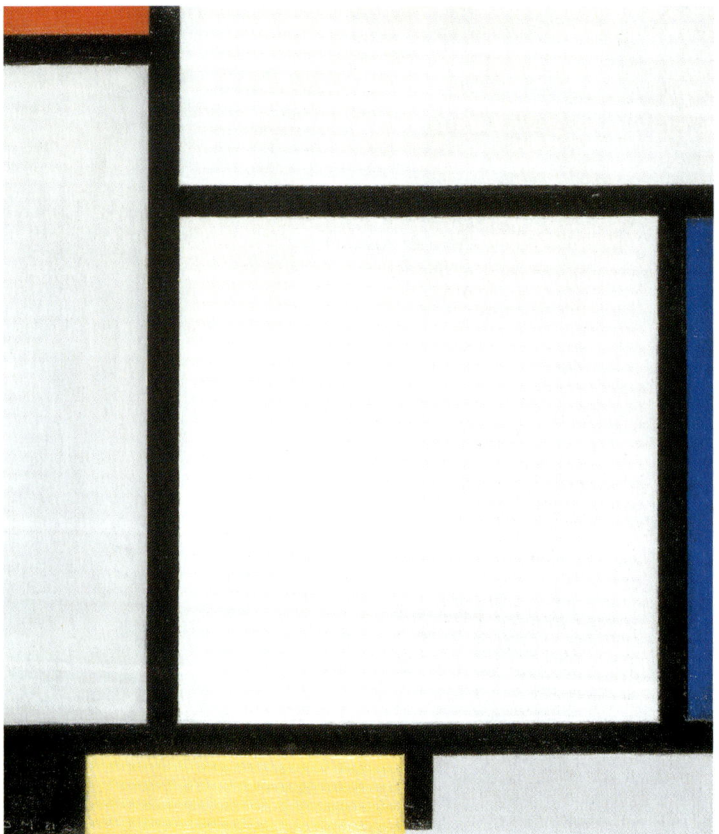

Komposition mit Rot, Blau, Schwarz, Gelb und Grau. 1921

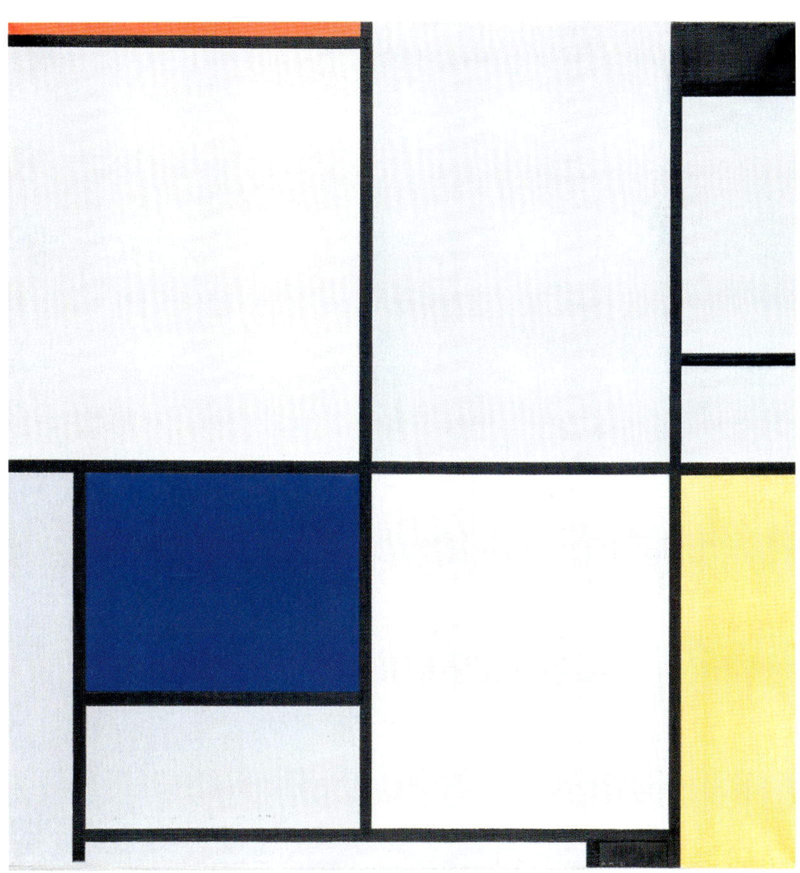

Komposition mit Rot, Schwarz, Blau und Gelb. 1921

Piet Mondrian

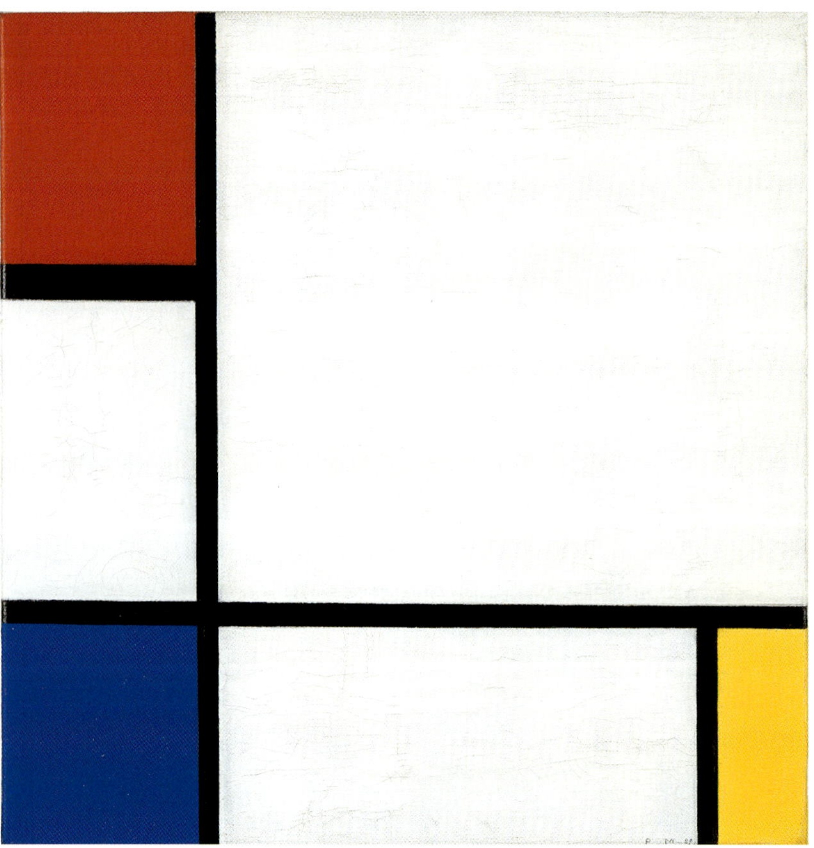

Komposition mit Rot, Gelb und Blau. 1929

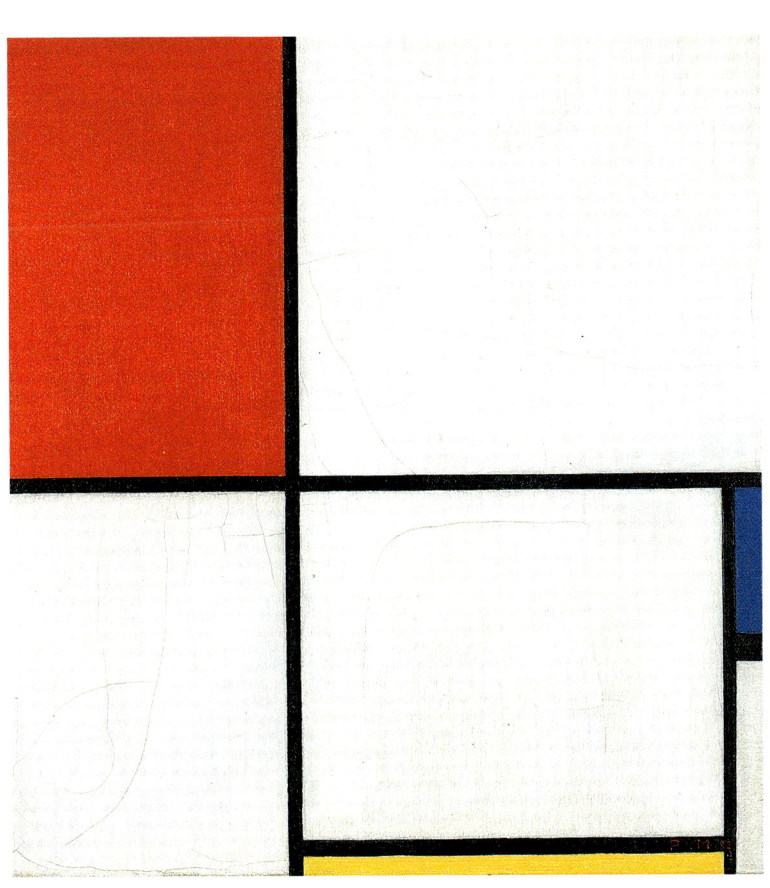

Komposition D (mit Rot, Gelb und Blau). 1932

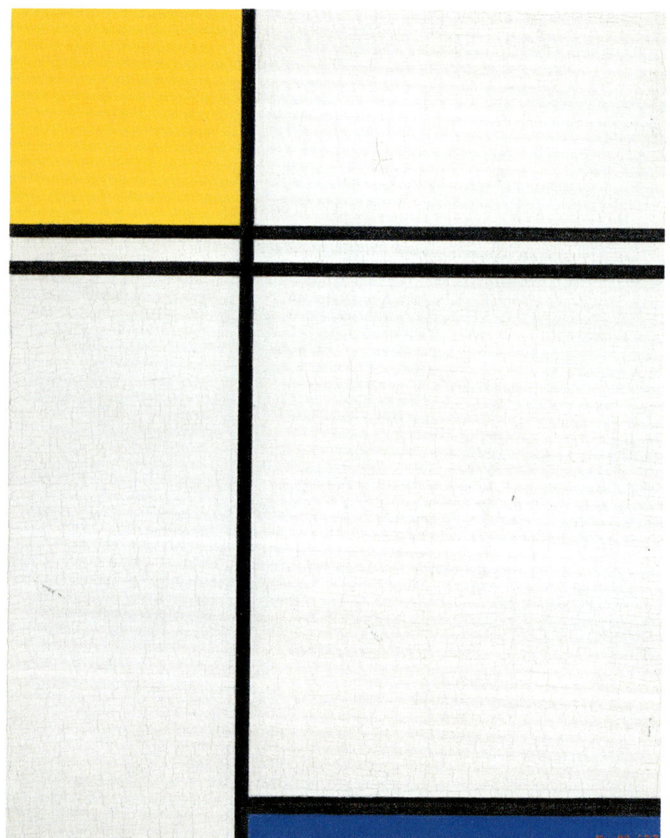

Komposition mit Gelb, Blau und Doppellinie. 1933

**Piet Mondrian**

## Lebenserinnerungen und Gedanken
## über die «Neue Gestaltung»

Ich habe sehr früh angefangen zu malen. Meine ersten Lehrer waren mein Vater, ein Amateur, und mein Onkel, ein berufsmässiger Maler. Am liebsten malte ich Landschaften und Häuser bei grauem, dunklem Wetter oder in starkem Sonnenlicht, wenn die Dichte der Luft die Einzelheiten verwischt und die grossen Konturen der Dinge hervorhebt. Häufig zeichnete ich im Mondlicht – ruhende oder stehende unbewegliche Kühe auf flachen holländischen Wiesen, oder Häuser mit toten, leeren Fenstern; aber ich malte diese Dinge nie romantisch, sondern vom ersten Augenblick an war ich immer nur Realist.

Schon zu dieser Zeit konnte ich die spezifische Bewegung nicht leiden, wie sie Menschen in einer Handlung haben. Ich malte gerne Blumen, aber nicht Buketts, sondern nur einzelne Blumen, damit ich ihre Gestalt besser ausdrücken konnte. Meine Umgebung nötigte mich dazu, die Dinge – manchmal sogar Bildnisse – auf herkömmliche Art zu malen; deshalb hat manches meiner früheren Werke keinen dauernden Wert. Ich verdiente damals meinen Unterhalt mit Stundengeben und Zeichnen.

Nach einigen Jahren begann meine Arbeit unbewusst mehr und mehr vom natürlichen Aussehen der Wirklichkeit abzuweichen. Die Erfahrung war mein einziger Lehrmeister. Ich wusste wenig von den modernen Strömungen in der Kunst. Als ich zum erstenmal die Arbeiten der Impressionisten, van Goghs, van Dongens und der Fauves sah, bewunderte ich sie. Aber ich musste den richtigen Weg allein finden.

Das erste, was ich in meiner Malerei ändern musste, war die Farbe. Ich gab die natürliche Farbe auf zugunsten der reinen Farbe. Ich begann zu spüren, dass die Farben der Natur auf der Leinwand nicht reproduziert werden können. Instinktiv fühlte ich, dass die Malerei einen neuen Weg finden musste, um die Schönheiten der Natur auszudrücken.

Während dieser frühen Zeit der Experimente kam ich zum erstenmal nach Paris. Es war um 1910, als der Kubismus in seinen Anfängen steckte. Ich bewunderte Matisse, van Dongen und die anderen Fauves, aber sofort fühlte ich mich zu den Kubisten hingezogen, besonders zu Picasso und Léger. Von all den Abstrakten (Kandinsky und den Futuristen) fühlte ich, dass nur die Kubisten den richtigen Weg gefunden hatten, und während einiger Zeit war ich von ihnen sehr beeinflusst.

Nach und nach wurde mir aber bewusst, dass der Kubismus nicht die logischen Folgen seiner eigenen Entdeckungen zog; die Abstraktion wurde nicht bis zu ihrem letzten Ziel entwickelt: dem Ausdruck der reinen Realität. Ich spürte, dass diese Realität nur durch reine Gestaltung erschaffen werden könne. In ihrer wesentlichen Äusserung ist die reine Gestaltung unabhängig von subjektiven Gefühlen und Vorstellungen. Es dauerte lange, bis ich entdeckte, dass die Besonderheiten der Form und der natürlichen Farbe subjektive Gefühlszustände hervorrufen, welche die reine Realität verdunkeln. Die Erscheinung der natürlichen Formen wechselt, aber die Realität bleibt konstant. Wenn man die Gestalt der reinen Realität erschaffen will, so muss man die natürlichen Formen auf die konstanten Elemente der Form reduzieren, die natürlichen Farben auf die elementaren Farben. Das Ziel ist nicht, andere, besondere Formen und Farben mit all ihren Begrenzungen zu schaffen, sondern im Interesse einer grösseren Einheit auf ihre Überwindung hinzuarbeiten.

Das Problem war für mich geklärt, als ich zwei Dinge begriff; erstens: in der darstellenden Kunst kann die Wirklichkeit nur durch das Gleichgewicht der dynamischen Bewegung von Form und Farbe ausgedrückt werden; zweitens: die reinen Mittel gewähren den wirksamsten Weg, dies zu erreichen.

Wenn die dynamische Bewegung durch Kontraste oder durch Gegensätze der Ausdrucksmittel erreicht ist, so werden die Verwandtschaftsbeziehungen das Hauptanliegen des Künstlers, der das Gleichgewicht zu schaffen sucht. Ich entdeckte, dass der rechte Winkel die einzige konstante Verwandtschaft ist, und dass ihm durch wechselnde Proportionen Bewegung, das heisst Leben, gegeben werden kann.

Während dieser Zeit des Suchens in Paris malte ich viele abstrakte Bilder von Bäumen, Häusern, Pflanzen und anderen Dingen. Im «Salon des Indépendants» wurden sie ausgestellt. Kurz vor Ausbruch des Ersten Weltkrieges ging ich auf Besuch nach Holland zurück. Ich blieb dort, solange der Krieg dauerte und fuhr in meiner abstrakten Arbeit fort in einer Serie von Kirchenfassaden, Bäumen, Häusern usw. Aber ich fühlte, dass ich immer noch als Impressionist malte, und dass ich immer noch besondere Gefühle ausdrückte und nicht reine Realität. Obwohl ich mir durchaus bewusst war, dass man nie absolut objektiv sein kann, so spürte ich doch, dass man hingegen immer weniger subjektiv werden kann, bis das Subjektive in der Arbeit nicht mehr überwiegt.

Mehr und mehr schloss ich alle gebogenen Linien in meiner Malerei aus, bis zuletzt meine Kompositionen nur aus vertikalen und horizontalen Linien bestanden, welche Kreuze bildeten, jedes vom andern getrennt und losgelöst. Indem ich das Meer, den Himmel und die Sterne beobachtete, versuchte ich ihre Funktion durch eine Vielfalt von sich kreuzenden Vertikalen und Horizontalen zu gestalten.

Durch die ungeheure Grösse der Natur beeindruckt, versuchte ich, ihre Ausdehnung, Ruhe und Einheit wiederzugeben. Zu gleicher Zeit war ich mir völlig bewusst, dass die sichtbare Ausdehnung der Natur zugleich auch ihre Begrenzung ist; vertikale und horizontale Linien sind der Ausdruck von zwei gegensätzlichen Kräften, welche überall sind und alles beherrschen. Ihr wechselseitiges Wirken macht das Leben aus. Ich erkannte, dass das Gleichgewicht jedes besonderen Anblicks der Natur auf der Gleichwertigkeit ihrer Gegensätze ruht. Ich fühlte, dass das Tragische durch die Ungleichheit hervorgerufen wird. Ich sah das Tragische in einem weiten Horizont oder in einer hohen Kathedrale.

In diesem Augenblick wurde mir bewusst, dass die Wirklichkeit Form und Raum ist. Die Natur offenbart Formen im Raum. In Wirklichkeit ist alles Raum, die Form so gut wie das, was wir als leeren Raum ansehen. Um eine Einheit zu schaffen, muss die Kunst nicht dem äusseren Anblick der Natur folgen, sondern dem, was die Natur wirklich ist. In Gegensätzen erscheinend, ist die Natur Einheit: Form ist begrenzter Raum, greifbar nur durch ihre Begrenztheit. Die Kunst hat den Raum so gut wie die Form zu bestimmen und die Gleichwertigkeit dieser beiden Faktoren zu schaffen.

Diese Prinzipien entwickelten sich durch meine Arbeiten. In meinen früheren Bildern war der Raum immer noch Hintergrund. Ich begann, die Formen zu bestimmen: Vertikale und Horizontale wurden zu Rechtecken. Immer noch erschienen sie als losgelöste Form gegen einen Hintergrund, und ihre Farbe war immer noch unrein.

Da ich das Fehlen der Einheit verspürte, brachte ich die Rechtecke zusammen: der Raum wurde weiss, schwarz oder grau; die Form rot, blau oder gelb. Das Vereinen der Rechtecke war gleichbedeutend mit der Erweiterung der Vertikalen und Horizontalen der früheren Periode über die ganze Komposition. Es war klar, dass Rechtecke, wie alle besonderen Formen, sie bedrängen und neutralisiert werden müssen durch die Komposition. Eigentlich sind Rechtecke nie ein Ziel in sich selber, sondern eine logische Folge ihrer begrenzenden Linien, welche im Raum weiterlaufen. Sie treten spontan in Erscheinung durch Kreuzung von horizontalen und vertikalen Linien. Überdies erscheinen Rechtecke, allein verwendet ohne andere Formen, nie als spezielles

Element, weil nur der Kontrast mit anderen Formen die Unterscheidung möglich macht. – Später, um das Heraustreten der Flächen als Rechtecke zu überwinden, schwächte ich meine Farben ab und verstärkte die begrenzenden Linien, indem ich eine über die andere kreuzte. So wurden die Flächen nicht nur zerschnitten und dadurch überwunden, sondern ihre Beziehungen zueinander wurden aktiver. Ein viel stärkerer dynamischer Ausdruck war das Resultat. Ich erprobte auch hier wieder den Wert der Aufhebung aller Besonderheiten der Form, und dies machte den Weg frei zu einer umfassenderen Konstruktion.

Die Einheit, geschaffen durch die Gleichwertigkeit der Gegensätze, musste, so fühlte ich, auf eine klare und starke Weise ausgedrückt werden. In Übereinstimmung mit dem Geiste unserer Zeit, schien mir, könnte diese Einheit auf einem realeren Weg geschaffen werden als je zuvor in der Kunst der Vergangenheit. Durch meine gestalterischen Erfahrungen kam ich zur Erkenntnis, dass das Verzichten auf jede besondere Form der einzige Weg ist, dies zu erreichen.

Im Jahre 1915 machte Theo van Doesburg, ein holländischer Maler und Schriftsteller, ähnliche Untersuchungen. Zusammen gründeten wir eine kleine Gesellschaft von Künstlern und Architekten: die «Stijl» - Gruppe. Durch das Mittel des «Stijl», einer Zeitschrift, die van Doesburg herausgab, übte diese Gruppe einen grossen Einfluss in ganz Europa aus. Wir nannten unsere Kunst «Die Neue Gestaltung», oder «Neo-Plastizismus». Gleichzeitig entstand in Deutschland und Russland der Konstruktivismus, begründet durch Malevich, Lissitzky, Pevsner, Gabo u.a. Später wurde der Konstruktivismus fortgeführt in Paris und London, wo er mit dem Neo-Plastizismus gleichgesetzt wurde. Trotzdem blieben immer einige Unterschiede in den Gesichtspunkten bestehen.

Wir hatten immer die Meinung, dass eine kollektive Kunst für die Zukunft möglich sei, und hofften, das Publikum von den Möglichkeiten der reinen Gestaltung zu überzeugen, indem wir uns bemühten, die Verwandtschaft derselben zum modernen Leben und ihre Wirkung darauf zu beweisen.

Während die moderne Architektur und Industrie unseren Einfluss annahmen, blieben Malerei und Plastik wenig beeindruckt. Diese schienen zu fürchten, dass der Neo-Plastizismus sie in die «Dekoration» führen würde. In Wirklichkeit war für diese Furcht im Neo-Plastizismus nicht mehr Grund vorhanden als in jeder anderen Kunstrichtung. Alle Kunst wird «Dekoration», wenn die Tiefe des Ausdrucks fehlt. In Malerei und Plastik muss man den Eklektizismus fürchten. Dies alles ist offensichtlicher in der reinen abstrakten Kunst. Aber in jeder Kunstepoche werden die Ausdrucksmittel allgemein verwendet, und es sind nicht die Ausdrucksmittel, sondern die Art ihrer Verwendung, was die Persönlichkeit offenbart.

Ich äusserte diese Ideen nicht nur im «Stijl», sondern auch in anderen europäischen Publikationen, nachdem der «Stijl» von seiner ursprünglichen Konzeption abgewichen war. Van Doesburg behielt die rechteckige Beziehung der vertikalen und horizontalen Linien bei, drehte sie aber um 45°. Dies im Gegensatz zum natürlichen Aspekt der Wirklichkeit. Er nannte seine Auffassung «Elementarismus». Auf diese Weise legte er den Akzent auf die Ausdrucksmittel, während ich die Relationen zwischen ihnen für gleich wichtig hielt. Später, als ich nach Paris ging, um dort zu leben, publizierte ich eine Flugschrift, genannt «Le Néo-Plasticisme» (1920). Wie im «Stijl» nannte ich die logische Entwicklung der bildenden Kunst «Neo» oder «Neue» Gestaltung, weil die Ausdrucksmittel, die wir verwendeten, neu und die Relationen unter ihnen definitiv festgelegt waren.

Hier füge ich noch hinzu, dass, soweit «reine» Mittel in irgendeinem Grad von der Kunst der Vergangenheit verwendet wurden (byzantinische Kunst zum Beispiel), dies auf eine andere Art geschah. Dort war die besondere Form immer augenfällig, und die Komposition schloss Symmetrie und Wiederholung ein.

Da der Neo-Plastizismus, als Malerei und als Plastik, seinen eigenen inneren Wert hat, kann er auch als Vorbereitung für eine zukünftige Architektur angesehen werden. Er kann die bestehende neue Architektur vervollständigen, indem er die reinen Verhältnisse und die reine Farbe durchsetzt. Denn in Wirklichkeit ist er ein Ausdruck der modernen Zeit. Die moderne Industrie und die fortschreitende Technik weisen ähnliche, wenn nicht gleiche Entwicklungen auf. Der Neo-Plastizismus darf nicht als eine persönliche Anschauung angesehen werden. Er ist die logische Entwicklung aller Kunst, der alten und der neuen. Sein Weg liegt offen für jedermann, als ein Prinzip, das angewendet werden soll.

Es ist meine Überzeugung, dass die Menschheit, nach Jahrhunderten der Kultur, ihren Fortschritt beschleunigen kann, indem sie ein wahreres Sehen der Wirklichkeit gewinnt. Die Neue Gestaltung erschliesst, was die Wissenschaft entdeckt hat: dass Zeit und subjektives Sehen die wahre Wirklichkeit verschleiern. Trotz allen feindlichen Faktoren hat die grosse bildende Kunst der Vergangenheit uns immer die wahre Realität empfinden lassen. Sie hat immer dafür gekämpft, die Schranken wegzuräumen, die den Ausdruck dieser Realität verhinderten. In der künstlerischen Kultur, seit der frühesten Vergangenheit bis in die Gegenwart, sehen wir eine zunehmende Entwicklung zur Befreiung von den Begrenzungen durch Zeit und Subjektivität. Trotz kultureller Verzögerung und Unterbruch besteht eine fortschreitende Entwicklung in der Offenbarung der wahren Realität durch das Mittel der Abstraktion von der äusserlich sichtbaren Realität.

Es wurde zunehmend klarer, dass der künstlerische Ausdruck der wahren Realität erreicht wird durch dynamische Bewegung im Gleichgewicht. Der Neo-Plastizismus bestätigt, dass das Gleichgewicht hergestellt werden kann durch sich die Waage haltende, ungleiche aber gleichwertige Gegensätze. Die Klärung des Gleichgewichts durch den Neo-Plastizismus ist von grosser Wichtigkeit für die Menschheit. Sie zeigt, dass das menschliche Leben, obwohl zeitweise zu gestörtem Gleichgewicht verdammt, dennoch auf dem Gleichgewicht beruht. Sie beweist, dass das Gleichgewicht mehr und mehr lebendig in uns werden kann.

Die Realität erscheint uns nur tragisch durch die Störung ihres Gleichgewichts und die Verwirrung ihrer Erscheinungen. Es ist unser subjektives Sehen und unser begrenzter Standort, was uns leiden macht. Obwohl tragische Ereignisse und Gefühle nur zeitweise für uns existieren, ist die Zeit doch Realität. Unser subjektives Sehen und unsere subjektive Erfahrung machen es uns unmöglich, glücklich zu sein. Aber wir können dieser tragischen Bedrückung entfliehen durch ein klares Sehen der wahren Realität, die existiert, aber verhüllt ist. Können wir uns selbst nicht befreien, so können wir doch unser erkennendes Sehen befreien.

In unserer gegenwärtigen mechanisierten Welt, wo die gegensätzlichen Kräfte des Lebens so scharf betont sind, dass nur der Kampf eine Lösung bringen kann, ist es unlogisch, zu versuchen, die Realität durch phantastische Gefühle zu erfahren. Es ist zurzeit keine Notwendigkeit, dass die Kunst eine eingebildete Realität schafft, die auf blossen Erscheinungen, Begebnissen oder Traditionen beruht. Die Kunst sollte nicht solchen Eingebungen folgen, die sich auf unser Leben in der Zeit, sondern nur solchen, die sich auf die wahre Realität beziehen.

Sogar in diesem chaotischen Augenblick können wir uns durch die Verwirklichung eines wahren Sehens der Realität dem Gleichgewicht nähern. Das moderne Leben und die moderne Kultur helfen uns dabei. Die Wissenschaft und die Technik überwinden die Unterdrückung durch die Zeit. Aber diese Fortschritte, auf falsche Art verwendet, verursachen immer noch grosse Verwirrungen. Unser Weg führt uns zu einem Suchen nach dem Ausgleich der ungleichen Gegensätze des Lebens. Da sie frei von utilitaristischen Einschränkungen sind, muss die «Neue Gestaltung» nicht nur parallel mit dem Fortschritt der Menschheit gehen, sondern muss an seiner Spitze vorwärtsschreiten.

Es ist die Aufgabe der Kunst, eine klare Erkenntnis der Wirklichkeit auszusprechen.

Der 1942 geschriebene Text wurde erstmals 1945 unter dem Titel *toward the true vision of reality* publiziert in: Piet Mondrian: *plastic art and pure plastic art and other essays*, New York 1945.
Der Text wurde in deutscher Übersetzung publiziert in: *Piet Mondrian*. Ausstellungskatalog, Kunsthalle Basel 1947, S. 7–13; sowie in: *DU, Schweizerische Monatszeitschrift*, Nr. 2, Februar 1956, S. 16 ff.

Oskar Bätschmann

## Künstlerlegitimationen:
## Hodler, Kandinsky und Mondrian

### Legitimationsdruck

Am Ende des 19. Jahrhunderts besetzte das unlösbare Problem der Legitimation das Zentrum des künstlerischen Selbstverständnisses. Das Problem entstand mit den entscheidenden Veränderungen des Kunstsystems in der zweiten Hälfte des 18. Jahrhunderts: der Ausstellungskünstler übernahm die führende Rolle, indem er den Hofkünstler und den Unternehmerkünstler ablöste, die institutionalisierten Ausstellungen wurden zu ausschliesslichen Präsentationsorten von Kunstwerken, ein amorphes Publikum avancierte zum Adressaten und diktatorischen Richter über die Kunst, und die Kritik ernannte sich zum Ankläger im Gericht über die Künstler und ihre Werke.[1]

Mit der Institutionalisierung der Ausstellungen schwankten die Beziehungen von Künstlern und Publikum zwischen Aggressivität, Bewunderung und Verachtung. Von den Künstlern wurde die Legitimierung gefordert unter Bedingungen, die sie verunmöglichten. Denn die Künstler hätten gleichzeitig ihre Freiheit und Unabhängigkeit verteidigen, die Authentizität und Autonomie darlegen, den gesellschaftlichen und geistigen Nutzen der Kunst nachweisen und ihre Stellung an der Spitze des Wettbewerbs mit Verständlichkeit und allgemeiner Zustimmung verbinden müssen. Die Legitimation konnte nicht erbracht, sondern nur durch gesellschaftliches Einverständnis, Erfolg und Akklamation zugestanden werden.

Die Absurdität kommt in der begeisterten Verehrung, die einem Teil der Künstler zukam, wie in der abscheulichen Erniedrigung, mit der andere bestraft wurden, zum Ausdruck. Malern wie Franz von Lenbach oder Hans Makart etwa, die über Aufträge und Ausstellungen zugleich den Spitzen der Gesellschaft dienten wie die Aufmerksamkeit des Publikums auf sich zogen, wurde die Legitimation durch Beifall geschenkt. Für die abgöttische Künstlerverehrung ist eine Karikatur Richard Wagners von Friedrich August von Kaulbach von 1880 symptomatisch: Der göttliche Wagner thront, umgeben von knienden und bäuchlings liegenden Verehrern, während Cosima unter einem Heiligenschein sich dem Thron naht und Franz von Lenbach ein übergrosses Porträt des Künstlers malt.[2] Den glanzvollsten Auftritt eines Gottkünstlers gewährte die Wiener Secession 1902 in der 14. Ausstellung Ludwig van Beethoven. Max Klingers *Beethoven* (Abb. 1), ein Denkmal aus Alabaster und farbigen Marmoren, zeigte den titanischen Künstler auf dem Thron als ikonographisch-kulturelles Konglomerat aus Jupiter, Prometheus und dem Künstler-Seher.[3] Josef Hoffmann machte mit den Wandmalereien von zwanzig Künstlern, dem Weiss der Wände und dem Grau des Bodens eine *Tempelstimmung für einen Gottgewordenen.* Die Besucher wurden in den Seitenräumen durch Gustav Klimts *Beethovenfries* auf Klingers *Beethoven* im Hauptraum vorbereitet.[4] An der Vernissage erklang der Chor aus Beethovens Neunter, umgeschrieben für Bläser von Gustav Mahler – und Klinger weinte vor Rührung.[5]

Die Künstler, die nicht zu «Fürsten» der Kunst geadelt wurden, sahen sich vom Publikum, dem Volk oder dem Staat durch eine weite Kluft getrennt. Notgedrungen suchten sie Brücken zu schlagen, indem sie durch Erläuterungen, Bekenntnisse, Deklarationen um Verständnis für ihre Kunst warben, ihre Kunst verteidigten und ihre Ehrlichkeit und Notwendigkeit unter Beweis stellten oder mit Manifesten das rückständige Publikum herausforderten. Der Druck zur Legitimation brachte zahlreiche divergierende Versuche hervor, unterschiedliche Künstlerrollen zu erproben und Funktionen der Kunst zu behaupten. Sich in den Diskurs über die Kunst einzuschalten, war das eine der problematischen Mittel. Die Künstler wussten um das Risiko, aber sie konnten auf dieses Mittel nicht verzichten. Matisse begann 1908 die Erläuterung seiner künstlerischen Ideen mit der Vorstellung der mehrfachen Gefahren, denen ein Künstler ausgesetzt ist, der sich mit einer Publikation statt mit Werken an das Publikum wendet.[6] Als Paul Klee 1924 an der Eröffnung der Ausstellung seiner Werke im Museum Jena fragte, ob es nicht genüge, die Werke zu zeigen, die *eigentlich ihre selbständige Sprache* sprechen sollten, drückte er die Besorgnis aus, das Ungenügen seiner Bilder schon dadurch zu erweisen, dass er um Verständnis für seine Bilder warb.[7] Ein zweites, ebenso problematisches Mittel des Appells an das Publikum waren die Selbstbildnisse. Seit der zweiten Hälfte des 19. Jahrhunderts wurden sie in ausserordentlicher Anzahl verfertigt und ausgestellt, um dem Publikum den verletzten oder den zornigen, den schrecklichen oder heiligen, den hoheitsvollen oder den vitalen, den melancholischen oder den verzweifelnden Künstler vorzustellen.[8] Edvard Munch, der gewiefte Ausstellungskünstler, nutzte für sein *Selbstbildnis unter dem Medusenhaupt* von 1891/92 (Abb. 2) die Medusa als versteinernde, apotropäische und bannende Macht. Das Haupt der Medusa, ein drohender Kontrast zum melancholischen und verzweifelten Ausdruck des Künstlers, verkündet die ersehnte Macht des Bildes über die Betrachter. Das Antlitz der Medusa kehrt wieder im Bildmittel des frontalen, bannenden und schreckenden Gesichts, das zusammen mit den farbigen Mitteln die Bildermacht gegenüber dem Publikum neu begründen soll.[9]

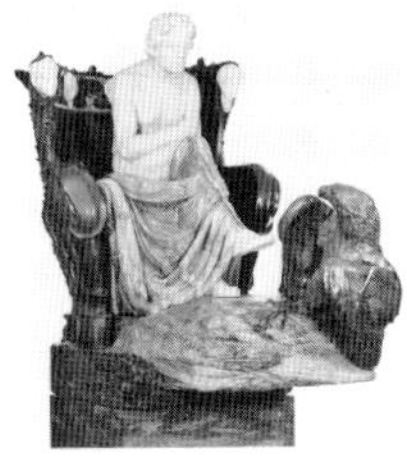

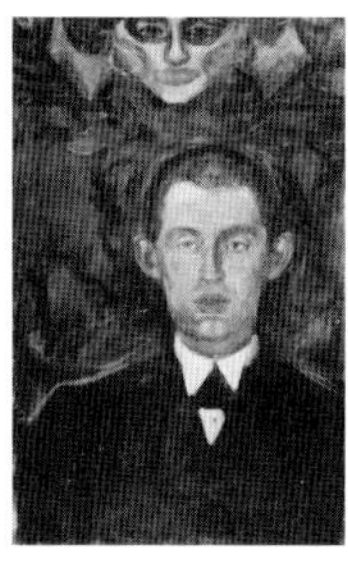

1 Max Klinger: Beethoven. 1902 farbige Marmore, Alabaster und Bronze, Höhe 310 cm, Leipzig, Museum der bildenden Künste

2 Edvard Munch: Selbstbildnis unter dem Medusenhaupt. 1891/92, Öl auf Karton 69 × 43,5 cm, Oslo, Munch Museum

## Künstler – Publikum

In den Aphorismen in *Menschliches, Allzumenschliches* von 1878, die das Genie, die künstlerische Inspiration und die Beziehung zum Publikum streifen, forderte Friedrich Nietzsche (Abb. 3) mit Blick auf Richard Wagner, die Künstler sollten darauf achten, dass ihr Publikum mit ihnen Schritt halten könne: *Sonst entsteht auf einmal jene grosse Kluft zwischen dem Künstler, der auf abgelegener Höhe seine Werke schafft, und dem Publikum, welches nicht mehr zu jener Höhe hinaufkann und endlich missmutig wieder tiefer hinabsteigt.*[10]

Um 1900 teilten Museumsleute und Kunstfreunde allgemein die Auffassung, dass die Künstler über dem Publikum stehen sollten. Hugo von Tschudi, seit 1896 Direktor der Nationalgalerie in Berlin, sprach 1899 in der Königlichen Akademie der Künste über das Problem von Kunst und Publikum. Tschudi konstatierte zwar eine enorme Ausweitung des Kunstpublikums und ein *beängstigend anschwellendes Ausstellungswesen,* bemängelte aber beim Publikum einen gravierenden Mangel an künstlerischer Kultur, Empfindungsfähigkeit und Unvoreingenommenheit: *Der Zwiespalt zwischen dem künstlerischen Auffassungsvermögen des Publikums und der künstlerischen That tritt in voller Stärke da ein, wo diese etwas Neues schafft.* Deshalb sollten die Ausstellungen erzieherisch wirken, indem sie sich auf die *ehrliche künstlerische Arbeit* beschränken und alle Werke ausschliessen, die zum Geschmack des Publikums hinuntersteigen.[11] Wilhelm Trübner suchte mit seiner Publikation *Verwirrung der Kunstbegriffe* die Irrtümer der Laien ein für allemal aus der Welt und Platz für das *Reinkünstlerische* zu schaffen.[12] Zugleich wurde vor allem in Deutschland die Kluft zwischen Publikum und Künstlern beklagt.[13] 1904 nahm sich Albert Dresdner vor, *die Künste auf den Weg des Lebens zu weisen, von dem sie abgeirrt sind,* damit sie wieder eine Funktion im *geistigen Organismus des Menschen* erlangen. Für ein allgemeines Künstlertum erblickte Dresdner eine weltgeschichtliche Mission mit nationalem Ziel: *Wir werden nicht gedeihen, wenn wir nicht Alle, jeder in seinem Berufe, Künstler werden. Das ist die grosse, die weltgeschichtliche Mission, die die Kunst, wie ich meine, gegenwärtig für unser ganzes Sein und Wirken, für alle Stände des Volkes vom Fürsten bis zum Arbeiter, für alle Probleme unseres nationalen und privaten Lebens zu erfüllen hat.*[14]

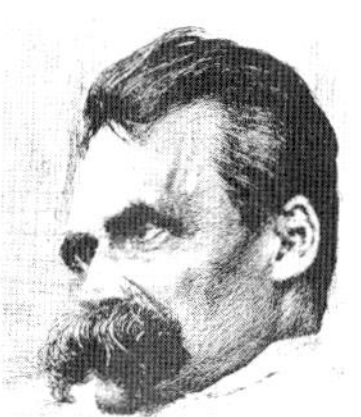

3  Hans Olde: Porträt Friedrich Nietzsche. 1899, Radierung, 16,8 × 12,4 cm

Dieser Mission nahe kam die Künstlerkolonie Mathildenhöhe in Darmstadt, die 1900 auf Betreiben des Grossherzogs Ernst Ludwig vom jungen Wiener Architekten Joseph Maria Olbrich organisiert wurde. Die Künstlerkolonie war den praktischen, volkswirtschaftlichen Zielen und den ästhetischen Bedürfnissen des Grossbürgertums verpflichtet, aber die Künstler um Olbrich mystifizierten ihre Rolle, indem sie sich als Priester-Führer verstanden, die ihre Sendung in der sozialen Harmonie und der Gestaltung aller Lebensbereiche durch den Entwurf von Häusern, Tapeten, Inneneinrichtungen, Geschirr und Besteck sahen.[15]

Die Künstler, die sich der gesellschaftlichen und wirtschaftlichen Nutzung der Künste verweigerten, und der Einordnung in das kollektive Kunstwollen des *Art Nouveau* ihren Widerstand entgegensetzten, Freiheit verlangten und auf ihre Subjektivität pochten, waren sich bewusst, dass sie die Feindschaft mit dem Publikum und den Autoritäten erneuerten. In Dresden versuchte die Künstlergruppe *Die Brücke* sich Arm- und Lebensfreiheit gegenüber den arrivierten Künstlern des Bürgertums zu verschaffen, sich von ihnen als «echte» Künstler abzugrenzen und eine Gemeinde zu bilden aus jenen, die unmittelbar und unverfälscht das wiedergeben, was sie zum Schaffen drängt (Abb. 4). Das sogenannte Tagebuch der *Brücke* stand unter dem Motto *Odi profanum,* das die Künstler dem Leitspruch von Meier-Graefes Abrechnung mit der deutschen Theatermalerei entnommen hatten.[16]

Franz Marc prophezeite allerdings 1912 im Almanach *Der Blaue Reiter,* dass angesichts der allgemeinen Interesselosigkeit der Gegenwart für *neue geistige Güter* das Vaterland ihre Geschenke mit *Zorn und Schmähung* zurückweisen werde. Die erklärte Absicht in der Nachfolge Hugo von Tschudis war, *das Volk zu den Quellen der Kunst zu führen,* allerdings in der melancholischen Hoffnung auf die Wiederkehr eines mit *mystischen Kräften* ausgestatteten Mannes, der die Gegner zum Schweigen bringen würde.[17]

1936 blickte Wassily Kandinsky in seinem Text, der zum 20. Todestag von Franz Marc in den *Cahiers d'Art* erschien, wehmütig zurück auf die heroische Zeit in München und betrachtete resigniert die seither eingetretene Gleichgültigkeit: *Die Zeit war schwierig, aber heroisch. Wir malten, das Publikum spuckte. Heute malen wir, und das Publikum sagt: «Das ist hübsch».* Ein Jahr danach kam Kandinsky erneut auf die

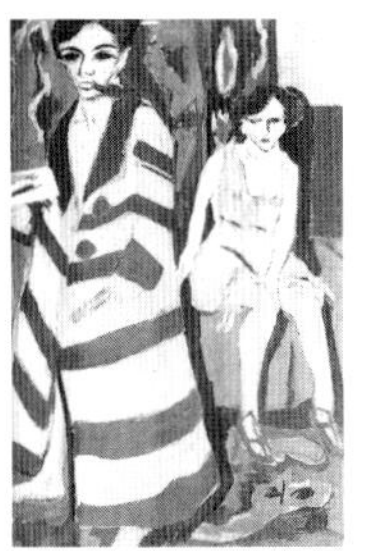

4 Ernst Ludwig Kirchner: Selbstbildnis mit Modell. 1910, übermalt 1926. Öl auf Leinwand, 150,5 × 100 cm, Kunsthalle Hamburg

frühere empörte Reaktion des Publikums zurück und würdigte sie als lebendiges, wenn auch verkehrtes Erleben des Kunstwerks, während er im gleichgültigen späteren Wahrnehmen nur mehr das von *Halbwesen* erkennen konnte.[18]


## «Falsche» und «wahre» Künstler

Zu Beginn der *Entwicklungsgeschichte der modernen Kunst,* dem erfolgreichen Hauptwerk von Julius Meier-Graefe von 1904, steht eine pessimistische Analyse des zeitgenössischen Kunstbetriebs und der künstlerischen Schaffensbedingungen. Meier-Graefe diagnostizierte die *tatsächliche Bedeutungslosigkeit der Malerei und Skulptur für die Allgemeinheit* und konfrontierte sie mit dem wichtigtuerischen Sprechen und Schreiben über Kunst. Die Künste haben ihr abgegrenztes Territorium in den Museen besetzt, aber ihre Funktionen im Lebensbereich eingebüsst bis auf die eine, zu den blossen Behaglichkeiten der Wohnung zu zählen. Meier-Graefe kritisierte die Massenproduktion von Kunst und den Ausstellungsbetrieb: *Die unsinnige Massenproduktion verlangte noch unsinnigere Veranstaltungen in grossen Verhältnissen, um das allein in einem Jahr Gemachte regelmässig zu zeigen.* In den grossen Kunstausstellungen begünstigen Öffentlichkeit und Staat die Mittelmässigkeit und fördern die zahlreichen Täuscher des Publikums, während die wenigen berufenen Künstlern, die sich der Kunst widmen, unbeachtet und verkannt bleiben: *Die Täuschung des Publikums gelingt in der Kunst leichter als in irgendeinem andern Beruf, weil dem Künstler, ganz abgesehen von der leichten Empfänglichkeit des Volkes für alles Seichte, der Nimbus zu Hilfe kommt und eine Fülle von gerade die Mittelmässigkeit begünstigenden Einrichtungen, die dem Stand als solchem eine scheinbare Bedeutung erhalten.* Meier-Graefe sah das Ende des Bildes gekommen, das durch die unsinnigen Jahrmarktsbuden der Kunst vom Symbol des Göttlichen erniedrigt worden sei zu einem *Füllsel des allerflüchtigsten, allernichtigsten Moments der Zerstreuung.*[19]

Meier-Graefe machte die falschen Künstler für die Feindschaft zwischen den berufenen Künstler und dem Publikum verantwortlich, zugleich stand für ihn der schlechte Geschmack des Publikums fest, das er beschimpfte als *dumme und ungerechte Masse, die immer irrt, ob sie lobt oder tadelt.*[20] Damit wurde die Spaltung zwischen den «echten» Künstlern und dem unbelehrbaren Publikum als unaufhebbar fixiert. Das Publikum und die Mehrheit der Kritik hätten nach Meier-Graefe immer auf der falschen Seite gestanden, der konservativen, und gegen jene Künstler und Werke opponiert, die heute für die bedeutenden gehalten würden, sie hätten die unbedeutenden Künstler geliebt und die wichtigen verkannt. Der unaufhebbare Täuschung des Publikums ist die Voraussetzung für die Verknüpfung des verkannten mit dem «echten» oder «wahren» Künstler.[21]

Was für Meier-Graefe «falsche» Künstler waren, ist aus seiner Verurteilung der deutschen Gedankenmalerei 1905 zu erkennen. Böcklin und andere wurden von Meier-Graefe als eine Art Betrüger denunziert, die nur darauf ausgingen, das Publikum zu packen und ihm ihre Produkte als Kunst anzudrehen.[22] Meier-Graefe verwendete für die Verurteilung der deutschen Malerei Friedrich Nietzsches Buch *Der Fall Wagner* von 1888. Nietzsche erörterte im *Fall Wagner* das Problem von der Diagnose der *Gesamtverwandlung der Kunst ins Schauspielerische* aus. Für Nietzsche stellte Richard Wagner den modernen Künstler par excellence als Protagonisten der Dekadenz und der Erschöpfung dar. In Wagners Musik hörte Nietzsche die drei grossen Stimulantia des Dekadenten, aus denen hervorgeht, was die Masse bewegt: das Brutale, das Künstliche und das Idiotische. Nietzsche warf Wagner, dem erstaunlichsten Theater-Genie, vor, er hätte immer von der Wirkung, nie von der Musik aus gerechnet: *er will die Wirkung, er will nichts als die Wirkung. Und er kennt das, worauf er zu wirken hat!* Nietzsche betrachtete den Aufstieg des Schauspielers in der Musik als kapitales geschichtliches Ereignis der Gefährdung der Kunst: *Noch nie wurde die Rechtschaffenheit der Musiker, ihre «Echtheit» gleich gefährlich auf die Probe gestellt. Man greift es mit Händen: der grosse Erfolg, der Massen-Erfolg ist nicht mehr auf Seite der Echten – man muss Schauspieler sein, ihn zu haben.*[23]

Das Problem der Echtheit des Künstlers verschärfte Nietzsche zum moralischen Problem von Schuld und Unschuld. Im hinterhältigen 255. Aphorismus der *Morgenröte* von 1881, einem Gespräch über Musik, unterschied er zwischen «schuldiger» und «unschuldiger» Kunst. Ein mephistophelischer Zuhörer wirft einem andern vor, sich von den absichtlichen Wirkungen der Musik täuschen zu lassen, seine Redlichkeit aufzugeben und damit Kunst und Künstler zu verderben: *Immer, wenn ihr klatscht und jubelt, habt ihr das Gewissen der Künstler in den Händen – und wehe, wenn sie merken, dass ihr zwischen unschuldiger und schuldiger Musik nicht unterscheiden könnt!*[24] «Unschuldig» nannte Nietzsche die Musik, die nur auf sich selbst konzentriert ist und das Publikum vergisst, «schuldig» dagegen diejenige, die auf das Publikum schielt und auf Wirkung und Erfolg ausgeht. Das Problem der förderlichen oder verderblichen *Beziehung* zwischen Künstler und Publikum hat Nietzsche wiederholt beschäftigt. Im Aphorismus 361 der *Fröhlichen Wissenschaft* von 1887 überlegte er, ob dem Begriff des Künstlers nicht beizukommen wäre, wenn man vom Problem des Schauspielers und seiner Anpassungskunst ausginge.[25]

Die Selbstbildnisse der Künstler empfahlen sich zur Beseitigung des Vorwurfs der Schauspielerei. Gemeinsam beförderten Kunstliebhaber und Künstler die Selbstbildnisse zu authentischen Zeugnissen der künstlerischen Selbstoffenbarung. 1908 widmete Wilhelm Waetzoldt das umfangreichste Kapitel seiner Analyse des Porträts einer *Psychologie der Selbstdarstellung.*[26] Die Sonderstellung des Selbstporträts wurde mit der Motivation des Künstlers und dem Interesse des Betrachters begründet: Die auftragslose Selbstdarstellung soll aus einem *innern Bedürfen* des Künstlers hervorgehen, und der Betrachter soll jedes Selbstbildnis als *eine intime monologische Offenbarung der Persönlichkeit* begreifen.[27] Unterstützt wurde der Blick des Publikums in die Seele des Künstlers durch bekenntnishafte und autobiographische Schriften der Künstler.[28]

## Der Künstler, ein höheres Wesen

Die Affinität zahlreicher Maler zwischen 1890 und 1920 zu den verschiedensten Geheimlehren, der Theosophie, der daraus abgeleiteten Anthroposophie, der Rose + Croix esthétique oder des Mazdaznan bleibt ein merkwürdiges Faktum.[29] Mondrian malte 1909 im Geist der theosophischen Gesellschaft das ägyptisierende Triptychon *Evolution* (Abb. 5) über die Erweckung des materiellen Menschen zum Geist, Kandinsky stützte sich 1912 auf die Theosophie von Helena Petrovna Blavatsky, Johannes Itten führte am Anfang des Bauhauses in Weimar die Gedanken und Praktiken des Mazdaznan ein.[30] Die Affinität moderner Künstler zu Geheimlehren – die von Beuys und andern erneuert und fortgesetzt wurde – entspringt dem Widerspruch zur materialistischen Zivilisation, dem Scheitern des Fortschrittsglaubens und der Notwendigkeit der Legitimierung ihrer Arbeit.[31] Die abgegrenzten Zirkel der verschiedenen okkulten Lehren verliehen den Künstlern die Möglichkeit, ihre Tätigkeit von einem höheren geistigen Status herzuleiten und auf ein nicht materialistisches Ziel zu lenken.

1888 scharte Paul Sérusier in Paris eine Reihe von Künstlern zu einer Gruppe, die sich ein Jahr später *Nabis* nannte – auf Anregung von Edouard Schuré: Propheten, Erleuchtete, Magier, Zauberer, Anhänger des Symbols.[32] Die *Nabis* beriefen sich auf Puvis de Chavannes, Odilon Redon und Paul Cézanne, vor allem aber auf Paul Gauguin, bei dem Sérusier 1888 in Pont-Aven und 1889 in Le Pouldu gearbeitet hatte. 1890 malte Sérusier das Porträt seines Freundes Paul-Elie Ranson im Nabis-Kostüm (Abb. 6). Ransons Atelier am Boulevard de Montparnasse 25, *le temple* genannt, war der Ort der regelmässigen Versammlung der *Nabis*. Sérusier, der wie Ranson von esoterischen Theorien fasziniert war, zeigt den Freund, bekleidet mit einer Tunika, deren Kragen die Sternkreiszeichen und den Smaragd des Hermes Trismegistos enthält, als Entzifferer einer Schrift. In der linken Hand hält er eine Art Bischofsstab, dessen Ende

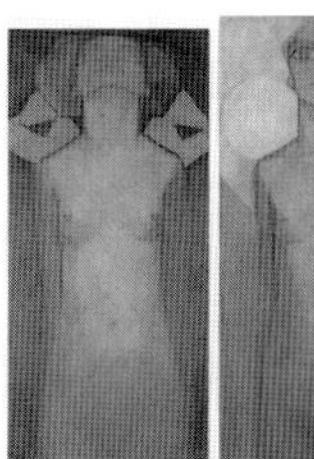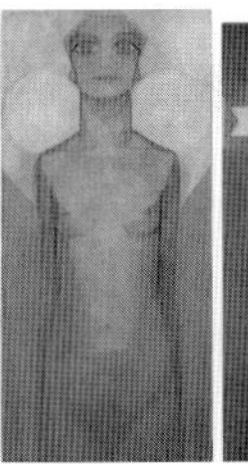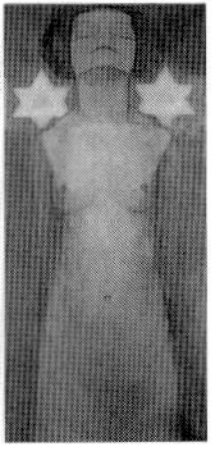

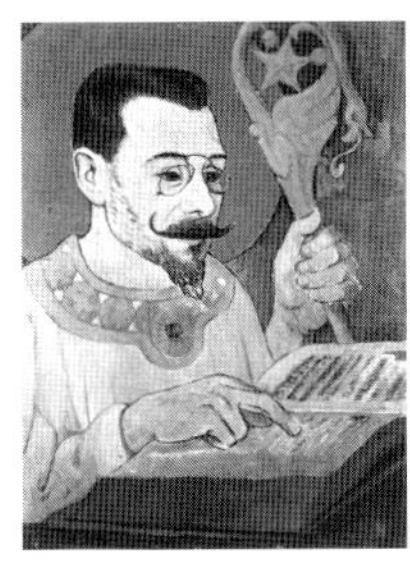

5  Piet Mondrian: Evolution. 1911
Öl auf Leinwand, Triptychon
178×84, 184×87, 178×84 cm,
Den Haag, Gemeentemuseum

6  Paul Sérusier: Porträt Paul-Elie
Ranson im Nabis-Kostüm. 1890
Öl auf Leinwand, 60×45 cm
Privatbesitz

ansetzt mit einer geflügelten Figur, die in einer Schlange sich fortsetzt. Flügel und Schlangenkörper enthalten einen fünfzackigen Stern, ein esoterisches Symbol der Wahrheit. Eine orangefarbene Scheibe hinter Ransons Kopf formt einen Heiligenschein. Der Maler Ranson wird damit dargestellt als geistiges Oberhaupt der *Nabis,* ausgestattet mit christlichen Attributen und esoterischen Symbolen, und erhoben zum Erleuchteten.[33]

Im Katalog zum Salon de la Rose + Croix von 1896 stellte Sâr Mérodack Josép hin Péladan eine Ermahnung voran, die beginnt mit der dreifachen Anrufung des Künstlers als Priester, König und Magier und der Kunst als Mysterium, Himmelreich und Wunder: *Artiste, tu es prêtre: l'Art est le grand mystère et, lorsque ton effort aboutit au chef-d'oeuvre, un rayon du divin descend comme sur un autel. [...] Artiste, tu es roi: l'Art est l'empire véritable [...] Artiste, tu es mage: L'Art est le grand miracle, il prouve seul notre immortalité.*[34] Péladan verpflichtete in den Regeln für den Salon die Künste auf die Restaurierung des Kultes vom Ideal, basierend auf der Tradition und durch das Mittel der Schönheit. Erklärtes Ziel war die Ruinierung des «Realismus» in der Kunst. Rigorose Zurückweisung erfuhren die sämtlichen Gattungen von der Historienbildern bis zu den Tierstücken, während die Darstellung poetischer Themen und katholischer Dogmen wie die von Allegorien und erhabenen Akten willkommen waren.[35] Von den Künstlern, die zum ersten Salon 1892 eingeladen wurden, sagten die umworbenen Puvis de Chavannes und Gustave Moreau ab, während Émile Bernard und Fernand Khnopff Werke einsandten und auffällig viele Schweizer, darunter Ferdinand Hodler, Carlos Schwabe, Albert Trachsel, Auguste de Niederhäusern-Rodo und Félix Vallotton sich beteiligten. In den folgenden Salons schwächte sich die Beteiligung merklich ab.

Hodlers Vortrag über die Sendung des Künstlers, gehalten 1897 in Freiburg i.Ü. und sogleich in der Lokalzeitung *La Liberté* publiziert, beginnt mit dem Satz: *La mission (s'il est permis de dire) la mission de l'artiste est: d'exprimer l'élément éternel de la nature, – la beauté essentielle – il fait valoir les formes du corps humain – il nous montre une nature agrandie, – simplifiée, dégagée de tous les détails insignifiants.*[36] Im Hintergrund von Hodlers erstem Satz stehen die mannigfachen Überlegungen über die *mission de l'art,* die in Frankreich seit der Jahrhundertmitte erneut diskutiert wurde.[37] Doch im Gegensatz zur früheren Diskussion fragte Hodler bezeichnenderweise nicht nach der Sendung der Kunst, sondern nach der des Künstlers. Dass dieser die Aufgabe hat, die Schönheit sichtbar werden zu lassen, dürfte von der unaufhörlichen enthusiastischen Lobpreisung der Schönheit durch Sâr Péladan angeregt worden sein, von dem eine théorie de la beauté unter dem Titel *L'Art idéaliste et mystique* 1894 erschien.[38]

Hodlers Zuwendung zu Péladans religiöser Kunstsekte dauerte zwar nur kurz, doch blieb für ihn die Verbindung der Malerei mit dem Spirituellen, dem Unendlichen, dem Allegorischen und dem Religiösen wichtig.[39] Die gemalten Parallelen zu Hodlers Vortrag bilden die allegorische Darstellung der Kunst von 1896 und sein triumphales symmetrisiertes Selbstbildnis (Abb. 7) von 1900.[40] Das Selbstbildnis gehört zu den Wiederholungen von Dürers *Selbstbildnis im Pelzrock* von 1500 in München, doch diente Hodler die Vorlage nicht für die Annäherung an die *vera icon*. Vielmehr hat er in sein Gesicht die Kunst als Sendung eingeschrieben. Die Lichtstellen seiner Nase und seine Stirnmuskulatur formen eine deutlich erkennbare Figur mit aufrechtem Leib, Kopf und erhobenen Armen. Diese Figur entspricht der allegorischen Darstellung der Kunst, die Hodler 1896 als Plakat für die Zürcher Künstlergesellschaft entworfen hatte (Abb. 8). Das Selbstbildnis von 1900 mit der auf Nase und Stirn aufleuchtenden Lichtfigur zeichnet den Künstler mit der Kunst als Sendung.

Die Vorstellung vom Künstler als Visionär, Propheten und Verkünder fand um 1900 eine Verbreitung über die Geheimlehren hinaus. 1892 entwarf der junge Hugo von Hofmannsthal in Wien das Drama *Der Tod des Tizian,* das den Kult des letzten Bildes mit dem Mythos des visionären Künstlers verknüpft. Der alte Tizian tritt im Drama nicht auf, von ihm und seinen letzten Anstrengungen wird nur berichtet. Vom alten Künstler wird gesagt, dass er seine früheren Werke verwerfe im Vergleich mit seinem letzten, einem Gemälde von Pan: [...] *Sehr schwere Dinge seien ihm jetzt klar, // Es komme ihm ein unerhört Verstehen, // Dass er bis jetzt ein matter Stümper war... // Soll man ihm folgen?*[41] Hofmannsthal schrieb 1901 sein Versdrama *Der Tod des Tizian* zur Totenfeier für Arnold Böcklin um.[42] Selbst Cézanne, der einsame Alte in Aix-en-Provence, sah sich als Propheten einer neuen Kunst. In einem Brief von 1903 an den Kunsthändler Vollard stellte er die Frage, ob er nur ein Prophet und Führer wie Moses sei, oder ob er an sein Ziel kommen würde: *Ich arbeite hartnäckig, ich sehe das Gelobte Land vor mir. Wird es mir ergehen wie dem grossen Führer der Hebräer, oder werde ich es betreten können?*[43]

Das Bild vom Künstler als Seher wurde dem Publikum in Publikationen und Vorträgen nahegebracht. Charakteristisch sind dafür die vier Vorträge, die Wilhelm Hausenstein im März 1914 in der Mannheimer Akademie für Jedermann hielt und im gleichen Jahr publizierte unter dem Titel *Vom Künstler und seiner Seele.* Hausenstein erhöhte den Konflikt zwischen Künstlern und Publikum zum unaufhebbaren Gegensatz zwischen der *ekstatischen Künstlerseele* und der *naturalistischen Laienseele.* Dem Künstler-Seher, einem Amalgam von Doktor Faust und Christus, dachte Hausenstein ein zweifaches Martyrium zu: *Der Künstler ist der Mensch, der die dem Menschen mögli-*

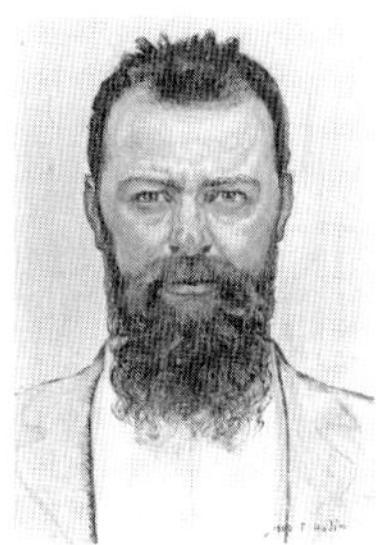

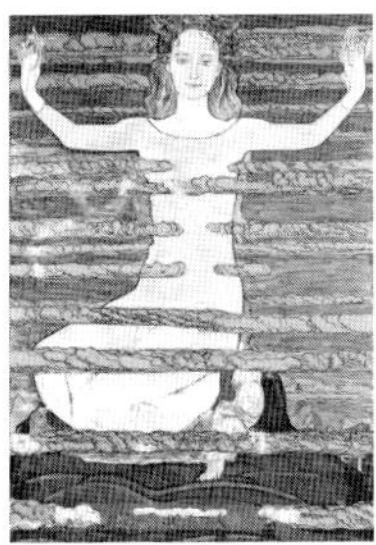

7 Ferdinand Hodler: Selbstbildnis
1900, Öl auf Leinwand
41 × 28,6 cm
Staatsgalerie Stuttgart

8 Ferdinand Hodler: Die Poesie
(Die Kunst). 1896
verschiedene Techniken
98,6 cm × 69,7 cm, Plakatentwurf, Museum für Gestaltung
Zürich, Depositum der
G. Keller-Stiftung

*chen Gesichte am stärksten, am visionärsten erlebt. Eine Vision ist an sich selber schon ein Martyrium: es ist nicht leicht, das Antlitz des Erdgeistes zu ertragen. Aber für diese Vision wird der Künstler, der pathetische Künstler, dieser Heros der Menschheit, obendrein noch gestraft: denn das Publikum lacht ihn dafür aus – es hat mit den Ekstasen des künstlerischen Visionärs nichts zu tun und dafür lässt es ihn büssen.*[44] Das suchte Hausenstein zu bessern, indem er die Seele des Künstlers dem Erleben aufschloss und dem Publikum den Irrtum austrieb, Kunst hätte etwas mit Nachahmung zu tun. Er stellte eine Typologie der Künstlerseele auf, indem er unterschied zwischen dem sachlichen, dem nervösen und dem pathetischen Typ.[45] Die Künstlertypen sind hierarchisch geordnet: zum höchsten Typ, dem pathetischen, können die niedrigeren naturalistischen oder nervösen Typen aufsteigen: Michelangelo, Grünewald und Rembrandt steigerten sich aus der naturalistischen Anschauung, Giotto und El Greco gelangten aus der Nervosität zum Pathos bzw. zur Ekstase. Bei den neueren Künstlern trennte Hausenstein das echte vom falschen Pathos. Dieses entsteht aus einer mit Literatur, Ideen oder Humanität eingekleideten naturalistischen Form wie bei Hodler oder Klinger, jenes findet sich bei El Greco und exemplarisch bei van Gogh (Abb. 9).[46]


## Reinheit und Notwendigkeit


Guillaume Apollinaire stellte 1908 in seinem Text über die neue Malerei die Einheit, Reinheit und Wahrheit dem kosmischen Chaos gegenüber. Reinheit ist mit dem künstlerischen Instinkt verbunden, die Einheit des Bildes bewirkt eine Ekstase, die immer neue Wahrheit ist niemals ein Abbild der Wirklichkeit. Für die Interpretation der «reinen» Malerei des Kubismus erneuerte Apollinaire die gnostisch-okkulte Lehre vom Pneuma, erblickte in den Künstlern die Göttlichkeit des Menschen und erkannte in ihren Bildern die Unterwerfung der Materie. Die Maler werden in Apollinaires hymnischem Text zu Inkarnationen und Vermittlern des Göttlichen: *Doch der Maler muss sich vor allem das Schauspiel seiner eigenen Göttlichkeit schenken, und die Bilder, die er der Bewunderung der Menschen darbietet, werden ihnen den Ruhm verleihen, dass auch sie, für einen Augenblick, ihre eigene Göttlichkeit ausüben können.*[47] Die soziale Funktion der

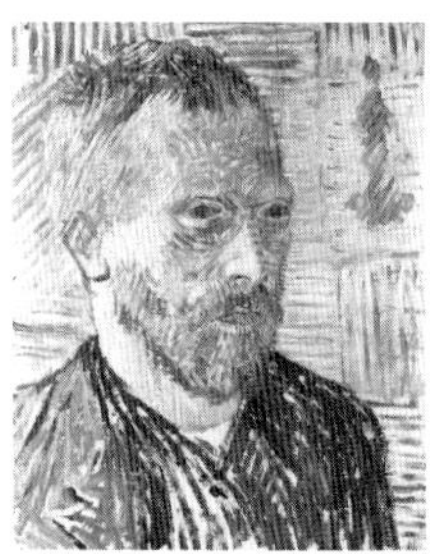

9  Vincent van Gogh: Autoportrait
à l'estampe japonaise. 1887
Öl auf Leinwand, 43×34 cm
Öffentliche Kunstsammlung,
Kunstmuseum Basel

Dichter und Maler bestand für Apollinaire darin, mit der beständigen Erneuerung der Naturordnung sowohl der Langeweile wie dem Chaos entgegenwirken.

Wassily Kandinsky (Abb. 10) entwarf in seinem Buch *Über das Geistige in der Kunst* von 1912 ein hierarchisches Modell der Gesellschaft mit seinem *geistigen Dreieck* aus unterschiedlich grossen Abteilungen gemäss der theosophischen Lehre von Helena P. Blavatsky. In den untersten grossen Abteilungen sind die Massen eingeordnet, darüber folgen kleinere Abteilungen mit wenigen, an der Spitze steht möglicherweise nur ein einziger auserwählter Priester-Seher. Künstler gibt es auf allen Stufen: die «echten» schauen als Propheten in die höhere Abteilung hinein und tragen zum Fortschritt bei, die «falschen» schmeicheln als Betrüger den niedrigen Bedürfnissen und bereichern sich. In Kandinskys Verwaltungsgebäude des Geistes ist eine gewisse Durchlässigkeit zwischen den Abteilungen vorgesehen, zudem bewegt sich in günstigen Zeiten das ganze Dreieck auf- und vorwärts. Diese Evolutionsbewegung hat zur Folge, dass eine grössere Abteilung, die sich im Aufstieg befindet, Künstler akzeptiert, die zuvor als Schwindler und Pfuscher beschimpft wurden.[48] Kandinsky versuchte, das hierarchische geistige Dreieck zu verbinden mit der Idee des Fortschritts der Menschheit durch die künstlerische Avantgarde.

Am Beginn von Kandinskys Buch steht die Entgegensetzung zwischen zwei Arten des Primitivmus, dem zukunftslosen äusserlichen und dem zukunftsträchtigen «innerlichen», der aus der erneuerten Seele entspringt. Danach wird das Problem der Empfindungsfähigkeit der Zuschauer erörtert. Zwar kritisierte Kandinsky die äusserliche Wahrnehmung von Kunstwerken durch das Publikum in Museen oder Ausstellungen, doch schreibt er dies dem zu, dass die präsentierten Kunstwerke zweckberaubt dem *l'art pour l'art* nachhängen und die benebelten Besucher die Kunst mit höheren Zielen, die prophetische Kunst, nicht mehr erkennen können. Eine finstere Macht hindert sie am geistigen Aufstieg, *eine üble unsichtbare Hand,* die Steine in den Weg wirft. Rettend ersteht aber notwendigerweise, wie Kandinsky annimmt, ein geheimnisvoller »Seher»: *Er sieht und zeigt. Dieser höheren Gabe, die ihm oft ein schweres Kreuz ist, möchte er sich manchmal entledigen. Er kann es aber nicht. Unter Spott und Hass zieht er die sich sträubende, in Steinen steckende schwere Karre der Menschheit mit sich immer vor- und aufwärts.* Daraus leitete Kandinsky die Aufgabe ab, das Publikum müsse auf den Stand-

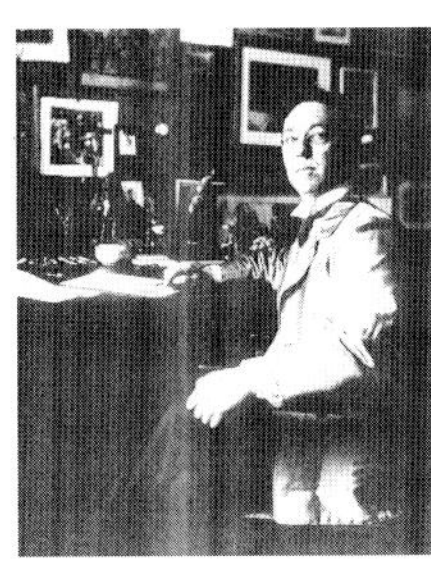

10  Wassily Kandinsky am Schreibtisch, Photographie von Gabriele Münter, wahrscheinlich Sommer 1913, München, Städtische Galerie im Lenbachhaus, Gabriele Münter und Johannes Eichner-Stiftung

punkt des Künstlers herangebildet werden. Das Gelingen dieses Vorhabens hätte das unlösbare Problem der Legitimation des Künstlers zum Verschwinden gebracht.[49]

Die Frage, wie Künstler und Kunstwerk zusammenhängen, war für Kandinsky weder mit der Genielehre noch mit dem Leben des Künstlers zu beantworten. Das entsprechende Kapitel seines Buches von 1912 beginnt mit dem Satz: *Auf eine geheimnisvolle, rätselhafte, mystische Weise entsteht das wahre Kunstwerk ‹aus dem Künstler›. Von ihm losgelöst bekommt es ein selbständiges Leben, wird zur Persönlichkeit, zu einem selbständigen, geistig atmenden Subjekt, welches auch ein materiell reales Leben führt, welches ein Wesen ist.* Das «wahre» Kunstwerk wird auf mystische Weise aus dem Künstler geboren. Dazu beansprucht der Künstler die unbeschränkte Freiheit, die allerdings auf der *innern Notwendigkeit* basieren muss, wenn sie nicht in Verbrechen umschlagen und das Produkt nicht ein Betrug sein soll. Die *innere Notwendigkeit,* Kandinskys zentraler Begriff, wird höchst unterschiedlich umschrieben: einmal als *Prinzip der zweckmässigen Berührung der menschlichen Seele* im Zusammenhang mit der Wirkung der Farbe, dann als das *unvermeidliche Sichausdrückenwollen des Objektiven* als des Rein- und Ewig-Künstlerischen, das in einer subjektiven und zeitabhängigen Form realisiert wird. Für das Entstehen der inneren Notwendigkeit verweist Kandinsky auf drei Gründe, die er als mystische bezeichnet: die Persönlichkeit des Künstlers, die jeweilige Epoche und das Rein- und Ewigkünstlerische.[50] Im Aufsatz *Über die Formfrage,* der 1912 im Almanach *Der Blaue Reiter* erschien, brauchte Kandinsky dafür die mystisch-obszöne Vorstellung vom weissen befruchtenden Strahl, illustrierte sie ironisch-harmlos mit einem bayerischen Votivbild und beschwor als Gegenbild zu Evolution und Erhöhung die *schwarze todbringende Hand.*[51]

Das mystische Hervorgehen des Kunstwerks aus dem Künstler setzt rationale Verfahren, begründbare Regeln und Traditionen ausser Kraft. An deren Stelle wird die innere Notwendigkeit gesetzt, die Kandinsky zugleich in den ewigen, den historischen und den subjektiven Voraussetzungen als Kraft wirken sieht.[52]

Sie macht den Künstler zum mystischen Gebärorganismus, rechtfertigt Freiheit und Mittel und sichert Qualität und Funktion der Produkte. Daher kann der Künstler sich nur mit der inneren Notwendigkeit legitimieren, nicht aber durch Tradition, Kultur, Wissenschaft, Nachahmung, Idealisierung oder Beifall, die den Bereich der «äussern» Notwendigkeiten ausmachen. Kandinskys tautologische Legitimation erhielt von Kurt Schwitters die provozierende Antwort: *Alles, was ein Künstler spuckt, ist Kunst.*[53]


**Das Elementare, das Universale**


Die Legitimation des Kunstwerks mit der *inneren Notwendigkeit* und des Künstlers mit dem Kunstwerk hatte zwei gravierende Schwächen: durch die Tautologie wird sie dem Glauben einer Gemeinde überantwortet, und die vereinzelte Subjektivität ist weder dem Publikum oder der Kritik zu vermitteln noch durch die Lehre von Schülern fortzusetzen. Kandinsky suchte durch eigene Interpretation Verständnis für seine Gemälde zu schaffen.[54] Das theosophische Aufstiegsmodell der Menschheit war aber auch verknüpft mit der Hoffnung auf die Zukunft und schloss die Möglichkeit nicht aus, Gesetze der *innern Notwendigkeit* zu entdecken und daraus objektive Grundlagen der Kunst zu entwickeln. Diese legte Kandinsky 1926 mit dem Bauhausbuch *Punkt und Linie zu Fläche* vor, und fast gleichzeitig erschienen entsprechende Analysen von Paul Klee und Theo van Doesburg. Wie van Doesburg in der deutschen Ausgabe erklärte, beabsichtigte er, *den heftigen Angriffen der Öffentlichkeit gegenüber, sowohl eine logische Erklärung wie eine Verteidigung der neuen Kunstgestaltung zu geben.*[55]

In der Einleitung zur neuen Zeitschrift *De Stijl* nannte van Doesburg zwei Aufgaben des *wirklich modernen Künstlers* für ein neues Kunstbewusstsein: erstens das *rein gestaltete Kunstwerk* hervorzubringen und zweitens das Publikum für die *Schönheit der reinen gestaltenden Kunst empfänglich zu machen.*[56] In seinem Aufsatz *De Nieuwe Beelding in de schilderkunst* für den ersten Jahrgang von *De Stijl* diskutierte Piet Mondrian ausführlich die Zuwendung des modernen Menschen zum «Innerlichen» und die entsprechende logische Äusserung in der abstrakten Kunst: *Der wahrhaft moderne Künstler wählt die Abstraktion der Schönheitsempfindung bewusst: er erkennt bewusst, dass die Schönheitsempfindung kosmisch, universal ist. Dieses bewusste Erkennen hat die abstrakte Gestaltung zur Folge und beschränkt sich auf dasjenige, was ausschliesslich universal ist.* Die gerade Linie und die Primärfarben (Abb. 11) beseitigen nach Mondrian das Problem des Individuellen oder Subjektiven in der Kunst und führen zum *Universalen* im Künstler und in der Kunst. Den *reinsten Ausdruck* findet dieses Universale in den Gleichgewichtsbeziehungen, *die am reinsten das Universale, die Harmonie, die Einheit, die dem Geiste eigen ist, gestalten.*[57]

Mondrian nutzt für seinen Aufsatz von 1917 eine ganze Reihe von kühnen Behauptungen und historischen Konstruktionen: die Einheit der Malerei unabhängig von den individuellen Stilen, das einheitliche Bestreben, überall und jederzeit das Universale zum Ausdruck zu bringen, dieses Universale ist *tiefstes Wesen alles Seienden* und auch *Kern des menschlichen Geistes* und will sich als das Absolute ausdrücken. In der Natur erscheint dies nur als *Drang* nach dem Absoluten, während in der geraden Linie, in der

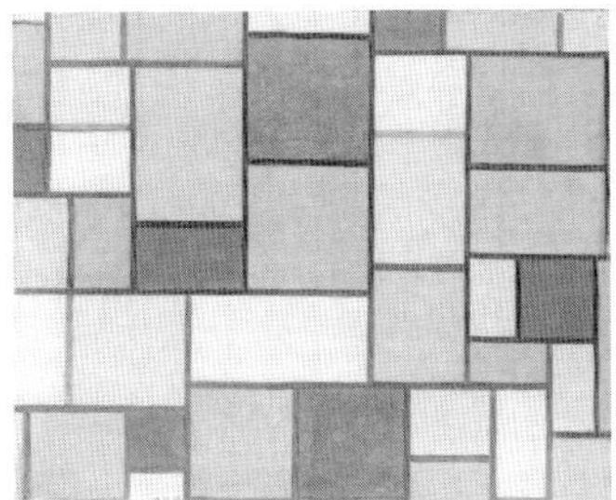

11 Piet Mondrian: Komposition mit farbigen Flächen und grauen Linien 1. 1918, Öl auf Leinwand 49×60,5 cm, Privatbesitz Schweiz

Fläche und in den Gleichgewichtsbeziehungen das Universale sich als das Absolute manifestiert. Die Elemente der Gestaltung und die elementare Beziehung des Gleichgewichts sind die Vollendung des Ausdrucksdranges der Natur, *gereinigt* von allen geschichtlichen, individuellen und materiellen Verunklärungen zeigen sie das gleichförmige Innerste der Welt, das zugrundeliegende Gemeinsame der Menschen und das alles überwölbende Absolute. Ein Werk der Neuen Plastik ruft, wie Mondrian in seiner Unterredung von 1919/20 zwischen einem Kunstliebhaber, einem naturalistischen und einem abstrakt-realistischen Maler ausführte, *Heimweh nach dem Universalen, Heimweh nach seinem tiefsten Selbst hervor.*[58] Der Gegensatz zwischen dem Naturalismus und dem Abstrakt-Realistischen ist nur oberflächlich, die lange Unterhaltung zwischen den beiden Künstlern und dem Kunstliebhaber zielt darauf, sich darüber zu verständigen, dass alle in die gleiche Richtung sich entwickeln und als Menschen der Zukunft in die *neue Zeit* des Gleichgewichts und der Harmonie gehen.

1 Oskar Bätschmann: *Ausstellungskünstler – Kult und Karriere im modernen Kunstsystem.* Köln: DuMont, 1997.
2 *Franz von Lenbach 1836–1904.* Ausstellungskatalog, Lenbachhaus München 1987, Nummer 458, S. 494, 495.
3 J.A. Schmoll gen. Eisenwerth: «Zur Geschichte des Beethoven-Denkmals». In: *Saarbrücker-Studien zur Musikwissenschaft 1,* Kassel: Bärenreiter, 1966, S. 242–277. – *Max Klinger 1857-1920.* Ausstellungskatalog, Frankfurt/M, Wuppertal und Leipzig 1992, hrsg. von Dieter Gleisberg, Frankfurt/M: Städel, 1992, Nummern 186–190, S. 329–331; Beitrag von Georg Bussmann S. 38–49.
4 Ludwig Hevesi: *Acht Jahre Sezession (März 1897–Juni 1905) – Kritik, Polemik, Chronik.* Wien: C. Konegen, 1906; Reprint hrsg. von Otto Breicha, Klagenfurt: Ritter, 1984, S. 390. – Marian Bisanz-Prakken: «Der Beethovenfries». In: *Gustav Klimt.* Ausstellungskatalog, Zürich 1992, hrsg. von Toni Stooss und Christoph Doswald, Stuttgart: Hatje, 1992, S. 33–41 (mit Photographien der Ausstellung).
5 Alma Mahler-Werfel: *Erinnerungen an Gustav Mahler – Briefe an Alma Mahler.* Hrsg. von Donald Mitchell, Berlin und Frankfurt/M: Propyläen, 1971, S. 62–63; Erstausgabe in: Gustav Mahler: *Erinnerungen und Briefe.* Amsterdam: Allert de Lange, 1940, S. 49.
6 Vergleiche z.B. Henri Matisse: «Notes d'un peintre». In: *La Grande Revue 52* (1908), S. 731–745. – Roger Benjamin: *Matisse's «Notes of a Painter» – Criticism, Theory, and Context 1891–1908.* Ann Arbor, Michigan: UMI Research Press, 1987.
7 Paul Klee: *Über die moderne Kunst.* Bern: Benteli, 1945 [2. 1979] S. 9.
8 *Das Bild des Künstlers – Selbstdarstellungen.* Ausstellungskatalog, Hamburg 1978, hrsg. von Siegmar Holsten, Hamburg: H. Christians, 1978. – Philippe Junod: «(Auto)portrait de l'artiste en Christ – Das (Selbst)portrait des Künstlers als Christus». In: *Das Selbstportrait im Zeitalter der Photographie – Maler und Photographen im Dialog mit sich selbst.* Ausstellungskatalog Lausanne, Stuttgart, Berlin 1985, hrsg. von Erika Billeter, Bern: Benteli, 1985, S. 59–79. – Georg M. Blochmann: *Zeitgeist und Künstlermythos: Untersuchungen zur Selbstdarstellung deutscher Maler der Gründerzeit: Marées, Lenbach, Böcklin, Makart, Feuerbach.* Münster: Lit, 1991. – Wilhelm Schlink: «Verletzliche Gesichter – Selbstbildnisse deutscher Künstler im 19. Jahrhundert». In: *Bildnisse – Die europäische Tradition der Portraitkunst.* Hrsg. von Wilhelm Schlink, Freiburg i.Br.: Rombach, 1997, S. 221–261. – Oskar Bätschmann: «Hodler in seinen Bildern – Selbstbildnisse und Künstlerrollen». In: *Zeitschrift für Schweizerische Archäologie und Kunstgeschichte 51* (1994), S. 309–324.
9 Werner Hofmann: «Zu einem Bildmittel Edvard Munchs». In: *Alte und Neue Kunst. Wiener Kunstwissenschaftliche Blätter,* Bd. 3 (1954), S. 20–40; wiederabgedruckt in: *Bruchlinien.* München: Prestel, 1979. – Wolfgang Kemp: *Der Anteil des Betrachters. Rezeptionsästhetische Studien zur Malerei des 19. Jahrhunderts.* München: Mäander, 1983. – Vergleiche Trudie Grace: *The Disembodied Head – A Major Theme in European Art from 1885–1905.* Dissertation der City University of New York, 1984, Ann Arbor, Michigan: UMI, 1984, S. 45. – Oskar Bätschmann: «Selbstbildnisse im 20. Jahrhundert». In: *Bildnisse. Die europäische Tradition der Portraitkunst.* Hrsg. von Wilhelm Schlink, Freiburg i.Br.: Rombach, 1997, S. 263–307.
10 Friedrich Nietzsche: «Menschliches, Allzumenschliches – Ein Buch für freie Geister» [1878]. In: *Werke in 3 Bänden.* München: Hanser, 1960 [2.] Bd.1, S. 554–582, Aphorismus 168, S. 538.
11 Hugo von Tschudi: «Kunst und Publikum – Rede zur Feier des Allerhöchsten Geburtstages Seiner Majestät des Kaisers und Königs am 27. Januar 1899 in der öffentlichen Sitzung der Königlichen Akademie der Künste gehalten», Berlin: E.S. Mittler & Sohn, 1899. In: Hugo von Tschudi: *Gesammelte Schriften zur neueren Kunst.* Hrsg. von E. Schwedeler-Meyer, München: Bruckmann, 1912, S. 56–75. – Barbara Paul: «Hugo von Tschudi und die moderne französische Kunst im Deutschen Kaiserreich». In: *Berliner Schriften zur Kunst* Bd. 4, Mainz: von Zabern, 1993. – *Manet bis van Gogh – Hugo von Tschudi und der Kampf um die Moderne.* Ausstellungskatalog, Berlin und München 1996/97. – Peter Paret: *The Berlin Secession – Modernism and its Enemies in Imperial Germany.* Cambridge, MA: Belknap Press of Harvard University Press, 1980; deutsch: *Die Berliner Secession – Moderne Kunst und ihre Feinde im Kaiserlichen Deutschland.* Übersetzt von D. Jacob, Berlin: Severin und Siedler, 1981. – Wilhelm Schlink: «Kunst ist dazu da, um geselligen Kreisen das gähnende Ungeheuer, die Zeit, zu töten… Bildende Kunst im Lebenshaushalt der Gründerzeit». In: *Bildungsbürgertum im 19. Jahrhundert. Teil III: Lebensführung und ständische Vergesellschaftung.* Hrsg. von M. Rainer Lepsius, Stuttgart: Klett-Cotta, 1992, S. 65–81. – Philipp Ursprung: *Kritik und Secession – Das Atelier – Kunstkritik in Berlin zwischen 1890 und 1897.* Basel: Schwabe, 1996.
12 (Wilhelm Trübner): *Das Kunstverständnis von Heute.* Frankfurt/M: Literarische Anstalt Rütten & Loening, 1892 (anonym publiziert). – Wilhelm Trübner: *Die Verwirrung der Kunstbegriffe.* Frankfurt/M: Literarische Anstalt Rütten & Loening, 1898 [2. 1900].
13 Maria Brinckmann, Max Lehrs und Otto Grautoff schlugen enthusiastisch vor, durch Plakate auf der Strasse

die Kunst allen zugänglich zu machen, eine ästhetische Erziehung der Massen zu leisten und der Kunst ihr Publikum auch ausserhalb der Museen zurückzuerobern. *Plakatausstellung.* Ausstellungskatalog, Museum für Kunst und Gewerbe Hamburg 1896/97, Nachwort von Maria Brinckmann. – *Ausstellung künstlerischer Plakate.* Ausstellungskatalog, Kupferstichkabinett Dresden 1896 (Max Lehrs) – Otto Grautoff: *Das moderne Plakat.* Leipzig, 1899, S. 12.

14 Albert Dresdner: *Der Weg der Kunst.* Jena und Leipzig: Diederichs, 1904, S. VI–VIII.

15 Joseph Maria Olbrich: «Unsere nächste Arbeit». In: *Deutsche Kunst und Dekoration 6* (1900), S. 366–369: «Endlich eine kleine begeisterte arbeitsfreudige Gesellschaft, in einer Stadt, die so glücklich ist, weder Glaspalast noch Akademie zu besitzen, doppelt glücklich, weil damit auch die beengenden Normen und Paragraphen für unsere schöne Kunst fehlen. [...] Ein weites baum- und blumenreiches Terrain, die Grossherzogliche Mathildenhöhe, gibt den Plan. Oben am höchsten Streif soll das Haus der Arbeit sich erheben; dort gilt, gleichsam in einem Tempel, die Arbeit als heiliger Gottesdienst. [...] Im abfallenden Gelände: die Wohnhäuser der Künstler, gleich einem friedlichen Ort, zu dem nach des Tages emsiger Arbeit von dem Tempel des Fleisses herabgestiegen wird, um den Künstler mit dem Menschen einzutauschen». *Ein Dokument Deutscher Kunst. Grossherzog Ernst Ludwig und die Ausstellung der Darmstädter Künstler Kolonie.* Hrsg. von Alexander Koch, Darmstadt: A. Koch, 1901 – *Ein Dokument deutscher Kunst 1901–1976.* Ausstellungskatalog, Darmstadt, Mathildenhöhe 1977. – Grossherzog Ernst Ludwig: «Grundideen eines konstitionellen Fürsten». In: *Erinnertes. Aufzeichnungen des letzten Grossherzoges von Hessen und bei Rhein, Ernst Ludwig.* Hrsg. von Eckhart G. Franz, Darmstadt: Roether Verlag, 1983. – Bernd Krimmel: «Der Fall Olbrich». In: *Joseph Maria Olbrich: Architektur. Vollständiger Nachdruck der drei Originalbände von 1901–1914,* Tübingen: E. Wasmuth, 1988, S. 11–16.

16 Alfred Julius Meier-Graefe: *Der Fall Böcklin und die Lehre von den Einheiten.* Stuttgart: J. Hoffmann, 1905, zitiert nach dem Innentitel: Odi profanum vulgus et arceo, nach Horaz.

17 Franz Marc: «Geistige Güter». In: *Der Blaue Reiter.* Hrsg. von Wassily Kandinsky und Franz Marc, München: R. Piper, 1912; vergleiche die dokumentarische Neuausgabe von Klaus Lankheit, München und Zürich: R. Piper, 1979 [3.] S. 21–24.

18 Wassily Kandinsky: *Essays über Kunst und Künstler.* Hrsg. von Max Bill, Teufen: A. Niggli und W. Verkauf, 1955, S. 188, 195.

19 Julius Meier-Graefe: *Entwicklungsgeschichte der modernen Kunst.* 3 Bände, Stuttgart: J. Hoffmann, 1904; neue Ausgabe mit einem Nachwort von Hans Belting, 2 Bände, München und Zürich: Piper, 1987. – Kenworth Moffett: *Meier-Graefe as Art Critic. Studien zur Kunst des neunzehnten Jahrhunderts,* Bd. 19, München: Prestel, 1973. – Robert Jensen: *Marketing Modernism in Fin-de-Siècle Europe.* Princeton N.J.: Princeton University Press, 1994, Kapitel 8, S. 235–263.

20 Alfred Julius Meier-Graefe: *Der Fall Böcklin und die Lehre von den Einheiten.* Stuttgart: J. Hoffmann, 1905, S. 260; Vergleiche Meier-Graefe (Anm. 19): Einleitung – Die Träger der Kunst früher und heute.

21 Meier-Graefe (Anm. 19). Band 2, S. 367–386, erklärte Meier-Graefe Hans von Marées zum einzigen unter den deutschen Künstlern, der diesen Titel mit vollem Recht trage.

22 Meier-Graefe (Anm.20). S 97-101, 102-108, 226: Böcklin kennt nur sich selbst und den Zuschauer; der eine soll den andern packen, dafür wird alles getan. – Moffett (Anm. 19) S. 52-60.

23 Friedrich Nietzsche: «Der Fall Wagner – Ein Musikanten-Problem» [1888]. In: Nietzsche (Anm.10). Band 2, S. 905-938, 925. – Kurt Badt: «Artifex vates und Artifex rhetor» [1943]. In: *Kunsttheoretische Versuche – Ausgewählte Aufsätze.* Hrsg. von Lorenz Dittmann, Köln: DuMont, 1968, S. 39–83.

24 Friedrich Nietzsche: *Morgenröthe – Gedanken über die moralischen Vorurteile.* Chemnitz: E. Schmeitzer, 1881. In: Nietzsche (Anm.10). Band 1, S. 1175–1177.

25 Friedrich Nietzsche: «Die fröhliche Wissenschaft – Fünftes Buch» [1887]. In: Nietzsche (Anm. 10). Bd. 2, S. 234–235. Statt dieses Problem zu erhellen, schwenkt der Text zu Frauenhass und Antisemitismus. – Vergleiche zur Problematik des «unechten» Künstlers das Beispiel des Jacobus Halm (eines Pseudo-Renaissance-Künstlerfürsten um 1900) im Roman von Heinrich Mann: *Die Göttinnen.* 3 Bände, München: A. Langen, 1903 (recte 1902).

26 Wilhelm Waetzoldt: *Die Kunst des Porträts.* Leipzig: F. Hirt, 1908, S. 309–414.

27 Waetzoldt (Anm. 26). S. 311–314.

28 Vergleiche z.B. die Sammlung von Künstlerbekenntnissen: *Schöpferische Konfession – Tribüne der Kunst und der Zeit – Eine Schriftensammlung.* Hrsg. von Kasimir Edschmid, Band. 13, Berlin: E. Reiss, 1920; Reprint: Nendeln/Liechtenstein: Kraus, 1973.

29 Sixten Ringbom: «Art in the «Epoch of the Great Spiritual» – Occult Elements in the Early Theory of Abstract Painting». In: *Journal of the Warburg and Courtauld Institutes 29* (1966), S. 386–418. – Sixten Ringbom: «The Sounding Cosmos – A Study in the Spiritualism of

Kandinsky and the Genesis of Abstract Painting».
*Acta Academiae Aboensis* ser. A, Humaniora, Band 28,
Nr. 2, Abo: Abo Akademi, 1970. – Friedrich Wilhelm Fischer:
«Geheimlehren und moderne Kunst – Zur hermetischen
Kunstauffassung von Baudelaire bis Malewitsch».
In: *Fin de siècle – Zu Literatur und Kunst der Jahrhundert-
wende.* Hrsg. von R. Bauer u.a., Frankfurt / M: V. Kloster-
mann, 1977, S. 344–377. – *The Spiritual in Art – Abstract
Painting 1890-1985.* Ausstellungskatalog, Los Angeles,
Chicago und Den Haag 1986/87, New York: Abbeville
Press, 1986. – *Okkultismus und Avantgarde: von Munch
bis Mondrian, 1900-1915.* Ausstellungskatalog, Frankfurt,
hrsg. von Veit Loers, Ostfildern: Edition Tertium, 1995.
30 Spiritual in Art (Anm.29). – Itten Katalog 1994. –
Okkultismus und Avantgarde (Anm.29). Vergleiche hier:
Marty Bax: «Die Theosophische Gesellschaft». S. 32–37;
Marty Bax: «Theosophie und Kunst in den Niederlanden
1880–1915». S. 282–294; Gladys Fabre: *Der literarische
Zirkel der Abbaye. Der Okkultismus und die Avantgarde-
Kunst in Frankreich 1906–1915.* S. 350–373. – Beat
Wismer: *Mondrians ästhetische Utopie,* Baden, LIT-Verlag,
1985, pp. 43–52 – Carel Blotkamp: *Mondrian – The Art of
Destruction.* London: Reaktion Books, 1994, S. 32–42.
31 G. Albert Aurier: «Le Symbolisme en peinture – Paul
Gauguin». In: *Mercure de France* Nr. 15 (März 1891),
S. 155–165; neue Ausgabe, hrsg. von P.L. Mathieu,
Caen: L'Echoppe, 1991.
32 George Mauner: «The Nature of Nabi-Symbolism».
In: *The Art* Journal, 23, 1963, S. 96–105. – Edouard
Schuré: *Les grands initiés.* Paris 1889; dieses Hauptwerk
der Theosophie in Frankreich wurde in zahlreiche
Sprache übersetzt.
33 *Die Nabis – Propheten der Moderne.* Ausstellungskatalog, Zürich 1993, hrsg. von Claire Fréches-Thory
und Ursula Perucchi-Petri, München: Prestel, und Zürich:
Kunsthaus, 1993, Nr. 107, S. 252–253.
34 S. Péladan: «Exhortation». In: *Salon de la Rose + Croix
1896.* Catalogue des oeuvres exposées, S. 3–8; Reprint:
*Modern Art in Paris. – Two-Hundred Catalogues of the
Major Exhibitions.* Hrsg. von Theodore Reff, 47 Bände,
New York und London: Garland, 1981, Band: Exhibitions
of the Rosicrucian Salon.
35 Jean da Silva: *Le Salon de la Rose + Croix (1892–
1897).* Paris: Editions Syros-Alternatives, 1991. – Robert
Goldwater: Symbolism. London: Penguin Books, 1979,
S. 186–194.
36 *Hodler und Freiburg – Die Mission des Künstlers.*
Ausstellungskatalog, Museum für Kunst und Geschichte
Freiburg 1981, Bern: Benteli, 1981. – Carl Albert Loosli:
*Ferdinand Hodler – Leben, Werk und Nachlass.* 4 Bände,
Bern: R. Suter, 1921–1924, Band 4, S. 299–314 (Text

und Übersetzung). – Ewald Bender: *Die Kunst Ferdinand
Hodlers – Reife und Spätwerk 1895–1918.* Zürich:
Rascher, 1923, S. 229–279.
37 Charles Blanc: *Grammaire des Arts du Dessin – Archi-
tecture, Sculpture, Peinture.* Paris: J. Renouard, 1867;
zahlreiche weitere Auflagen. Vergleiche besonders Kapi-
tel III: «Grandeur et mission de l'art», S. 13–17. – Max
Buchon: *Le Réalisme – Discussions esthétiques recueillies
et commentées.* Neuchâtel: James Attinger, 1856,
S. 41–49.– Zu Pierre-Joseph Proudhon vergleiche: Klaus
Herding: «Fortschritt und Niedergang in der bildenden
Kunst – Nachträge zu Barrault, Baudelaire und Proudhon». In: Wolfgang Drost (Hrsg.): *Fortschrittsglaube und
Dekadenzbewusstsein im Europa des 19. Jahrhunderts –
Literatur, Kunst, Kulturgeschichte.* Heidelberg: C. Winter,
1986, S. 239–258.
38 Joséphin Péladan: *L'art idealiste et mystique – Doctrine
de l'ordre et du salon des Rose + Croix.* Paris: Chamuel,
1894; erweiterte zweite Ausgabe 1909.
39 Oskar Bätschmann: «Ferdinand Hodler the Painter».
In: *Ferdinand Hodler. Views & Visions.* Ausstellungskatalog, Cincinnati OH, New York, Toronto und Hartford CT
1994–1995, Zürich: Swiss Institute for Art Research,
und New York: The Trust for Museum Exhibitions, 1994,
S. 26–65.
40 *Ferdinand Hodler und das Schweizer Künstlerplakat
1890–1920.* Ausstellungskatalog, Museum für Gestaltung
Zürich, in der Wiener Secession, und im Musée des arts
décoratifs Lausanne 1983/84, hrsg. von Oskar Bätschmann,
Zürich: Museum für Gestaltung, 1983, Nr. 62, S. 51–52.
– Oskar Bätschmann: «Die Symmetrien von Ferdinand
Hodler». In: *Symmetrie in Kunst, Natur und Wissenschaft.*
Ausstellungskatalog, Darmstadt 1986, Band 1, S. 355–372.
41 Hugo von Hofmannsthal: «Der Tod des Tizian» [1892].
In: Hofmannsthal 1982, S. 37–51, 331–409, Zitat S. 42.
42 Zur Trauerfeier von Böcklin: Ebenda. S. 221-235,
735–754 – Andree 1977, S. 34.
43 Cézanne 1937. Nr. 159, S. 252: «Je travaille opiniâtre-
ment, j'entrevois la Terre promise. Serai-je comme le
grand chef des Hébreux ou bien pourrai-je y pénétrer?»;
deutsch: Cézanne 1962, Nr. 185, S. 274.
44 Wilhelm Hausenstein: *Vom Künstler und seiner Seele.*
Vier Vorträge gehalten in der Akademie für Jedermann
in Mannheim, Heidelberg: R. Weissbach, 1914, S. 88.
45 Hausenstein (Anm.44). S. 9: Den pathetischen oder
heroischen Typus repräsentieren Michelangelo, El Greco,
Rembrandt, Delacroix und van Gogh, für den nervösen
werden Botticelli, Cranach, Frans Hals, die Impressionisten, die Japaner und Rodin genannt, zum sachlichen
werden unter anderen Mantegna, Leonardo, Dürer,
Courbet und Leibl gerechnet.

46  Hausenstein (Anm.44). S. 87–88: «Bei ihm [van Gogh]
erfasst das Pathos die Formen so sehr von innen, dass
alles Naturalistische von ihnen weicht und eine gänzliche
Umformung des Natürlichen zu tage kommt.» – Nathalie
Heinich: *La gloire de van Gogh – Essai d'anthropologie
de l'admiration*. Paris: Minuit, 1986. – Tsukasa Kodera
und Yvette Rosenberg (Hrsg.): *The Mythology of Vincent
van Gogh*. Tokyo: Asahi Broadcasting, Amsterdam:
J. Benjamins, 1993.
47  Guillaume Apollinaire, *Méditations esthétiques – Les
peintres cubistes* [1913]. Deutsch: *Die Maler des Kubismus
– Ästhetische Betrachtungen*. Frankfurt/M: Luchterhand,
1989, S. 9–26 (der einleitende Essay wurde schon 1908
publiziert). – Vergleiche auch die spiritualistische Interpretation des Kubismus durch Jean Metzinger und Albert
Gleizes: *Du Cubisme*. Paris: Edition Figuiére, 1912.
48  Wassily Kandinsky: *Über das Geistige in der Kunst*.
München: Piper, 1912, Kapitel 2 und 3; die Schrift, die
schon 1910 fertiggestellt war, erschien nach einer Überar-
beitung durch den Autor im Dezember 1911. Vergleiche
die späteren, von Max Bill herausgegebenen Auflagen,
Bern: Benteli, ab 1952.
49  Vergleiche Kandinsky (Anm.48). Kapitel 9.
50  Kandinsky (Anm.48). – Sixten Ringbom: «The Sounding
Cosmos – A Study in the Spiritualism of Kandinsky
and the Genesis of Abstract Painting». *Acta Academiae
Aboensis*, ser. A, Humaniora, Band 28, Nr. 2, Abo:
Abo Akademi, 1970. Besonders Kapitel III: «The Work of
Art and the Artist», S. 109–141.
51  Wassily Kandinsky: Über die Formfrage. In: *Der Blaue
Reiter* (Anm.17). S. 74–100, S. 74; vergleiche für den Text
die Dokumentarische Neuausgabe von Klaus Lankheit,
München und Zürich: R. Piper, 1979 [3.] S. 132–182. –
Ringbom (Anm.50). Kapitel III: «The Work of Art and the
Artist», S. 109–141.
52  Ringbom (Anm.50). Besonders S. 109–141. – Die
«innere Notwendigkeit» zur Verteidigung des Künstlers
wurde m.W. erstmals von Fernow 1806 in der Lebensbe-
schreibung von Carstens gebraucht. Vergleiche Carl
Ludwig Fernow: *Leben des Künstlers Asmus Jakob Carstens, ein Beitrag zur Kunstgeschichte des achtzehnten
Jahrhunderts*. Leipzig: Johann Friedrich Hartknoch, 1806.
53  Lissitzky/Arp, 1925. S. XI: «All that artist spits is art».
54  Felix Thürlemann: *Kandinsky über Kandinsky – Der
Künstler als Interpret eigener Werke*. Bern: Benteli, 1986.
55  Wassily Kandinsky: *Punkt und Linie zu Fläche. Beitrag
zur Analyse der malerischen Elemente*. Bauhausbücher 9,
München: A. Langen, 1928 [2., 1. 1926]; die Neuausgaben
von Max Bill (Bern: Benteli, seit 1955) sind hinsichtlich
des Formats, der Typographie und der Ausstattung verändert. – Paul Klee: *Pädagogisches Skizzenbuch*. Bauhausbücher 2, München: A. Langen, 1925; Nachdruck Mainz
und Berlin: F. Kupferberg, 1966. – Paul Klee: *Beiträge
zur bildnerischen Formlehre*. Faksimilierte Ausgabe des
Originalmanuskripts von Paul Klees erstem Vortragszyklus
am staatlichen Bauhaus Weimar 1921/22, hrsg. von
Jürgen Glaesemer, 2 Bände, Basel und Stuttgart: Schwabe,
1979. – Theo van Doesburg: *Grundbegriffe der neuen gestaltenden Kunst*. Bauhausbücher 6, München: A. Langen,
1925; Nachdruck Mainz und Berlin: F. Kupferberg, 1966;
Dieser Text erschien erstmals 1919 unter dem Titel
«Grondbegrippen der nieuwe beeldende kunst». In: *Het
Tijdschrift voor Wijsbegeerte* 13, 1 (1919), S. 30–49,
und 2, 1919, S. 169–188.
56  Hans L.C. Jaffé: *Mondrian und De Stijl*. Köln: DuMont,
1967, S. 34–35. Beat Wismer (Anm. 30), besonders
S. 45–52 über den Zusammenhang zwischen M. H. J.
Schoenmaeker und Mondrian und S. 63–66 über die
Aufgabe des Künstlers.
57  Piet Mondrian: «Die Neue Gestaltung in der Malerei»
[1917]. In: Jaffé (Anm. 56). S. 36–88, Zitate S. 36–38;
vergleiche die deutsche Übersetzung: Piet Mondrian: *Die
Neue Gestaltung*. Bauhausbücher 5, München: Langen,
1925; Nachdruck Mainz und Berlin: F. Kupferberg, 1966.
– Piet Mondrian: *The New Art – The New Life – Collected
Writings*. Ed. and transl. by Harry Holtzman and Martin
S. James, London: Thames and Hudson, 1987, S. 27–81.
58  Piet Mondrian: «Natürliche und abstrakte Realität –
Ein Aufsatz in Dialogform». In: Michel Seuphor: *Piet
Mondrian – Leben und Werk*. Köln: DuMont, 1957,
S. 301–351. – Mondrian 1987 (Anm. 57) S. 82–123.

**Beat Wismer**

## Hodler und Mondrian:
## Einige Fragen an Helmut Federle

Im Überblicken des bis heute entstandenen Werkes von Helmut Federle ist eine Beschäftigung sowohl mit Piet Mondrian wie auch mit Ferdinand Hodler offensichtlich. Wenn Publikationen zur Bergmalerei deren Geschichte bis in die aktuelle Gegenwart verfolgen oder nachschreiben, finden sich neben den selbstverständlichen Gemälden von Hodler oft auch Bilder von Federle aus den siebziger Jahren; ebenso wird seine Malerei in vielen Übersichtswerken zur modernen abstrakten und geometrisch-konstruktiven Kunst als wichtige Position am Ende dieses Jahrhunderts diskutiert. Werke von Hodler und Mondrian ebenso wie auch von Federle wurden 1986 im Rahmen der thematischen Übersichtsausstellung *The Spiritual in Art: Abstract Painting 1890 – 1985* in Los Angeles, Chicago und Den Haag gezeigt. In der Federle-Ausstellung 1993 im Museum Folkwang Essen wurden zu seinen Gemälden und Papierarbeiten Werke von Hodler, Munch, Mondrian, Arp, Klee, Albers, Rothko und Newman, aber auch Gefässe attisch-geometrischer Keramik aus dem 8. Jahrhundert gezeigt. In seiner Ausstellung bei Peter Blum in New York 1994 zeigte Federle sieben Bilder aus der Reihe *Basics on Composition* von 1992 und 1993 zusammen mit einer späten, sehr reduzierten Genfersee-Landschaft von Hodler, einer neo-plastischen Komposition Mondrians von 1932 sowie einer russischen Ikone aus dem späten 15. Jahrhundert. Im Text zur Einladung spricht Peter Blum explizit von *Wahlverwandtschaften* und von Federle lesen wir folgendes Statement: *Only by acknowledging the dignity and meaning of a work of art from an earlier time or another culture are we able to evaluate the present. We use the inner logic of the value of things past to appraise the now in anticipation of what is to come. There is no achievement that is devoid of a historical task. In my judgement memory determines the evaluation of quality.* Es war wiederum Peter Blum, der 1996 in seiner Galerie in New York die Ausstellung *In quest of the absolute* konzipierte, welche je ein Werk der Hauptfiguren der ersten beiden Generationen einer ungegenständlichen erhabenen Malerei (Malewitsch, Mondrian, Newman, Reinhardt, Rothko) und je ein Gemälde von fünf zeitgenössischen Künstlern zeigte: diese Gruppe umfasste Robert Ryman, Brice Marden, Agnes Martin und, als jüngste, Joseph Marioni und Helmut Federle. Parallel zu unserer Ausstellung *Ferdinand Hodler – Piet Mondrian: Eine Begegnung* im Aargauer Kunsthaus, die den Anlass bildet zu der vorliegenden Publikation, zeigen wir von Federle zwei Werkkomplexe aus seinem umfangreichen Œuvre auf Papier: die Werkreihen *Black Series* von 1977 und 1980 sowie die aktuelle Folge *Nachbarschaft der Farben,* an der er seit 1994 arbeitet. Während die früheren Serien den Übergang zur befreiten geometrischen Form Ende der siebziger Jahre belegen, erleben wir in der aktuellen Reihe den Einsatz einer befreiten Chromatik, wie wir sie in Federles Arbeit bis anhin noch nicht erlebt haben. Die gleichzeitige Präsentation von Werken von Hodler, Mondrian und Federle im Aargauer Kunsthaus gab den Anlass für das folgende Gespräch.


**BW**  [=Beat Wismer]

*Zwei Behauptungen als Einleitung.*

*Erstens: Wäre jemand mit der Aufgabe konfrontiert, einem jungen interessierten Menschen zu erklären, wie es von einer naturalistischen Auffassung in der Kunst des 19. Jahrhunderts, wie sie auch die Maler Hodler und Mondrian in ihren Frühwerken und Lehrjahren vertreten haben, zu einer dezidiert modernen Bildaufffassung und Haltung in der Kunst des 20. Jahrhunderts kommen konnte: er könnte es anhand der Werke von Hodler und Mondrian tun.*

*Zweitens: Überblickt man die vergangenen 25 Jahre im Schaffen des Malers Helmut Federle, so lassen sich innerhalb dessen Entwicklung cum grano salis Analogien feststellen und Parallelen zur Entwicklung in der Kunstgeschichte überhaupt: vom Realismus zur Moderne und zur Abstraktion, oder eben: von Hodler zu Mondrian. Du wurdest in den siebziger Jahren bekannt mit Bildern von Bergen – abstrahiert, und in einer sehr zeichnerischen Auffassung vorgetragen: situieren wir sie mal, salopp gesagt, als Werke deiner frühen, quasi hodlerschen Phase; Ende der siebziger Jahre hast du dich in der ersten deiner «Black Series» und in umfangreichen Skizzenserien mit dem Quadrat – mit der reinen Form, unter rigorosem Ausschluss jeglicher Farbe – auseinandergesetzt: gewissermassen deine «Pier and Ocean»-Serie, in der du die naturalistische Sicht überwunden hast. Von hier aus hast du dann deine Position einer Abstraktion errungen, die über die Grenzen der formalen Erscheinung hinaus in ihrem universalistischen oder spirituellen Anspruch sowohl Referenzen an Hodler wie an Mondrian erbringt.*

*Daraus ergeben sich verschiedene Fragen.*

*Glaubst Du, dass es für einen Künstler deiner Generation, der ja auf alle Errungenschaften der Moderne zurückgreifen konnte, notwendig, hilf- oder lehrreich war, sich die Abstraktion oder die abstrakte Sicht noch einmal, gewissermassen durch die Überwindung einer naturalistischen Auffassung, zu erringen oder anzueignen? Natürlich sind wir alle mit unserer frühen Schulausbildung erst mal durch eine naturalistische Bildauffassung geprägt, anderseits liegen doch alle Errungenschaften der Pioniere der Abstraktion offen und gut vor- und aufbereitet vor uns: zum Gebrauch und zur Verwendung bereit.*


**HF**  [= Helmut Federle]

*Ich denke, die formale Entwicklungsphase, in der sich Veränderungen über abstrahierende und radikalisierende Entwürfe manifestierten, war mit Mondrian zu Ende. Und man sollte auch nicht vergessen, dass 1920 schon die ersten monochromen Bilder gemalt wurden, dass damit also, formal-inhaltlich gesehen, ein Endpunkt erreicht war. So konnte sich deine Frage in der Art gar nicht stellen: Das Durchlaufen des traditionellen Weges vom Naturalismus hin zur Abstraktion war für mich in keinster Weise massgebend. Es gibt für mich keine Entwicklung in der Malerei, weder formal noch inhaltlich. Meines Erachtens müssen Künstler, wenn denn diese Titulierung überhaupt noch etwas aussagen soll, gar nichts, sie können an jedem Punkt der Geschichte einsteigen. Mass-gebend scheint mir allein zu sein, auf welcher Stufe der Rezeptionskultur und -erwartung sich ihr Anliegen einklinkt. Die Brüche und Abweichungen machen dann den Stand der Dinge, das Jetzt, aus. So basierte auch meine Hinwendung zur Landschaftsmalerei nicht auf einem reinen Bekenntnis zu dieser Tradition, ich argumentierte vielmehr in einem möglichen Spannungsfeld zum herrschenden Zeitgeist. Dieses Spannungsfeld veränderte sich Mitte der siebziger Jahre wieder und es stellte sich unter andere Vorzeichen. So wie es zur Bergmalerei kein reines Bekenntnis gab, verhielt es sich auch mit der Abstraktion. Auch die Abstraktion als eine Position, die aus dem technisch-industriellen Verständnis gewachsen ist, war nie und ist nicht meine Sache.*

**BW** *Du hast zwischen deinem 20. und 25. Altersjahr in Basel bei Franz Fedier, einem dezidiert modernen Maler aus dem Umkreis des Tachismus oder des abstrakten Expressionismus, Malerei studiert: Was bewog dich, nach deiner Ausbildung Bilder von Bergen zu malen und die Werkgruppe als «Hommage à Ferdinand Hodler» zu deklarieren? Worin lag damals die Faszination Hodlers für einen jungen, modern ausgebildeten Künstler? Und zwar, was betont werden muss, für einen expliziten Maler. Denn dies ist ja zu ergänzen: dass du nämlich mit dieser Hinwendung zum Motiv des Berges nicht alleine warst. Im Unterschied zu deiner malerischen Annäherung an den Berg aber beschäftigten sich andere eher aus der zeichenorientierten Sicht der Pop Art mit dem Berg: dort ging es eher um das Klischee des Berges, welcher, vor allem wenn es sich um die ganz rassigen Gipfel handelte, quasi als visuelles Synonym für die Schweiz hinhalten musste. Und dieses Klischee wiederum war nicht unmassgeblich durch Hodlers Sicht auf den Berg geprägt.*

**HF** *Meine damalige Beschäftigung mit dem Thema Berg war natürlich auch mit einem Augenzwinkern verbunden, schliesslich war ich ja recht stark in der Subkultur verankert. Und so war auch ein Mindestmass an zynischer Vernunft gegeben. Auf der anderen Seite zeichneten sich die Bergbilder in keinster Weise durch einen allgemeinen oder zynischen Realismus aus, wie er ja immer auch wieder in Mode war und ist: Mir ging es vielmehr um diffuse Farbräume von grau-weisser Ausstrahlung, um den Umgang mit Farbe und Textur. Der Farbauftrag entbehrte nicht einer gewissen Rotzigkeit. Ich war mir der Spannung zwischen Ernennen und Bekennen bewusst und ich wollte mich in dieser Zwischenzone aufhalten. Dies, meine ich, ist bis heute so geblieben. Am meisten bin ich an Spannungen interessiert, die nicht inhaltlich thematisiert sind, die auch der Diktatur der logischen Effizienz* *oder deren totalen Negierung Widerstand bieten und die keinesfalls zur Unterhaltung oder Bestätigung unseres Kulturstandes dienen oder taugen.*

**BW** *Im Katalog zur damals so wichtigen Ausstellung «Mentalität: Zeichnung» im Kunstmuseum Luzern 1976 findet sich eine Auswahl von diversen Arbeiten auf Papier, deren Spannweite von expliziten Bergdarstellungen in einer verhaltenen Expressivität bis hin zu tastend geometrisierten ungegenständlichen Kompositionen reicht. Eines dieser Blätter – es zeigt, ausgespart aus einem Blatt mit einem in Pink übermalten Quadratraster, zwei gleichschenklige Dreiecke mit der Spitze nach oben – haben wir auf deinen Vorschlag hin in unserer letztjährigen Ausstellung «voglio vedere le mie montagne – Die Schwerkraft der Berge 1774 – 1997» gezeigt: Zwei Berggipfel, auf geometrische Formen reduziert, in einer beinahe schrillen, softig queren Farbigkeit. Dann findet sich im erwähnten Katalog auch ein Blatt mit einer Reihe von schematisch reduzierten Berggipfeln: ein grosser Teil dieser Darstellung ist durch eine darübergelegte weisse, dem Quadrat angenäherte Rechteckfläche verdeckt. Ging es da bewusst darum, zwei verschiedene formale Sprachen und Haltungen miteinander ins Gespräch zu bringen? Oder ging es auch um jenes Anliegen, das wir unter anderem mit unserer Begegnung von Hodler mit Mondrian aufzeigen möchten: dass sich nämlich ähnliche Ansichten betreffend das Wesentliche, Erhabene oder Absolute in ganz verschiedenen Bildsprachen formulieren können. Denn immerhin unterscheiden sich die bildnerischen Resultate von Hodler und Mondrian weit mehr als ihre implizit oder explizit in einem theosophischen Gedankengebäude verankerten Ansichten zum Wesentlichen oder zum Universellen. Dies gilt auch dann, wenn man die versteckte Geometrie aufdeckt, die oft Hodlers Landschaften prägt.*

**HF** *Die Achse Hodler-Mondrian lässt sich vor allem in der formal disziplinierten Umsetzung geistigen Materials sehen. Der formale Aufbau bei Hodler nimmt vieles vorweg, das zu Mondrian führen musste, da ähnliche geistige Voraussetzungen gegeben waren. Ich sehe sie beide, wie auch mich, im weitesten Sinne letztlich als Landschaftsmaler, in gewisser Weise als formal disziplinierte Impressionisten mit einer entsprechenden Auffassung des Bildraumes. Ein solcher Bildraum ist nicht hierarchisch besetzt, sondern als ein Feld gleichbleibender Ganzheit zu verstehen. Die Sichtweise basiert auf einer vegetativen Wahrnemung und der daraus resultierenden Sinnhaftigkeit. Hodler wie Mondrian sind Impressionisten im Sichtbaren mit dem Impuls des Unsichtbaren. Diesem Unsichtbaren wird mit einem formal kompositorischen Verhalten auf der Seite des Sichtbaren entsprochen. Darin manifestiert sich der spürbare Symbolismus, der mich interessiert. Dies steht im Gegensatz zu einem Formalismus der Oberfläche, der einer technisierten graphischen Auffassung entstammt, wie sie sich in den fünfziger Jahren, und da vor allem in der Schweiz, breitgemacht hat: in einem Land also, das sich typischer- und traditionellerweise durch einen hohen Stand an graphischem Formalismus auszeichnet. Ich meine, dass sich die Vision der Sehnsucht in der Abweichung vom Sujet dokumentiert, dies sowohl im Realismus wie in der Abstraktion,*

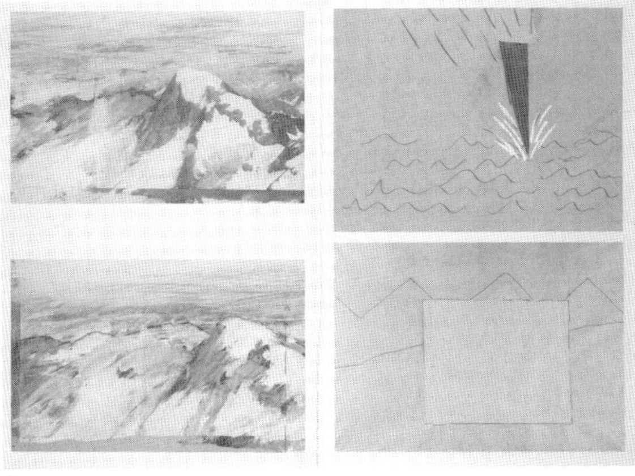

1 Doppelseite aus dem Katalog zur Ausstellung *Mentalität: Zeichnung,* Kunstmuseum Luzern 1976 (links *Berglandschaften,* 1971; rechts oben: *Körper, Wasser, Luft,* 1973; unten: *Viereck in der Landschaft,* 1973)

2 Blick in die Ausstellung *Basics on Composition* von Helmut Federle in der Galerie von Peter Blum, New York 1994. Neben Federles Bild hängt von Ferdinand Hodler *Die Bucht von Genf mit dem Mont-Blanc vor Sonnenaufgang* von 1918 (Kunstmuseum Solothurn, Dübi-Müller-Stiftung)

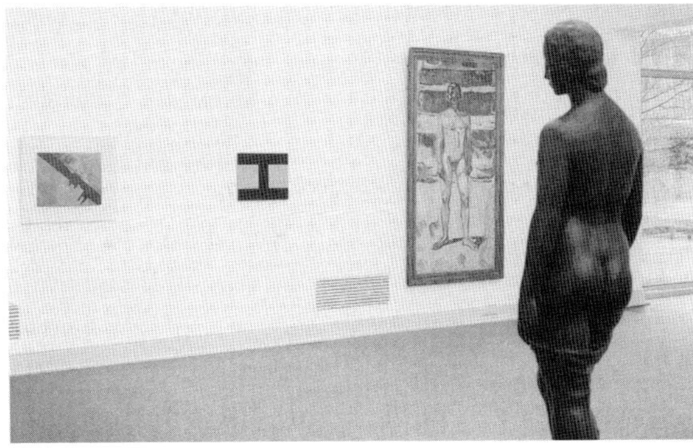

3 Blick in die Ausstellung von Helmut Federle im Folkwang Museum, Essen, 1993, mit dem Gemälde *Schreitender Jüngling* von Edvard Munch und der Skulptur *Stehende weibliche Figur* von Wilhelm Lehmbruck (beide Sammlung des Folkwang Museums) sowie, von Federle, einem Bild aus der Reihe *Basics on Composition* rechts und *Motorcity* von 1980 (heute Sammlung Aargauer Kunsthaus)

*und dass sich die beiden Maler Hodler und Mondrian in dieser Abweichung gleichen. Man müsste sich in den Museen endlich die Mühe machen, solche Abweichungen zur Kenntnis und ernst zu nehmen, und man müsste versuchen, ihnen in den Hängekonzepten gerecht zu werden. Die rein formalen und zeitlichen Analogien sind eines der grossen Missverständnisse in der Kunstgeschichte der Moderne – und sie sind es bis heute geblieben.*

**BW** *Du hast bei Peter Blum 1994 «Basics on Composition» neben einer ganz reduzierten, Erhabenes suggestiv evozierenden Genfersee-Landschaft von Hodler gezeigt, was sowohl visuell wie gedanklich sehr stimmig war. In Essen, ein Jahr zuvor, befanden sich «Motorcity» (dieses Bild konnte soeben aus dem Nachlass von Martin Disler für die Sammlung des Aargauer Kunsthauses erworben werden) und «Zwei gelbe Vierecke (Liegendes H)» hingegen in Gesellschaft von einigen Werken aus der museumseigenen Sammlung, so von Hodlers «Frühling» und Munchs «Schreitendem Jüngling» und vis-à-vis der «Stehenden weiblichen Figur» von 1910 von Wilhelm Lehmbruck: diese Konstellation ist von der Idee her viel überraschender. Wie verhielten sich diese äusserlich so verschiedenen Werke zueinander, wie war diese Erfahrung?*

**HF** *Die Intervention in Essen interessierte mich aus verschiedenen Gründen. Frontal sehen wir das hochformatige Bild «Schreitender Jüngling» von Edvard Munch, in welchem die vertikale Achse, nach Mondrian das «Männliche», sehr stark ausgeprägt ist. Der Umraum dagegen wird von oben bis unten fast bildfüllend mit horizontalen («weiblichen») Streifen formuliert. Der direkte Bezug zu meinem Bild «Basics on Composition» ist somit direkt einsehbar. Auch hier ist die vertikale Mitte des Bildes in eine Einheit gebracht mit den Horizontalen der gelben Quadrate und den beiden schwarzen Balken oben und unten. Links davon hängt das Bild «Motorcity». Weiter links, auf der Aufnahme nicht mehr sichtbar, hing Hodlers «Frühling» von 1901. Dieses Bild ist stark von den Farben Grün und Gelb geprägt, und die beiden Figuren sind, der Jüngling frontal, das Mädchen im Profil, symmetrisch in der linken und rechten Bildhälfte positioniert. In dieser zweiteiligen Symmetrie ist wiederum eine Analogie zu meinem Bild aus der Reihe der «Basics» sichtbar. Alle diese vier Bilder zeichnen sich durch eine entschiedene Frontalität sowie durch eine vegetative Farblichkeit aus. Die Ausstrahlung dieser Bilder wird vis-à-vis von der weiblichen Figur von Lehmbruck empfangen und erwidert. Diese symbolisiert nicht zuletzt auch die Urform des Werdens, gleichzeitig aber verbindet sie die isolierten Energien der einzelnen Bilder. Die Energien fliessen durch den Raum, hin und her, sie erfüllen ihn, und es entsteht die klimatische Nachbarschaftssituation einer möglichen Ganzheit.*

**BW** *Für Begegnungen dieser Art und das Aufeinanderprallen solcher Energien ziehe ich den Begriff «Konstellation» dem platten Ausdruck «Kombination» vor, weist er doch mit seinem Herkommen von den Sternen und Planeten in kosmische oder universelle Dimensionen, in, wie Hodler vielleicht gesagt hätte, «planetarische» Gebiete. Im Zusammenhang* *mit solchen Konstellationen von äusserlich so unterschiedlichen Werken stellt sich natürlich die Frage nach der Befindlichkeit der einzelnen Werke in einer vordergründig so überraschend zusammengesetzten Gesellschaft, in einem so gearteten Klima. Oder, einfach gefragt: Wie erlebst du das Gespräch, an dem deine Werke teilnehmen, wenn sie in einem in der Art spezifischen Klima präsentiert werden, wie es von erhabenen Kompositionen eines Hodler, Malewitsch oder Mondrian geprägt wird? Was bedeutet es für deine Werke, wenn sie, ich spreche nun die Ausstellung mit dem expliziten Titel «In quest of the absolute» an, in einen Dialog treten mit verschiedenen Werken, die, in ihrer je eigenen, sehr differenziert zu verstehenden Sprache von einem Erhabenen, Absoluten oder, ergänzen wir es um den unpathetischeren Begriff, Sublimen sprechen? Es geht in dieser Frage also um den Gewinn der Erweiterung des Diskurses: welcher Gewinn ergibt sich durch das Eintreten in einen erweiterten Diskurs – für deine Werke einerseits, für die Werke der Klassiker anderseits.*

**HF** *Ich möchte hier einmal zu diesem leidigen, oft aus einem Missverständnis erhobenen Vorwurf des Erhabenen Stellung nehmen. Ich meine, dass diese grossen Maler, ebenso Rothko, Still und andere, in keinster Weise religiöse Maler waren. Dazu sind sie in dieser Eindeutigkeit nicht institutionalisiert genug.Die Frage nach dem Sinn und der Sinnhaftigkeit ihres Tuns lässt sich aber mit dem Sichtbaren allein nicht erklären. Man muss in der Kulturgeschichte viel weiter zurückgehen, bis in die Geschichte der alten Kulturen, um zu verstehen, welche Art von Funktionen die ritualisierten und aufgeladenen Energiefelder hatten. Das waren Orte der kollektiven Orientierung, basierend auf der Grundfrage nach dem Sein, dies nicht zuletzt im Angesicht des Todes. Es waren Kommunikationsebenen und Versöhnungsorte des Sichtbaren mit dem Unsichtbaren. Als Zwischenzonen des Sichtbaren entziehen sie sich einer eindeutigen Begrifflichkeit. Sie kommunizieren nicht über das Sagbare, sondern vermitteln über das Betroffen-Sein. Es ist mir klar, dass wir nicht mehr einem Bekenntnis der Erlösung huldigen können, wie das vielleicht für Mondrian noch möglich war, wie es aber spätestens seit Rothko nicht mehr möglich ist. Es geht um ein Gefangensein im Scheitern: dieses formuliert sich durch die stete Abweichung des Gekannten und im Wissen und in der Einsicht, dass die totale Überwindung der kulturgeschichtlichen Vorgaben unnötig ist und auch unmöglich sein muss.*

**BW** *Du hast in der Ausstellung «In quest of the absolute» das Bild «Corner Field Painting II» von 1994/95 gezeigt, dessen Titel die Ergänzung «dedicated to F. Hodler» aufweist. Kannst du mir den Grund für diese Widmung erläutern? War die Präsentation gerade dieses Bildes in jener Versammlung von unangefochtenen Pionieren der Moderne als eine bewusste Referenz von deiner Seite an einen Maler zu verstehen, dessen Position in der Geschichte der Moderne umstritten ist und der, gerade weil er in der sich immer mehr isolierenden Schweiz so stark in die Rolle eines Nationalmalers gedrängt wurde, ausserhalb dieses Landes auf fatale Weise zu wenig beachtet geblieben ist. War dies in New York ein bewusster Hinweis, eine kleine Provokation à la «don't forget Hodler»?*

**HF** *Nein, es war wirklich ein purer Zufall, dass es sich beim dort gezeigten «Corner Field Painting» um eines handelte, das ausgerechnet mit einer Widmung an Hodler versehen war. Irgendwie war dies aber auch gut so. Viele meiner Bilder sind Personen gewidmet, und es wäre leicht möglich, ein gutes aussagekräftiges Bild über Federle allein durch die Auflistung der unterschiedlichsten Widmungen, Huldigungen und Zueignungen auf seinen Werken zu erhalten. Solche Widmungen entstehen sehr intuitiv auf Grund einer Tagesverfassung etwa oder einer abgerufenen Erinnerung. Sie schwanken zwischen Ehrerbietung und zynischer Distanz.*

**BW** *Zum Schluss eine ganz einfache Frage: Worin liegt für dich, persönlich und als Maler, der Grund deines Interesses oder deiner Freude, wenn eine Ausstellung mit Werken von dir parallel zu einer Ausstellung gezeigt wird, in der sich zahlreiche Werke von Ferdinand Hodler und Piet Mondrian begegnen? Was erhoffst du dir allenfalls als Maler für Einsichten, was erhoffst du dir in diesem Klima und in dieser Atmosphäre für ein Erlebnis?*

**HF** *Ich war mir der Bedeutung solcher Kombinationen oder Begegnungen sehr früh bewusst und ich habe mich dann damit beschäftigt, der Frage des Kontextes gebührende Beachtung zu schenken. Die Frage nach der Bedeutung des Tuns lässt sich ja überhaupt von der Frage nach dem Kontext nicht trennen. So gesehen ist es manchmal schön, der älteste im Verbund einer Konstellation zu sein: So erst kürzlich in Stockholm, wo ein Bild von mir einer Arbeit des schwedischen Kollegen Håkan Rehnberg und einem Werk der finnischen Künstlerin Silja Rantanen gegenübergestellt wurde. Interessant ist aber auch das Gegenteil: Bei dieser Begegnung von Hodler und Mondrian, wo ich der jüngste bin auf einem Wegstück der Kunstgeschichte, auf dem sich die Gegenwart als Verbindungsstück zwischen dem Gewesenen und dem Zukünftigen versteht. Die Frage der Nachbarschaften ist für mich generell von eminenter Wichtigkeit, und ich möchte diese Frage auch viel offener verstanden wissen als mir dies manchmal zugetraut wird.*

**Anhang**

**Ferdinand Hodler**  **Piet Mondrian**

**1853** Geburt Ferdinand Hodlers in Bern als jüngstes von sechs Kindern.

**1860** Nachdem schon ein Bruder an Tuberkulose gestorben ist, stirbt auch Ferdinand Hodlers Vater an dieser Krankheit. Bis 1885 sterben nacheinander alle fünf Geschwister.

**1872** Niederlassung in Genf. Aufnahme Ferdinand Hodlers in die Malklasse von Barthélémy Menn, wo er während sechs Jahren Malerei studiert.

**1872** Pieter Cornelius Mondriaan wird in Amersfoort geboren. Streng calvinistische Erziehung.

**1874** Hodler verfasst die *Zehn Gebote des Malers F. Hodler.*

**1882** Es entsteht das erste grosse Bild *Schwingerumzug I,* das die späteren Wandbilder vorwegnimmt und ein patriotisch nationales Thema mit streng symmetrischen Kompositionselementen verbindet. Besucht an der Universität Genf eine Vorlesung von Professor Josef Wertheimer über Symbolismus.

**1884** Beteiligt sich an einem Wettbewerb zum Jubiläum des Genfer Gymnasiums und wendet in seinem Beitrag *Calvin und die Professoren* zum ersten Mal eigenständig das parallelistische Kompositionsprinzip an, wonach die Wiederholung gleichartiger Formen die Einheit des Bildganzen begründet. Hodler macht Bekanntschaft mit Augustine Dupin. Im gleichen Jahr entstehen zwei archetypische Bilder: *Der zornige Krieger,* der die

Marignano-Krieger vorwegnimmt, sowie das *Zwiegespräch mit der Natur,* ein Bild, in dem Hodler zum ersten Mal eine Figur in symbolischer Nacktheit die Ergriffenheit und Naturverbundenheit des Menschen verkörpert.

**1885** Es entsteht das Bild *Buchenwald* (Kunstmuseum Solothurn), das erste parallelistische Landschaftsbild im Werk Hodlers. Erste Einzelausstellung in den Räumen des Genfer Cercle des beaux-arts.

**1887** Bekanntschaft mit Bertha Stucki. Einzelausstellung im Kunstmuseum Bern. Das Kunstmuseum Bern kauft als erstes Museum ein Bild von Hodler: *Der Zornige.*

**1886/88** Mondrian erhält Malunterricht bei seinem Vater und seinem Onkel, dem Maler Frits Mondriaan.

**1888** Geburt von Hodlers und Augustine Dupins Sohn Hector.

**1889** Heirat mit Bertha Stucki.

**1889** Diplom für Zeichenunterricht an Volksschulen. Piet Mondrian unterrichtet und führt seine Studien weiter.

**1890** Entstehung des Bildes *Die Nacht,* das nicht nur als erstes Programmbild des «Parallelismus» bezeichnet wird, sondern auch den Symbolismus in Hodlers Werk begründet.

**1891** Die *Nacht* wird mit grossem Erfolg in Paris im Salon du Champ-de-Mars präsentiert. Scheidung von Bertha Hodler-Stucki. Beginn der Arbeit an den Bildern *Die enttäuschten Seelen* und *Die Lebensmüden.* Hodler verfasst seinen theoretischen Text *Meine aktuellen Tendenzen,* in dem die Grundlagen seines «Parallelismus» ein erstes Mal formuliert werden.

**1892** Einladung zur Teilnahme am «Salon de la Rose+Croix» in Paris, der als Manifestation gegen den Realismus gedacht ist. Hodler beteiligt sich mit dem Gemälde *Die enttäuschten Seelen* und wird Mitglied der Gesellschaft der Rosenkreuzer. Es entstehen die Gemälde *Die Lebensmüden* und *Aufgehen im All.*

**1893** Zunehmender Erfolg nun auch in Genf. Beginn der Arbeit am Gemälde *Der Auserwählte.* Es entsteht der *Herbstabend,* ein Bild, das Hodlers klassische Landschaftsbilder einleitet, *in dem Symmetrie, Parallelismus und Rhythmik sich vereinen* (Jura Brüschweiler).
Hodler macht Bekanntschaft mit Berthe Jacques.

**1895** Präsentation des Gemäldes *Eurhythmie* in Genf und Paris. Es entsteht *Abend am Genfersee von Chexbres aus,* das die Reihe der Genferseelandschaften einleitet.

**1897** Hodler gewinnt den Wettbeweb zur Ausschmückung des Waffensaales im Landesmuseum Zürich. Daraufhin entbrennt ein grosser «Freskenstreit». Hodler hält auf Einladung der Gesellschaft der Kunstfreund Freiburg einen Vortrag über seine Kunsttheorie. Arbeit an den Plakatentwürfen für die Zürcher Kunstgesellschaft *(Poesie, Traum).*

**1898** Arbeit an den Entwürfen zu den *Marignano*-Fresken im Landesmuseum Zürich. Heirat mit Berthe Jacques in Bern.

**1892** Wohnsitznahme in Amsterdam. Beginn des Studiums an der Rijksakademie in Amsterdam (bis 1894). Piet Mondrian wird Mitglied der Kirchgemeinde Kuypers, einer Abspaltung der reformierten Kirche. Beginn der freien künstlerischen Arbeit.

**1899** Arbeit an den Entwürfen zum *Tag*.

**1900** Ausführung der *Marignano*-Fresken im Landesmuseum Zürich. Es entsteht die erste Fassung von *Der Tag*. Hodler wird Mitglied der *Berliner Sezession* und korrespondierendes Mitglied der *Wiener Secession*.

**1900** In den folgenden Jahren entstehen vorwiegend Ansichten von Amsterdam und der Umgebung, die dem weiteren Umfeld der realistischen *Haager Schule* zugerechnet werden können. Häufiges Motiv ist der Gein-Fluss.

**1901** Ankauf der Bilder *Die Nacht, Die Enttäuschten, Eurhythmie* und *Der Tag* durch das Kunstmuseum Bern.

**1902** Arbeit an der *Empfindung*. Es entsteht *Die Wahrheit*.

**1903** Grosser Erfolg in Wien. Beginn der Freundschaft mit Gustav Klimt. Hodler wird Mitglied der *Münchner Sezession*.

**1904** Im Rahmen der 19. Ausstellung der *Vereinigung bildender Künstler Österreichs* findet in der Wiener Secession eine Sonderpräsentation mit Werken Ferdinand Hodlers statt. Hodler schafft den Durchbruch. Es folgen zahlreiche internationale Einladungen.

**1904** Piet Mondrian wird Vorstandsmitglied des Künstlervereins *St. Lucas* und bleibt es bis 1907.

**1905** Erfolgreiche Ausstellung mit Klimt, Klinger und Ludwig Hoffmann in Berlin. In den kommenden Jahren folgen weitere Ausstellungen in Berlin.

**1907** Hodler arbeitet an verschiedenen Fassungen der *Heiligen Stunde*. Auftrag an Hodler für das Wandbild *Auszug der Jenenser Studenten* in der Universität Jena.

**1907** In Amsterdam findet eine Hodler-Ausstellung statt, die Mondrian mit Sicherheit gesehen hat.

**1908** Bekanntschaft mit Valentine Godé-Darel. Es entstehen erste Bergbilder in Frontalansicht. Ferdinand Hodler wird Zentralpräsident der *Gesellschaft Schweizer Maler, Bildhauer und Architekten*. In Lausanne zeigt Hodler die erste seiner mit *landschaftlicher Formenrhythmus* betitelten Landschaften. Die rhythmisierte Komposition im Figurenbild und im Landschaftsbild entwickeln sich wechselwirkend.

**1909** Einweihung des Wandbildes in Jena. Tod von Augustine Dupin. Es entstehen Bilder der Sterbenden und Toten als Vorwegnahme des Zyklus zum Sterben und Tod der Valentine Godé-Darel.

**1910** Es entstehen die Monumentalgemälde *Mäher* und *Holzfäller*. Die Zürcher Kunstgesellschaft beauftragt Hodler, ein Wandbild für das obere Treppenhaus im neu erbauten Kunsthaus zu schaffen.

**1911** Zunehmender internationaler Erfolg und zahlreiche Anfragen für Ausstellungen. Es entstehen mehrere Porträts von Valentine Godé-Darel.

**1912** Auftrag für ein Wandgemälde im Sitzungssaal des Rathauses Hannover. Hodler wird Mitglied der Akademie der bildenden Künste Dresden und der französischen Ehrenlegion.

**1908** Mondrian lernt durch den Künstler Jan Toorop den Neo-Impressionismus kennen. Kommt in Berührung mit der esoterisch-religiösen Gedankenwelt von Helena P. Blavatsky, der Gründerin der 1875 ins Leben gerufenen *Theosophischen Gesellschaft*. Begegnung mit Rudolf Steiner und wahrscheinlich auch mit dem Mystiker Edouard Schuré. Es entstehen bis 1911 verschiedene sehr deutlich von der Theosophie beeinflusste Werke. Parallel dazu entwickelt Mondrian seinen vom Divisionismus und den Fauves beeinflussten Stil weiter.

**1909** Ausstellung im Stedelijk Museum Amsterdam mit Kees Spoor und Jan Sluyters. Mondrian zeigt Werke, die seinen Bruch mit dem Naturalismus belegen. Mondrian tritt der *Theosophischen Gesellschaft* bei.

**1911** Mondrian beteiligt sich in Amsterdam an einer Paul Cézanne gewidmeten Ausstellung. Er sieht hier auch erstmals kubistische Werke von Picasso und Braque.

**1912** Mondrian übersiedelt nach Paris. Es entstehen zahlreiche Bilder von Bäumen als konsequente Einleitung der Abstraktion.

**1913** Geburt von Hodlers und Valentine Godé-Darels gemeinsamer Tochter Pauline. Hodler wird Ehrengast im Herbstsalon in Paris. Bekanntschaft mit Auguste Rodin. Fritz Burgers Buch *Cézanne und Hodler* erscheint.

**1914** Hodler unterzeichnet einen Protest gegen die Bombardierung der Kathedrale von Reims durch die deutsche Artillerie und wird daraufhin aus sämtlichen deutschen Künstlervereinen ausgeschlossen. Hodler beginnt die lange Bildserie zum Sterben der Geliebten Valentine Godé-Darel.

**1915** Hodler zeichnet und malt die sterbende und tote Valentine Godé-Darel sowie am Tag ihres Todes (25.1.) äusserst reduziert die Genferseelandschaft. Nach schwerer Depression entstehen viele Porträts und Landschaften.

**1913** Mondrian beteiligt sich am *Salon des Indépendants* in Paris und am *Ersten Deutschen Herbstsalon* von Herwarth Walden in Berlin. Es entstehen ausgeprägt kubistische Werke mit Motiven aus Paris: Fassaden, Dächer. Mondrian beginnt ein neues System der Bildbenennung mit neutralen und numerierten Titeln, die bis in die vierziger Jahre beibehalten wird. Verfasst einen Artikel für die Zeitschrift Theosophia, der aber nicht publiziert wird und heute unbekannt ist

**1914** Von Paris aus besucht Mondrian Holland. Der Ausbruch des Ersten Weltkrieges zwingt ihn, in Holland zu bleiben. Fortsetzung der analytischen Arbeit mit veränderten Motiven in Domburg: Kirchenfassaden, Pier und Ozean. Damit setzt ein allmählicher Übergang zur autonomen, gegenstandsunabhängigen Gestaltung ein. Erste kunsttheoretische Untersuchungen – Mondrian plant ein Buch über Kunst.

**1915** Bekanntschaft mit dem Theologen und Theosophen Mathieu Schoenmakers, dem späteren Begründer der sogenannten «Christosophie». Erste schriftliche Kontakte zu Theo van Doesburg.

**1916** Persönliche Bekanntschaft mit Theo von Doesburg. Mondrian lernt auch den Maler Bart van der Leck kennen.

**1917** Bis anhin umfassendste Werkschau mit 606 Werken im Kunsthaus Zürich.

**1918** Hodler wird zunehmend schwächer. Vom Fenster seiner Wohnung entstehen zahlreiche Landschaften mit Genfersee und Mont-Blanc in dominantem Horizontal-Parallelismus. Im Atelier entstehen die letzten Selbstporträts. Am 19. Mai stirbt Hodler in Genf.

**1917** Mondrian beteiligt sich an van Doesburgs Projekt der Zeitschrift *De Stijl.* Publiziert in der ersten Nummer von *De Stijl* die Einleitung zu seinem geplanten Buch *Neo-Plastizismus in der Malerei.* In den folgenden Nummern erscheinen die weiteren Kapitel.

**1918** Mondrian arbeitet an theoretischen Essays. Es entstehen Kompositionen, denen ein geometrisches Gitterwerk zugrunde liegt.

**1919** Mondrian publiziert in der Zeitschrift *De Stijl* einen Dialog und einen Trialog über die *Neue Gestaltung* und den *Neoplastizismus.* Mondrian kehrt nach Paris zurück und versucht, sich hier wieder zu etablieren. Er bleibt bis 1938 in Paris. Mondrian beginnt seine Wohnung nach neoplastizistischen Grundsätzen zu gestalten. Freundschaft mit dem Architekten Jan P. Oud.

**1920** Es entstehen die ersten neoplastischen Werke. Mondrians Buch *Le Néo-Plasticisme* erscheint in der Edition von Léonce Rosenberg.

**1922** Retrospektive zu Mondrians 50. Geburtstag im Stedelijk Museum Amsterdam. Mondrian verfasst verschiedene kunsttheoretische Texte für die Zeitschrift *De Stijl,* insbesondere Texte zum Verhältnis von *Neo-Plastizismus* und Musik.

Basis der Biographien bildet
Jura Brüschweiler: Ferdinand Hodler (Bern 1853 – Genf 1918), chronologische Übersicht: Biographie, Werk, Rezensionen. in: Ferdinand Hodler. Ausstellungskatalog, Nationalgalerie Berlin / Musée du Petit Palais Paris / Kunsthaus Zürich 1983, S. 43–169

**1924** Wachsende Unstimmigkeiten mit van Doesburg. Mondrian beendet seine Arbeiten für die Zeitschrift *De Stijl*.

**1925** Die Weiterarbeit an der Innengestaltung seines Ateliers findet breites Interesse. Veröffentlichung seines 1920 publizierten Textes in deutscher Übersetzung als *Die neue Gestaltung* im Rahmen der *Bauhausbücher*.

**1926** Vermittelt durch Kathrine Dreier kann sich Mondrian an der internationalen Ausstellung *Société Anonyme* in New York beteiligen.

**1930** Mondrian beteiligt sich an den Ausstellungen der Künstlergruppe *Abstraction-Création* in Paris.

**1931** Mondrian schliesst seinen Artikel *L'Art Nouveau – La Vie Nouvelle. La culture des rapports purs* ab.

**1937** Mondrian veröffentlicht seinen Text *Plastic Art an Pure Plastic Art* in der von Ben Nicholson und Naum Gabo edierten Zeitschrift *Circle*.

**1938** Übersiedlung nach London.

**1940** Der Krieg zwingt Mondrian, London zu verlassen. Mondrian reist nach New York. Anschluss an die abstrakten amerikanischen Künstler.

**1941** Weiterarbeit an den aus Europa mitgebrachten unvollendeten Bildern. Erste Anwendung farbiger Linien und ungerahmter Flächenkompartimente.

**1942** Mondrian veröffentlicht sein Manifest *Toward the True Vision of Reality*. Beginn der Arbeit am *Broadway Boogie Woogie* und *Victory Boogie Woogie*.

**1944** Mondrian stirbt an einer Lungenentzündung in New York.

Basis der Biographie bildet:
Joop Joosten und Angelica Zander Rudenstine: Chronologie. In: *Piet Mondrian 1872–1944*. Ausstellungskatalog, Haags Gemeentemuseum, Den Haag / National Gallery of Art, Washington / The Museum of Modern Art, New York 1995/96, S. 21–86

In der Ausstellung
**FERDINAND HODLER –**
**PIET MONDRIAN:**
**EINE BEGEGNUNG, die den**
**Anlass bildete für die vorliegende**
**Publikation, wurden von**
**Ferdinand Hodler und**
**Piet Mondrian folgende**
**Werke gezeigt:**


**Ferdinand Hodler**

Landschaft mit Pappeln. Um 1875
Öl auf Leinwand, 20,5×24 cm
Museum Oskar Reinhart
am Stadtgarten, Winterthur
(Abb. S. 45)

La rade de Genève. 1878
Öl auf Leinwand, 51,5×61 cm
Musée d'art et d'histoire
de la Ville de Genève

Vue de Madrid. 1879
Öl auf Leinwand, 44×65,1 cm
Musée d'art et d'histoire
de la Ville de Genève
(Abb. S. 46)

Les moraines du Rhône. 1883
Öl auf Leinwand, 51×37,5 cm
Musée d'art et d'histoire
de la Ville de Genève

Sommerlandschaft bei Genf.
Um 1885
Öl auf Leinwand, 41×33 cm
Kunsthaus Zürich

Der Buchenwald (Bois des Frères).
1885
Öl auf Leinwand, 102×131 cm
Kunstmuseum Solohurn
(Abb. S. 49)

Les marronniers. 1889
Öl auf Leinwand, 47×32 cm
Musée d'art et d'histoire
de la Ville de Genève
(Abb. S. 47)

Die Strasse nach Evordes.
Um 1890
Öl auf Leinwand, 62,5×44,5 cm
Museum Oskar Reinhart
am Stadtgarten, Winterthur

Le petit platane. Um 1890
Öl auf Leinwand, 54×37,5 cm
Musée d'art et d'histoire
de la Ville de Genève

Herbstabend. 1892–93
Öl auf Leinwand, 100×130 cm
Musée d'art et d'histoire,
Neuchâtel
(Abb. S. 50)

Herbstlandschaft bei Solothurn.
Um 1893
Öl auf Leinwand, 33×46 cm
Kunstmuseum Luzern,
Ankauf 1930
(Abb. S. 48)

Die Lebensmüden II. Um 1892
Öl auf Leinwand, 110,5×221 cm
Stiftung für Kunst, Kultur
und Geschichte, Winterthur
(Abb. S. 73)

Génie sombre. Um 1889
Feder in Graubraun, laviert,
auf Skizzenbuchblatt
10,6×16,9 cm
Kunsthaus Zürich
Graphische Sammlung

Studie zu «Triste jusqu'à l'âme».
Um 1892
Bleistift und Tempera auf Papier
21×29,9 cm
Kunsthaus Zürich
Graphische Sammlung

Aufgehen im All. Vor 1892
Ideenskizze, Bleistift auf Papier
14,4×17,2 cm
Kunsthaus Zürich
Graphische Sammlung

«Nous ne restons pas sur la terre»,
Ideenskizze zu «Aufgehen im All».
Vor 1892
Feder in Braun auf Papier
10×17,2 cm
Kunsthaus Zürich
Graphische Sammlung

«Communion avec l'infinie»,
Ideenskizze zu «Aufgehen im All».
Vor 1892
Feder in Braun über Bleistift
auf Papier, (auf Leinwand)
19×11,9 cm
Kunsthaus Zürich
Graphische Sammlung

Ergriffenheit. 1894
Studie, Bleistift auf Papier
36,2×15 cm
Kunsthaus Zürich
Graphische Sammlung

Anbetung. Um 1893
Bleistift, Wasserfarbe und Deckfarbe auf Papier auf Leinwand,
62×45 cm
Kunstmuseum Winterthur
Geschenk von E. Richard Bühler
und Dr. Arthur Hahnloser

Anbetung (Knabe knieend).
Um 1894
Öl auf Leinwand, 62×44,5 cm
Kunsthaus Zürich
Legat Richard Schwarzenbach

Zwei männliche Figurenstudien,
Mittelfigur zu «Eurhythmie».
1894/95
Bleistift, Feder in Schwarz,
auf Papier, 29,6×20,7 cm
Kunsthaus Zürich
Graphische Sammlung

Eurhythmie mit weiblichen Figuren
(mit «Triste jusqu'à l'âme»). 1895
Bleistift und Pinsel in Schwarz
auf Papier, 29,6×26,9 cm
Kunsthaus Zürich
Graphische Sammlung

Eurhythmie mit weiblichen Figuren.
1895/96
Kompositionsstudie
Feder in Schwarz über Bleistift
und Farbstift auf Papier
29,7×44,8 cm
Kunsthaus Zürich
Graphische Sammlung

Eurhythmie mit weiblichen Figuren.
1895/96
Kompositionsstudie
Bleistift auf Papier, 34,4×26,5 cm
Kunsthaus Zürich
Graphische Sammlung

Eurhythmie mit weiblichen Figuren.
1895/96
Kompositionsstudie
Bleistift und Pinsel in Schwarz
auf Papier, (auf Leinwand)
27,4×22,8 cm
Kunsthaus Zürich
Graphische Sammlung

Eurhythmie mit weiblichen Figuren.
1895/96
Kompositionsstudie
Bleistift und grüne Deckfarbe
auf Papier, (auf Leinwand)
46,3×32 cm
Kunsthaus Zürich
Graphische Sammlung

Eurhythmie (Einzelfigur). 1895
Öl auf Leinwand, 33×19 cm
Privatbesitz
(Abb. S. 75)

Eurhythmische Empfindung,
(Einzelfigur). 1895
Öl, Pastell, Bleistift auf Leinwand
38×34,5 cm
Privatbesitz
(Abb. S. 74)

Eurhythmische Empfindung
(6-figurig). 1895
Kohle, Öl auf Leinwand, 45×35 cm
ART FOCUS, Zürich
(Abb. S. 74)

Eurhythmie (zwei Figuren).
Um 1895
Öl auf Leinwand, 32,6×40,2 cm
Musée d'art et d'histoire
de la Ville de Genève
(Abb. S. 75)

Die Poesie (Die Kunst). 1897
Bleistift, Farbstift, Tusche,
Aquarell, Gouache,
Öl auf bräunlichem Papier,
auf Leinwand abgezogen
97,2×69,5 cm
Museum für Gestaltung, Zürich
Depositum der Gottfried Keller-
Stiftung
(Abb. S. 76)

Ideenskizzen zu «Le jour»,
rechts oben
Triptychon zur «Wahrheit».
1880/90er Jahre
Feder in Schwarz über Bleistift
auf Papier, (auf Leinwand)
17,2×47,4 cm
Kunsthaus Zürich
Graphische Sammlung

Ideenskizzen zu «Der Tag»
mit knieendem Knaben
(«Der Auserwählte»). 1890er Jahre?
Kohle über Bleistift auf Papier
24,5×28,5 cm
Kunsthaus Zürich
Graphische Sammlung

Der Tag. 1890er Jahre
Ideenskizze, Bleistift und Farbstift
auf Papier (auf Leinwand)
21,2 x 27,4 cm
Kunsthaus Zürich
Graphische Sammlung

Der Tag. 1890er Jahre
Ideenskizze, Bleistift und Farbstift
auf Papier, (auf Leinwand)
24,2×28,1 cm
Kunsthaus Zürich
Graphische Sammlung

Der Tag I. 1898/99
Studie zu einer Figur
Bleistift auf Papier, 11,6×13,7 cm
Kunsthaus Zürich
Graphische Sammlung

Der Tag I. 1898/99
Kompositionsentwurf
Bleistift, aquarelliert, auf Papier
19,3×47,6 cm
Kunsthaus Zürich
Graphische Sammlung

Der Tag I. 1899
Vorzeichnung, Feder in Schwarz
auf Papier, (auf Leinwand)
16,9×35,9 cm
Kunsthaus Zürich
Graphische Sammlung

Der Tag I. 1899
Kompositionsstudie
Feder, Aquarell, Deckfarbe,
Bleistift und Farbstift auf Papier
22,5×51 cm
Kunsthaus Zürich
Graphische Sammlung

Der Tag I. 1899
Vorzeichnung
Bleistift, aquarelliert, auf Papier
20×47 cm
Kunsthaus Zürich
Graphische Sammlung

Studie zu «Der Tag». 1899
Öl auf Leinwand, 88,5×66 cm
Gemeentemuseum Den Haag
(Abb. S. 78)

Der Tag, 3. Fassung.
Um 1910
Öl auf Leinwand, 170×368 cm
Kunstmuseum Luzern
Depositum Bernhard Eglin-
Stiftung, 1935
(Abb. S. 79)

Die Wahrheit. 1898/99
Ideenskizze, Bleistift auf Papier
(auf Leinwand), 15,7×17,1 cm
Kunsthaus Zürich
Graphische Sammlung

Die Wahrheit. 1898/99
Ideenskizze, Bleistift auf Papier
(auf Leinwand), 33,1×46,3 cm
Kunsthaus Zürich
Graphische Sammlung

Die Wahrheit. 1898/99
Ideenskizze, Bleistift und Farbstift
auf Papier, (auf Leinwand)
42,4×30,3 cm
Kunsthaus Zürich
Graphische Sammlung

Die Wahrheit. 1898/99
Ideenskizze, Bleistift auf Papier
33,7×14,5 cm
Kunsthaus Zürich
Graphische Sammlung

«Jeunes gens consultant la Vérité».
1890er Jahre
Ideenskizze zu «Die Wahrheit»
Bleistift auf Papier, (auf Leinwand)
9,6×24,9 cm
Kunsthaus Zürich
Graphische Sammlung

Ideenskizzen mit «Der Tag»
und «Die Wahrheit». 1890er Jahre
Feder in Braun auf Papier
21,3×13 cm
Kunsthaus Zürich
Graphische Sammlung

Die Wahrheit II. 1903
Öl auf Leinwand, 207×293 cm
Kunsthaus Zürich
Eigentum der Stadt Zürich
(Abb. S. 77)

Die Wahrheit. 1890er Jahre
Ideenskizzen, Feder in Braun
auf Papier, 20,8×12,8 cm
Kunsthaus Zürich
Graphische Sammlung

Die Wahrheit. 1890er Jahre
Ideenskizzen, Bleistift auf Papier
29,3×15,2 cm
Kunsthaus Zürich
Graphische Sammlung

«Skizze zur Wahrheit». 1889/1902
Kompositionsentwurf
Feder in Schwarz, Deckfarben
und Tusche über Bleistift
auf Papier (auf Karton)
35,4×50,7 cm
Kunsthaus Zürich
Graphische Sammlung

Studien zur Mittelfigur zu
«Die Wahrheit I». 1898/1902
Bleistift auf Papier, 40,3×36,7 cm
Kunsthaus Zürich
Graphische Sammlung

Blick ins Weite. 1895/1903
Kompositionsstudie
Pinsel in Deckfarbe und Bleistift
auf Papier, 56,5×37 cm
Kunsthaus Zürich
Graphische Sammlung

Studie zu «Weib am Bach». 1903
Pinsel in Schwarz,
Bleistift auf Papier, 42×19 cm
Kunsthaus Zürich
Graphische Sammlung

Lied aus der Ferne, I. Fassung.
1906
Öl auf Leinwand, 140×120 cm
Kunstmuseum St. Gallen

Die Heilige Stunde V. Um 1907
Kompositionsstudie
Gouache über Bleistift auf Papier
37,5×49 cm
Kunsthaus Zürich
Graphische Sammlung

Heilige Stunde (Fassung mit
einer Figur). Um 1910
Öl auf Leinwand, 175×77 cm
Aargauer Kunsthaus Aarau
Legat Dr. Othmar und Valérie
Häuptli

Heilige Stunde V. 1911
Öl auf Leinwand, 187×230 cm
Stiftung für Kunst, Kultur
und Geschichte, Winterthur
(Abb. S. 81)

Die Liebe. 1890er Jahre
Fragment einer Ideenskizze
Pinsel in Wasserfarbe und Bleistift
auf Papier, 16,7×38,3 cm
Kunsthaus Zürich
Graphische Sammlung

L'amour. 1904/07
Ideenskizze zu «Die Liebe»
Bleistift auf Papier, 14,9×22,4 cm
Kunsthaus Zürich
Graphische Sammlung

Die Liebe. 1904/07
Ideenskizze
Bleistift auf Papier, 20,2×44,3 cm
Kunsthaus Zürich
Graphische Sammlung

Frühlingsentzücken. Um 1901
Kompositionsstudie
Feder in Schwarz, laviert,
über Bleistift, 18,5×47 cm
Kunsthaus Zürich
Graphische Sammlung

«Emu par les formes de beauté»,
«Surprise et Admiration»,
«Sich erniedrigend». Ideenskizze
zu «Entzücken»,
«Erniedrigung», «Trauer».
1890er Jahre
Bleistift auf Papier, 17,9×45,8 cm
Kunsthaus Zürich
Graphische Sammlung

Abend am Genfersee. 1895
Öl auf Leinwand, 100×130 cm
Kunsthaus Zürich
Depositum der Gottfried Keller-
Stiftung
(Abb. S. 51)

Bleu Léman. 1904
Öl auf Leinwand, 70,2×108 cm
Musée cantonal des Beaux-Arts,
Lausanne
(Abb. S. 199)

Thunersee mit Grundspiegelung.
1904
Öl auf Leinwand, 81×100 cm
Privatsammlung Schweiz
(Abb. S. 201)

Abendruhe. Um 1904/05
Öl auf Leinwand
100×80 cm
Kunstmuseum Winterthur,
erworben 1908 mit Hilfe einer
Bundessubvention
(Abb. S. 80)

Cerisiers en fleur. Um 1905
Öl auf Leinwand, 45,2×62,2 cm
Musée d'art et d'histoire
de la Ville de Genève

Herbstschnee am Silvaplanersee.
1907
Öl auf Leinwand, 64×86 cm
Fondation Rau pour le Tiers-
Monde, Zürich
(Abb. S. 203)

Genfersee mit Savoyerbergen.
Um 1907
Öl auf Leinwand, 36×49 cm
Bündner Kunstmuseum Chur
(Abb. S. 200)

Eiger, Mönch und Jungfrau
über dem Nebelmeer. 1908
Öl auf Leinwand, 67,5×91 cm
Musée Jenisch, Vevey
Schenkung aus dem Nachlass
Prof. Arthur Stoll
(Abb. S. 210)

Eiger, Mönch und Jungfrau
im Mondschein. Um 1908
Öl auf Leinwand, 72×67,5 cm
Privatbesitz
(Abb. S. 212)

Die tote Augustine Dupin
auf dem Sterbebett. 1909
Öl auf Leinwand, 76×90 cm
Kunstmuseum Solothurn,
Dübi-Müller-Stiftung
(Abb. S. 209)

Landschaftlicher Formenrhythmus
(Genfersee). 1909
Öl auf Leinwand, 48×64 cm
Aargauer Kunsthaus Aarau
(Abb. S. 208)

Der Niesen vom Heustrich aus.
1909
Öl auf Leinwand, 80×91 cm
Aargauer Kunsthaus Aarau
(Abb. S. 213)

Thunersee mit Stockhornkette.
1910
Öl auf Leinwand, 67×92 cm
Werner-Coninx-Stiftung, Zürich
(Abb. S. 211)

Thunersee mit Niesen. 1910
Öl auf Leinwand, 105,5×83 cm
Privatsammlung Schweiz
(Abb. S. 205)

Die Jungfrau mit Silberhorn
von Mürren aus. 1911
Öl auf Leinwand, 60×90 cm
Kunstmuseum Bern
Depositum der Gottfried
Keller-Stiftung
(Abb. S. 207)

Breithorn. 1911
Öl auf Leinwand, 67×89 cm
Kunstmuseum Luzern
Depositum Bernhard Eglin-
Stiftung, 1935
(Abb. S. 204)

Der Niesen im Nebel. Um 1911
Öl auf Leinwand, 61,5×85,5 cm
Privatbesitz

Selbstbildnis mit aufgerissenen
Augen. 1912
Öl auf Leinwand, 33,5×27 cm
Kunstmuseum Winterthur
Legat 1919 von Theodor Reinhart

Selbstbildnis mit aufgerissenen
Augen II. 1912
Öl auf Leinwand, 41×31,5 cm
Kunsthaus Glarus

Selbstbildnis, lächelnd III. 1916
Öl auf Leinwand, 39×40,5 cm
Aargauer Kunsthaus Aarau

Die Stockhornkette im Winter.
1912
Öl auf Leinwand, 65,5×88 cm
Kunstmuseum Bern, Legat Mme.
Hector Hodler, Genf
(Abb. S. 202)

Landschaft an der Arve. 1912
Öl auf Leinwand, 65,5×85 cm
Privatbesitz
(Abb. S. 206)

Die Bucht von Genf mit sechs
Schwänen im Vordergrund. 1914
Öl auf Leinwand, 59,5×89,5 cm
Kunstmuseum Solothurn,
Dübi-Müller-Stiftung

Blick in die Unendlichkeit.
1895/1912
Kompositionsentwurf mit
aufgeklebten Figuren
Bleistift, Farbstift, Pinsel in Deck-
farbe, auf Papier, 32,9×67 cm
Kunsthaus Zürich
Graphische Sammlung

Blick in die Unendlichkeit.
1895/1913
Fragment eines Kompositions-
entwurfs
Pinsel in Deckfarbe und Bleistift
auf Papier, 33×14,6 cm
Kunsthaus Zürich
Graphische Sammlung

Blick in die Unendlichkeit /
Floraison. 1910/12
Bewegungsstudie
Bleistift mit Farbstift auf Papier
41,8×27,5 cm
Kunsthaus Zürich
Graphische Sammlung

Blick in die Unendlichkeit /
Floraison. 1910/12
Bewegungsstudie
Bleistift auf Papier, 32×30,8 cm
Aargauer Kunsthaus Aarau

Blick in die Unendlichkeit. 1910/11
Kompositionsentwurf
Pinsel in Schwarz und Ölfarbe
auf Transparentpapier
20×44 cm
Kunsthaus Zürich
Graphische Sammlung

Blick in die Unendlichkeit /
Floraison. 1911/13
Bewegungsstudie
Bleistift auf Papier
50,5×74,5 cm
Kunsthaus Zürich
Graphische Sammlung

Blick in die Unendlichkeit. 1910/13
Bleistift und Farbstift, Ölfarbe
auf Papier, 40,8×74,5 cm
Kunsthaus Zürich
Graphische Sammlung

Blick in die Unendlichkeit. 1910/13
Kompositionsentwurf
Bleistift und Ölfarbe auf Papier
20,8×44,1 cm
Kunsthaus Zürich
Graphische Sammlung

Blick in die Unendlichkeit. 1910/13
Ideenskizze
Bleistift auf Papier, 21,5×44,4 cm
Kunsthaus Zürich
Graphische Sammlung

Blick in die Unendlichkeit. 1910/13
Pinsel in Ölfarbe, Feder in Braun,
schwarze Kreide, Bleistift auf
Leinwand, 21,2×44,7 cm
Kunshaus Zürich
Graphische Sammlung

Floraison. 1914
Ideenskizze
Feder in Braun und Bleistift
auf Papier, 12,5×21 cm
Kunsthaus Zürich
Graphische Sammlung

Floraison. 1914
Ideenskizze
Feder in Braun und Bleistift
auf Papier, 13,2×21,3 cm
Kunsthaus Zürich
Graphische Sammlung

Floraison. 1914/15
Ideenskizze
Bleistift auf Papier, 17,5×44 cm
Kunsthaus Zürich
Graphische Sammlung

Floraison. 1914/15
Ideenskizze
Feder in Braun über Bleistift
auf Papier, 11,5×21,4 cm
Kunsthaus Zürich
Graphische Sammlung

Floraison. 1914/15
Ideenskizze
Feder in Braun auf Papier
9×15,2 cm
Kunsthaus Zürich
Graphische Sammlung

Floraison. 1914/15
Ideenskizze
Feder in Braun auf Papier
12,5×21,3 cm
Kunsthaus Zürich
Graphische Sammlung

Floraison. 1914/15
Ideenskizze
Farbstift und Pinsel in Wasserfarbe
auf Papier, 28,7×46,4 cm
Kunsthaus Zürich
Graphische Sammlung

Floraison. 1914/15
Ideenskizze
Feder in Schwarz und Bleistift,
Abklatschspuren, auf Papier
21×44,2 cm
Kunsthaus Zürich
Graphische Sammlung

Floraison. 1914/16
Kompositionsentwurf
Bleistift, Pinsel in Deckfarben,
Raffaelistift auf Papier
44,3×48,2 cm
Kunsthaus Zürich
Graphische Sammlung

Blick in die Unendlichkeit /
Floraison. 1914/16
Bewegungsstudie
Bleistift auf Papier, 44×59 cm
Kunsthaus Zürich
Graphische Sammlung

Floraison. 1914/17
Kompositionsskizze
Feder in Schwarz, Bleistift
und Farbstift auf Papier
22×44,3 cm
Kunsthaus Zürich
Graphische Sammlung

Floraison. 1914/16
Ideenskizze
Feder in Braun und Bleistift
auf Papier, 10,8×18,9 cm
Kunsthaus Zürich
Graphische Sammlung

Floraison. 1915
Ideenskizze
Feder in Braun, mit Bleistift
auf Papier, 8,6×21,5 cm
Kunsthaus Zürich
Graphische Sammlung

Crescendo. Ideenskizze zu
«Floraison». 1916/17
Feder in Braun und Schwarz
über Bleistift auf Papier
13×21,4 cm
Kunsthaus Zürich
Graphische Sammlung

Floraison. 1917
Ideenskizze
Feder in Braun auf Papier
8,4 x 20,5 cm
Kunsthaus Zürich
Graphische Sammlung

Floraison. 1917
Ideenskizze
Feder in Braun über Bleistift
auf Papier, 12,8×21,2 cm
Kunsthaus Zürich
Graphische Sammlung

Ölstudie zu «Schreitender
weiblicher Akt». 1916/17
Öl über Bleistift auf Papier
44×29,2 cm
Kunsthaus Zürich
Graphische Sammlung

Stehender weiblicher Akt zu
«Das Blühen». 1916/17
Öl auf Leinwand, 160×90 cm
Museum zu Allerheiligen
Schaffhausen,
Sturzenegger-Stiftung

Die Schlacht bei Murten. 1915
Ideenskizze
Feder in Braun auf Papier
13,3×21 cm
Kunsthaus Zürich
Graphische Sammlung

Die Schlacht bei Murten. 1915
Ideenskizze
Feder in Braun auf Papier
13,4×21 cm
Kunsthaus Zürich
Graphische Sammlung

Die Schlacht bei Murten. 1915
Ideenskizze
Feder in Braun auf Papier
12,8×21 cm
Kunsthaus Zürich
Graphische Sammlung

Die Schlacht bei Murten. 1915
Ideenskizze
Feder in Braun auf Papier
13×21 cm
Kunsthaus Zürich
Graphische Sammlung

Die Schlacht bei Murten. 1915
Skizze mit kämpfenden Kriegern
Feder in Braun auf Transparent-
papier, 17,5×28,7 cm
Kunsthaus Zürich
Graphische Sammlung

Die Schlacht bei Murten I. 1915/16
Kompositionsskizze
Bleistift mit Feder in Braun
auf Papier, 22,5×31,5 cm
Kunsthaus Zürich
Graphische Sammlung

Die sterbende Valentine
Godé-Darel. 1915
Öl auf Leinwand, 54×44 cm
Privatbesitz
(Abb. S. 227)

Die sterbende Valentine
Godé-Darel. 24.1.1915
Öl auf Papier, auf Leinwand
montiert, 57×90,5 cm
Fondation Rau pour le Tiers-
Monde, Zürich
(Abb. S. 229)

Die tote Valentine Godé-Darel
mit Rosen. 26.1.1915
Öl auf Leinwand, 60,5×124,5 cm
Werner-Coninx-Stiftung, Zürich
(Abb. S. 230)

Sonnenuntergang am Genfersee
von Vevey aus. 25.1.1915
Öl auf Papier, 47×62,2 cm
Privatbesitz

Grüner Abendhimmel am Genfer-
see. 25.1.1915
Öl auf Papier, 37,5×41,5 cm
Privatbesitz
(Abb. S. 231)

Blick über den Genfersee.
25.1.1915
Öl auf Papier, 34,1×35,8 cm
Privatbesitz
(Abb. S. 228)

Die Schlacht bei Murten I. 1915/16
Kompositionsskizze
Feder in Braun und Schwarz,
über Bleistift auf Transparent-
papier, 20×28 cm cm
Kunsthaus Zürich
Graphische Sammlung

Die Schlacht bei Murten I. 1915/16
Kompositionsskizze
Rohrfeder in Braun und Schwarz,
öber Bleistift, auf Transparent-
papier, 22×30,5 cm
Kunsthaus Zürich
Graphische Sammlung

Sonnenuntergang am Genfersee.
1915
Öl auf Leinwand, 61×90 cm
Kunsthaus Zürich
Schenkung der Erben Alfred
Rütschi
(Abb. S. 232)

Genfersee von Rolle aus.
Um 1915
Öl auf Leinwand, 39×85 cm
Privatsammlung Schweiz
(Abb. S. 234)

Studie zu «Montanasee». 1915
Bleistift auf Papier, 28×35 cm
Kunsthaus Zürich
Graphische Sammlung

Landschaftsskizze mit See
und Spiegelung. Um 1915
Bleistift auf Papier, 13×20,9 cm
Kunsthaus Zürich
Graphische Sammlung

Zwei Studien zu «Blick von
Montana gegen Tour Noir,
Aiguilles d'Argentières und
Chardonnet». Um 1915
Bleistift auf Papier, 22,1×35 cm
Kunsthaus Zürich
Graphische Sammlung

Genfersee mit Salève. 1915/17
Feder in Braun auf Papier,
19,2×26,7 cm
Kunsthaus Zürich
Graphische Sammlung

Savoyergebirge in Wolken
und Salève. 1917
Feder in Braun auf Papier
16,7×26,5 cm
Kunsthaus Zürich
Graphische Sammlung

Genfersee mit Savoyergebirge,
Salève und Wolken. 1917
Feder in Braun auf Papier
19,1×26,4 cm
Kunsthaus Zürich
Graphische Sammlung

Genfersee mit Môle, Mont-Blanc
und Wolken. 1917
Feder in Braun auf Papier
17×26,5 cm
Kunsthaus Zürich
Graphische Sammlung

Genfersee mit Petit Salève,
Mont-Blanc in Wolken. 1917
Feder in Braun auf Papier
18,3×26,6 cm
Kunsthaus Zürich
Graphische Sammlung

Sonnenuntergang am Genfersee
von Caux aus. 1917
Öl auf Leinwand, 65,5×80,5 cm
Privatbesitz
(Abb. S. 236)

Genfersee mit Salève und Wolken.
1917
Feder in Braun, laviert, auf Papier
18,5×26,5 cm
Kunsthaus Zürich
Graphische Sammlung

Aufgehender Nebel bei Caux. 1917
Öl auf Leinwand, 65,5×81 cm
Kunsthaus Zürich
(Abb. S. 233)

Der Salève vom Quai Mont-Blanc
aus. 1917
Öl auf Leinwand, 65×85 cm
Kunstmuseum Bern, Legat Mme
Hector Hodler, Genf
(Abb. S. 235)

Genfersee mit Mont-Blanc
im Morgenrot. 1918
Öl auf Leinwand, 74×150 cm
Privatbesitz
(Abb. S. 237)

**Piet Mondrian**

Wald am Strand. Um 1898/99
Aquarell und Gouache auf Papier
45,3×56,7 cm
Gemeentemuseum, Den Haag
(Abb. S. 53)

Wachskerzenfabrik. Um 1900/01
Öl auf Leinwand (auf Karton)
35×48 cm
Gemeentemuseum, Den Haag
(Abb. S. 54)

Kanal beim Gein. 1901/02
Öl auf Leinwand, 25×37,5 cm
Gemeentemuseum, Den Haag

Kanal und Kühe. 1901/02
Öl auf Leinwand, 20,5×38,5 cm
Gemeentemuseum, Den Haag

Landschaft mit Weiden. 1902/04
Öl auf Leinwand, 40,5×60,5 cm
Centraal Museum Utrecht
(Depositum Fondation Van Baaren
Museum)
(Abb. S. 55)

Bauernhof hinter Bäumen
am Wasser. 1906
Kreide, Rötel, Pastellkreiden
auf Bütten, 47,5×61,5 cm
Gemeentemuseum, Den Haag

Der Gein: Bäume am Wasser.
1906/07
Öl auf Leinwand, 45×66 cm
Gemeentemuseum, Den Haag

Mühle am Gein. 1906/07
Öl auf Leinwand (auf Holz)
34,5×44,5 cm
Gemeentemuseum, Den Haag
(Abb. S. 55)

Das Bauernhaus Geinrust
im Nebel. Um 1906/07
Öl auf Leinwand, 32,5×42,5 cm
Gemeentemuseum, Den Haag
(Abb. S. 57)

Mühle am Abend. 1907
Öl auf Leinwand, 67,5×117,5 cm
Gemeentemuseum, Den Haag
(Abb. S. 58)

Landschaft mit Wolke. 1907
Öl auf Leinwand, 36×39,5 cm
Gemeentemuseum, Den Haag

Die rote Wolke. 1907
Öl auf Karton, 64×75 cm
Gemeentemuseum, Den Haag
(Abb. S. 56)

Abend am Gein mit einsamem
Baum. Um 1907/08
Öl auf Leinwand, 65×86 cm
Gemeentemuseum, Den Haag
(Abb. S. 61)

Abend. Um 1907/08
Öl auf Leinwand, 83×190 cm,
Privatsammlung Zürich

Grosse Landschaft
Flusslandschaft mit rosa
und grün-gelbem Himmel.
Um 1907/08,
Öl auf Leinwand, 75×120 cm
Gemeentemuseum, Den Haag
(Abb. S. 59)

Bäume am Gein. 1907/08
Öl auf Leinwand, 69×112 cm
Hannema-de Stuers Fundatie,
Heino/Wijhe
(Abb. S. 60)

Bäume am Gein: Mondaufgang.
1908
Öl auf Leinwand, 79×92,5 cm
Gemeentemuseum, Den Haag
(Abb. S. 62)

Wald bei Oele. 1908
Öl auf Leinwand, 128×158 cm
Gemeentemuseum, Den Haag
(Abb. S. 63)

Sterbende Chrysantheme. 1908
Öl auf Leinwand, 84,5×54 cm
Gemeentemuseum, Den Haag
(Abb. S. 85)

Devotion. 1908
Öl auf Leinwand, 94×61 cm
Gemeentemuseum, Den Haag
(Abb. S. 87)

Abend/Roter Baum. 1908
Öl auf Leinwand, 77×99 cm
Gemeentemuseum, Den Haag
(Abb. S. 189)

Windmühle im Sonnenlicht. 1908
Öl auf Leinwand, 114×87 cm
Gemeentemuseum, Den Haag
(Abb. S. 69)

Printemps. 1908
Kreide auf Karton, 69,5×46 cm
Gemeentemuseum, Den Haag

Blauer Baum. Um 1908
Tempera auf Karton
75,5×99,5 cm
Gemeentemuseum, Den Haag

Passionsblume. Um 1908
Aquarell auf Papier
72,5×47,5 cm
Gemeentemuseum, Den Haag
(Abb. S. 86)

Selbstbildnis: Augen. Um 1908/09
Kohle auf Papier, 30×25,5 cm
Gemeentemuseum, Den Haag

Leuchtturm von Westkapelle.
Um 1908/09
Öl auf Leinwand, 71×52 cm
Gemeentemuseum, Den Haag

Tigerlilie. 1909
Kreide und Kohle auf Papier
35×44 cm
Gemeentemuseum, Den Haag

Chrysantheme. Um 1909
Gouache auf Papier
69×26,5 cm
Gemeentemuseum, Den Haag
(Abb. S. 83)

Chrysantheme. Um 1909
Kohle und Kreide auf Papier
72×47 cm
Gemeentemuseum, Den Haag

Bauernhaus. 1909
Öl auf Leinwand
52,5×68 cm
Gemeentemuseum, Den Haag
(Abb. S. 68)

Meer bei Domburg. 1909
Öl auf Leinwand
31,9×41,9 cm
Kröller-Müller Museum, Otterlo

Meer bei Sonnenuntergang. 1909
Öl auf Karton, 41×76 cm
Gemeentemuseum, Den Haag
(Abb. S. 66)

Landschaft am Meer. 1909
Öl auf Karton, 34,5×50,5 cm
Gemeentemuseum, Den Haag

Meer nach Sonnenuntergang. 1909
Öl auf Karton, auf eine Tafel
montiert, 62,5×74,5 cm
Gemeentemuseum, Den Haag
(Abb. S. 67)

Düne II. 1909
Öl auf Leinwand, 37,5×46,5 cm
Gemeentemuseum, Den Haag
(Abb. S. 66)

Mühle bei Domburg. 1909
Öl auf Karton, 76,5×63,5 cm
Gemeentemuseum, Den Haag
(Abb. S. 70)

Düne V. 1909/10
Öl auf Leinwand, 65,5×96 cm
Gemeentemuseum, Den Haag
(Abb. S. 65)

Leuchtturm von Westkapelle.
Um 1909
Öl auf Leinwand, 135×75 cm
Gemeentemuseum, Den Haag
(Abb. S. 71)

Chrysantheme. 1909/11
Kreide und Bleistift auf Papier
33,5×24 cm
Privatbesitz
(Abb. S. 84)

Kirche von Domburg. 1910/11
Öl auf Leinwand, 114×75 cm
Gemeentemuseum, Den Haag

Evolution. 1910/11
Öl auf Leinwand
Mitte: 183×87,5 cm
Seiten: je 178×85 cm
Gemeentemuseum, Den Haag
(Abb. S. 88)

Rote Mühle bei Domburg. 1911
Öl auf Leinwand, 150×86 cm
Gemeentemuseum, Den Haag
(Abb. S. 89)

Grauer Baum. 1911
Öl auf Leinwand, 78,5×107,5 cm
Gemeentemuseum, Den Haag
(Abb. S. 190)

Dünen und Meer. 1911
Bleistift auf Papier (Skizzenbuch)
10,5×17,2 cm
Gemeentemuseum, Den Haag

Landschaft mit Bäumen. 1911/12
Öl auf Leinwand, 120×100 cm
Gemeentemuseum, Den Haag

Blühender Apfelbaum. 1912
Öl auf Leinwand, 78,5×107,5 cm
Gemeentemuseum, Den Haag
(Abb. S. 191)

Das Meer. 1912
Öl auf Leinwand, 82,5×92 cm
Privatbesitz
(Abb. S. 193)

Komposition mit Bäumen I. 1912
Öl auf Leinwand, 81×62 cm
Gemeentemuseum, Den Haag

Komposition mit Bäumen II.
Um 1912/13
Öl auf Leinwand, 98×65 cm
Gemeentemuseum, Den Haag
(Abb. S. 192)

Wald. 1912
schwarze Kreide auf Papier
73×63 cm
Gemeentemuseum, Den Haag

Sonnenblumen. 1912/13
Kohle auf Papier, 31×24,4 cm
Privatbesitz

Studie von Bäumen I. Um 1912/13
schwarze Kreide auf Papier
65×89 cm
Gemeentemuseum, Den Haag

Pariser Fassade. 1912/14
Bleistift auf Papier (Skizzenbuch)
17,2×10,5 cm
Gemeentemuseum, Den Haag
(Abb. S. 196)

Studie von Bäumen II. 1913
Kohle auf Papier, 65,5×87,5 cm
Gemeentemuseum, Den Haag

Tableau Nr. 3 / Ovale Komposition.
1913
Öl auf Leinwand, 94×78 cm
Stedelijk Museum, Amsterdam
(Abb. S. 194)

Composition No. II / Komposition
mit Linie und Farbe. 1913
Öl auf Leinwand, 88×115 cm
Kröller-Müller Museum, Otterlo
(Abb. S. 195)

Tableau No. 4; Composition
No. VIII; Compositie 3. 1913
Öl auf Leinwand, 95×80 cm
Gemeentemuseum, Den Haag

Baum (Studie). 1913
Bleistift auf Papier (Skizzenblock)
17,5×12,3 cm
Gemeentemuseum, Den Haag

Baum (Studie). 1913
Bleistift auf Papier (Skizzenblock)
13,4×17,8 cm,
Gemeentemuseum, Den Haag

Kirche in Domburg. 1913/14
Bleistift auf Papier (Skizzenbuch)
15,8×11,4 cm
Gemeentemuseum, Den Haag

Skizze zu «Blaue Fassade». 1914
Bleistift auf Papier (Skizzenbuch)
17,2×10,5 cm
Gemeentemuseum, Den Haag
(Abb. S. 196)

Das Meer. 1913–14
Bleistift auf Papier (Skizzenbuch)
11,4×15,8 cm
Gemeentemuseum, Den Haag

Composition No. IV; Compositie 6.
1914
Öl auf Leinwand, 88×61 cm
Gemeentemuseum, Den Haag

Ovale Komposition mit farbigen
Flächen 2. 1914
Öl auf Leinwand
113×84,5 cm
Gemeentemuseum, Den Haag
(Abb. S. 197)

Kirchenfassade 1. 1914
Bleistift, Kohlestift und Tusche
auf Papier, 63×50 cm
Gemeentemuseum, Den Haag
(Abb. S. 216)

Kirchenfassade 2. 1914
Tusche und Kohle auf Papier
62,5×38 cm
Stephen Mazoh
(Abb. S. 217)

Baum. 1914
Kohle auf Papier, 79×49,8 cm
Kunstmuseum Bern
Legat Louise Glarner-Fritz,
Locarno
(Abb. S. 215)

Das Meer. 1914
Bleistift auf Papier (Skizzenbuch)
11,4×15,8 cm
Gemeentemuseum, Den Haag

Pier und Ozean 1. 1914
Tusche und Gouache auf Papier
50,2×62,9 cm, Stephen Mazoh
(Abb. S. 218)

Pier und Ozean 4. 1914
Kohle auf Papier, 50×63 cm
Gemeentemuseum, Den Haag
(Abb. S. 219)

Komposition mit Schwarz
und Weiss / Komposition mit Linie
1917
Öl auf Leinwand, 108×108 cm
Kröller-Müller Museum, Otterlo
(Abb. S. 220)

Komposition mit reinen Farb-
flächen auf weissem Grund. 1917
Gouache auf Papier auf Karton
48×60 cm
Privatsammlung Zürich
(Abb. S. 222)

Komposition mit farbigen
Flächen 2. 1917
Öl auf Leinwand, 48×61,5 cm
Museum Boymans van Beuningen,
Rotterdam
(Abb. S. 223)

Compositie No. 3; Komposition
mit farbigen Flächen 3. 1917
Öl auf Leinwand, 48×61 cm
Gemeentemuseum, Den Haag

Komposition mit Gitterwerk 1
(Raute). 1918
Öl auf Leinwand, 84,5×84,5 cm;
senkrechte Achse: 121 cm
Gemeentemuseum, Den Haag
(Abb. S. 221)

Komposition mit Gitterwerk 8;
Schachbrett mit dunklen Farben.
1919
Öl auf Leinwand, 84×102 cm
Gemeentemuseum, Den Haag
(Abb. S. 224)

Komposition mit Gitterwerk 9;
Schachbrett mit hellen Farben.
1919
Öl auf Leinwand, 86×106 cm
Gemeentemuseum, Den Haag
(Abb. S. 225)

Komposition mit Rot, Blau,
Schwarz, Gelb und Grau. 1921
Öl auf Leinwand, 39,5×35 cm
Gemeentemuseum, Den Haag
(Abb. S. 240)

Komposition mit Rot, Schwarz,
Blau und Gelb. 1921
Öl auf Leinwand, 103×100 cm
Gemeentemuseum, Den Haag
(Abb. S. 241)

Komposition mit Rot, Gelb
und Blau. 1921
Öl auf Leinwand, 80×50 cm
Gemeentemuseum, Den Haag
(Abb. S. 239)

Chrysantheme. Nach 1921
Aquarell auf Papier
28,5×20,5 cm
Gemeentemuseum, Den Haag

Lilie. Nach 1921
Aquarell und Farbstift auf Papier
25×19,5 cm
Gemeentemuseum, Den Haag

Komposition mit Rot, Gelb
und Blau. 1929
Öl auf Leinwand, 52×51,5 cm
Stedelijk Museum, Amsterdam
(Abb. S. 242)

Komposition D (mit Rot, Gelb
und Blau). 1932
Öl auf Leinwand
42×38,5 cm
Privatsammlung Schweiz
(Abb. S. 243)

Komposition B;
Komposition mit Doppellinie
und Gelb und Grau. 1932
Öl auf Leinwand, 50×50 cm
Privatsammlung Basel

Komposition mit Gelb, Blau
und Doppellinie. 1933
Öl auf Leinwand, 41×33,5 cm
Privatsammlung Basel
(Abb. S. 244)

# Dank

Die Umsetzung der ungewöhnlichen Ausstellungsidee war
für das Aargauer Kunsthaus eine Herausforderung, die
nur dank der Hilfe von vielen Seiten bewältigt werden
konnte. Unser erster Dank geht an die Verantwortlichen
des Gemeentemuseum Den Haag, ohne deren Bereitschaft zur Kooperation und Mitarbeit bei der Organisation
dieses Projekt nicht hätte realisiert werden können.
Mein erster Dank gebührt Hans Locher, dem Direktor des
Gemeentemuseum, der sich von der Idee zu dieser
Ausstellung überzeugen liess, und Hans Janssen, dem
Konservator der Modernen Sammlung des Gemeentemuseum, der mit mir das Konzept der Ausstellung
erarbeitet hat. Vom Gemeentemuseum waren weiter Ap
Gewald, Franz W. Kaiser und Anne Tabak mit unserem
Projekt beschäftigt.

Ein grosser Dank geht an alle Leihgeberinnen und Leihgeber, welche sich von der ungewöhnlichen Ausstellungsidee liessen und uns dafür ihre wertvollen Werke über-
lassen haben. Darüber hinaus ist es mir ein grosses
Anliegen, folgende Personen namentlich zu verdanken,
die uns durch ihre Ratschläge ermutigt haben, das Projekt
zu realisieren oder uns durch vielfältige Hilfe unterstützt
haben: Peter Athanas, Monique Barbier-Mueller, Oskar
Bätschmann, Marty Bax, Jakob Bill, Carel Blotkamp,
Peter Blum, Rudi Fuchs und Frits Keers (Stedelijk
Museum, Amsterdam), Hansjörg Glattfelder, Felix Grob,
Christian Klemm (Kunsthaus Zürich), Ulrich Loock (Kunst-
museum Luzern), Josef Meier, Cäsar Menz und Claude
Ritschard (Musée d'art et d'histoire de la Ville de Genève),
Franz Meyer, André-F. Moosbrugger, Paul Müller (Schwei-
zerisches Institut für Kunstwissenschaft, Zürich), Aja
und Roland Petzold, Hans Rohr, Heidi Römer (Galerie
Römer, Zürich), Peter Rothacher, A.C.H.W. Smid-Verlee,
Evert van Straaten (Kröller-Müller-Museum, Otterlo),
Bernhard von Waldkirch, Katharina Wassmer-von
Mandach, Franz Wassmer.

All jenen, die an der vorliegenden Publikation mitgearbei-
tet haben, sei hier herzlich gedankt. Neben den oben
erwähnten Autoren danke ich vor allem Stephan Kunz für
die umsichtige Betreuung der Redaktion und Heidy
Schuppisser für die sorgfältige Bearbeitung der Manu-
skripte. Lars Müller ist für die Gestaltung zu danken und
für die Aufnahme des Buches in seinen Verlag.

An die Umsetzung der Idee in eine Ausstellung wäre
nicht zu denken gewesen ohne die grosszügige finanzielle
Unterstützung, die wir von verschiedenen Sponsoren,
aber auch von Privatpersonen, die nicht namentlich
genannt werden möchten, erfahren durften. Die Institutionen, die uns unterstützt haben, sind an anderer Stelle
namentlich aufgeführt, den in diesen Institutionen für das
Sponsoring Verantwortlichen sei an dieser Stelle herzlich
gedankt. Ein besonderer Dank geht an die Regierung
des Kantons Aargau, welche sich mit der Übernahme
einer Defizitgarantie hinter das anspruchsvolle Projekt
gestellt hat.

Die Organisation der Ausstellung, wir haben es erwähnt,
bedeutete für das Aargauer Kunsthaus eine Herausforderung, die nur angenommen werden durfte dank der
grossartigen Motivation all meiner Mitarbeiterinnen
und Mitarbeiter. Es sind vor allem Stephan Kunz, Verena
Reisinger, Leon Schneiders, und Willi Stebler, die durch
das Projekt ganz besonders belastet worden sind.
Ihnen gebührt abschliessend mein herzlicher Dank, aber
auch all meinen weiteren Mitarbeiterinnen und Mitar-
beitern und allen, die zum guten Gelingen des Projektes
in irgendeiner Form beigetragen haben.

B.W.

# Leihgeber

Art Focus, Zürich
Bündner Kunstmuseum, Chur
Centraal Museum Utrecht
Werner-Coninx-Stiftung, Zürich
Haags Gemeentemuseum, Den Haag
Hannema-de Stuers Fundatie, Heino/Wijhe
Gottfried Keller-Stiftung, Winterthur
Kröller-Müller Museum, Otterlo
Kunsthaus Glarus
Kunsthaus Zürich
Kunsthaus Zürich, Graphische Sammlung
Kunstmuseum Bern
Kunstmuseum Luzern
Kunstmuseum Solothurn
Kunstmuseum St.Gallen
Kunstmuseum Winterthur
Stephen Mazoh
Musée d'art et d'histoire de la Ville de Genève
Musée d'art et d'histoire, Neuchâtel
Musée cantonal des Beaux-Arts, Lausanne
Musée Jenisch, Vevey
Museum Boijmans Van Beuningen, Rotterdam
Museum zu Allerheiligen Schaffhausen
Museum Oskar Reinhart am Stadtgarten, Winterthur
Museum für Gestaltung Zürich
Fondation Rau pour le Tiers-Monde, Zürich
Stadt Zürich
Stedelijk Museum, Amsterdam
Stiftung für Kunst, Kultur und Geschichte, Winterthur

sowie zahlreiche private LeihgeberInnen, die nicht
namentlich genannt werden möchten

# Photocredits

Aargauer Kunsthaus Aarau, Brigitte Lattmann, Jörg Müller
Bündner Kunstmuseum, Chur, Kurt Hofmann
Centraal Museum, Utrecht
Werner-Coninx-Stiftung, Zürich
Fondation Rau pour le Tiers-Monde, Embrach-Port
Max Gessler, Brugg
Haags Gemeentemuseum, Den Haag
Hannema de-Stuers Fundatie, Heino/Wijhe, Tom Haartsen
Galerie Kornfeld, Bern
Kunsthaus Glarus
Kunsthaus Zürich
Kunstmuseum Bern, Peter Lauri
Kunstmuseum Luzern, Robert Baumann
Kunstmuseum Solothurn, Atelier Hegner
Kunstmuseum Winterthur
Musée Barbier-Mueller, Genève
Musée d'art et d'histoire, Ville de Genève, Bettina
Jacot-Descombes, Yves Siza
Musée d'art et d'histoire, Neuchâtel
Museum zu Allerheiligen, Schaffhausen
Museum Oskar Reinhart am Stadtgarten, Winterthur
Galerie Römer, Zürich
Peter Schälchli, Zürich
Schweizerisches Institut für Kunstwissenschaft, Zürich,
Jean-Pierre Kuhn
Stedelijk Museum, Amsterdam
Stichting Kröller-Müller Museum, Otterlo

Idee der Ausstellung und verantwortlich für Ausstellung
und Publikation: Beat Wismer
Konzept der Ausstellung: Beat Wismer, mit Hans Janssen
Assistenz: Stephan Kunz
Ausstellungssekretariat: Verena Reisinger
Ausstellungsaufbau: Leon Schneiders mit Oliver Berchtold,
Matthias Berger, David Diehl, Brigitte Plüss
Restauratorische Betreuung: Willi Stebler
Pressearbeit: Samuel Herzog, Basel
Verantwortlich für die Transporte: MSE Mat Securitas Express AG,
Jürgen Busch
Versicherer: Heerkens Thijssen & Caviet, Amsterdam,
ELVIA Versicherungen, Winterthur Versicherungen

Publikation:
Redaktion: Stephan Kunz
Lektorat: Stephan Kunz, Samuel Herzog, Simon Baur
Gestaltung: Lars Müller, Baden
Lithos: Ast & Jakob AG, Köniz
Satz: Heidy Schuppisser, Baden
Druck: Stämpfli AG, Bern
Einband: Schumacher AG, Schmitten





ISBN 3-907044-78-9
Verlag Lars Müller, 5401 Baden, Schweiz
e-mail: books@lars-muller.ch

Die Ausstellung wurde in enger Zusammenarbeit mit dem
Gemeentemuseum Den Haag, Hans Janssen, realisiert.

Die Ausstellung «Ferdinand Hodler – Piet Mondrian:
Eine Begegnung» und die vorliegende Publikation wurden
ermöglicht durch das Engagement der

NEUEN AARGAUER BANK

sowie durch namhafte Beiträge folgender Institutionen:
KULTUR- UND SOZIALSTIFTUNG MOEBEL-PFISTER
Aargauisches Elektrizitätswerk AEW
Arthur Andersen AG
Winterthur Versicherungen, Direktion Aarau
sowie durch private Gönnerinnen und Gönner
mit einer Defizitgarantie des Kantons Aargau


Wir fördern Kultur

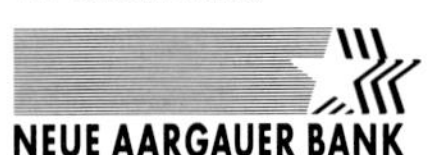